试验设计与分析

——基于R语言

于向鸿　肖　阳　编著

中国农业大学出版社
·北京·

内 容 简 介

试验设计和统计分析是现代数理统计学的两个非常重要的分支学科，试验设计主要研究如何科学合理地制订试验方案，统计分析是对试验设计方案所得的科研数据进行科学分析，前者是从源头上把握科研数据的合理性和可靠性，为后者得到有价值的结论打下良好基础。本书主要根据作者多年教学与实践经验，精心选材、合理分类编目，将一些科学试验和科研文献中常见的、实用的试验设计方法精选出来，同时创造性地提出了一些新颖的试验设计方法，比如：完全混料设计和受上界约束的均匀混料设计在各种试验设计方法的选择和使用上，添加了一些试验设计方法的综合比较和应用技术。同时，对书中每一种试验设计和统计分析实例编制了相应的 R 软件予以实现。

图书在版编目(CIP)数据

试验设计与分析：基于 R 语言 / 于向鸿，肖阳编著. --北京：中国农业大学出版社，2024.6
ISBN 978-7-5655-2891-0

Ⅰ.①试…　Ⅱ.①于…②肖…　Ⅲ.①程序语言-程序设计-应用-农业统计-中国　Ⅳ.①F322-39

中国版本图书馆 CIP 数据核字(2022)第 224357 号

书　名　试验设计与分析——基于 R 语言
作　者　于向鸿　肖　阳　编著

策划编辑	刘　聪	**责任编辑**	刘　聪
封面设计	北京麦莫瑞文化传播有限公司		
出版发行	中国农业大学出版社		
社　址	北京市海淀区圆明园西路 2 号	**邮政编码**	100193
电　话	发行部 010-62733489，1190	读者服务部	010-62732336
	编辑部 010-62732617，2618	出　版　部	010-62733440
网　址	http://www.caupress.cn	**E-mail**	cbsszs@cau.edu.cn
经　销	新华书店		
印　刷	河北朗祥印刷有限公司		
版　次	2024 年 7 月第 1 版　　2024 年 7 月第 1 次印刷		
规　格	185 mm×260 mm　　16 开本　　23.75 印张　　593 千字		
定　价	68.00 元		

图书如有质量问题本社发行部负责调换

前言

PREFACE

随着社会生产力的发展和科学技术水平的提高，人类也在不断认识自然世界、探寻科学真理。毋庸置疑，有目的、有计划的科学试验可以加速这个进程，而科学试验离不开缜密的试验设计与合理的数据分析，一个优秀的试验设计可以大大提高试验的成功率。统计学家田口玄一(Taguchi)曾讲，不懂试验设计的工程师只能算半个工程师。

试验设计和统计分析是现代数理统计学的两个非常重要的分支学科，试验设计主要研究如何科学合理地制定试验方案，统计分析是对试验设计方案所得的科研数据进行科学分析。前者是从源头上把握科研数据的合理性和可靠性，为后者得到有价值的结论打下良好基础。近年来，试验设计和统计分析已经成为各个领域开展科研的必备技能。

为加快建设教育强国、科技强国、人才强国，坚持为党育人、为国育才，全面提高人才自主培养质量，着力造就拔尖创新人才，聚天下英才而用之，本教材精心选材、合理编目，将一些科学试验和科研文献中实用的试验设计方法精选出来，并进行分门别类的组合。例如，条区设计本质上是一种特殊的裂区设计，于是归入裂区设计的章节；尤敦方设计和格子设计本质上是一种不完全区组设计，于是归入不完全区组设计的章节等，使教材在逻辑上更符合试验设计的知识体系。

编者根据多年的教学和实践经验提出了一些新颖而实用的试验设计方法，例如，完全混料设计和受上界约束的均匀混料设计。在各种试验设计方法的选择和使用上，编者也在相应章节添加了一些试验设计方法的综合比较和应用感悟。

为了方便读者学习和掌握试验设计和统计分析方法，科学研究或解决生产实践中的问题，教材中适当简化了部分理论推导内容，增加了很多实例，并结合实例去实现完整的试验设计及相应的统计分析过程。

教材中应用实例的试验设计和统计分析过程涉及的大量复杂计算均采用软件来实现。其中，应用实例的试验设计大部分采用免费、开源的 R 软件实现，但个别的试验设计方法无法用 R 软件实现，例如，嵌套设计、双向区组设计、混杂设计和平衡格子设计等均采用 SAS 软件实现，均匀混料设计采用 Excel 软件实现，所有应用实例的统计分析则采用 R 软件实现。

教材实例大部分是基于编者多年教学与实践经验，以农学和生物学的应用实例为主，适合农学、林学、生物学、生态学、动物科学、食品科学、环境科学等相关领域的科研人员使用和借鉴。

受编者知识水平所限，教材中难免存在疏漏或欠妥之处，恳请广大同行和读者朋友批评指正。

编者

2024年4月

目录 CONTENTS

第1章　试验设计概述

试验设计是统计学中偏重于应用的一门分支学科，它与科学研究和生产实践密切相关，是提高科学生产力的重要方法。在科学研究中，经常需要研究事物的科学规律，利用得到的规律进一步指导科研活动，服务人类的生产和生活。在科学实践研究中要想获得客观结论，就要科学合理地设计试验，尽量利用较少的人力、物力和时间，最大限度地获得丰富可靠的试验数据，使用统计分析方法对试验数据进行分析处理，从而得出正确、可靠的结论。所以，试验设计方法是科研人员必须而且应该掌握的基本技能，是科学研究工作是否成功的关键因素。

1.1　科学试验概述

科学研究是人类对客观物质世界的一种认识活动，科学试验是人类在认识和探索客观物质世界的自然规律中必不可少的研究方法。科学试验不仅是科学理论发展的动力，而且还是检验科学理论的标准。

今天的科学试验已逐渐成为科研人员认识自然和改造自然的一项独立的社会活动，除极少数的纯理论研究外，绝大多数的科学技术和科学成果都来源于科学试验，这是推动人类社会生产力发展的重要动力。

1.2　科学试验的基本要求

为了保证科学试验的质量，应该在试验中尽可能地控制和排除非试验因素的干扰，合理设计试验，准确进行试验，从而提高试验数据的可靠性，使试验结果在科学试验和生产实践中充分发挥作用。科学试验的基本要求如下。

1.2.1　试验具有代表性

试验的代表性包括生物学和环境条件两个方面。生物学的代表性是指主要研究对象的生物品种、个体应具有足够的代表性。例如，进行品种比较试验时，所选择的个体必须能够代表该品种，不能选择性状特殊的个体，在保证试验结果具有一定可靠性的条件下，确定适当的样本数量。环境条件的代表性是指能够代表将来计划推广此试验结果的自然生产条件，如气候、土壤、水肥等。代表性决定了试验结果的可靠性和可利用性，如果一个科学试验没有充分的代表性，再好的试验结果也不能推广和利用，便失去了实用价值。

1.2.2 试验具有正确性

试验的正确性包含试验的准确性和精确性。在进行试验的过程中，应该严格执行各项试验要求，将非试验因素的干扰控制在最低水平，以避免系统误差，尽量降低试验误差，最大限度地提高试验的正确性。

1.2.3 试验具有重演性

重演性是指在相同或相似的试验条件下，重复进行同一试验，能够获得与原试验类似的结果，即试验结果能经得起再试验的检验。重演性反映了试验结果的规律性，只有试验结果反映了事物的客观规律，能够重演才具有科学价值。由于生物个体差异和试验误差的存在，为了保证试验结果的重演性，必须认真选择试验对象，严格把控试验过程中的各个环节，在条件允许的情况下，可以重复进行多年或多点试验，这样所获得的试验结果才具有较好的重演性。

1.2.4 试验条件具有一致性

在每个试验中，除了要比较的处理因子外，其他非试验因素、技术措施和环境条件要尽量控制在一致或相近的条件中。尽量排除各种试验和非试验因素的干扰，以便待分析的因子获得比较高的准确性和可靠性。

1.3 试验设计的发展历程

试验设计源于农业试验，是统计分析方法与科学试验方法相互交叉而形成的一门学科，是数理统计学的一个重要分支。

试验设计是在 20 世纪 20 年代，英国统计学家和数学家费舍尔(Fisher)创立的，他在《研究工作中的统计方法》一书中提出了“试验设计”的概念和方差分析方法，并将其应用于农业和生物学试验，取得了巨大的成功，因此费舍尔被称为试验设计的奠基人。他在 1935 年出版了《试验设计》一书，系统地介绍了试验设计的基本原理和方法，阐述了随机、重复和局部控制的原理，标志着“试验设计”学科的诞生。其后又有许多学者也进行了大量开拓性工作，产生了很多新的试验设计方法。

20 世纪 30 年代，试验设计方法应用于英国纺织业中。第二次世界大战(以下简称“二战”)中，美国的军工企业也开始使用试验设计方法。二战以后，美国和欧洲国家在机械、化工、冶金、建筑、电子和医药等众多行业纷纷使用试验设计方法，试验设计成为了理、工、农、医等各个科研领域、各类科学试验的通用技术。

20 世纪 50 年代，日本统计学家田口玄一创立了正交试验设计，将其应用于工业生产，并为正交试验设计的推广和应用做出了巨大贡献。田口玄一认为，不懂试验设计的工程师只能算半个工程师。日本的电器公司采用正交试验设计后，其产品质量大大提高。

我国于20世纪40年代后期开始研究试验设计这门学科，1948年范福仁先生出版了《田间试验设计与分析》一书。50年代后期，在统计学家许宝禄的引导下，我国学者才深入试验设计这个领域。60年代后期，在正交试验设计领域，国内学者大力推广简单易学、行之有效的正交试验设计方法，编制了一套简单适用的正交表。1978年方开泰教授和王元教授创立了均匀设计方法，将其应用在科学研究的各行各业，并取得了很多成果。

近些年来，随着计算机技术的发展，出现了各种统计分析软件，使试验设计和统计分析工作更简单易行，极大地促进了试验设计和统计分析学科的发展。

至今，统计学家和其他领域的科研工作者一起发现了很多有效的试验设计方法，试验设计也在众多的科研领域发挥着巨大的作用。试验设计方法是一项通用的技术，是当代科研工作人员必须掌握的必备技能。

不同的试验设计方法通常对应着不同的统计分析方法，不做试验设计就安排试验，试验误差很难控制，试验方法也不科学，得到的试验数据通常很难进行有效的统计分析，而进行试验设计可以多、快、好、省的进行科学研究。

1.4 试验设计的基本概念

1.4.1 试验

定义：回答一个或几个精心构思的问题的实践活动，称为试验(Experiment)。

有人也称试验为实验，但严格意义上讲，试验和实验还是有区别的。试验意为对未知的方法和结论去探索和研究；实验意为对已知的方法和结论去进行验证。在科学研究领域通常不加以区分，均表示对未知事物的探索和研究。

一项试验必须有明确的目的，即明确需要解决的问题。例如：为提高某产品的产量或质量而寻找最佳的工艺条件等。

1.4.2 试验设计

定义：在明确所要考察的因子及研究目的后，对试验进行科学合理的安排，以达到最佳的试验效果，即试验设计(DOE，Design of Experiments)。

试验设计是属于一般研究方法中的科学试验方法的范畴，它是由试验方法与数学方法，特别是统计分析方法相互交叉而形成的一门学科。

试验设计是试验过程的依据，是试验数据处理的前提，也是提高科学研究水平的一种重要技术手段和方法。试验设计和试验结果的统计分析是密切相关的，只有按照科学的试验设计方法得到的数据才能进行科学的统计分析，才能得到正确、客观的分析结论。

在进行具体的试验之前，需要对试验的有关影响因素和环节做出全面的研究和安排，从而制定出行之有效的试验方案。

一个科学而完善的试验设计，能够合理地安排各种试验因子，严格地控制试验误差，有效地分析试验数据，从而用较少的人力、物力、财力和时间获取丰富而可靠的试验资料和科研成果。反之，如果试验设计存在缺陷，就必然会造成不必要的浪费，乃至不可挽回的损失，大大降低研究结果的价值。

1.4.3 试验指标

定义:用于衡量试验结果好坏程度的特性值即试验指标,又称响应变量(Response Variable)。

试验指标分为两类:定量指标和定性指标。试验结果能够以数值表示的指标为定量指标,如作物的株高、茎围、产量、蛋白质的含量等。试验结果呈现属性变化,不能用测量或称量的方法表示,而只能按类别和等级来表示的指标为定性指标,如种子是否发芽、花的颜色、药物的疗效、风害程度等。

鉴于定量指标含有的信息更丰富,所以在试验设计中要尽量选用定量指标,不得已时才选用定性指标。

例如:某地大豆增产试验中,考察氮肥施加量对大豆产量的影响,每试验小区的施氮肥量分别为(0、1、2、3)kg。这个试验里大豆的产量就是试验指标。

1.4.4 试验对象

定义:试验所用的试验材料称为试验对象,也称受试对象。

试验对象的选择是否合适直接关系到试验是否具有代表性和先进性,以及他人对试验新颖性和创新性的评价。一个完整的试验设计所需的试验材料总数称为样本总量。如上例大豆增产试验中,大豆就是试验对象。

1.4.5 试验因子

定义:对试验指标产生影响,在试验中需要加以考虑的因素即试验因子(Factor),简称为因子或因素。

只有一个试验因子的试验称为单因子试验,包含两个或两个以上试验因子的试验称为复因子试验或多因子试验。

在上面的大豆增产试验中,施加氮肥就是影响产量的试验因子,该试验为单因子试验。

需要注意的是,影响试验结果的因子往往很多,但在试验时仅能挑选出一部分重要的可控因子进行试验。挑选试验因子时,第一,可以借鉴已有试验的结果或经验进行选择;第二,可以依据专业背景知识进行选择;第三,可以将试验分为不同的阶段进行,在试验的初级阶段进行探索性试验,从中挑选出主要的试验因子,然后再做进一步的高级阶段的试验。

试验因子数不要太多,以免试验设计过于复杂,以至于试验难以完成。

1.4.6 水平

定义:在安排试验时,每个因子的不同状态取值或具体措施即该因子的水平(Level)。

因子的水平有定量水平和定性水平两种,如果因子的水平以数值的形式来表示,则该因子的水平为定量水平;如果因子的水平以类别的形式来表示,则该因子的水平为定性水平。

如在上面的大豆增产试验中,试验共有四种施加氮肥的量[(0、1、2、3)kg],每一个具体的施肥取值就是1个水平,施肥这个因子共有4个水平,即定量水平。再如,不同的玉米品种的产量比较试验中,“不同的玉米品种”就是定性水平。

确定因子的各个水平时，既要根据试验目的和实践经验来确定，又要考虑因子的水平数对试验处理数的影响。试验处理数过少则试验精度低，试验处理数过多则又难以实现。例如：某 3 因子 5 水平的试验，不考虑重复的完全试验的处理数达到 $5^3=125$ 个，试验处理数就可能多到难以完成。

另外，定量水平的间距过小，容易掩盖不同水平间的差异；水平间距过大，则可能遗漏某些水平的试验效应。

1.4.7　处理

定义：按照因子的给定水平对试验对象所做的操作即处理(Treatment)。

在单因子试验中，该因子的每一个水平就是一个处理；在复因子试验中，不同因子的不同水平的组合称为一个处理，或处理组合。

在上面的大豆增产试验中，每一种施加氮肥量的水平所做的施肥操作就是一个处理。

1.4.8　自由度

在统计学上，自由度(df，Degree of Freedom)是一个应用广泛的概念，一般指数据中独立或能自由变化的数据的个数。在方差分析中，因子的自由度是指在不同水平下的试验指标均值能自由变动的个数。例如：因子 A 的水平数为 4，由于存在一个约束，即因子的 4 个水平的平均值等于效应的总平均值，所以它的自由度 $df_A=4-1=3$。一般建议误差项的自由度不要低于 10。

1.4.9　对照

定义：对照(Control)是指在比较试验中，设置不施加试验条件的处理，用于鉴别和区分真正要考察的试验处理。

俗话说有比较才能有鉴别，对照是比较的基础，对照本身也是一种处理，在统计分析中可以作为试验因子的一个水平。对照的种类很多，可以根据研究的目的、对象和内容进行设置。

①空白对照。对照组不施加任何处理因素。这种方法简单易行，但在动物或医学试验中，对照组和试验组的动物在情绪上容易出现差异，从而影响试验效应的测定。

②试验(条件)对照。对照组不施加任何处理因素，但施加与处理组相同的试验条件。凡是对试验效应产生影响的试验条件，都应该使用这种方法。如考察某种注射药剂对试验动物的作用时，对照组的动物也要注射相同剂量的生理盐水。

③标准对照。用现有的国家、行业标准或大家公认的常规量作为对照。

④自身对照。对照和处理在同一试验对象上进行，即对同一个试验对象施加某种处理前的试验效应作为施加处理后的对照。自身对照在动物或医学试验中常用，这种对照的试验条件一般比较均匀，试验误差较小。

⑤相互对照。有些试验不单独设置或不适宜设置对照组，而是各处理之间相互比较，即相互作为对照。

⑥历史对照或中外对照。用试验结果与历史上或国外同类试验结果相比较，但这种比较组间均匀性较差，一般不采用。

1.5 试验设计的类型

根据不同的试验目的和方式，试验设计可以划分为以下三种类型。

①比较试验。比较试验的目的是对一种或几种处理的试验效果进行检验对比。比如 t 检验和方差分析主要应用于作物品种的比较，即新开发的品种与原有品种相比是否有增产效果等。

②优化试验。优化试验的目的是高效率找出试验问题的最佳工艺条件。例如，回归设计和均匀设计等的应用，就是在科研或生产中找到一个最佳工艺条件，以达到提高产量、增加收益或降低成本的目的。

③验证试验。验证试验的目的是验证一种科学推断的准确性或对已有的科研结果进行重复验证。例如，1996 年英国学者威尔穆特等培育出克隆羊“多利”后，其他学者纷纷做验证试验，越来越多的类似试验宣告成功。

1.6 试验设计的误差

科学试验由于受到试验因子之外的其他因素的影响，试验所得到的观测值与真实值之间总存在一定的误差，简称试验误差。试验中产生的误差，按其性质可分为系统误差、过失误差和随机误差。

①系统误差。系统误差是由于某种试验条件下的一些比较确定的干扰因素引起的误差，它具有规律性，有一定的趋势。系统误差可以校正和消除。

例如，某作物不同品种的产量比较试验，土地的肥沃程度不同即会造成系统误差。

②过失误差。过失误差是试验人员粗心大意，过度疲劳或操作不正确等造成的误差。

例如，读错数据、记录错误等。只要试验人员认真负责，细心操作，过失误差可以避免和消除。

③随机误差。随机误差是在试验中除了试验因子之外，一些无法控制的干扰因素造成的误差。随机误差具有随机性，没有特定的规律或趋势，难以避免且不可消除。在一次试验中，随机误差完全是随机的，但在多次试验中，随机误差又具有一定的规律，它服从均值为零的正态分布 $N(0,\sigma^2)$。

在一般的科学试验中，系统误差和过失误差可以避免或消除，随机误差可以通过合理的试验设计而降低，但不能完全消除，所以通常情况下的试验误差即指随机误差，有时简称误差。随机误差的标准差 σ 是度量随机误差大小的统计尺度，σ 值小，试验误差就小，说明试验设计得好、实施得好、控制得好，试验精度高；σ 值大，试验误差就大，说明干扰因素大，试验精度低，需要改进试验，降低试验误差；如果 σ 过大，那么可能会使试验误差大到掩盖由试验因子引起的效应，致使试验失败。

1.7　试验设计的基本原则

为了减少或降低试验误差，正确的估计试验误差，提高试验的准确性和精度，得出准确、可靠的分析结论，需要遵循重复、随机化和区组三个基本原则。

1.7.1　重复

重复(Replication)是指一个试验处理在相同条件下进行若干次独立的重复试验。需要注意的是，重复应该与重复测量区别开。重复测量中的重复不是试验设计意义上的重复，例如，一个试验处理的多次测量值或一个受试对象在不同试验期的测量值，都不是重复。

在试验中，各处理的重复数都相同的设计称为平衡设计，反之，各处理的重复数不都相同的设计称为不平衡设计。平衡设计是试验设计的一个基本思想，这样做不但有利于试验的设计和实施，也有利于试验数据的统计分析，而且平衡设计的统计检验效率要高于不平衡设计，所以试验中应尽量采用平衡设计。重复的主要作用如下。

1. 估计试验误差

试验误差是客观存在的，但只有通过一个处理的重复试验才能得到估计。如果在一个处理上有 n 次重复，假定试验指标的实测值 y 和真实值 μ 之间的试验误差 ε 服从正态分布 $N(0,\sigma^2)$，则其标准差 σ 的估计：

$$\hat{\sigma} = S = \left[\frac{1}{n-1}\sum_{i=1}^{n}(y_i - \bar{y})^2\right]^{\frac{1}{2}}$$

2. 降低试验误差

重复是降低试验误差、提高试验精度的一个重要方法，统计学已经证明样本平均值的方差与重复次数成反比，适当的增加重复可以减少试验误差。

3. 增强代表性

一次试验的结果很可能带有偶然性，增加重复数可以扩大试验的代表性，可以更广泛地认识试验的影响和适应范围。

试验设置的重复数宜适当多些，但试验成本也会随之增加，故试验设计要求根据实际情况决定重复数，既保证了试验精度，又不至于过多消耗试验成本。一般试验设计的重复次数 3～5 次为宜，处理数比较多时可以设置 2 次重复，也可以根据误差项自由度不低于 10 的原则估算重复次数。

需要指出的是，因子数多、处理组合多的试验，很多高阶交互作用不显著，可以合并到误差项，而不必设置重复。还有一些试验周期特别长、试验成本特别高、试验处理实施特别困难的试验，可以根据实际情况少设置或不设置重复。但结论的可靠性必然也会大打折扣，所以不到万不得已的情况，还是要尽量安排重复。

1.7.2　随机化

随机化(Randomization)是指试验中任何一个处理都随机地安排在任何一个试验单元上，

即试验所用的仪器、试验材料，试验操作人员及试验单元的次序等都要随机确定。

随机化能使各试验结果相互独立，有效降低系统误差，正确估计试验误差。随机化是试验设计中正确使用统计分析方法进行分析的基础。

随机化的方法很多，常用的主要有随机数表法、抽签法和计算机生成随机数法。①随机数表法需要查书、查表、查资料，通常还需要一定的换算，在信息技术比较发达的今天使用起来有诸多不便。②抽签法实施起来比较方便，制作一些同样的纸片，写上编号，搓成球，在手心或纸杯里摇匀，随机抽取即可，但处理数比较多时实施起来不太方便。③计算机生成随机数法使用起来快捷方便，处理数多少均不受限制，在计算机上打开软件运行即可得到结果。下面用 R 语言的随机抽样函数 sample()演示 15 个随机数的生成：

```
sample(15)
```

程序运行结果如下：

```
2 7 15 12 14 3 13 5 6 11 8 10 1 9 4
```

由于存在随机性，每一次的运行结果都会有所不同，当出现几个连续的数字序列时，则说明随机性不甚理想，可以再次运行程序，直到对结果满意为止。

1.7.3 区组

区组(Block)又称为局部控制，是根据试验条件的不均匀性，人为地把时间、空间、试验材料和试验设备等试验条件划分成若干个区组。使区组内的试验条件相同或相近，而区组之间的试验条件允许存在较大差异。

相同的试验条件通常难以实现，这时需要对试验条件人为地划分成区组，实行区组控制。所以区组因素也是影响试验指标的因素，但并不是真正要研究、考察的因素，因此也称非试验因素。

通常情况下，一个区组内应该安排所有的试验处理(组合)。一个区组就可以看作一次重复，安排几个区组就相当于安排了几次重复，只不过各次重复之间可能存在一些试验条件上的差异。

区组能够分离试验条件等非试验因素引起的变异，进而减少试验误差，提高试验精度，保证分析结果的可靠性。

1.8 有效数字

1.8.1 有效位数

一个有效数字的有效位数是指从左边第一个不为零的数字到末尾数字的位数。

人们在进行生产与科学试验时，需要把测试数据记录下来并进行整理计算。究竟应该用几位数字表示所测得的数据和结果呢?

有人误认为小数点后的位数越多越准确，其实不然，小数点后的位数不是准确性的标准，因为它除了测量精度以外还与所使用的单位大小有关。例如，170.5 cm 与 1.705 m 的准确性是完全一样的，小数点的位置不影响数据的精度和有效位数。

另外，由于测量仪器的精度与试验观测者感官功能的限制，测量的准确度是有限的。因而，在试验过程中若结果位数超出了测量所能达到的准确度的限度，数据的精度将是虚假的。相反，若写出数字的位数低于测得的位数时，将降低数据的精确度。

确定试验数据有效位数的正确做法是，除最末一位数字是测量时的可疑值或估计值外，其余各位数字都是准确可靠的，通常最末一位可疑数字可以有一个单位的误差，这样的数字才称作有效数字。

例如，测量长度用的钢尺最小刻度为 1 mm，当用钢尺测量某一物体长度为 11.5 mm 时，前两位数字是准确的，而第三位是估计值，但也是有效数字。此时，该数称作三位有效数字。

一般第一个非 0 数字前的所有 0 都不是有效数字，第一个非 0 数字后所有的数字都是有效数字，包括最末位的 0。例如，29 mm 和 29.0 mm 并不等价，前者为两位有效数字，后者为三位有效数字，它们是用不同精度的仪器测得的。所以数字末尾不能随便加减 0。

1.8.2　舍入法则

一个数值如 5.337，若保留两位有效数字，则常是把第三位的数（此为 3），按古典的“四舍五入”法则进行处理，故舍弃 3，而得 5.3。

设某一数值要保留 n 位有效数字，则按古典的“四舍五入”法则对第 $n+1$ 位的数字进行处理。无论进位或舍弃，都必然会带来舍入误差 ε，第 $n+1$ 位数字及其相应的舍入误差，如表 1.1 所示。

表 1.1　第 $n+1$ 位数字及其相应的舍入误差

$n+1$ 位数字	0	1	2	3	4	5	6	7	8	9
舍入误差	0	−1	−2	−3	−4	5	4	3	2	1

舍入误差 ε，是一个离散型的随机变量。用大写字母 X 表示。第 $n+1$ 位的数可能取值为 0，1，2，3，4，5，6，7，8，9，这 10 个数值可能出现的概率都是相等的。即：

$$P(X=0,-1,-2,-3,-4,5,4,3,2,1)=\frac{1}{10}$$

$$P_i=P(\xi=x_i)=\frac{1}{10}\ ,\ i=1,2,\cdots,10$$

相应的 $x_i=0,\ -1,\ -2,\ -3,\ -4,\ 5,\ 4,\ 3,\ 2,\ 1$，因此，古典的“四舍五入”法则的舍入误差（ε）的期望值 μ_x 为：

$$\mu_x=E(X)=\sum_{i=0}^{9}P_ix_i=0.5$$

所以，古典的“四舍五入”法则的舍入误差的期望值等于第 $n+1$ 位单位的 1/2，显然存在数据结果增大的趋势。舍入误差是人为的引入误差，引入一种人为的误差总是希望它在多次实践中的均值基本上等于零才好。

从上述的分析可以看出，古典的“四舍五入”法则并不具有期望的性质。当第 $n+1$ 位出现了除 5 以外的其他数字时，其舍入误差在很多次实践中平均起来都可以抵消。只是在第 $n+1$ 位是 5 时，其舍入误差是 5，无法相消。这就是古典“四舍五入”法则的症结所在。

如果规定：当第 n 位上的数是偶数时，第 $n+1$ 位上的 5 予以舍弃，此时舍入误差为−5，单

位是第 $n+1$ 的单位;当第 n 位上的数是奇数时,第 $n+1$ 位上的 5 就进入,使第 n 位增加 1 单位,此时舍入误差为+5,单位是第 $n+1$ 位的单位。由于第 n 位上出现偶数或奇数的概率各为 1/2,其相应舍入误差为−5 或+5 的概率也各为 1/2。从而很多次实践后的误差平均起来可以相消。这样就修正了古典的“四舍五入”法则,使其具有期望的性质。

为了适应生产与科学技术工作的需要,我国 2008 年正式颁布了《数值修约规则与极限数值的表示和判定》,通称为“四舍六入五单双”法则。概括说明如下:

四舍六入五考虑,五后非零必进一,五后皆零视奇偶,五前为偶应舍弃,五前为奇则进一,不论数字多少位,都要一次修约成。

这一法则的具体运用,分述如下:

①若被舍弃的第一位数字小于 5,则其前一位保持不变。如 28.234 5 只取三位有效数字时,其被舍弃的第一位数字为 3,小于 5,则有效数字应为 28.2。

②若被舍弃的第一位数字大于 5,则其前一位数字加 1。如 28.264 5 只取三位有效数字时,其被舍弃的第一位数字为 6,大于 5,则有效数字应为 28.3。

③若被舍弃的第一位数字等于 5,而其后数字全部为 0 或无数字,则视被保留的末位数字为奇数或偶数而定进或舍。如 28.350 和 28.250,只取三位有效数字时,则分别应为 28.4 和 28.2。

④若被舍弃的第一位数字为 5,而其后面的数字并非全部为 0,则进一。如 28.250 1,只取三位有效数字时,则进一,成为 28.3。

⑤若被舍弃的数字包括几位数字时,不得对该数字进行连续修约,而应根据以上各条做一次处理。如 2.154 546,只取三位有效数字时,应为 2.15,而不得按 2.154 546→2.154 55→2.154 6→2.155→2.16 方法错误地连续进位至 2.16。

⑥整数的修约也应遵照上述规则进行处理,如 23 438,只取三位有效数字时,则应为 23 400 或 2.34×10^4。

⑦负数修约时,取其绝对值按照上述规定进行修约,最后再加上负号。

1.8.3 有效数字的运算

在测量过程中,一次测量数据的有效数字位数与所用仪器的精度相一致。然而,在多个有效数字的运算过程中,为了减少数据精度的损失,须遵循“先运算,后修约”的原则。

①在加减计算中,首先转化为量纲相同,运算结果所保留的小数点后的位数,应与参与运算各数中小数点后位数最少的相同。

如:$23.62+0.008\,3+1.643=25.271\,3$,修约为 25.27。

②在乘除计算中,运算结果的有效数位应与参与运算各数中有效数字最少的数位为准。

如:$0.012\,1\times25.643\times1.057\,8=0.328$。

③在乘方、开放运算中,运算结果的有效数位,应与其底数相同。

如:$2.435^2=5.929$。

④在对数计算中,运算结果的有效数位应与其真数相同。

如:$\ln 6.84=1.92$。

⑤在计算均值时,若为四个或多于四个数相平均,则平均数的有效位数可增加一位。

⑥π,e,$\sqrt{2}$,$\sqrt{3}$等可以根据需要确定有效位数。

一般试验中，取 2～4 位有效数字就可以了。从有效数字的运算可以看出，每一个参与运算的数据对最终结果精度的影响是不一样的，其中精度低的对数据的影响相对较大。所以在试验过程中，应尽量使用精度一致的仪器设备，一两个高精度的仪器无助于整个试验结果精度的提高。

1.9　异常数据的处理

在试验中，由于受到人为因素和试验环境因素的影响，所获取的数据与实际值偏离很大，从而成为异常数据。对试验数据进行检查和鉴别异常数据是试验中的一项重要任务，至今仍未得到很好的解决。

对于异常数据的处理应该慎重，一般的处理原则为：

①在试验过程中，若发现异常数据，应立即停止试验，分析异常数据产生的原因，及时纠正错误。

②在试验结束后，发现异常数据，应先分析异常数据产生的原因，再决定取舍，如有可能可以补做试验。

③在分析结果时，可利用统计判别法鉴别异常数据，对鉴别出的异常数据予以剔除。统计判别法的基本方法：给定一个置信概率（如 0.99），并确定一个置信限，凡超过此限的误差，就认为它不属于随机误差范围，而是异常数据，应予剔除。现介绍几种鉴别异常数据的方法。

1.9.1　拉依达准则

如果实验数据服从正态分布或近似正态分布，$\bar{x}$ 与 S 分别表示数据的平均值和标准差，d_p 表示可疑数据 x_p 与平均值之间的差值，在 0.01 水平下，则应满足：

$$|d_p| = |x_p - \bar{x}| > 3S$$

应将 x_p 作为异常数据予以剔除。拉依达准则适合试验数据较多（$n>50$）时使用。

1.9.2　格拉布斯准则

$\bar{x}$ 表示数据的平均值，d_p 表示可疑数据 x_p 与平均值之间的差值，在 α 水平下，则应满足：

$$|d_p| = |x_p - \bar{x}| > G_{(\alpha,n)} S$$

应将 x_p 作为异常数据予以剔除。式中检验系数 $G_{(\alpha,n)}$ 为格拉布斯临界值，可以查相关表格得到。格拉布斯准则可以在试验数据较少（$n<50$）时使用。

1.9.3　t 检验准则

先剔除一个可疑的测量值，然后按 t 分布检验被剔除的测量值是否含有粗大误差。

设有 n 个试验数据 x_1，x_2，…，x_j，…，x_n，若认为测量值 x_j 为可疑的数据，则将其剔除后计算平均值和标准差。

$$\bar{x}^* = \sum_{i=1,i\neq j} \frac{x_i}{n-1},\ \sigma^* = \left[\sum_{i=1,i\neq j} \frac{(x_i - \bar{x}^*)^2}{n-2}\right]^{1/2}$$

在 α 水平下，若存在：

$$|x_j - \overline{x}*| > K_{(n,a)}\sigma*$$

应将 x_j 作为异常数据予以剔除。式中 $K_{(n,a)}$ 检验系数的临界值，可以查相关表格得到。格拉布斯准则可以在试验数据较少（$n<50$）时使用。

此外，还有狄克逊准则、肖维勒准则、奈尔准则等方法，具体可以参考相关资料。

1.10 试验设计的阶段

一般的试验可以分为初级试验设计阶段和高级试验设计阶段，对应的试验设计也分为初级试验设计和高级试验设计。

1.10.1 初级试验设计阶段

这个阶段是对各种处理进行探索性试验，主要包括对比试验和筛选试验等，目的是在众多处理中明确关键因子和优良水平。其特点是处理数多、重复数少、试验误差大、精度低，仅适用于初步探索性研究。

1.10.2 高级试验设计阶段

这个阶段是对各种处理进行比较精密的试验，主要有析因试验和优化试验等，以深入分析主要因子的效应、交互效应以及寻找最佳的试验条件。其特点是处理数少、重复数多、试验误差小、精度高，适用于深入的分析研究。

1.11 试验方案的制定与实施

试验方案是进行科学试验前的准备工作，是对科学试验各个环节的有力把控，详尽的试验方案是科学试验顺利实施的保证，其基本步骤如下：

①根据研究的问题，确定研究的对象和目标，明确试验的目的与任务。

②选择的试验指标一定要对所研究的问题提供重要信息。

③选择试验因子及其水平，如有需要可先做主次因子的筛选试验。

④根据因子、水平及重复数，人力、物力、时间等因素选择合适的试验设计方案。

⑤按试验计划认真完成每一个试验，记录试验结果。

⑥对试验数据进行适当整理和统计分析，获得一些统计分析的结果。

⑦验证试验，确认无误时再写试验报告，提出今后的行动建议。

第 2 章　R 软件基础

无论是试验设计还是统计分析往往都涉及大量的数据计算，计算机技术的飞速发展无疑给了试验设计和数据分析最大的技术支撑，数据处理软件已经成为当代科研技术人员必备的得力助手，下面介绍广为使用的数据分析软件——R 软件。

R 软件的创始人是奥克兰大学的 Ross Ihaka 和 Robert Gentleman，由于这两位创始人的名字都是以 R 字母开头，所以将其称之为 R 软件。R 软件是属于 GNU 系统的一个自由、免费、开源的项目，其核心计算模块是由 C、C++ 和 Fortran 等语言编写而成，主要用于统计计算、数据分析和精美图表的绘制。R 软件使用的编程语言是 R 语言，所以有时候人们在概念上不加区分，也称 R 软件为 R 语言。

现今，R 软件成为国内外统计计算和图表制作领域的通用软件，已经在高等院校、工业企业和研究所大力推广使用，应用领域也非常广泛，如农学、生物学、医学、化工等领域都有着非常广泛的应用前景。

2.1　R 软件特色

近些年来，由互联网引发的大数据让工业界逐渐认识了 R 软件，越来越多的科研工作者开始使用 R 软件。目前 R 软件逐渐向各领域渗透，它不仅是学术界的软件，而且也成为工业界的必备软件。

在 R 软件的开源项目里，经过众多生物统计学家的共同努力，产生了很多新颖而实用的生物统计分析算法和数据可视化方法，实际应用效果很好，得到了广大用户的支持和拥护。这些新算法经过大量用户的使用和检验，又不断反馈回去改进和完善，从而不断推出新版供大家使用，形成良性循环。特别是生物学领域的一些科研人员异常活跃，他们专门建立了一个基于 R 语言的、面向生物信息分析的 R 软件包集合 Bioconductor 项目，供广大生物信息学科研人员共享、使用。

2.1.1　R 软件的优点

①R 软件完全免费、开源，几乎无使用成本。

②R 软件提供了各种各样的数据分析技术，可以处理社会上几乎所有类型的数据分析工作。

③R 软件的扩展包更新速度很快，学界新提出的算法或统计分析方法，可以很快在线上找到其 R 扩展包。

④R 软件具有高级的制图功能，可以进行任何数据的可视化，而且图形美观。

⑤R 软件支持各种数据源，包括文本、数据库、统计软件数据和各种数据仓库。

⑥R 软件可以运行于多种操作系统平台，包括 Windows、Mac OS X 和 Linux。

2.1.2 R 软件的缺点

①R 软件不断升级到新的版本，开发者们提供给 R 软件的众多扩展包也经常升级换代，可能会存在新旧版不匹配而无法使用的问题。

②很多 R 扩展包的功能都是个人或团队开发的，他们提供的算法有可能没有得到其他同行的广泛认可。

③同样的一种功能和算法可能很多扩展包都能实现，但是有时候扩展包之间的兼容性和完善程度差别很大，给大家的选择和使用带来不少困扰，如目前能实现主成分分析的扩展包就不下 10 个。

④还有就是不同扩展包内函数重名问题，虽然函数名相同，但是它们的参数、功能和输出结果却未必相同，如果想要执行 A 包的 B 函数，R 软件执行的却可能是 C 包的 B 函数，这里可以通过扩展包加函数名的方法进行解决，如 package::function( )。

所有这些弊端可能会给不太熟悉 R 软件的朋友带来不少困扰，但是终归瑕不掩瑜，总的来说 R 软件还是功能十分强大的统计分析软件，是科研工作者有必要掌握的科研利器。

2.2 R 软件下载与安装

R 软件的下载地址为 https://cran.r-project.org，也可以选择国内的镜像网站下载，如清华大学、中国科技大学、同济大学、上海交通大学或南京大学的镜像地址。下载页面提供的三个下载链接，分别对应三种操作系统：Linux、Mac OS X 和 Windows，选择自己操作系统相对应的链接下载即可，下面以常用的 Windows 系统为例给出简要操作过程。

单击【Download R for Windows】→【base】→【Download R 4.1.1 for Windows】(R 当时最新版本)，点击下载相应的安装程序。

需要注意的是，安装 R 软件以及后续的 RStudio 和 RTools 软件前，需要确认计算机名和用户名都不能有中文，否则要改为英文和汉语拼音；同样在安装过程中，安装路径也不能有中文，否则软件可能运行不正常。R 软件不建议安装在 C 盘，因为 C 盘通常作为系统盘，文件夹操作权限控制比较严格，后续可能会导致不能正常安装 R 扩展包的情况。

R 软件按照提示一步步进行安装即可，只是在安装过程中“选择组件”时需要注意，只勾选与自己计算机匹配的“32-bit Files”或“64-bit Files”。

2.3　RStudio 下载与安装

R 软件安装完成后，在运行时只有一个简单的命令提示行界面，相当简陋，对于数据分析而言，这个简单的命令行界面使用起来相当不方便。

世界上有多家软件公司开发了基于 R 的集成开发环境(IDE)，这其中最为大家称道的软件是 RStudio，RStudio 的操作界面是大家最熟悉的图形界面，运行 R 语言时，它会自动去后台调用 R 软件，不需要手动启动 R 软件。

RStudio 软件和 R 软件一样，也是开源和免费使用的，也同样可以在 Windows、Mac OS X 和 Linux 等多种系统平台上运行。其官方下载地址为：

https://www.rstudio.com/products/rstudio/download/

进入网站界面之后，点击"RStudio Desktop"桌面版免费的"DOWNLOAD"，然后选择"DOWNLOAD RSTUDIO FOR WINDOWS"点击下载，默认"Windows"版本，也可以下翻页面找到自己计算机对应的操作系统版本的 RStudio 下载。

当下 Windows 7/8/10 对应的版本是 RStudio-1.4.1717.exe，点击下载即可。

安装 RStudio 比较简单，按照提示安装成功后，它会在运行时自动从后台调用 R 软件关联运行。

2.4　R 软件的扩展包

R 软件本身不大，目前 R 软件原始安装文档只有 100 M 左右，实际上它只是一个 R 软件的基础框架加上少量的基础性功能包，只有少量的数据处理和分析功能。R 软件自带的基本包主要有 base，datasets，methods，stats，utils，graphics，grDevices 等。

R 软件真正强大的是广大开发者们提供的扩展包，当前 R 软件的扩展包已经有 17 600 多个，这些扩展包加起来大小有几个 G，比 R 软件本身大很多倍，但是这些扩展包不是都需要下载，因为不是每个扩展包的功能都会用到，而是用到哪些扩展包的功能随时下载即可。

扩展包大部分可以通过 R 软件的 CRAN 网站下载，它的主站在美国，不易下载，但是志愿者们在各地设置了镜像地址，所以就近选择镜像地址下载扩展包更方便快捷。

配置 R 软件扩展包下载镜像地址在 RStudio 中即可实现，启动 RStudio→菜单【Tools】→【Global Options】，打开对话框，选中左侧【Packages】选项，在右侧【Management】选项卡下，修改【Primary CRAN repository:】下的选项为清华大学的镜像地址：

China (Beijing) [https] -TUNA Team, Tsinghua University

2.4.1　R 扩展包的安装

通常情况下，扩展包(如 agricolae)只需下载一次到本机安装即可，安装命令如下：

```
install.packages("agricolae")
```

有些扩展包(如 agricolae)会用到其他的关联扩展包,一般情况下,安装时会自动将其关联包一并安装。如果关联包不能自动安装,则需要手动安装。

如果 R 软件安装在 C 盘,可能在安装扩展包时出现 library 文件夹不可写入(not writable)的情况,导致扩展包不能正常安装,主要原因是作为系统盘的 C 盘权限控制比较严格,当前用户下的 library 文件夹没有写入权限。解决这个问题主要有以下两种方法:

①在安装扩展包时,鼠标右键点击 RStudio,选择“以管理员身份运行”启动 RStudio,即可正常安装扩展包。

②找到 C 盘 R 软件安装路径下的 library 文件夹,鼠标右键点击,找到下拉菜单中的属性,修改它的“安全”权限。此时“写入”权限应该没有被选中,选择“编辑”,然后选择相应用户名下的“写入”权限,在“允许”处勾选即可。

对于生物信息学的集合包 Bioconductor 里面的 R 扩展包,需要另外两步安装方法:一是安装 Bioconductor 的管理工具 BiocManager,二是用 BiocManager 的 install 函数去安装其他的扩展包,如安装 affy 包命令如下:

```
install.packages("BiocManager")
BiocManager::install("affy")
```

如果是新安装的 R 软件,那么需要安装的扩展包比较多,单独安装各个扩展包需要耗费较多的时间和精力,比较简便的方法是从其他已经安装好相同扩展包的 R 软件内将 library 路径下的扩展包都复制过来。需要注意的是,R 软件的版本要相同或相近,如果版本差距过大,可能会产生扩展包和 R 软件版本冲突而无法正常使用的情况。

对于有些扩展包更新不及时,已经和新版本的 R 软件产生版本冲突而不能正常安装的情况,也可以从其他已安装好这个扩展包的 R 软件内的 library 路径下直接复制过来,一般均可以正常使用。

2.4.2 R 扩展包的加载

每次启动 R 软件使用扩展包(如 agricolae)的功能函数时,都需要提前加载这个扩展包,加载命令如下:

```
library(agricolae)
```

2.4.3 R 扩展包的卸载

如果不再使用某扩展包,或者无法正常升级新版本,就需要将此扩展包卸载,可以使用如下命令:

```
remove.packages("agricolae")
```

2.5 Rtools 下载与安装

当 R 软件升级后,部分扩展包没有及时更新升级,导致新版 R 软件不再支持旧版扩展包时，需要将旧版的原始文档（后缀为 *. tar. gz）重新进行编译安装，生成当前 R 版本下可用的扩展包。能实现如此编译安装的工具是 Rtools 软件，本教材会用到几个这样的扩展包（如均匀设计扩展包 UniDOE 等），需要提前安装 Rtools 软件。

Rtools 软件是一个适用于 R 软件的 Windows 平台工具包，当前版本为 rtools40v2-x86_64. exe，同时兼容 32 位和 64 位 Windows 操作系统，这个版本的 Rtools 将 mingw-w64 gcc 工具升级到了 8. 3. 0 版本，并引入了基于 msys2 的系统构建，使得 R 软件本身及其扩展包的构建和维护变得更加容易。它主要包括 GNU make 和 GNU gcc 等工具，本教材主要用其 make 工具编译安装扩展包。其下载和安装配置步骤如下：

①从 R 软件的官网下载 Rtools 软件并安装，可以更改其默认安装路径，但路径不能包含中文，Rtools 软件下载地址为：

https://cran. r-project. org/bin/windows/Rtools/

②在 RStudio 的工作路径中配置 Rtools 的运行路径，从而让 RStudio 能正确调用 Rtools 软件下的扩展包编译程序 make. exe，其方法是在 RStudio 中运行下面语句：

```
writeLines('PATH="${RTOOLS40_HOME}\\usr\\bin;${PATH}"', con=".Renviron")
```

其目的是在 R 软件的工作路径下建立一个配置 Rtools 纯文本文档. Renviron。

③关闭并重启 RStudio，即可以随时安装原始文档的旧版扩展包。

2.6　R 软件的升级

同其他软件一样，R 软件也在不断修正自身的问题、完善和添加新的功能，每年都要进行几次版本的更新和升级，小版本的升级可能影响不大，大版本的升级往往预示着有较多的完善或更新。目前 R 软件的版本是 R4. 0. 5 版。

R 软件升级的方法通常有两种：一是到 R 软件的网站或镜像地址下载相应的新版本进行安装，同样扩展包也需要自己重新下载安装，比较耗费时间和精力。二是利用 R 软件扩展包 installr 的函数 updateR( )进行升级，最大的优点是它可以将旧版的 R 软件下的扩展包迁移过来，省却了单独安装扩展包的过程。其 R 程序如下：

```
#安装扩展包 installr，如果已经有此包则跳过此步骤
install.packages("installr")
#加载"安装包"
library(installr)
#执行更新 R 软件命令
updateR()
```

接下来按照软件的提示，一步步进行相应的操作完成升级。

2.7　R 软件使用入门

R 软件使用的 R 语言属于解释运行的高级计算机语言，几乎所有的试验设计和统计分析

方法都可以通过扩展包或R语言编程实现。

R语言是对大小写敏感的一种语言，必须严格区分大小写，即同一个字母的大写和小写完全不同，如Rice和rice是两个不同的变量。R语言所有的命令必须在英文状态下输入，包括标点符号，只有字符串和注释中可以使用中文。

R软件运行时，会有一个默认的工作目录(Work Directory)，没有任何项目时，R软件的文档和数据就存在这里。建议使用R软件时，不同的工作内容建立不同的项目(Project)，会以项目名称建立新文件夹来保存所有和项目有关的文档和数据，这样以不同文件夹分门别类地进行项目管理，条理清晰，互不干扰。

开始一项新的R语言工作时，应该建立一个新项目，方法是依次点击【File】→【New Project】，弹出创建项目【Creat Project】对话框，常用的前两个选项【New Directory】(新建目录)和【Existing Directory】(已存在目录)，建议选择【New Directory】→【New Project】，在【Directory Name】下输入自定义的目录名称，必须英文名称，默认建在工作目录下，不需改动，点击【Creat Project】按钮，完成项目创建，并自动进入新创建的项目。

需要强调的是，项目创建成功后需要设置项目属性的文本编码为UTF-8格式，否则编辑R语言时容易出现乱码。方法是依次点击【Tools】→【Project Options】→【Code Editing】，确认【Text Encoding】处是否为UFT-8编码格式，若不是则点击【Change】按钮改成UFT-8编码格式。

接下来就可以新建R语言程序文档，具体方法是依次点击【File】→【New File】→【R Script】来新建R语言文档，也可以按下组合键【Ctrl＋Shift＋N】新建R语言文档。

2.8 R语言数据结构

R语言中的变量是弱定义类型，和严格的编程语言不同，它不需要提前定义变量，直接给变量赋值的同时，会同时定义相应类型的变量。赋值符号“<-”或“=”都可以(注:有时用“=”可能会出错)，以个人喜好选择使用，例如:x<-2 * 3或x=2 * 3时，x都会被赋予数值类型，其值都等于6。

由于R软件的核心都是以英语开发的，无法对汉语全面支持，为了避免不可预知的错误，建议在变量命名的时候，以英文或汉语拼音开头，后面可以是字母、数字、下划线“_”和小数点“.”的任意组合，但变量名中间不能有空格。R语言的保留名不能用于变量名，如NA，NaN，Inf，TRUE，FALSE，pi，letters，LETTERS，month.name，month.abb等。

R语言中的各种算术运算和逻辑运算等操作符和其他计算机语言类似，不再赘述，建议所有的操作符两侧各加上一个空格，以增加程序的可读性。

R语言的数据类型主要有数值型、字符型和逻辑型，其中字符型变量的值需要用单引号或双引号引起来，如y='Beijing'或y="Beijing"等价。逻辑型变量的值只有TURE或T(逻辑真)，FALSE或F(逻辑假)，如z=TRUE或z=T等价。

R语言用于存储数据的结构类型有多种，包含标量、向量、矩阵、数组、数据框和列表。

2.8.1　标量

只有一个值的变量类型是标量。如：

```
a=5
b='Beijing'
c=TRUE
```

2.8.2　向量

存储一组相同类型数据的变量为向量(Vector)，相当于一维数组。函数 c( )为合成向量或列表的函数，c 为 Combine 的词头。需要注意的是，单个向量中的数据应该具有相同的类型，如数值型、字符型或逻辑型。如：

```
d=c(5, -2, 4, -3, 8, 11)
e=c('Beijing', 'Tianjin', 'Shanghai', 'Guangzhou')
f=c(TRUE, FALSE, T, F)
```

若要取向量的部分元素的值，示例如下：

d[2]取向量 d 的第 2 个元素的值：-2；

e[2:4] 取向量 e 的第 2 个到第 4 个元素的值："Tianjin" "Shanghai" "Guangzhou"；

d[-3] 取向量 d 的除去第 3 个元素之外的值：5 -2 -3 8 11；

e[c(1, 3:4)] 取向量 e 的第 1 个和第 3 个到第 4 个元素的值："Beijing" "Shanghai" "Guangzhou"；

d[c(1:2, 4:6)] 取向量 d 的第 1 个到第 2 个和第 4 个到第 6 个元素的值：5 -2 -3 8 11。

2.8.3　矩阵

由若干行和若干列相同类型的数据构成的一种数据结构被称为矩阵(Matrix)，相当于二维数组。矩阵可以通过函数 matrix( )来生成，其语法是 matrix(data, nrow=, ncol=, byrow=F)，其中 data 是必要参数，其他都是可选参数，nrow 指定矩阵的行数，ncol 指定矩阵的列数，byrow=F，默认矩阵元素按列排列，byrow=T 指定矩阵元素按行排列。

矩阵函数用法示例：

m1=matrix(1:20, ncol=4) 创建数 1 到 20 的按列排列的 5 行 4 列矩阵。

```
     [,1] [,2] [,3] [,4]
[1,]    1    6   11   16
[2,]    2    7   12   17
[3,]    3    8   13   18
[4,]    4    9   14   19
[5,]    5   10   15   20
```

m2=matrix(1:20, nrow=4, byrow=T) 创建数 1 到 20 的按行排列的 4 行 5 列矩阵。

```
     [,1] [,2] [,3] [,4] [,5]
[1,]    1    2    3    4    5
```

```
[2,]    6    7    8    9   10
[3,]   11   12   13   14   15
[4,]   16   17   18   19   20
```

若要取矩阵的部分元素的值，示例如下：

m1[2,]取矩阵 m1 第 2 行的值：2　7 12 17；

m2[,3]取矩阵 m2 第 3 列的值：3　8 13 18；

m1[4,2]取矩阵 m1 第 4 行第 2 列的值：9；

m1[2:4,2]取矩阵 m1 第 2～4 行第 2 列的值：7 8 9；

m1[2:4,]取矩阵 m1 第 2～4 行的值：

```
     [,1] [,2] [,3] [,4]
[1,]    2    7   12   17
[2,]    3    8   13   18
[3,]    4    9   14   19
```

m2[,3:5]取矩阵 m2 第 3 到 5 列的值：

```
     [,1] [,2] [,3]
[1,]    3    4    5
[2,]    8    9   10
[3,]   13   14   15
[4,]   18   19   20
```

m1[-2,]取矩阵 m1 除去第 2 行之外的值：

```
     [,1] [,2] [,3] [,4]
[1,]    1    6   11   16
[2,]    3    8   13   18
[3,]    4    9   14   19
[4,]    5   10   15   20
```

m2[,-c(3:4)]取矩阵 m2 除去第 3～4 列之外的值：

```
     [,1] [,2] [,3]
[1,]    1    2    5
[2,]    6    7   10
[3,]   11   12   15
[4,]   16   17   20
```

2.8.4 数组

数组(Array)是维度大于 2 的多维数据结构，是向量和矩阵的高维度推广。如三维数组是多个相同维度的矩阵上下叠加而成的多个片层的数据结构。

数组可以通过 array( )函数来创建，其语法是 array(data, dim)，其中 data 是同一种类型的数据，dim 是各个维度组成的向量。

用法示例：

ar=array(1:24, c(3, 4, 2)) 创建数 1～24 的按列排列的 3 行 4 列 2 片层数组。

```
, , 1(片层 1)
     [,1] [,2] [,3] [,4]
[1,]    1    4    7   10
[2,]    2    5    8   11
[3,]    3    6    9   12
, , 2(片层 2)
     [,1] [,2] [,3] [,4]
[1,]   13   16   19   22
[2,]   14   17   20   23
[3,]   15   18   21   24
```

其数据取用方法和矩阵类似，只是多了一个维度而已。示例如下：

ar[, , 2] 取数组 ar 第 2 片层数据的值：

```
     [,1] [,2] [,3] [,4]
[1,]   13   16   19   22
[2,]   14   17   20   23
[3,]   15   18   21   24
```

ar[, 2:4, 1] 取数组 ar 第 1 片层第 2～4 列数据的值：

```
     [,1] [,2] [,3]
[1,]    4    7   10
[2,]    5    8   11
[3,]    6    9   12
```

2.8.5　数据框

在矩阵和数组中，只能存储相同类型的数据，有时候也会用到不同列中不同类型的数据。例如，某班学生数据，姓名是字符型数据，年龄、身高和体重却是数值型数据。要存储这样由不同数据类型构成的数据，R 语言提供了数据框(Data Frame)这种数据结构来存储，这也是科学试验当中最常用到的一种数据结构形式。数据框的列需要指定列名，即变量名，此外数据框要求每个变量的维数相同。

数据框可以通过 data.frame( )函数来创建，其语法是 data.frame(v1, v2, v3, … , vn)，其中 v1, v2, v3, … , vn 是各种类型的向量数据；或者 data.frame(data)，其中 data 是可以转化成数据框的其他类型的数据，同时自动加上列名。示例如下：

```
studentID=c(1, 2, 3, 4, 5)
name=c('Zhang', 'Wang', 'Li', 'Zhao', 'Sun')
sex=c('男', '女', '男', '男', '女')
age =c(22, 23, 25, 23, 24)
weight=c(72, 53, 75, 64, 48)
class=data.frame(studentID, name, sex, age, weight)
class
```

```
  studentID  name sex age weight
1         1 Zhang  男  22     72
2         2  Wang  女  23     53
3         3    Li  男  25     75
4         4  Zhao  男  23     64
5         5   Sun  女  24     48
```

将前面例子矩阵数据 m2 转成数据框类型：

```
df=data.frame(m2)
df
  X1 X2 X3 X4 X5
1  1  2  3  4  5
2  6  7  8  9 10
3 11 12 13 14 15
4 16 17 18 19 20
```

数据框数据的取用可以与矩阵类似，但也有自己的特点，示例如下：

class[2:4,] 取数据框 class 第 2～4 行的数据的值：

```
  studentID name sex age weight
2         2 Wang  女  23  53
3         3   Li  男  25  75
4         4 Zhao  男  23  64
```

对于数据框列数据的取用，方法更为灵活多样，可以使用列编号，也可以使用列名。取用 1 列时，name=class[2]和 name=class['name']等价，因为第 2 列就是学生姓名 name，所以会得到只有 1 列的数据框：

```
   name
1 Zhang
2  Wang
3    Li
4  Zhao
5   Sun
```

如需要取用连续的多列 name sex age，则会得到有 3 列的数据框：

```
class[2:4] 等价于 class[c('name', 'sex', 'age' )]
   name sex age
1 Zhang  男  22
2  Wang  女  23
3    Li  男  25
4  Zhao  男  23
5   Sun  女  24
```

如需要取用不连续的多列 name sex weight，则会得到有 3 列的数据框：

```
class[c(2:3, 5)] 等价于 class[c('name', 'sex', 'weight')]
   name sex weight
1 Zhang  男   72
2  Wang  女   53
3    Li  男   75
4  Zhao  男   64
5   Sun  女   48
```

2.8.6 因子

类别变量和有序变量在 R 语言中可以定义为因子(Factor)，分别对应分类因子和有序因子，相当于对向量附加上了一个作为因子的属性，对应于科学试验中的因子，定义为因子的向量也可以当作普通向量使用。

①分类因子通过函数 factor( )进行定义，其语法是：factor(v1)，其中 v1 为具有类别的向量数据。如：

```
sex=c('男', '女', '男', '男', '女')
sex=factor(sex)
```

②有序因子同样通过函数 factor( )进行定义，其语法是：

```
factor(v1, order=TRUE, levels=)
```

其中 v1 为具有类别的向量数据，order=TRUE 指定有顺序，levels 指定因子的水平顺序。如：

```
status=c('good', 'better', 'good', 'best', 'good', 'better', 'best', 'good')
status=factor(status, order=TRUE, levels=c('good', 'better', 'best'))
```

对于数据框中的变量，欲要以性别 sex 作为因子分析其他变量，可以在合成数据框之前先将其定义为因子。如：

```
sex=factor(sex)
class=data.frame(studentID, name, sex, age, weight)
```

2.8.7 列表

列表(List)是 R 语言中最复杂的一种数据类型，可以是 R 语言中各种数据类型元素的集合。列表中的数据元素可以是标量、向量、矩阵、数组、数据框，乃至其他列表。其实，R 语言中大部分统计分析的结果都以列表的形式打包输出，可以使用 list $ name 等形式从 list 列表中提取任意一种数据类型的元素名为 name 结果。

创建列表可以用 list( )函数实现，其语法是：list(n1=v, n2=m, n3=df, …)，其中 v, m, df 等是向量、矩阵和数据框等各种类型的已经创建好的数据名，n1, n2, n3 等分别为每一个列表元素的名称，可以和原元素名称相同或不同，若省略则列表元素没有名称。如：

```
mylist=list(name=name, m=m1, class=class)
```

即列表 mylist 由向量 name、矩阵 m1 和数据框 class 组合而成，它们的列表元素新名字分别为 name、m 和 class。

列表元素的取用和数据框一样也有两种常用方式，可以使用列表元素编号，也可以使用列表名。例如，从列表 mylist 中取出第 3 项列表元素数据框 class，并赋值给 myclass，其 R 语言代码可实现如下三种方式：

```
myclass=mylist[[3]]
myclass=mylist[["class"]]
myclass=mylist$class
```

得到数据框 myclass 之后，可以按照数据框类型进行操作，如取其中的姓名，得到只有一列 name 的数据框。见如下代码：

```
getname=myclass[2]或 getname=myclass['name']
```

如果要得到数据框 myclass 的一个向量 name，则可以任意执行如下一条 R 语句：

```
vname=myclass$name
vname=myclass[['name']]
vname=myclass[,'name']
```

2.9 R 软件数据导入与导出

R 软件在进行数据分析之前，需要先将数据存储进 R 软件系统。第一种方法是将数据写进 R 语句中，通过向量、矩阵和数据框等存入 R 软件系统，此方法适用于少量数据，数据量较大时不太方便；第二种方法是将 R 软件直接导入其他格式的外部数据，这是最常用的方式。R 软件提供了非常广泛的数据导入工具接口，以便数据导入和导出。

下面主要介绍最常见的两种外部数据源导入 R 软件的方法。

2.9.1 文本文档的导入和导出

常见的文本文档是所有数据处理软件都支持的通用格式，可以称为万能格式，只要一种软件存成文本文档，其他软件都可以导入，当然也包括 R 软件。

文本文档常见的分隔符有逗号、空格和制表符，还可以自己定义分隔符。文本文档的后缀有.csv 和.txt 两种，其中.csv 专门存储逗号分隔的文本文档，.txt 可以存储包含逗号在内的所有文本文档。文本文档还可以存成自定义的后缀，只要和使用方约定好即可。

①逗号分隔的文本文档的导入比较简单，直接用函数 read.csv(file, header =)即可导入。其中，file 参数为带路径的文本文档，如'C:/myclass.csv'，后缀为.txt 的逗号分隔的文档也可以。如果不指定路径，则数据文档默认从当前项目的路径下读取，后面和此类似，以后不再赘述。header 参数定义数据文档第一行是否是变量名，默认 header=TRUE 是变量名。导入名为 myclass 的文档示例如下：

```
myclass=read.csv('C:/myclass.csv', header=TRUE)
```

或

```
myclass=read.csv('myclass.txt', header=TRUE)
```

对于所有类型的文本文档，可以用函数 read.table( )实现，其使用方法为：

```
read.table(file, header=TRUE, sep=',')
```

其中，参数 file 为带路径的文本文档，如'C:/myclass.txt'，header 指定数据文档第一行是否是变量名，默认 header=FALSE 不是变量名；sep 指定数据之间的分隔符，需要用单引号或双引号引起来，常见的分隔符如空格、逗号等直接从键盘上键入即可，制表符需要用\t 表示。导入名为 myclass 的文档示例如下：

```
myclass=read.table('myclass.txt', header=TRUE, sep='\t')
myclass=read.table('myclass.txt', header=TRUE, sep=',')
```

②文本文档的导出也比较简单，一般导出成常见类型的文本文档，如果存储为逗号分隔的文本文档，可以用函数 write.csv( )实现，其使用方法为：

```
write.csv(data, file='', quote= , row.names= )
```

其中，参数 data 为任意类型的数据；file 指定存储路径和文档名；quote 指定文本文档中的字符数据是否带引号，默认带引号；row.names 指定是否存储行标号，默认存储行标号。示例如下：

```
write.csv(class, file='myclass.csv', quote=FALSE, row.names=FALSE)
```

如果导出成任意分隔符的文本文档，需用函数 write.table( )实现，其常用参数和函数 write.csv( )类似，但需用参数 sep 指定分隔符，示例如下：

```
write.table(class, file='myclass.txt', sep='\t', quote=FALSE, row.names=FALSE)
```

2.9.2　Excel 文档的导入和导出

通常情况下，试验数据很可能会存储在 Excel 文档中，Excel 文档分为两种存储格式：Excel2003 之前的格式(后缀为.xls)和 Excel2007 之后的格式(后缀为.xlsx)。Excel2003 之前的格式现在已不常用，R 软件很多函数已不再支持，导入不是很方便，如果遇到可以把 Excel2003 之前的文档另存为文本文档或 Excel2007 之后的文档，即可方便导入。现在最常见的是 Excel2007 之后格式的文档，以后提到的 Excel 文档指 Excel2007 之后格式的文档，不再赘述。

R 软件本身没有直接处理 Excel 文档的功能包，需要借助扩展包才可以导入 Excel 文档，常用的扩展包有 xlsx、openxlsx、RODBC、gdata、readxl 等。虽然导入工具包有很多，但是没有一种是尽善尽美，都是各有长处和不足，例如：xlsx 包兼容性好，有的列存在字符、日期和数值混用也能正确导入，但导入效率低，相当费时，对于大文档容易出现内存不够用而报错的问题；RODBC 包导入效率很高，不支持列数据不同类型的混用，列数不能超过 255 列；openxlsx 包兼容性好，导入效率中等，不支持老版本.xls 文档；gdata 包对其他包依赖多，对中文字符支持不好，经常出现莫名错误；readxl 包导入效率很高，不支持老版本.xls 文档，不支持列数据不同类型的混用。

导入 Excel 文档时，要格外小心，尽量不直接导入旧版.xls 文档，列数不超过 255 列。数据列内是不是不同数据混排，是不是有缺失值，导入之后还要仔细核对数据，确保准确无误。

如果直接导入 Excel 文档不成功,最终的解决方法是另存为文本文档再导入 R 软件。

①以 openxlsx 包为例,介绍一下 Excel 文档的导入方法,其他包的导入方法可自行查阅相关帮助文档。使用 openxlsx 扩展包需要提前安装语句:install.packages('openxlsx'),其导入函数 read.xlsx( )及其常用参数如下:

```
read.xlsx(file, sheet='')
```

其中,参数 file 为 Excel 文档路径的字符串,路径的目录层级间用斜杠"/"分隔,导入当前工作目录下的文档时,只用文档名即可;sheet 指定 Excel 文档中的工作簿名;Excel 文档中数据第一行默认应为变量名。下面以导入学生数据 class.xlsx 为例,程序如下:

```
library(openxlsx)
myxlsx =read.xlsx('D:/class.xlsx', sheet='Sheet1')
```

②同理,R 语言的数据也可以导出为 Excel 文档,需要用到 openxlsx 扩展包的导出函数 write.xlsx( ),其常用参数如下:

```
write.xlsx(data, file='')
```

其中,参数 data 为欲导出的数据名;file 为 Excel 文档的存储路径和文档名的字符串,路径使用方法同上,导出程序如下:

```
write.xlsx(class,'D:/class.xlsx')
```

2.10 R 软件数据存储和装载

不管是用 R 软件录入数据,还是导入外部数据,它们会存在当前项目的环境变量中,如果想永久保存或与他人分享数据,可以将数据保存成 R 软件格式的数据文档,其数据文档的后缀为.RData。

①存储 R 格式数据的方法需要用 save( )函数来实现,其语法是:

```
save(data, file='C:/filename.RData')
```

其中,data 可以是各种类型 R 语言数据,file='C:/filename.RData'为存储的路径和文档名,如果不指定路径,只有文档名,则数据文档默认保存到当前项目的路径下。例如,存储前面定义的向量 name 和数据框 class,方法如下:

```
save(name, file='C:/name.RData')
save(class, file='class.RData')
```

②载入 R 格式数据的方法需要用 load( )函数来实现,其语法是:

```
load('C:/filename.RData')
```

其中,参数 'C:/filename.RData' 为存储的路径和文档名。例如,载入前面存储的向量 name 和数据框 class,方法如下:

```
load(name, file='C:/name.RData')
```

```
load(class, file='class.RData')
```

如果是从别处拷贝来的 R 格式数据，可以直接用 load 方法载入当前项目进行数据整理和统计分析。

2.11　R 软件数据管理

2.11.1　数据类型的转换

在 R 语言使用过程中，有的函数参数需要特定类型的变量。例如，同样的数据参数，函数需要矩阵类型，而提供给它的参数是数据框类型，函数可能就会报错。这时需要先判断这个变量的数据类型，才能正确运用。下面是常用的判断变量类型的函数，返回结果是 TRUE 或 FALSE，函数及说明如下：

is.numeric( ) 判断是否是数值型对象；

is.character( ) 判断是否是字符型对象；

is.vector( ) 判断是否是向量型对象；

is.matrix( ) 判断是否是矩阵型对象；

is.data.frame( ) 判断是否是数据框型对象；

is.factor( ) 判断是否是因子型对象；

is.logical( ) 判断是否是逻辑型对象。

例如：判断前面定义的向量 name：

is.numeric(name) 返回 FALSE；is.character(name) 则会返回 TRUE。

如果数据对象类型和需求不相符，可以通过数据类型转换函数来实现。需要注意的是，只有数据内容正确，但数据类型错误时，数据类型转换才有意义。例如，矩阵数据可以转换成数据框，但只有数据类型一致的数据框才可以转换为矩阵；字符'8'转换为数值 8 没有问题，而字符'a'转换为数值就没有意义。

常见的数据类型转换函数如下：

as.numeric( ) 转换为数值型对象；

as.character( ) 转换为字符型对象；

as.vector( ) 转换为向量型对象；

as.matrix( ) 转换为矩阵型对象；

as.data.frame( ) 转换为数据框型对象；

as.factor( ) 转换为因子型对象；

as.logical( ) 转换为逻辑型对象。

2.11.2　数据排序

数据分析时，经常要对数据进行排序，比如查看分数的最高值或最低值有哪些，是否高于或低于某个值等。常用的 R 软件排序函数有两种：第一种是对某一个向量或因子进行排序，第二种是对数据框按某一列进行排序。

1. 向量或因子排序

可以是独立的向量或因子,也可以是从数据框中取出的向量或因子。排序需用函数 sort( )实现,其语法是:

```
sort(data, decreasing=T)
```

其中,data 可以是需要排序的向量或因子;decreasing=T 指定是否需要降序,省略此参数默认为升序。示例如下:

new_age=sort(age, decreasing=T) 对向量 age 按降序排序。

new_weight=sort(class $ weight) 从数据框 class 取出向量 weight 按升序排序。

2. 数据框排序

按照其中一列变量的顺序对整个数据框的数据进行排序。排序需用函数 order( )实现,其语法是:

```
df[order(df $ name, decreasing=T),]
```

其中,df 为需要排序的数据框名;df $ name 为数据框的某一列变量名;decreasing=T 指定是否需要降序,省略此参数默认为升序。示例如下:

newclass=class[order(class $ age),] 按年龄 age 变量的升序对班级数据 class 进行排序,此处 class $ age 用 class[4]或 class['age']也可以。

newclass=class[order(class $ weight, decreasing=T),] 按体重 weight 变量的降序对班级数据 class 进行排序。

2.11.3 变量重命名

在处理数据时希望变量改一下名称,或多人协作处理数据时需要变量按照相同的规则命名,均可能需要对变量重新命名。

①数据框的变量重命名的第一种方法,使用函数 names( )实现一个或多个变量的重命名,其语法是:

```
names(dataframe)[n]=c('newname')
```

其中,dataframe 为需要重命名的数据框;[n]为欲重命名的变量所在列号;'newname'为新变量名,需带引号。示例如下:

```
#一个变量重命名
names(class)[2]='gender'
#两个变量重命名
names(class)[c(1,3)]=c('ID', 'gender')
```

②数据框的变量重命名的第二种方法,使用扩展包 reshape 的函数 rename( )实现,其语法是:

```
newdf=rename(dataframe, c(oldname='newname'))
```

其中,newdf 为变量重命名后的新数据框,原数据框不会被重命名;dataframe 为需要重命名的数据框;oldname 为数据框中的原变量名;'newname'为新变量名,需带引号。示例如下:

```
library(reshape)
#一个变量重命名
myclass=rename(class, c(sex='gender'))
#两个变量重命名
rename(class, c(sex='gender', weight='weight_kg'))
```

2.11.4　数据框数据编辑

在 R 软件使用过程中，发现数据框数据有少量错误，需要编辑修改，可以使用函数 edit(df)打开编辑窗口对数据框的数据 df 进行编辑，可以编辑变量名和数据值，编辑完成后的数据会保存到新的数据框中。示例如下：

```
newclass=edit(class)
```

2.11.5　数据框的行合并

有时候，不同时期整理的同类数据或不同人员整理的同类数据，需要按行合并在一起，变量相同的行合并才有意义，如同年级两个班的数据合并。行合并需要函数 rbind( )实现，合并后的数据需要存入新数据框。其语法是：

```
newdataframe=rbind(dataframe1, dataframe2)
```

其中，newdataframe 为合并后存入的新数据框；dataframe1 为需要合并的数据框 1；dataframe2 为需要合并的数据框 2。示例如下：

```
total=rbind(class1, class2)
```

2.11.6　数据框的列合并

有时对同一个班的人员做了不同指标的研究，数据存于不同的数据框中，就需要将各个数据合并在一起，使用按列合并的方法。如果每个数据按相同的顺序排列，可以使用函数 cbind( )实现列合并；如果每个数据没有按相同的顺序排列，则需要按关键字，即人员编号进行列合并，需用到函数 merge( )来实现。其语法示例如下：

```
total=cbind(class1, class2[3:5])
```

其中，total 为合并后存入的新数据框，class1 为需要合并的数据框 1，class2 为需要合并的数据框 2。此合并为简单的列合并，不做任何核验，相同的变量名都可能重复。

```
total =merge(class1, class2, by='studentID')
```

其中，total 为合并后存入的新数据框，class1 为需要合并的数据框 1，class2 为需要合并的数据框 2，by='studentID 为按照学号匹配合并。此合并为带核验的列合并，不但要做学号核验，还要做变量名核验，相同的变量名都会以不同后缀加以区分。

2.11.7　数据筛选

对于存储在数据框中的数据，有时候需要筛选出符合某些特定条件的部分数据，可以通过

对数据框中某些变量施加一些运算符,实现数据的筛选。常见的运算符有大于(>)、大于等于(>=)、等于(==)、不等于(! =)、小于(<)、小于等于(<=)、或者(|)、并且(&)、在之内(%in%)等。示例如下:

```
myclass=class[class $ sex =='男', ]
myclass=class[class $ age!=23, ]
myclass=class[class $ age >=23 & class $ weight > 60, ]
myclass=class[class $ sex =='女'| class $ weight<70, ]
myclass=class[class $ age %in% c(23, 24), ]
myclass=class[class $ name %in% c('Zhang', 'Sun'), ]
```

2.11.8 数据随机抽取

有些数据分析模型,需要从数据中随机抽取一部分作为建立模型的训练数据,剩余的数据作为检验模型效果的测试数据,就需要对数据进行随机抽样。数据框数据的随机抽样用函数sample( )实现,其语法是:

```
sample(vector, size, replace=FALSE)
```

其中,vector 为需要抽取的向量数据;size 为需要抽取的样本量;replace=FALSE 为随机抽样的方式,省略此项时为不放回抽样,有放回抽样需要参数设置为 replace=TRUE。示例如下:

```
samplenum=sample(nrow(class), 3/5 * nrow(class))
traindata=class[samplenum,]
testdata=class[-samplenum,]
```

其中,samplenum 为随机抽取出的行编号向量;nrow( )为计算数据框总样本数的函数;3/5 * nrow(class)为从总样本中抽取 3/5 的样本数,也可以直接指定样本数;traindata 为抽取出的训练样本;testdata 为剩余的测试样本。

第3章　常用试验设计

3.1　完全随机设计

3.1.1　完全随机设计方法

完全随机设计(CRD,Complete Random Design)是按照完全随机化的原则来安排各个试验处理单元的试验设计方法,能保证每个试验单元都有均等的机会接受任何一种处理。完全随机设计要求试验条件均匀一致,或者试验条件比较接近。所以一般适用于试验条件易于控制或差别不大的实验室、网室、温室的试验。

完全随机设计无论设计还是分析都比较灵活、简便,易于掌握,方便实施。无论单因子试验还是复因子试验皆可以采用完全随机设计。每一处理的重复数可以相等或不等,建议尽量安排成等重复的平衡设计,十分方便后期的统计分析。

完全随机设计应用了重复和随机两大试验设计原则,因此能使试验结果受非试验因素的影响程度基本一致,真实地反映试验处理的效应。由于该设计没有对试验条件实施局部控制,当试验条件存在些许差异时,试验精度较低。

完全随机设计的试验设置的重复数应适当多些,但试验成本也会随之增加,故试验设计要求根据实际情况决定重复数,既能保证试验精度,又不至于过多消耗试验成本。一般试验设计的重复数建议3～5次为宜,处理数比较多时可以设置2次重复,也可以根据误差项的自由度不低于10的原则估算重复数。

3.1.2　完全随机设计的实现

3.1.2.1　单因子两处理的完全随机设计

【例3.1】 现要考察两种不同配方的饲料(*Fodder*,F1和F2)对绵羊羔羊增重产生的效果,选择同品种、同年龄、体重接近的健康绵羊20只,随机平均分成两组参与试验。

使用R语言实现单因子两处理完全随机设计程序:

```
#RD3.1
library(agricolae)
Fodder=c("F1", "F2")      #两种饲料F1和F2
```

```
rep=c(10, 10)             # 两种饲料分别的重复数
CRDesign=design.crd(Fodder, r=rep, serie=0)
crd=CRDesign $ book[-2]
names(crd)[1]='Sheep'
crd
```

程序简要说明：

agricolae 为农业研究统计包，Fodder 定义饲料种类，rep 定义重复数，design.crd( )为完全随机设计函数，其中参数 serie 为试验单元编码方式，0 为整数自然编码，names( )列名重命名函数。

程序运行结果如表 3.1 所示：

表 3.1　绵羊羔羊增重试验完全随机设计表

Sheep	*Fodder*	*Sheep*	*Fodder*
1	F2	11	F1
2	F2	12	F2
3	F1	13	F1
4	F2	14	F2
5	F2	15	F1
6	F2	16	F2
7	F1	17	F1
8	F1	18	F2
9	F1	19	F1
10	F2	20	F1

3.1.2.2　单因子三处理以上的完全随机设计

【例 3.2】　某水稻施肥（*Fertilizer*）盆栽试验，设 4 个处理，AMMONIA：氨水；NH4HCO3①：碳酸氢铵；UREA：尿素；NONE：不施肥，施肥量折合每盆纯氮为 1.2 g。每一处理为 5 盆，共 20 盆，随机放置于同一网室中，试验采用完全随机设计。

使用 R 语言实现单因子四处理完全随机设计程序：

```
# RD3.2
library(agricolae)
Fertilizer=c("AMMONIA", "NH4HCO3", "UREA", "NONE")  # 四种肥料
rep=c(5, 5, 5, 5)        # 四种肥料分别的重复数
CRDesign=design.crd(Fertilizer, r=rep, serie=0)
crd=CRDesign $ book[-2]
names(crd)[1]='Unit'
crd
```

程序简要说明：

① 为便于全书统一，此处化学式均与计算机语言符号保持一致。全书同。

agricolae 为农业研究统计包，Fertilizer 定义处理，rep 定义重复数，design. crd( )为完全随机设计函数，names( )列名重命名函数。

程序运行结果如表 3.2 所示：

表 3.2　水稻盆栽施肥试验完全随机设计表

Unit	*Fertilizer*	*Unit*	*Fertilizer*
1	AMMONIA	11	NONE
2	UREA	12	NH4HCO3
3	UREA	13	AMMONIA
4	NONE	14	UREA
5	NH4HCO3	15	NH4HCO3
6	UREA	16	AMMONIA
7	NH4HCO3	17	AMMONIA
8	UREA	18	NONE
9	AMMONIA	19	NH4HCO3
10	NONE	20	NONE

3.1.2.3　复因子的完全随机设计

【例 3.3】　有一大豆产量试验，考察三个大豆品种（*Soybean*，S1、S2、S3）和两种播种期（*Date*，D1、D2）条件下大豆的产量，每一处理组合重复三次，试验条件比较均匀，采用完全随机设计。

使用 R 语言实现两因子完全随机设计程序：

```
#RD3.3
library(agricolae)
factors=c(3,2)    #两因子 3×2,默认为 A 和 B
rep=3
FacDesign=design.ab(factors, r=rep, design="crd", serie=0)
crd=FacDesign$book[-2]
names(crd)=c('Unit','Soybean','Date')
crd
```

程序简要说明：

agricolae 为农业研究统计包；factors 定义因子及其水平；rep 定义重复数，design. ab( )为析因设计函数，其中 r 定义重复数，design 定义设计类型为完全随机设计 crd；names( )列名重命名函数。

程序运行结果如表 3.3 所示：

表 3.3　大豆产量试验完全随机设计表

Unit	*Soybean*	*Date*	*Unit*	*Soybean*	*Date*
1	1	2	10	3	2
2	3	2	11	2	1
3	1	1	12	2	2
4	3	1	13	2	1

续表 3.3

Unit	*Soybean*	*Date*	*Unit*	*Soybean*	*Date*
5	2	1	14	3	1
6	3	1	15	1	2
7	2	2	16	1	1
8	2	2	17	3	2
9	1	1	18	1	2

3.1.3 完全随机设计的统计分析

3.1.3.1 统计分析方法

对于完全随机设计试验的统计分析，由于试验因子及处理数不同，统计分析方法也不同。

1. 单因子两处理的试验

两处理的单因子试验，属于非配对的设计，其统计分析方法适用于成组法 t 检验。

2. 单因子多处理的试验

单因子多处理(处理数多于 2)的试验结果使用单因子的方差分析，因子记为 A，有 a 个水平，重复数为 r，则其方差分析的数学模型为：

$$y_{ij} = \mu + \alpha_i + \varepsilon_{ij}\ ,\ i = 1,\ 2, \cdots,\ a;\ j = 1,\ 2, \cdots,\ r$$

式中，y_{ij} 为试验指标的观测值，μ 为总平均数，α_i 为因子 A 的第 i 水平效应，ε_{ij} 为随机误差，服从 $N(0,\ \sigma^2)$。其方差分析如表 3.4 所示。

表 3.4 单因子处理的完全随机设计的方差分析表

变异来源	自由度(df)	平方和(SS)	均方(MS)	F 统计量	显著性
A	$a-1$	SS_A	MS_A	MS_A/MS_E	
误差(E)	$(r-1)a$	SS_E	MS_E		
总和	$ar-1$	SS_T			

3. 复因子试验

复因子试验的试验结果适用于复因子的方差分析，设有两个因子 A 和 B，分别有 a 和 b 个水平，重复数为 r，考虑交互作用 $A \times B$，则其方差分析的数学模型为：

$$y_{ijk} = \mu + \alpha_i + \beta_j + \alpha\beta_{ij} + \varepsilon_{ijk}\ ,\quad i=1,2,\cdots,a;\ j=1,2,\cdots,b;\ k=1,2,\cdots,r$$

式中，y_{ijk} 为试验指标的观测值，μ 为总平均数，α_i 为因子 A 的第 i 水平效应，β_j 为因子 B 的第 j 水平效应，$\alpha\beta_{ij}$ 为因子 A 与 B 的交互效应 $A \times B$，ε_{ijk} 为随机误差，服从 $N(0,\ \sigma^2)$。其方差分析如表 3.5 所示。

表 3.5 两因子完全随机设计的方差分析表

变异来源	自由度(df)	平方和(SS)	均方(MS)	F 统计量	显著性
A	$a-1$	SS_A	MS_A	MS_A/MS_E	
B	$b-1$	SS_B	MS_B	MS_B/MS_E	

续表 3.5

变异来源	自由度(df)	平方和(SS)	均方(MS)	F 统计量	显著性
$A\times B$	$(a-1)(b-1)$	SS_{AB}	MS_{AB}	MS_{AB}/MS_E	
误差(E)	$(r-1)ab$	SS_E	MS_E		
总和	$abr-1$	SS_T			

3.1.3.2　统计分析实例

1. 例 3.1 的绵羊羔羊饲料试验的统计分析

试验数据如表 3.6 所示。

表 3.6　绵羊羔羊饲料试验结果

Sheep	**1**	**2**	**3**	**4**	**5**	**6**	**7**	**8**	**9**	**10**
Fodder	F2	F2	F1	F2	F2	F2	F1	F1	F1	F2
Weight	8.0	6.5	9.0	5.5	8.5	6.5	4.0	6.5	3.5	5.5
Sheep	**11**	**12**	**13**	**14**	**15**	**16**	**17**	**18**	**19**	**20**
Fodder	F1	F2	F1	F2	F1	F2	F1	F2	F1	F1
Weight	3.5	7.5	7.0	5.0	4.5	8.5	6.0	9.0	5.0	5.5

由于本试验为单因子两处理的完全随机设计试验，它的统计分析方法应该使用成组法 t 检验，其 R 语言分析程序如下：

```
#RA3.1
Fodder=c('F2','F2','F1','F2','F2','F2','F1','F1','F1','F2',
         'F1','F2','F1','F2','F1','F2','F1','F2','F1','F1')
Weight=c(8.0,6.5,5.5,9.0,8.5,6.5,4.0,6.5,3.5,5.5,3.5,7.5,7.0,5.0,4.5,8.5,6.0,9.0,5.0,5.5)
lamb=data.frame(Fodder, Weight)
var.test(Weight ~ Fodder, data=lamb)
t.test(Weight ~ Fodder, data=lamb, var.equal=TRUE)
```

程序简要说明：

Fodder 定义两种不同配方的饲料数据，Weight 定义饲料相应的增重数据，lamb 将试验数据集合成数据框，var.test( )为方差齐性检验函数，t.test( )为两样本 t 检验函数，其参数 var.equal 的值应根据方差齐性检验 var.test( )的结果设定，系统默认 var.equal=FALSE。

程序运行结果：

(1) 两种饲料方差齐性检验

```
 F test to compare two variances

data:  Weight by Fodder
F=0.70899, num df=9, denom df=9,p-value=0.6167
alternative hypothesis: true ratio of variances is not equal to 1
95 percent confidence interval:
0.1761043 2.8544086
sample estimates:
```

```
ratio of variances
          0.7089947
```

两种饲料(*Fodder*)增重效果的方差是否具有齐性，因为 $F=0.709, df_1=9, df_2=9, P=0.617>0.05$，所以两种饲料增重效果的方差没有显著差异，即认为方差具有齐性，需要在 t.test( )中设定 var.equal=TRUE。

(2)两种饲料均值是否相等的检验

```
  Two Sample t-test

data:   Weight by Fodder
t=-3.8393, df=18, p-value=0.001202
alternative hypothesis: true difference in means is not equal to 0
95 percent confidence interval:
-3.558606 -1.041394
sample estimates:
mean in group F1 mean in group F2
             5.1              7.4
```

两种饲料(*Fodder*)增重效果是否具有显著差异，因为 $t=-3.839, df=18, P=0.0012<0.01$，所以两种饲料增重的均值存在极显著差异。由于饲料 F1 的增重均值 5.1<F2 的增重均值 7.4，所以饲料 F2 的增重效果极显著大于饲料 F1。

2. 例 3.2 的水稻施肥(*Fertilizer*)盆栽试验的统计分析

试验数据(经过整理)如表 3.7 所示。

表 3.7　水稻盆栽产量的试验数据

Fertilizer	***Yield***				
AMMONIA	27	24	21	26	24
NH4HCO3	31	28	25	30	27
UREA	32	33	31	28	30
NONE	21	22	16	21	18

由于本试验为单因子四个处理的完全随机设计试验，它的统计分析方法应该使用单因子的方差分析，其 R 语言程序如下：

```
#RA3.2
Fertilizer=factor(rep(c('AMMONIA','NH4HCO3','UREA','NONE'), 5))
Yield=c(27,31,32,21,24,28,33,22,21,25,31,16,26,30,28,21,24,27,30,18)
rice=data.frame(Fertilizer, Yield)
bartlett.test(Yield ~ Fertilizer, data=rice)
aovmodel=aov(Yield ~ Fertilizer, data=rice)
summary(aovmodel)
library(agricolae)
duncan.test(aovmodel, "Fertilizer", console=TRUE)
```

程序简要说明：

Fertilizer 定义施肥方式数据，factor( )函数定义 Fertilizer 为因子，Yield 定义施肥相应的产量数据，rice 为试验数据集合成的数据框，bartlett. test( )为方差齐性检验函数，aov( )为方差分析函数，方差分析的模型为“试验指标～因子”的形式，duncan. test( )为 Duncan 法均值比较函数。

程序运行结果：

(1) 方差齐性检验

```
  Bartlett test of homogeneity of variances

data:  Yield by Fertilizer
Bartlett's K-squared=0.2748, df=3, p-value=0.9647
```

Bartlett 方差齐性检验为 $K\text{-}squared=0.275$，$df=3$，$p=0.965>0.05$，说明四种施肥方式的产量的方差具有齐性。

(2)方差分析

```
            Df Sum Sq Mean Sq F value   Pr(>F)
Fertilizer   3  355.8  118.58   22.59 5.39e-06 ***
Residuals   16   84.0    5.25

Signif.codes:
0 '***' 0.001 '**' 0.01 '*' 0.05 '.' 0.1 ' ' 1

Study: aov~ "Fertilizer"

Duncan's new multiple range test for Yield

Mean Square Error:  5.25
Fertilizer,  means

        Yield      std r Min Max
AMMONIA  24.4 2.302173 5  21  27
NH4HCO3  28.2 2.387467 5  25  31
NONE     19.6 2.509980 5  16  22
UREA     30.8 1.923538 5  28  33

Alpha: 0.05 ; DF Error: 16
Critical Range
       2        3        4
3.072035 3.221439 3.314832

Means with the same letter are not significantly different.

        Yield groups
UREA     30.8      a
NH4HCO3  28.2      a
AMMONIA  24.4      b
NONE     19.6      c
```

从方差分析表得到，施肥(*Fertilizer*)处理的 F 检验，$F=22.59$，$df_1=3$，$df_2=16$，$P=5.39e-06<0.01$，说明四种施肥方式的产量间存在极显著差异。

采用 Duncan 法均值比较，尿素(UREA)的产量均值 30.8 和碳酸氢铵(NH4HCO3)的产量均值 28.2 无显著差异，但它们的产量显著高于氨水(AMMONIA)和对照(NONE)，对照 NONE 的产量均值显著小于其他施肥处理。所以，推荐施肥处理使用尿素(UREA)和碳酸氢铵(NH4HCO3)均可。

3. 例 3.3 的大豆产量试验的统计分析

试验数据(经过整理)如表 3.8 所示。

表 3.8　大豆产量的试验数据

unit	*Soybean*	*Date*	*Yield*	*unit*	*Soybean*	*Date*	*Yield*
1	1	2	12	10	3	2	13
2	3	2	14	11	2	1	14
3	1	1	12	12	2	2	12
4	3	1	14	13	2	1	14
5	2	1	13	14	3	1	15
6	3	1	15	15	1	2	12
7	2	2	13	16	1	1	11
8	2	2	13	17	3	2	14
9	1	1	13	18	1	2	11

由于本试验为两因子的完全随机设计试验，它的统计分析方法应该使用复因子的方差分析，其 R 语言程序如下：

```
#RA3.3
Soybean =factor(c(1,3,1,3,2,3,2,2,1,3,2,2,2,3,1,1,3,1))
Date=factor(c(2,2,1,1,1,1,2,2,1,2,1,2,1,1,2,1,2,2))
Yield=c(12,14,12,14,13,15,13,13,13,13,14,12,14,15,12,11,14,11)
soybean=data.frame(Soybean, Date, Yield)
aovmodel=aov(Yield ~ Soybean+Date+Soybean : Date, data=soybean)
summary(aovmodel)
#根据上一步方差分析模型的交互作用是否显著，决定是否考虑交互作用
aovmodel=aov(Yield ~ Soybean+Date, data=soybean)
summary(aovmodel)
library(agricolae)
duncan.test(aovmodel, "Soybean", console=TRUE)
duncan.test(aovmodel, "Date", console=TRUE)
```

程序简要说明：

Soybean 和 Date 为试验的两个影响因子(大豆品种和播期)，需要用 factor( )函数定义为因子，Yield 为试验指标(产量)，soybean 为试验数据集合成的数据框，aov( )为方差分析函数，方差分析的模型为"试验指标～各项效应之和"的形式，各项效应用间"＋"号连接，因子间交互效应用":"号表示，duncan.test( )为 Duncan 法均值比较函数。

程序运行结果：

```
              Df Sum Sq Mean Sq F value   Pr(>F)
Soybean        2 16.444   8.222  18.500 0.000216 ***
Date           1  2.722   2.722   6.125 0.029231 *
Soybean:Date   2  0.444   0.222   0.500 0.618625
Residuals     12  5.333   0.444
---
Signif. codes:  0 '***' 0.001 '**' 0.01 '*' 0.05 '.' 0.1 ' ' 1
```

从中可以看出，交互作用项 *Soybean*:*Date* 的 $P=0.619$，说明 *Soybean* 和 *Date* 的交互作用不显著，需要从方差分析模型中去掉交互作用项重新进行方差分析。

```
              Df Sum Sq Mean Sq F value   Pr(>F)
Soybean        2 16.444   8.222  19.923 8.03e-05 ***
Date           1  2.722   2.722   6.596   0.0223 *
Residuals     14  5.778   0.413
---
Signif. codes:  0 '***' 0.001 '**' 0.01 '*' 0.05 '.' 0.1 ' ' 1

Duncan's new multiple range test for Yield

Mean Square Error:  0.4126984

Alpha: 0.05 ; DF Error: 14

Study: aovmodel ~ "Soybean"

Critical Range
        2         3
0.7954994 0.8335576

Means with the same letter are not significantly different.

     Yield groups
3 14.16667      a
2 13.16667      b
1 11.83333      c

Study: aovmodel ~ "Date"

Critical Range
        2
0.6495226

Means with the same letter are not significantly different.

     Yield groups
1 13.44444      a
2 12.66667      b
```

从方差分析表得到，大豆品种(*Soybean*)的 F 检验，$F=19.923$，$df_1=2$，$df_2=14$，$P=8.03e-5<0.01$，三个大豆品种的产量间存在极显著差异。播期(*Date*)的 F 检验，$F=$

6.596，$df_1=1$，$df_2=14$，$P=0.022<0.05$，两个播期的产量间存在显著差异。

均值比较采用了Duncan法，大豆的三个品种间(*Soybean*)的产量均存在显著差异，品种D3的产量14.167最高，品种D1的产量11.833最低。大豆的两个播期(*Date*)中，播期D1的产量13.444显著高于播期D2的产量12.667。应该选择大豆品种D3在播期D1播种，大豆产量能达到最高。

3.1.4 完全随机设计的优缺点

完全随机设计是一种最简单的设计方法，主要优缺点如下。

主要优点：①设计容易。处理数和重复数都不受限制，适用于试验对象、试验条件差异比较小的试验。②分析简单。无论所获得的试验资料各处理重复数相等与否，都可以进行统计分析。

主要缺点：①由于未使用试验设计三大原则中的局部控制原则，非试验因素的影响被归入误差项，从而使试验误差增加，试验精度降低。②当试验对象、试验条件差异较大时，不宜采用此种设计方法。

3.2 配对设计

3.2.1 配对设计方法

配对设计(PD，Paired Design)是指根据试验条件将受试对象按相同或相近的特征、性质或条件配成对子，再将每对中两个受试对象分别随机地施加两个不同处理(含对照)，从而考察处理间是否存在显著差异。同一配对内要求条件尽量一致或接近，而不同配对之间允许有一些差异。

配对设计适用于单因子试验的两个处理或一个新处理与一个旧处理的比较，此法设计比较灵活、简便，易于掌握，方便实施。具体配对方式如下。

①自身配对：指在同一试验对象上安排的两种处理。

比如：同一试验对象前后不同试验期安排的处理之间的比较，同一试验对象不同部位、不同器官的比较，同一标本不同检测方法的比较。

②同源配对：指将非处理条件相近的试验对象组成对子，分别施加不同的处理。

比如：在动物试验中，常将种系、窝别、性别相同，年龄、体重相近的动物配成对。

配对设计中，一对相当于一个区组，所以配对设计完全贯彻了重复、随机化和区组控制三大试验设计原则，因此试验精度比较高，无论初级试验还是高级试验均可采用。

配对设计的配对数量不低于10对，以10～20对为宜。如果试验误差比较大，可以适当增加配对数。

3.2.2 配对设计的实现

【例3.4】 两种苹果保鲜方法(*Fresh*，F1和F2)比较试验，苹果保鲜的一项重要指标就是果肉硬度。虽然苹果个体间存在差异，但源于同一株的苹果非常近似，而不同株的苹果之间可能存在一些差异。本试验从10株苹果树上采下苹果，每一株的苹果随机分成两份，一份采用保鲜方法 F1,另一份采用保鲜方法 F2,即为配对设计。

使用 R 语言实现配对设计程序:

```
#RD3.4
library(agricolae)
Fresh=c("F1", "F2")
Pairs=10
PDesign=design.rcbd(Fresh, r=Pairs)
PD=data.frame(PDesign $ sketch)
names(PD)=c('Unit1', 'Unit2')
PD
```

程序简要说明:

agricolae 为农业研究统计包,Fresh 定义字符变量,Pairs 定义配对数,design.rcbd( )为随机化完全区组设计函数,data.frame( )将数据转换成数据框形式,names( )为列名重命名函数。

程序运行结果如表 3.9 所示:

表 3.9　苹果保鲜试验配对法设计表

Pairs	*Unit*1	*Unit*2
1	F1	F2
2	F2	F1
3	F1	F2
4	F2	F1
5	F1	F2
6	F2	F1
7	F2	F1
8	F1	F2
9	F2	F1
10	F1	F2

3.2.3　配对设计的统计分析

配对法设计试验数据的统计分析,需要采用配对法 t 检验。在试验设计和实施以及数据整理的过程中,配对处理数据必须一一对应,不能错乱和缺失,如有一个数据缺失,则这一对数据都要废弃。

如果 n 对试验数据中第 i 对试验指标的配对差值为:

$$d_i = y_{1i} - y_{2i}\ ,\ i=1,\ 2,\ \cdots,\ n$$

配对差值的平均值为:

$$\overline{d} = \frac{1}{n}\sum_{i=1}^{n} d_i$$

配对差值的标准差为:

$$S_d = \sqrt{\frac{\sum_{i=1}^{n}(d_i - \overline{d})^2}{n-1}}$$

配对法 t 检验的统计量：

$$t = \frac{\bar{d}}{S_d / \sqrt{n}}$$

统计量 t 的自由度：$df = n - 1$。

例 3.4 两种苹果保鲜方法试验测得的果肉硬度，具体数据如表 3.10。试验数据的整理可以按顺序进行，例如：苹果树的编号可以按照顺序整理，保鲜方法 F1 和 F2 测得的果肉硬度各占一列即可，与先后顺序无关。

表 3.10　配对法设计苹果保鲜试验数据

Pairs	*Fresh*	
	F1	**F2**
1	17.0	12.5
2	15.0	15.5
3	14.0	12.5
4	17.0	16.0
5	16.0	14.0
6	14.0	13.0
7	16.0	15.0
8	15.0	15.0
9	18.5	17.0
10	17.0	16.0

由于本试验是配对法设计试验，所以它的统计分析方法采的是配对法 t 检验，其 R 语言分析程序如下：

```
#RA3.4
F1=c(17.0,15.0,14.0,17.0,16.0,14.0,16.0,15.0,18.5,17.0)
F2=c(12.5,15.5,12.5,16.0,14.0,13.0,15.0,15.0,17.0,16.0)
t.test(F1, F2, paired=TRUE)
```

程序简要说明：

F1 和 F2 为试验的两个处理对应的苹果果肉硬度值，硬度数据需要按顺序配对，t.test（ ）为 t 检验函数，其参数 paired=TRUE 指定做配对法 t 检验。

程序运行结果：

```
Paired t-test
data:  F1 and F2
t=3.0736, df=9, p-value=0.01328
alternative hypothesis: true difference in means is not equal to 0
95 percent confidence interval:
0.3432148 2.2567852
sample estimates:
mean of the differences  1.3
```

从 R 的配对法 t 检验输出结果看到，统计量 $t=3.074$，$df=9$，$P=0.0133<0.05$，所以两种保鲜方法的果肉硬度均值存在显著差异。由于两种保鲜方法果肉硬度之差（F1－F2）的均值为 1.3，所以保鲜方法 F1 的果肉硬度显著大于保鲜方法 F2，保鲜方法 F1 更优。

3.2.4　配对设计的优缺点

配对设计是一种简便易行的设计方法，主要优缺点如下。

主要优点：①设计简单，易于掌握，实施方便。②对试验条件要求不高，不同配对间允许有差异。③处理间可比性强，试验精度比较高。④在使用自身配对时，可以大大节约样本量。

主要缺点：①只局限于两个处理，不适用于多个处理的情况。②不能用于更加复杂的复因子试验。

3.3　拉丁方设计

拉丁方设计（LSD，Latin Square Design）是从横行和直列两个方向设置双重区组控制，使得横行和直列两向皆成区组，比随机区组多一个区组的设计。在拉丁方设计中，每一行或每一列都成为一个完全区组，而每一处理在每一行或每一列都只出现一次，也就是说，在拉丁方设计中，试验处理数＝横行区组数＝直列区组数＝试验处理的重复数。

在对拉丁方设计试验结果进行统计分析时，由于能将横行、直列二个区组间的变异从试验误差中分离出来，因此拉丁方设计的试验误差比较小，试验精度比较高。统计学家 Cochran 经过 8 年的田间试验研究表明，拉丁方试验的误差方差约为随机区组试验的 73%。

拉丁方最早是一种游戏，18 世纪，欧洲的普鲁士国王腓特烈大帝要举行一次阅兵式，要求部队排成 6×6 的方阵，每个方阵的行和列都要由 6 种部队的 6 种军官组成，不得重复和空缺。大臣们向当时的数学家欧拉请教，最终促使拉丁方问世。由于拉丁方中的排列通常使用拉丁字母表示，所以统计学家 Fisher 便称其为“拉丁方”，并首次使用拉丁方来设计试验，并成为了一种试验设计方法。近期比较流行的趣味游戏数独，其实就是 9 阶拉丁方，只不过是在普通的 9 阶拉丁方基础上，还要加上 3×3 的方块不能重复的限制，算是一种特殊的 9 阶拉丁方。

拉丁方的横行、直列既可以作为物理的行列，又可以安排其他的因子。所以横行、直列和处理三个方面可以是两个区组控制和一个因子，也可以是一个区组控制和两个因子，或者同时安排三个因子。拉丁方设计不能考察交互作用，所以同时安排多个因子时，要求因子间不能存在交互作用。

拉丁方的横行、直列和处理间都存在相互正交的关系，其中的均衡分布思想也是正交设计、均匀设计等新设计方法的思想基础。

3.3.1　拉丁方简介

3.3.1.1　拉丁方

以 n 个拉丁字母 A，B，C ……为元素，制作一个 n 阶方阵，若这 n 个拉丁方字母在这 n 阶方阵的每一行、每一列都出现，且只出现一次，则称该方阵为 n 阶拉丁方或 $n\times n$ 拉丁方。

例如,4 阶拉丁方:

A	*B*	*C*	*D*
B	*C*	*D*	*A*
C	*D*	*A*	*B*
D	*A*	*B*	*C*

第一行和第一列都按照相同的拉丁字母的自然顺序排列的拉丁方,叫标准拉丁方(或简称标准方)。每一种拉丁方的数量(s)很多,但标准方(k)却比较少。例如,4 阶拉丁方所有的排列有 576 种,但 4 阶标准拉丁方只有 4 种。在进行拉丁方设计时,通常选择一种标准方,随机变换标准方的横行和直列,便可得到普通排列的拉丁方进行试验设计,每个 n 阶标准方可以变化出 $r=n!(n-1)!$ 个排列方式,n 阶拉丁方所有的排列方式有 $s=kn!(n-1)!$ 个。下面列出了常用拉丁方的标准方数和拉丁方总数,具体见表 3.11 所示。

表 3.11　常见拉丁方的标准方数和拉丁方总数

阶数 n	标准方数 k	每个标准方的变化数 r	拉丁方总数 s
3	1	12	12
4	4	144	576
5	56	2 880	161 280
6	9 048	86 400	812 851 200
7	16 942 080	3 628 800	6 147 941 904 000
8	535 281 401 856	203 212 800	108 776 032 459 082 956 800

3.3.1.2　常用拉丁方

在科学试验中,最常用的有 3~8 阶拉丁方。下面列出一部分标准拉丁方,供设计拉丁方时选用。其余的拉丁方可查阅本教材附表 1。

3 阶

A	*B*	*C*
B	*C*	*A*
C	*A*	*B*

4 阶

(1)				(2)				(3)				(4)			
A	*B*	*C*	*D*	*A*	*B*	*C*	*D*	*A*	*B*	*C*	*D*	*A*	*B*	*C*	*D*
B	*A*	*D*	*C*	*B*	*C*	*D*	*A*	*B*	*D*	*A*	*C*	*B*	*A*	*D*	*C*
C	*D*	*B*	*A*	*C*	*D*	*A*	*B*	*C*	*A*	*D*	*B*	*C*	*D*	*A*	*B*
D	*C*	*A*	*B*	*D*	*A*	*B*	*C*	*D*	*C*	*B*	*A*	*D*	*C*	*B*	*A*

5 阶

(1)					(2)					(3)					(4)				
A	*B*	*C*	*D*	*E*	*A*	*B*	*C*	*D*	*E*	*A*	*B*	*C*	*D*	*E*	*A*	*B*	*C*	*D*	*E*
B	*A*	*E*	*C*	*D*	*B*	*A*	*D*	*E*	*C*	*B*	*A*	*E*	*C*	*D*	*B*	*A*	*D*	*E*	*C*
C	*D*	*A*	*E*	*B*	*C*	*E*	*B*	*A*	*D*	*C*	*E*	*D*	*A*	*B*	*C*	*D*	*E*	*A*	*B*
D	*E*	*B*	*A*	*C*	*D*	*C*	*E*	*B*	*A*	*D*	*C*	*B*	*E*	*A*	*D*	*E*	*B*	*C*	*A*
E	*C*	*D*	*B*	*A*	*E*	*D*	*A*	*C*	*B*	*E*	*D*	*A*	*B*	*C*	*E*	*C*	*A*	*B*	*D*

6 阶

A	B	C	D	E	F
B	F	D	C	A	E
C	D	E	F	B	A
D	A	F	E	C	B
E	C	A	B	F	D
F	E	B	A	D	C

7 阶

A	B	C	D	E	F	G
B	C	D	E	F	G	A
C	D	E	F	G	A	B
D	E	F	G	A	B	C
E	F	G	A	B	C	D
F	G	A	B	C	D	E
G	A	B	C	D	E	F

8 阶

A	B	C	D	E	F	G	H
B	C	D	E	F	G	H	A
C	D	E	F	G	H	A	B
D	E	F	G	H	A	B	C
E	F	G	H	A	B	C	D
F	G	H	A	B	C	D	E
G	H	A	B	C	D	E	F
H	A	B	C	D	E	F	G

为了比较精确地估计试验误差和检验处理的效应，要求误差项自由度最好不低于 10。对于 3 阶和 4 阶的拉丁方，由于总的处理数较少，误差项自由度太小，影响 F 检验的稳健性。比如：3 阶拉丁方，总自由度为 9－1＝8，去掉行自由度 2、列自由度 2 和处理的自由度 2，误差项自由度只有 2；4 阶拉丁方，总自由度为 16－1＝15，去掉行自由度 3、列自由度 3 和处理的自由度 3，误差项自由度只有 6。所以使用 3 阶和 4 阶的拉丁方进行试验设计时，经常两个、三个或者更多个同阶拉丁方同时使用，以增加误差项自由度，即多重拉丁方设计。

但当拉丁方设计处理数大于 8 个时，其误差项自由度足够大，但试验总处理数会变得很多，不便于实施，也较少使用。

3.3.2　拉丁方设计的实现

在农业或生物学试验中，如果要控制来自两个方面的系统误差，就经常采用拉丁方设计。特别是动物试验中，当试验动物的数量受到限制时，比较适合采用拉丁方设计。下面结合具体例子说明拉丁方设计方法。

【例 3.5】 为了研究 5 种不同温度（*Temp*）对蛋鸡产蛋量的影响，将鸡舍的 5 种温度设为 A、B、C、D、E，有 5 群鸡（*Hens*）参与试验，按照时间顺序把鸡群的产蛋期（*Period*）分为 5 期。由于各鸡群和产蛋期的不同对产蛋量有一定的影响，因此采用拉丁方设计，把鸡群和产蛋期作为区组设置，以便控制这两个方面的误差。拉丁方具体设计步骤如下。

3.3.2.1　选择拉丁方

选择拉丁方时应根据试验的处理数和横行数、直列数先确定使用几阶拉丁方，再选择相应的标准拉丁方。

本例试验处理因素为温度，处理数为 5；将鸡群作为直列区组因素，直列区组数为 5；将产蛋期作为横行区组因素，横行区组数也为 5。即试验处理数、直列区组数和横行区组数都为 5，故应选取 5 阶拉丁方。选取前面列出的第 2 个 5 阶标准拉丁方，即：

A	B	C	D	E
B	A	D	E	C
C	E	B	A	D
D	C	E	B	A
E	D	A	C	B

3.3.2.2　随机排列

在选定标准拉丁方之后，还应该对横行、直列和试验处理的顺序进行随机排列。

下面对选定的5阶标准拉丁方进行随机排列。建议用随机抽签法或程序法，比如用R语言随机生成五个数的程序：sample(5)，如此生成3个五位数字，如：13542，41523，34521。然后将上面选定的5阶标准拉丁方的直列、横行及处理按这3个五位数的顺序重新随机排列。

①直列随机：将拉丁方的各直列顺序按13542顺序重排。

②横行随机：将直列重排后的拉丁方的各横行按41523顺序重排。

选择拉丁方

	1	2	3	4	5
1	*A*	*B*	*C*	*D*	*E*
2	*B*	*A*	*D*	*E*	*C*
3	*C*	*E*	*B*	*A*	*D*
4	*D*	*C*	*E*	*B*	*A*
5	*E*	*D*	*A*	*C*	*B*

直列随机

	1	3	5	4	2
1	*A*	*C*	*E*	*D*	*B*
2	*B*	*D*	*C*	*E*	*A*
3	*C*	*B*	*D*	*A*	*E*
4	*D*	*E*	*A*	*B*	*C*
5	*E*	*A*	*B*	*C*	*D*

横行随机

	1	3	5	4	2
4	*D*	*E*	*A*	*B*	*C*
1	*A*	*C*	*E*	*D*	*B*
5	*E*	*A*	*B*	*C*	*D*
2	*B*	*D*	*C*	*E*	*A*
3	*C*	*B*	*D*	*A*	*E*

③处理随机：将5种不同温度按第三个5位数34521顺序排列，即$A=3$，$B=4$，$C=5$，$D=2$，$E=1$，也就是说，在拉丁方中的*A*表示第3种温度，*B*表示第4种温度等，依次类推。最后把1，2，3，4，5替换成*A*，*B*，*C*，*D*，*E*，从而得到5阶拉丁方设计，如表3.12所示。

表3.12　5种不同温度对鸡产蛋量影响的拉丁方设计表

Period	***Hens***				
	1	**2**	**3**	**4**	**5**
1	(2)*B*	(1)*A*	(3)*C*	(4)*D*	(5)*E*
2	(3)*C*	(5)*E*	(1)*A*	(2)*B*	(4)*D*
3	(1)*A*	(3)*C*	(4)*D*	(5)*E*	(2)*B*
4	(4)*D*	(2)*B*	(5)*E*	(1)*A*	(3)*C*
5	(5)*E*	(4)*D*	(2)*B*	(3)*C*	(1)*A*

注：括号内的数字由上次随机的字母变换得到。

由表3.12可以看出，第一鸡群在第1个产蛋期用第2种温度*B*水平，第二鸡群在第1个产蛋期用第1种温度*A*水平……试验严格按照设计方案实施。

3.3.2.3　拉丁方设计的程序实现

使用R语言实现5阶拉丁方设计程序：

```
#RD3.5
library(agricolae)
Treat=LETTERS[1:5]
LSDesign=design.lsd(Treat)
LSD=data.frame(LSDesign$sketch)
LSD
```

程序简要说明：

treat定义处理为前5个大写字母A～E，design.lsd( )为拉丁方设计函数，LSDesign$sketch存放拉丁方设计的结果，data.frame( )将数据转换成数据框形式。

程序运行结果如表 3.13 所示①。

表 3.13　R 语言设计的 5 阶拉丁方设计表

	X_1	X_2	X_3	X_4	X_5
1	B	A	C	D	E
2	C	E	A	B	D
3	A	C	D	E	B
4	D	B	E	A	C
5	E	D	B	C	A

3.3.3　拉丁方设计的统计分析

拉丁方设计试验数据的统计分析是将两个区组因素与一个试验因素放在一起，按三因素试验的方差分析法进行的，不考虑 3 个因素之间的交互作用。将横行区组因素记为 A，直列区组因素记为 B，试验处理记为 T，横行区组数、直列区组数与处理数记为 r，对拉丁方试验结果进行方差分析的数学模型为：

$$y_{ijk}=\mu+\alpha_i+\beta_j+\gamma_k+\varepsilon_{ijk}\ ,\quad i=j=k=1,\ 2,\ \cdots,\ r$$

式中，y_{ijk} 为试验指标，μ 为总平均数，α_i 为横行区组 A 第 i 行的效应，β_j 为直列区组 B 第 j 列的效应，γ_k 为第 k 处理 T 的效应，ε_{ijk} 为随机误差，服从 $N(0,\ \sigma^2)$。其方差分析如表 3.14 所示。

表 3.14　拉丁方设计的方差分析表

变异来源	自由度(df)	平方和(SS)	均方(MS)	F 统计量	显著性
A	$r-1$	SS_A	MS_A	MS_A/MS_E	
B	$r-1$	SS_B	MS_B	MS_B/MS_E	
T	$r-1$	SS_T	MS_T	MS_T/MS_E	
误差(E)	$(r-1)(r-2)$	SS_E	MS_E		
总和	r^2-1	SS_T			

例 3.5 的试验结果数据如表 3.15 所示。

表 3.15　5 种不同温度对母鸡产蛋量影响的试验结果　　kg

Period	*Hens*				
	1	**2**	**3**	**4**	**5**
1	B(23)	A(21)	C(24)	D(21)	E(19)
2	C(22)	E(20)	A(20)	B(22)	D(22)
3	A(20)	C(25)	D(26)	E(22)	B(23)
4	D(25)	B(22)	E(23)	A(21)	C(23)
5	E(19)	D(23)	B(24)	C(22)	A(19)

① 程序语言无上下标，但正文非程序语言，格式体例均统一，全文同。

本例试验采用拉丁方设计，其方差分析的R语言程序：

```
#RA3.5
Period=factor(rep(1:5, each=5))
#Period=factor(c(1,1,1,1,1,2,2,2,2,2,3,3,3,3,3,4,4,4,4,4,5,5,5,5,5))
Hens=factor(rep(1:5, times=5))
#Hens=factor(c(1,2,3,4,5,1,2,3,4,5,1,2,3,4,5,1,2,3,4,5,1,2,3,4,5))
Temp=c("B","A","C","D","E","C","E","A","B","D","A","C","D","E","B",
       "D","B","E","A","C","E","D","B","C","A")
Eggs=c(23,21,24,21,19,22,20,20,22,22,20,25,26,22,23,25,22,23,21,23,19,23,24,22,19)
hens=data.frame(Period, Hens, Temp, Eggs)

aovmodel=aov(Eggs ~ Period+Hens+Temp, data=hens)
summary(aovmodel)
library(agricolae)
duncan.test(aovmodel, "Temp", console=TRUE)
```

程序简要说明：

Period，Hens和Temp为拉丁方设计试验试验的三个因子（产蛋期、鸡群和温度），Eggs为试验指标（产蛋量），hens为试验数据集合成的数据框，aov( )为方差分析函数，方差分析的模型为“试验指标～各项效应之和”的形式，duncan.test( )为Duncan法均值比较函数。

程序运行结果：

```
          Df Sum Sq Mean Sq F value   Pr(>F)
Period     4  16.16    4.04   3.885 0.030024 *
Hens       4  14.16    3.54   3.404 0.044280 *
Temp       4  46.16   11.54  11.096 0.000532 ***
Residuals 12  12.48    1.04
---
Signif.codes:  0 '***' 0.001 '**' 0.01 '*' 0.05 '.' 0.1 ' ' 1
```

经F检验，在0.05的显著水平下，产蛋期间（$Period, df=4, F=3.885, P=0.030$）和鸡群间（$Hens, df=4, F=3.404, P=0.0443$）差异均显著，温度间差异极显著（$Temp, df=4, F=11.096, P=0.00053$）。因在拉丁方设计中，横行、直列区组因素是为了控制和降低试验误差而设置的非试验因素，真正要考察的因子是温度对产蛋的影响，所以即使显著性一般也不对区组因素进行多重比较，下面仅对不同温度的蛋量间进行多重比较。

```
Study:aovmodel ~ "Temp"

Duncan's new multiple range test for Eggs
Mean Square Error:  1.04
Temp,  means

  Eggs      std r Min Max
A 20.2 0.836660 5  19  21
B 22.8 0.836660 5  22  24
C 23.2 1.303840 5  22  25
```

```
D 23.4 2.073644 5   21   26
E 20.6 1.816590 5   19   23

Alpha: 0.05 ; DF Error: 12
Critical Range
       2          3          4          5
1.405292   1.470937   1.510711   1.537035
Means with the same letter are not significantly different.

  Eggs groups
D 23.4      a
C 23.2      a
B 22.8      a
E 20.6      b
A 20.2      b
```

不同温度平均产蛋量之间多重比较结果表明：在 0.05 的显著水平下，温度 C,B,D 的平均产蛋量显著地高于 E 和 A 的平均产蛋量，温度 C,B,D 间的平均产蛋量差异不显著，温度 E 和 A 间的平均产蛋量差异不显著。适宜的产蛋温度水平为 C,B,D。

3.3.4　拉丁方设计的优缺点

主要优点：在不增加试验单元的情况下，拉丁方设计比随机区组设计多设置了一个区组因素，能将横行和直列两个区组间的变异从试验误差中分离出来，因而试验误差比随机区组设计小，试验精度比较高。试验结果的统计分析比较简便，使用一般的方差分析即可。

主要缺点：在拉丁方设计中，横行区组数、直列区组数、试验处理数与试验处理的重复数必须相等，缺乏伸缩性，实际使用时会受到一定限制。若处理数少，则重复数也少，估计试验误差的自由度就小，从而影响检验的灵敏度；若处理数多，则重复数也多，横行、直列区组数也多，从而导致试验工作量大，且同一区组内试验动物的初始条件也难以保证一致。

当安排多个因子时，区组因素相应减少，对试验条件的均匀一致性要求会比较高。

应当注意的是，在进行拉丁方试验时，某些动物试验中，如奶牛的泌乳阶段，试验因子的各处理要在不同阶段逐个实施。如果前一阶段有残效，那么后一阶段的试验就会产生系统误差而影响试验的准确性，此时应根据实际情况，安排适当的试验间歇期以消除残效。

3.4　希腊拉丁方设计

3.4.1　正交拉丁方组

正交拉丁方是指当两个同阶的拉丁方上下叠加起来时，如果一个拉丁方中的每个字母与另一个拉丁方中的每个字母相遇且仅相遇一次，则称两个拉丁方互为正交拉丁方。例如，下面左侧两个拉丁方叠加成右侧的组合形式，则左侧两个互为正交拉丁方，具体为：

$$A \quad B \quad C \qquad \alpha \quad \beta \quad \gamma \qquad A\alpha \quad B\beta \quad C\gamma$$

$$\begin{matrix} B & C & A \\ C & A & B \end{matrix} \qquad \begin{matrix} \gamma & \alpha & \beta \\ \beta & \gamma & \alpha \end{matrix} \qquad \begin{matrix} B\gamma & C\alpha & A\beta \\ C\beta & A\gamma & B\alpha \end{matrix}$$

正交拉丁方组是指由同阶的所有相互正交的拉丁方组成的一组拉丁方，也称正交拉丁方完全组。找到正交拉丁方并不是一件容易的事情，经过众多数学家的不懈努力，现在已经弄清楚了各阶拉丁方中的正交拉丁方。除 2 阶和 6 阶拉丁方之外，n 阶拉丁方都存在正交的拉丁方组，其数量一般不超过 $n-1$ 个，当 n 为素数或素数的整数次幂时，此 n 阶的正交拉丁方组正好有 $n-1$ 个正交拉丁方。常见的正交拉丁方组所包含的拉丁方数如表 3.16 所示，具体的正交拉丁方组详见本教材附表 2。

表 3.16　常见拉丁方的正交拉丁方组数

阶数	2	3	4	5	6	7	8	9	10	12
正交拉丁方组数	0	2	3	4	0	6	7	8	2	5

前面提到的，普鲁士国王要举行一次阅兵式，要求部队排成 6×6 的方阵，每个方阵的行和列都要由 6 种部队的 6 种军官组成，这里有横行、直列，部队和军官四个方面的因素需要安排，显然这是一个 6 阶希腊拉丁方设计，但 6 阶拉丁方不存在正交的拉丁方，也就不存在 6 阶希腊拉丁方，这显然是一个不可能完成的任务。

3.4.2　希腊拉丁方设计

希腊拉丁方设计(GLSD，Graeco-Latin Square Design)是指用两个相互正交的拉丁方组合使用来进行试验设计的方法。可以使用附表 2 的正交拉丁方组来进行希腊拉丁方设计，下面是由两个 4 阶正交拉丁方构成的一个 4 阶希腊拉丁方设计，具体如表 3.17 所示。

表 3.17　4 阶希腊拉丁方设计表

行	列			
1	$A\alpha$	$B\beta$	$C\gamma$	$D\delta$
2	$B\delta$	$A\gamma$	$D\beta$	$C\alpha$
3	$C\beta$	$D\alpha$	$A\delta$	$B\gamma$
4	$D\gamma$	$C\delta$	$B\alpha$	$A\beta$

希腊拉丁方设计由横行、直列、拉丁字母处理和希腊字母处理四个部分组成，比拉丁方设计多一组处理，多安排一个因子。希腊拉丁方设计可以安排两个区组和两个因子，也可以安排一个区组和三个因子，还可以安排四个因子进行设计，其他的性质和拉丁方设计一样。

【例 3.6】　现想了解某生化反应中，不同反应时间(*Time*，水平：A,B,C,D,E)对生化反应物产量(*Yield*)的影响。据经验反应物产量还会受到原料批次(*Material*)、酸性浓度(*Acid*)和催化剂浓度(*Catalyzer*)等因子的影响，每个因子都设定为 5 个水平。

本例共考虑 4 个因子，可以使用希腊拉丁方设计，即安排 5 种不同批次原料在 5 个横行区组，安排 5 种不同酸性浓度在 5 个直列区组，安排 5 种不同的催化剂浓度为 5 个希腊字母(α，β，δ，γ，ε)，使用 5 阶正交拉丁方组的前两个拉丁方构成希腊拉丁方设计。具体设计方案如表 3.18 所示。对横行、直列和处理组合进行随机化后，即可安排试验。

表 3.18　5 阶希腊拉丁方设计表

Material	Acid				
1	$A\alpha$	$B\beta$	$C\gamma$	$D\delta$	$E\varepsilon$
2	$B\gamma$	$C\delta$	$D\varepsilon$	$E\alpha$	$A\beta$
3	$C\varepsilon$	$D\alpha$	$E\beta$	$A\gamma$	$B\delta$
4	$D\beta$	$E\gamma$	$A\delta$	$B\varepsilon$	$C\alpha$
5	$E\delta$	$A\varepsilon$	$B\alpha$	$C\beta$	$D\gamma$

使用 R 语言实现希腊拉丁方设计：

```
#RD3.6
library(agricolae)
Factor1=LETTERS[1:5]
Factor2=c('α','β','γ','δ','ε')
GraecoLatinDesign=design.graeco(Factor1, Factor2)
GLD=GraecoLatinDesign$sketch
GLD
```

程序简要说明：

agricolae 为农业研究统计包，Factor1 定义因子 1 的水平为前 5 个大写字母 A～E，Factor2 定义因子 2 的水平为 5 个希腊字母，若 R 的版本不支持希腊字母，可改为 5 个数字；design.graeco( )为希腊拉丁方设计函数，GLD 存放拉丁方设计的结果。

程序运行结果如表 3.19 所示。

表 3.19　5 阶希腊拉丁方设计表

	1	2	3	4	5
1	$C\beta$	$D\alpha$	$A\varepsilon$	$E\gamma$	$B\delta$
2	$D\varepsilon$	$A\gamma$	$E\delta$	$B\beta$	$C\alpha$
3	$A\delta$	$E\beta$	$B\alpha$	$C\varepsilon$	$D\gamma$
4	$E\alpha$	$B\varepsilon$	$C\gamma$	$D\delta$	$A\beta$
5	$B\gamma$	$C\delta$	$D\beta$	$A\alpha$	$E\varepsilon$

除此之外，还可以把更多的正交拉丁方组合在一起构成超希腊拉丁方设计，用以安排更多的因子，每多一个正交拉丁方就可以多安排一个因子。希腊拉丁方和超希腊拉丁方试验设计虽然可以安排更多的试验因子而总试验次数不变，但误差项的自由度就会相应减少，从而降低了试验的灵敏度，需要特别值得关注。

3.4.3　希腊拉丁方设计的统计分析

希腊拉丁方设计的数据的统计分析和拉丁方设计一样需要采用方差分析，只不过分析时多一个影响因子。将横行区组因素记为 A，直列区组因素记为 B，两个试验因子分别记为 T 和 F，横行区组数、直列区组数与两个因子的水平数都记为 r，拉丁方试验结果进行方差分析的数学模型为：

$$y_{ijkl}=\mu+\alpha_i+\beta_j+\gamma_k+\tau_l+\varepsilon_{ijkl}, \quad i=j=k=l=1, 2, \cdots, r$$

式中，y_{ijkl}为试验指标的观测值，μ为总平均数，α_i为第i个横行区组A_i的效应，β_j为第j个直列区组B_j的效应，γ_k为第k水平因子T_k的效应，τ_l为第l水平因子F_l的效应，ε_{ijkl}为随机误差，服从$N(0, \sigma^2)$。其方差分析如表3.20所示。

表3.20　希腊拉丁方设计的方差分析表

变异来源	自由度(df)	平方和(SS)	均方(MS)	F统计量	显著性
A	$r-1$	SS_A	MS_A	MS_A/MS_E	
B	$r-1$	SS_B	MS_B	MS_B/MS_E	
T	$r-1$	SS_T	MS_T	MS_T/MS_E	
F	$r-1$	SS_F	MS_F	MS_F/MS_E	
误差(E)	$(r-1)(r-3)$	SS_E	MS_E		
总和	r^2-1	SS_T			

对于例3.6有如下的试验数据，见表3.21所示。

表3.21　5阶希腊拉丁方设计试验数据

Material	*Acid*				
1	$C\beta$ (17)	$D\alpha$ (12)	$A\varepsilon$ (24)	$E\gamma$ (15)	$B\delta$ (13)
2	$D\varepsilon$ (18)	$A\gamma$ (25)	$E\delta$ (10)	$B\beta$ (16)	$C\alpha$ (17)
3	$A\delta$ (23)	$E\beta$ (16)	$B\alpha$ (17)	$C\varepsilon$ (20)	$D\gamma$ (14)
4	$E\alpha$ (11)	$B\varepsilon$ (14)	$C\gamma$ (19)	$D\delta$ (16)	$A\beta$ (21)
5	$B\gamma$ (18)	$C\delta$ (21)	$D\beta$ (15)	$A\alpha$ (26)	$E\varepsilon$ (13)

使用R语言进行希腊拉丁方设计的方差分析的程序：

```
#RA3.6
Material=factor(rep(1:5, each=5))
#Material=factor(c(1,1,1,1,1,2,2,2,2,2,3,3,3,3,3,4,4,4,4,4,5,5,5,5,5))
Acid=factor(rep(1:5, times=5))
#Acid=factor(c(1,2,3,4,5,1,2,3,4,5,1,2,3,4,5,1,2,3,4,5,1,2,3,4,5))
Time=c("C","D","A","E","B","D","A","E","B","C","A","E","B","C","D",
       "E","B","C","D","A","B","C","D","A","E")
Catalyzer=c("β","α","ε","γ","δ","ε","γ","δ","β","α","δ","β","α","ε","γ",
            "α","ε","γ","δ","β","γ","δ","β","α","ε")
Yield=c(26,16,19,16,13,18,21,18,11,21,20,12,16,25,13,15,15,23,14,17,10,24,17,17,14)
biochemistry=data.frame(Material, Acid, Time, Catalyzer, Yield)

aovmodel=aov(Yield ~ Material+Acid+Time+Catalyzer, data=biochemistry)
summary(aovmodel)
library(agricolae)
duncan.test(aovmodel, "Time", console=TRUE)
```

程序简要说明：

Material，Acid，Time 和 Catalyzer 为希腊拉丁方设计试验的四个因子(原料批次、酸性浓度、反应时间和催化剂浓度)，Yield 为试验指标(生化反应产量)，biochemistry 为试验数据集合成的数据框，aov( )为方差分析函数，方差分析的模型为"试验指标～各项效应之和"的形式，duncan.test( )为 Duncan 法均值比较函数。

程序运行结果：

```
            Df Sum Sq Mean Sq F value   Pr(>F)
Material     4    9.0    2.24   0.404 0.800854
Acid         4   27.0    6.74   1.217 0.375582
Time         4  355.8   88.94  16.054 0.000686 ***
Catalyzer    4   10.6    2.64   0.477 0.752726
Residuals    8   44.3    5.54
---
Signif.codes:  0 '***' 0.001 '**' 0.01 '*' 0.05 '.' 0.1 ' ' 1

Study:aovmodel ~ "Time"
Duncan's new multiple range test for Yield
Mean Square Error:  5.54
Alpha: 0.05 ; DF Error: 8

Critical Range
       2        3        4        5
3.432772 3.577273 3.658041 3.706464

Means with the same letter are not significantly different.
  Yield groups
C  23.8      a
A  18.8      b
D  15.6     bc
E  15.0      c
B  13.0      c
```

从方差分析表可看出，除反应时间的水平间差异在达到极显著外($Time$，$F=16.054$，$P=0.000686<0.01$)，其他因子都不显著。对反应时间进行均值多重比较，在 0.05 的显著水平下，可看到反应时间在水平 C 下的产量显著高于水平 A,D,E 和 B，而水平 A 和 D 间的产量，水平 D,E 和 B 间的产量均不存在显著差异，最佳的反应时间水平为 C。

3.5　析因设计

3.5.1　析因设计概述

析因设计(FD，Factorial Design)是指在一个试验中研究两个或更多个因子的主效应及其交互作用，从而安排所有因子各水平之间的全部处理组合的试验设计，也称为因子设计，或复因子试验设计(Multiple Factor Experiment Design)。因此，析因设计是一种全面实施的试验设计，故又称全面试验设计。

析因设计的全部处理组合数为所有因子水平数的乘积，如果安排重复，则总的试验单元数等于处理组合数乘以重复数。例如，某试验有两个因子 A 和 B，它们的水平分别为 3 和 4，重复 3 次，则每个重复包含 $3\times4=12$ 个处理组合，总的试验单元数为 $12\times3=36$ 个。

析因设计是所有试验设计类型中最为保守的设计，它的缺点是随着因子数的增加，总处理组合数也呈指数般急剧增加，在实际应用中给试验的安排带来很大困难，有可能需要耗费大量的人力、物力、财力和时间，有时多到难以承受。例如，5 因子 3 水平的试验，处理组合数 $3^5=243$，即使安排两次重复，总的试验单元数也达到 $243\times2=486$，已经很难承受了，而且可能会因为高级交互作用不显著而明显降低试验效率。析因设计的优点是所获得的信息量很多，可以全面地分析各因子的主效应和各级交互作用。

当复因子试验中因子数和水平数较少时，总的试验次数也较少，而又期望获取尽可能多的交互作用的信息，可以使用析因设计。当复因子试验中因子数或水平数较多时，处理组合数急剧增加，便不能使用析因设计，后面会有更好的解决复因子试验设计的方法。

析因设计的试验本身处理组合很多，可以适当设置重复数，既保证试验精度，又不至于过多消耗试验成本。一般的析因设计的重复次数建议 3～5 次为宜，处理组合数比较多时可以设置 2 次重复，也可以根据误差项自由度不低于 10 的原则估算重复次数。如果处理组合数太多，也可以不设置重复。

析因设计可以使用完全随机的方法，处理的组合数不太多时也可以使用随机区组设计的方案。

析因设计的复因子试验比单因子试验更为有效，它不仅能分析各因子水平间的比较问题，而且还能分析因子间的交互作用，为最优处理组合的选取提供科学的依据。析因设计的复因子试验处理组合数众多，相当于增加了各因子的重复数，从而降低了试验误差，提高了试验精度。

3.5.2 主效应与交互作用

科学试验的主要目的是探究各试验因子对试验指标的影响程度，称为试验效应。试验效应反映的是试验因子对试验指标的增加或减少作用，也有可能不起明显的作用，即试验效应不显著。

在复因子试验中，不但可以分析各因子的简单效应，还可以分析各因子自己的主效应和因子之间的交互作用。简单效应是指其他因子处于某一固定水平时，当前因子的不同水平对试验指标的影响大小。主效应是指一个因子各简单效应的平均值，反映这个因子对试验指标的平均影响程度。交互作用是指两个因子简单效应间的差数的平均值，简称互作，它反映一个因子的各水平在其他因子的不同水平中反应不一致的现象。若这个差数显著大于 0，则称为正交互作用；若这个差数显著小于 0，则称为负交互作用；若这个差数跟 0 没有显著差异，则称为没有交互作用。下面用最简单的两个因子，两个水平的例子来说明这个问题。

【例 3.7】 某品种小麦施氮肥(N)和磷肥(P)的产量试验，每种施肥都有两个水平，即氮肥：N_1 为不施氮肥，N_2 为施氮肥 20 kg/亩（约 667 m^2）；磷肥：P_1 为不施磷肥，P_2 为施磷肥 15 kg/亩。试验共有 N_1P_1、N_1P_2、N_2P_1 和 N_2P_2 四个处理，共安排 3 个重复，12 个试验小区。最终得到四个处理的平均产量(Y)如表 3.22 所示。

表 3.22　小麦氮肥磷肥析因设计试验结果　　kg/小区

		磷肥水平		磷肥效应
		P1	P2	
氮肥水平	N1	10	20	10
	N2	22	42	20
氮肥效应		12	22	5

氮肥有两个简单效应，一个简单效应是磷肥在 P_1 水平下，氮肥在 N_2 水平下和 N_1 水平下的产量差，即：22－10＝12；另一个简单效应是磷肥在 P_2 水平下，氮肥 N_2 水平下和 N_1 水平下的产量差，即：42－20＝22。

氮肥的主效应为它的两个简单效应的平均值，记为 N：(12＋22)/2＝17。

同样，磷肥也有两个简单效应，一个简单效应是氮肥在 N_1 水平下，磷肥在 P_2 水平下和 P_1 水平下的产量差，即：20－10＝10；另一个简单效应是氮肥在 N_2 水平下，磷肥在 P_2 水平下和 P_1 水平下的产量差，即：42－22＝20。

磷肥的主效应为它的两个简单效应的平均值，记为 P：(10＋20)/2＝15。

氮肥和磷肥的交互作用记为 $N\times P$，在不引起歧义时可以简记为 NP。可以通过氮肥或磷肥的简单效应的差值的平均值计算，即 $N\times P$：(22－12)/2＝5，或(20－10)/2＝5，假设 5 在 0.05 的显著水平下大于 0，则氮肥和磷肥存在显著的正交互作用。

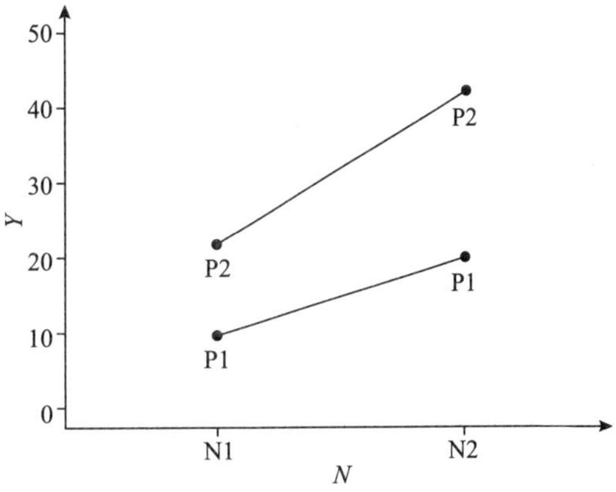

图 3.1　小麦氮肥和磷肥的交互作用

将试验数据作图，氮肥两水平(N_1 和 N_2)放在横轴，试验指标小麦产量放在纵轴，氮肥处于 N_1 水平，磷肥分别处于 P_1 和 P_2 水平时，小麦产量分别为 10 和 20，在坐标系内相应位置标出这两个点。同理，氮肥处于 N_2 水平，磷肥分别处于 P_1 和 P_2 水平时，小麦产量分别为 22 和 42，在坐标系内标出这两个点。连接下方的两个点即为磷肥 P_1 的效应，连接上方的两个点即为磷肥 P_2 的效应。具体如图 3.1 所示。

从交互作用图上分析，如果图中的连线平行或近似平行，则因子之间交互作用不显著；如果连线显著不平行，则因子之间存在显著的交互作用。

最简单的交互作用是两个因子的交互作用，称为一级交互作用或一阶交互作用，三个因子的交互作用称为二级交互作用，同理，更高级的交互作用可以类推。一般三个因子及其以上的交互作用称为高级交互作用，高级交互作用分析起来非常复杂，而且在专业上很难进行解释。

在科研实践中，一般认为更为复杂的高级交互作用很小，或者是不存在的，一般不予分析。实际中主要考虑各因子的主效应和部分一级交互作用即可，具体考察哪些一级交互作用还要依赖专业知识或预试验来决定，或者先假定一级交互作用存在，对其进行方差分析，如果有交互作用不显著，可将其归入误差项。

3.5.3 析因设计的实现

【例 3.8】 设有四个果树品种（*Fruit*，F1，F1，F3，F4）和两种栽培方法（*Plant*，P1，P2）的产量比较试验，要考虑各因子的主效应和交互作用，采用析因设计，设置三次重复。

使用 R 语言实现两因子的析因设计：

```
#RD3.8
library(agricolae)
factors=c(4, 2)   #两因子 4×2,默认为因子名称 A 和 B
FactorDesign=design.ab(factors, r=3, design="crd", serie=0)
FD=FactorDesign$book[-2]
names(FD)=c("Unit","Fruit","Plant")
FD
```

程序简要说明：

agricolae 为农业研究统计包，factors 定义因子及其水平，design. ab( )为析因设计设计函数，其参数 r 为重复数，design 为设计类型，其值 crd 为完全随机设计。

程序运行结果如表 3.23 所示。

表 3.23 果树产量析因设计表

Unit	*Fruit*	*Plant*	*Unit*	*Fruit*	*Plant*	*Unit*	*Fruit*	*Plant*
1	4	2	9	4	2	17	4	1
2	1	1	10	2	2	18	3	2
3	3	2	11	1	2	19	1	2
4	1	1	12	3	1	20	1	1
5	2	1	13	3	2	21	3	1
6	2	1	14	4	1	22	3	1
7	2	2	15	2	2	23	2	1
8	4	1	16	4	2	24	1	2

注：默认生成变量的水平用数字表示，改成相应的水平即可。

3.5.4 析因设计的统计分析

析因设计试验数据的统计分析需要采用复因子的方差分析，那就要进行各项因子和各级交互作用自由度的分解。因子的自由度等于因子水平数减 1，交互作用的自由度等于构成这个交互作用的所有因子的自由度的乘积。例如，A 因子 3 水平，B 因子 4 水平，则有 A 因子的自由度 $df_A=3-1=2$，B 因子的自由度 $df_B=4-1=3$，交互作用 $A\times B$ 的自由度为：

$$df_{AB}=df_A\times df_B=2\times 3=6$$

对于没有重复的析因设计试验，各因子的处理组合只安排一次，则此试验的总自由度正好等于所有因子的主效应和各级交互作用的自由度之和。

比如刚才的例子，A 因子 3 水平，B 因子 4 水平，处理组合有 $3\times 4=12$ 个，试验总自由度 $df_T=12-1=11$，各因子(A 和 B)和交互作用($A\times B$)自由度之和为：

$$df_A+df_B+df_{AB}=2+3+5=11$$

即等式：

$$df_T = df_A + df_B + df_{AB} = 11$$

对于三个因子及以上的析因设计也同样成立，再如：A 因子 2 水平，B 因子 3 水平，C 因子 4 水平时，则有 A 因子的自由度 $df_A = 2-1=1$，B 因子的自由度 $df_B=3-1=2$，C 因子的自由度 $df_C=4-1=3$。三个一级交互作用如下：

$$df_{AB} = df_A \times df_B = 1\times 2 = 2$$

$$df_{AC} = df_A \times df_C = 1\times 3 = 3$$

$$df_{BC} = df_B \times df_C = 2\times 3 = 6$$

三个因子的二级交互作用：

$$df_{ABC} = df_A \times df_B \times df_C = 1\times 2\times 3 = 6$$

所有三个因子的主效应和其所有交互作用的自由度之和：

$$\begin{aligned} & df_A + df_B + df_C + df_{AB} + df_{AC} + df_{BC} + df_{ABC} \\ & = 1+2+3+2+3+6+6 = 23 \end{aligned}$$

三个因子析因设计试验的总自由度 df_T 等于处理组合数减 1，即：$2\times 3\times 4-1=24-1=23$，正好等于所有因子的主效应和其所有交互作用的自由度之和。

因此，析因设计一般要设置重复，如果分析没有设置重复的析因试验的各因子的主效应和各级交互作用，误差项的自由度就等于试验的总自由度减去所有因子的主效应和其所有交互作用的自由度之和，正好等于 0，也就是没有误差项，那么就不能进行方差分析。除非有不显著的高级交互作用作为误差项，方可进行方差分析。

但设置重复的析因设计的试验存在真正的误差项，可以分析各因子的主效应和所有的各级交互作用，实际应用时通常只分析主效应和低阶交互作用。

如果因子间交互作用不显著，则各因子独立起作用，它们各自的效应可以累加，最优处理组合即是各因子最优水平的组合；如果因子间交互作用显著，则各因子相互影响，它们各自的效应不能简单累加，各因子最优水平的组合通常不是最优处理组合，最优处理组合必须从交互作用的处理组合中比较得到。

现以两因子随机区组设计的统计分析为例，假设因子 A 有 a 个水平，因子 B 有 b 个水平，设置重复 r 次，则其统计分析模型：

$$y_{ijk} = \mu + \alpha_i + \beta_j + \alpha\beta_{ij} + \varepsilon_{ijk}, \quad i=1,2,\cdots,a; j=1,2,\cdots,b; k=1,2,\cdots,r$$

式中，y_{ijk} 为试验指标观测值，μ 为总平均值，α_i 为因子 A 的第 i 水平效应，β_j 为因子 B 的第 j 水平效应，$\alpha\beta_{ij}$ 为因子 A 和 B 交互效应，ε_{ijk} 为随机误差，服从 $N(0,\sigma^2)$。其方差分析如表 3.24 所示。

表 3.24 两因子析因设计的方差分析表

变异来源	自由度(df)	平方和(SS)	均方(MS)	F 统计量	显著性
A	$a-1$	SS_A	MS_A	MS_A/MS_E	
B	$b-1$	SS_B	MS_B	MS_B/MS_E	
$A\times B$	$(a-1)(b-1)$	SS_{AB}	MS_{AB}	MS_{AB}/MS_E	
误差(E)	$(r-1)ab$	SS_E	MS_E		
总和	$abr-1$	SS_T			

下面以例 3.8 为例，果树产量三次重复试验数据经过整理如表 3.25。

表 3.25 果树产量析因设计试验数据

Fruit	*Plant*	
	P1	**P2**
F1	60.0 65.0 72.5	32.5 25.0 27.5
F2	50.0 47.5 62.5	65.0 70.0 75.0
F3	80.0 77.5 70.0	92.5 87.5 80.0
F4	95.0 90.0 85.0	75.0 87.5 80.0

使用 R 语言实现析因设计的方差分析的程序：

```
#RA3.8
Fruit=rep(c("F1","F2","F3","F4"), each=6)
#Fruit=c("F1","F1","F1","F1","F1","F1","F2","F2","F2","F2","F2","F2","F3","F3",
#          "F3","F3","F3","F3","F4","F4","F4","F4","F4","F4")
Plant=rep(c("P1","P2"), each=3, times=4)
#Plant=c("P1","P1","P1","P2","P2","P2","P1","P1","P1","P2","P2","P2","P1","P1",
#          "P1","P2","P2","P2","P1","P1","P1","P2","P2","P2")
Yield=c(60, 65, 72.5, 32.5, 25, 27.5, 50, 47.5, 62.5, 65, 70, 75, 80, 77.5, 70, 92.5,
        87.5, 80, 95, 90, 85, 75, 87.5, 80)
fruit=data.frame(Fruit, Plant, Yield)
aovmodel=aov(Yield ~ Fruit+Plant+Fruit : Plant, data=fruit)
summary(aovmodel)
library(agricolae)
duncan.test(aovmodel, "Fruit", console=TRUE)
LSD.test(aovmodel, c("Fruit","Plant"), console=TRUE)
```

程序简要说明：

Fruit 和 Plant 为析因设计试验的两个因子（果树品种和栽培方法），Yield 为试验指标（产量），fruit 为试验数据集合成的数据框，aov( )为方差分析函数，方差分析的模型为“试验指标～各项效应之和”的形式，duncan. test( )为 Duncan 法均值比较函数，LSD. test( )为 LSD 法多重比较函数，可以交互作用 Fruit×Plant 进行多重比较。

程序运行结果：

```
             Df Sum Sq Mean Sq F value   Pr(>F)
Fruit         3   5722  1907.2  55.482  1.12e-08 ***
Plant         1    138   137.8   4.008  0.0625.
Fruit:Plant   3   2690   896.8  26.088  2.12e-06 ***
Residuals    16    550    34.4
---
Signif.codes:
0 '***' 0.001 '**' 0.01 '*' 0.05 '.' 0.1 ' ' 1
```

```
Study:aovmodel ~ "Fruit"

Duncan's new multiple range test for Yield
Mean Square Error:  34.375
Alpha: 0.05; DF Error: 16

Critical Range
       2         3         4
7.175913  7.524904  7.743059

Means with the same letter are not significantly different.
      Yield groups
F4 85.41667      a
F3 81.25000      a
F2 61.66667      b
F1 47.08333      c

Study:aovmodel ~ c("Fruit", "Plant")

LSD t Test for Yield
Mean Square Error:  34.375
Alpha: 0.05; DF Error: 16
Critical Value of t: 2.119905
least Significant Difference: 10.14827

Treatments with the same letter are not significantly different.
         Yield groups
F4:P1 90.00000      a
F3:P2 86.66667      a
F4:P2 80.83333     ab
F3:P1 75.83333     bc
F2:P2 70.00000      c
F1:P1 65.83333      c
F2:P1 53.33333      d
F1:P2 28.33333      e
```

方差分析的 F 检验可得到结论：果树品种(*Fruit*)间 $df=3$，$F=55.482$，$P=1.12e-08<0.01$，产量存在极显著差异；栽培方法(*Plant*)间 $df=1$，$F=4.008$，$P=0.0625$，产量不存在显著差异；果树品种和栽培方法的交互作用($Fruit\times Plant$) $df=3$，$F=26.088$，$P=2.12e-6<0.01$，存在极显著互作，即不同的果树品种适合不同的栽培方法。

对果树品种(*Fruit*)进行 Duncan 法均值多重比较得到：在 0.05 的显著水平下，品种 F4 产量(85.42)和 F3 产量(81.25)之间差异不显著，但显著高于品种 F2 和 F1，品种 F2 的产量显著高于品种 F1。

对果树品种和栽培方法的交互作用($Fruit\times Plant$)进行均值比较得到：在 0.05 的显著水平下，产量最高的处理组合 F4P1 的产量(90.00)，F3P2 的产量(86.67)和 F4P2 的产量(80.83)均不存在显著差异，但其产量显著高于其他的处理组合。

3.6 交叉设计

3.6.1 交叉设计概述

交叉设计(COD,Cross-Over Design)也称为交替设计(Change-Over Design)或反转设计,是指在同一试验中将研究对象随机分组,交叉互换处理,分期反复进行两次或两次以上的试验设计方法。

各种动物试验为了提高精度,要求选用在遗传及生理上相同或相似的试验动物作为试验对象,但这在实践中往往不易满足。比如:有些试验动物来源困难、数量较少,试验动物个体间差异较大、试验误差大,或者试验动物昂贵、成本较高时,采用交叉设计具有比较大的优势,它的使用范围已涉及畜牧、兽医、医学、心理学等诸多领域。

例如,进行奶牛的泌乳试验时,要选择若干头品种、性别、年龄、胎次等条件都相同的奶牛是很困难的,为了较好地消除试验动物个体之间以及试验时期存在的差异对试验结果的影响,可考虑采用交叉设计。

3.6.2 交叉设计的实现

常用的交叉设计有2×2交叉和3×3交叉。

2×2交叉设计是指有两个试验处理、安排两期试验的设计。具体方法是在第一个试验周期将试验对象随机地分成两组,分别随机安排两个处理,第一个试验周期结束以后,可以适当设置间歇期,然后安排第二个周期试验,将两组试验对象的两个处理对换再次进行试验。如表3.26所示。

表3.26　2×2交叉设计表

组别	试验周期	
	Ⅰ	Ⅱ
1	处理1	处理2
2	处理2	处理1

3×3交叉设计是指有三个试验处理、安排三期试验的交叉设计,处理的前后顺序有123,132,213,231,312,321六种,为了消除处理的前后顺序不同带来的影响,完整的试验设计应将试验对象随机地分成六组,每一组安排一种处理顺序,试验分三期进行。如表3.27所示。

表3.27　3×3交叉设计表

组别	试验周期		
	Ⅰ	Ⅱ	Ⅲ
1	处理1	处理2	处理3
2	处理1	处理3	处理2
3	处理2	处理1	处理3
4	处理2	处理3	处理1

续表 3.27

组别	试验周期		
	Ⅰ	Ⅱ	Ⅲ
5	处理 3	处理 1	处理 2
6	处理 3	处理 2	处理 1

如果能确定三个处理的前后顺序对试验影响不大，或试验对象数量有限时，分组数可以少于六组。比如：可以选择上表中的 1、4、5 组，或 2、3、6 组来进行部分 3×3 交叉设计，使其构成一个 3 阶的拉丁方结构，具有更好的均衡性和可比性。

现在以 2×2 交叉设计为例，阐述如何将试验对象随机分成两组，安排试验时再将组别和试验顺序随机化。

【例 3.9】 某奶牛场进行奶牛(*Cow*)泌乳试验，研究两种处理(*Treat*)的饲料对奶牛产奶量的影响。试验采用 2×2 交叉设计，将 10 头奶牛随机分成两组(*Block*)，对每组奶牛在不同时期(*Period*)交叉安排两种处理，即在泌乳的第三个月和第四个月两个时期测量平均产奶量(kg)。设计如下：

使用 R 语言实现交叉设计的分组：

```
#RD3.9
library(agricolae)
Block=c("Block1", " Block2")
rep=c(5, 5)
CODesign=design.crd(Block, r=rep, serie=0)
COD=cbind(CODesign$book[3], CODesign$book[1])
names(COD)[2]='Cow'
COD=COD[order(COD$Block, decreasing=T),]
COD
```

程序简要说明：

agricolae 为农业研究统计包，Block 定义区组，rep 定义两组试验对象的重复数，design.crd( )为完全随机设计函数，names( )列名重命名函数。

程序运行结果如表 3.28 所示：

表 3.28　奶牛泌乳试验交叉设计表

Block	*Cow*
Block1	1
Block1	4
Block1	5
Block1	9
Block1	10
Block2	2
Block2	3
Block2	6

续表 3.28

Block	Cow
Block2	7
Block2	8

3.6.3 交叉设计的统计分析

对交叉设计的试验数据进行统计分析，常见的有配对法 t 检验和方差分析方法，但配对法 t 检验只适用于 2×2 的交叉设计，只考虑两个处理之间的差异，而试验周期效应、前后顺序效应和个体差异则无法考虑，会自然归入试验误差，使试验误差增大，试验精度降低。所以建议使用方差分析，以便克服上述问题，提高试验精度。

以常见的 2×2 交叉设计为例，假设参与试验的处理（*Treat*）有 2 个水平，分两个试验期（*Period*）进行试验，参与试验的对象（*Subject*）随机分成两组，第一组有试验个体 n_1 个，第二组有试验个体 n_2 个，尽可能使两组的试验对象个体数量相等，每一组在每一试验期安排不同的处理，形成两种不同的试验顺序（*Order*）。其方差分析的统计分析模型：

$$y_{ijkl} = \mu + \tau_i + \beta_k + sub\,(\beta)_{jk} + t_l + \varepsilon_{ijkl}\ ,i=1,2,\cdots,a;$$
$$j=1,2,\cdots,n_k;k=1,2,\cdots,b;l=1,2,\cdots,a$$

式中，y_{ijkl} 为试验指标的观测值，μ 为总平均值，τ_i 为第 i 个处理效应，β_k 为第 k 个顺序效应，$sub(\beta)_{jk}$ 为第 k 个顺序下的第 j 个体效应，t_l 为第 l 个试验期效应，ε_{ijkl} 为随机误差，服从 $N(0,\sigma^2)$。其方差分析如表 3.29 所示。

表 3.29　2×2 交叉设计的方差分析表

变异来源	自由度（df）	平方和（SS）	均方（MS）	F 统计量	显著性
Order	1	SS_{Order}	MS_{Order}	MS_{Order}/MS_{Sub}	
Subject	$n-2$	SS_{Sub}	MS_{Sub}		
Period	1	SS_P	MS_P	MS_P/MS_E	
Treat	1	SS_T	MS_T	MS_{AB}/MS_E	
误差（E）	$n-2$	SS_E	MS_E		
总和	$2n-1$	SS_T			

例如，对于例 3.9 某奶牛场进行奶牛泌乳试验进行分析，试验数据如表 3.30 所示。

表 3.30　奶牛 2×2 的交叉设计试验数据表

Block1	**(Order1)**					
Period	***Treat***	**Cow1**	**Cow4**	**Cow5**	**Cow9**	**Cow10**
1	1	31	34	43	28	25
2	2	27	25	38	20	19
Block2	**(Order2)**					
Period	***Treat***	**Cow2**	**Cow3**	**Cow6**	**Cow7**	**Cow8**
1	2	22	40	40	33	18
2	1	21	39	41	34	20

使用 R 语言进行交叉设计的方差分析的程序：

```
#RA3.9
period=factor(rep(c(1,2), times=10))
#period=factor(c(1,2,1,2,1,2,1,2,1,2,1,2,1,2,1,2,1,2,1,2))
treat=factor(c(rep(c(1,2), times=5), rep(c(2,1), times=5)))
#treat=factor(c(1,2,1,2,1,2,1,2,1,2,2,1,2,1,2,1,2,1,2,1))
order=factor(rep(c(1,2), each=10))
#order=factor(c(1,1,1,1,1,1,1,1,1,1,2,2,2,2,2,2,2,2,2,2))
cow=factor(c(1,1,4,4,5,5,9,9,10,10,2,2,3,3,6,6,7,7,8,8))
milk=c(31,27,34,25,43,38,28,20,25,19,22,21,40,39,40,41,33,34,18,20)
cows=data.frame(period, treat, order, cow, milk)
library(nlme)
mlm=lme(milk ~ period+treat+order, random=~1|cow, data=cows)
summary(mlm)
library(agricolae)
aovmodel=aov(milk ~ period+treat+order+cow, data=cows)
duncan.test(aovmodel, "treat", console=TRUE)
```

程序简要说明：

交叉设计试验中的 period、treat、order 和 cow 为需要考虑的四项效应（试验期、处理、顺序和奶牛个体），其中奶牛个体为随机效应；milk 为试验指标（产量），cows 为试验数据集合成的数据框；lme( )为线性混合效应模型函数，random 指定随机效应；aov( )为方差分析函数，方差分析的模型为"试验指标～各项效应之和"的形式，用于估计试验误差和下一步均值比较，duncan.test( )为 Duncan 法均值比较函数。

程序运行结果：

```
Linear mixed-effects model fit by REML
Data: cows
      AIC      BIC    logLik
 108.8142 113.4497 -48.40708

Random effects:
Formula: ~1 | cow
        (Intercept) Residual
StdDev:    8.683317 1.234909

Fixed effects: milk ~ period+treat+order
            Value Std.Error DF   t-value p-value
(Intercept)  32.2  3.922372  8  8.209319  0.0000
period2      -3.0  0.552268  8 -5.432145  0.0006
treat2       -3.4  0.552268  8 -6.156431  0.0003
order2        1.8  5.519511  8  0.326116  0.7527

Study: aovmodel ~ "treat"
```

```
Duncan's new multiple range test for milk
Mean Square Error:  1.525
Alpha: 0.05 ; DF Error: 8

Critical Range
        2
1.273532

Means with the same letter are not significantly different.
  milk groups
1 31.6      a
2 28.2      b
```

通过对交叉设计进行方差分析，给出随机效应（*Cow* 和 *Residual*）的方差分量的估计，分别为 $8.683^2=75.39$ 和 $1.235^2=1.525$，接下来给出固定效应的 F 检验，其中顺序效应不显著（*Order*，$df=8$，$t=0.326$，$P=0.753>0.05$），而饲料处理效应（*Treat*，$df=8$，$t=-6.156$，$P=0.000\ 3<0.01$）和试验周期效应（*Period*，$df=8$，$t=-5.432$，$P=0.000\ 6<0.01$）都是极显著的。

此处主要关注饲料的处理效应，对其进行 Duncan 法均值比较，在 0.05 的显著水平下，处理 1 的均值估计 31.6 显著高于处理 2 的均值估计 28.2。

3.6.4 交叉设计的优缺点

主要优点：交叉设计可以消除个体间及试验周期间的差异对试验结果造成的影响，进一步突出处理效应，提高试验的精度。因此，交叉设计特别适用于个体差异较大的动物试验，以自身作为对照，样本量少，但精度较高，如大动物试验和兽医学试验等。

主要缺点：交叉设计安排的处理数比较少，一般只能局限在 2～3 个处理内，处理数更多时不便于使用；与其他复因子试验相比，交叉设计不能得到因素之间交互作用的信息，因此交叉设计适用范围有一定的局限性；可能会产生部分效应的混杂现象，统计分析也比较复杂。

在应用交叉设计时，还应注意以下问题：

一是在交叉试验中，必须确保处理效应、试验周期以及试验对象的个体之间不存在交互作用，如果存在些许交互作用，就会使试验误差增大，从而降低试验的精确性。

二是在交叉设计试验中，试验处理前后顺序轮流更换时，要注意处理间是否存在残效，如果前一种处理有残存效应，会影响后续处理的试验效果。如果残效可以消除，那么可适当设置预试期或间歇期以降低残效。若存在残效不能消除的处理，或者带有破坏性且不能恢复的试验操作，如切除或宰杀等，则不宜使用交叉设计。

3.7 嵌套设计

3.7.1 嵌套设计概述

嵌套设计（HD，Hierarchal Design）是指一个因子的效应嵌套在另一个因子之下，也称巢式设计（Nested Design）、系统分组设计或组内又分亚组的设计。

根据试验中因子数的不同，嵌套设计通常分为二级嵌套(一个因子嵌套在另一个因子之下)、三级嵌套(三个因子逐级嵌套)等。因子之间的地位不是平等的，通常更侧重于研究上一级因子。

区分嵌套设计与析因设计的关键是看因子之间的地位是否平等，析因设计的各因子地位是平等的，而嵌套设计的各因子地位不平等。嵌套设计的主要应用情形有以下两种。

情形一：受试对象本身具有按其隶属关系进行组内再分亚组的关系。

比如：某品种作物在不同地区的几个农场里作产量比较；幼畜的出生体重受父系和母系影响的大小；四种培养液的作物培养试验，每种培养液种三盆，每盆种作物四株等自然形式嵌套设计；比较两种药剂 A 和 B 的药效，各用两种不同的剂量，药剂 A 有两种剂量 2 mg/kg 和 4 mg/kg，药剂 B 有两种剂量 10 mg/kg 和 20 mg/kg，剂量嵌套在药剂之下；要比较甲、乙两种水稻品种的产量，同时还要考虑合适的接茬时间，如果甲品种的两次接茬时间早一些为好，比如接茬时间为 D1 和 D2，但乙品种的三次接茬时间晚一些为好，比如接茬时间为 D3、D4 和 D5，就把接茬时间嵌套在品种之下。在此情况下，一级因子和二级因子不再平等，而是更侧重于研究一级因子。

【例 3.10】 选取某种植物 3 个品种(*Plant*：A，B，C)的各一株，在每一株内选取 2 片叶子(*Leaf*)，用取样器从每一片叶子上选取同样大小的两块(重复)进行检测某物质含量的差异。如表 3.31 所示。

表 3.31　植物叶片取样试验数据

Plant	*Leaf*	*Weight*	
A	A1	12.3	12.1
	A2	12.7	12.8
B	B1	14.7	14.5
	B2	14.6	14.4
C	C1	28.1	28.8
	C2	23.1	23.4

【例 3.11】 考察三头大约克公猪(*Sire*：A，B，C)和不同母猪(*Dam*)所生的仔猪断奶体重(Weight)，每窝随机抽取 6 头仔猪测量，试分析这三头公猪对仔猪断奶的影响。如表 3.32 所示。

表 3.32　仔猪断奶体重试验数据

Sire	*Dam*	*Weight*					
A	A1	21	16.5	17.5	19.5	20	19
	A2	14	15.5	16.5	18	16	15
B	B1	24	22.5	24	20	22	23
	B2	19	19.5	20	23.5	19	21
	B3	16	16	15.5	20.5	14	17.5
C	C1	15	13	13.5	12.5	16.5	13.5
	C2	19	21	21.5	19	15.5	21
	C3	22.5	21	21.5	19	14.5	20

【例 3.12】 纳塔是一种由微生物经液态发酵生成的凝胶，用于各种纳塔食品。现研究三种无机盐的不同添加量对纳塔产量(y)的影响，无机盐(A:KH_2PO_4,$MgSO_4$,$FeSO_4$)为一级因子，3 水平，添加浓度(B)为二级因子，4 水平，安排两次重复。如表 3.33 所示。

表 3.33 无机盐影响纳塔产量试验数据

A	*B*	*y*	
KH_2PO_4	0	25.38	31.04
	0.2%	48.12	46.70
	0.4%	40.35	45.50
	0.6%	40.00	39.80
$MgSO_4$	0	27.66	28.35
	0.01%	38.58	37.22
	0.02%	42.50	40.60
	0.04%	36.42	37.21
$FeSO_4$	0	30.90	31.08
	0.000 5%	53.15	55.29
	0.001 0%	45.39	42.23
	0.001 5%	38.19	37.42

情形二：受试对象本身并非具有系统再分组的嵌套关系，而是各因子之间在专业上有主次之分。

【例 3.13】 为了研究某种抗菌药的效果，考虑 3 个因子对小鼠进行试验。药剂(*Drug*)可分为 D1(对照组不用抗菌药)、D2(试验组用抗菌药)；小鼠代次(*Generation*)可分为 G1(第 1 代)、G2(第 2 代)、G3(第 3 代)；性别(*Sex*)可分为 M(雄性)、F(雌性)。让第 1 代小鼠被这种细菌感染，按雌雄分别统计对照组和试验组小鼠的存活率，对第 2 代小鼠重复上面的试验，直到第 3 代，观测小鼠的存活率 Y，重复两次。由专业知识得知，3 个因子的主次顺序为 *Drug*>*Generation*>*Sex*，可以看成嵌套设计。如表 3.34 所示。

表 3.34 无机盐影响纳塔产量试验数据

Drug	*Generation*	*Sex*	*Y*	
D1	G1	M	28	23
		F	33	27
	G2	M	15	11
		F	26	22
	G3	M	26	20
		F	18	11
D2	G1	M	56	51
		F	62	60
	G2	M	48	44
		F	66	61
	G3	M	70	65
		F	49	55

3.7.2 嵌套设计的实现

目前，R 语言暂时无法方便地实现嵌套设计，可以使用 SAS 软件替代。

1. 两因子的嵌套设计

例 3.10 的某植物三个品种的试验，叶片（*Leaf*）嵌套在植株（*Plant*）之下，自然形成两个因子的嵌套设计。

使用 SAS 软件实现两因子的嵌套设计：

```
* SAS3.10 ;
Proc Plan;
  Factors Plant =3 Leaf=2 Rep=2 / noprint;
  Output out=nested
    Plant cvals=('A1 "A2 "A3 ')
    Leaf cvals=('B1 "B2 ')
    Rep nvals=(1 2);
Run;
Proc Print data=nested;
Run;
```

程序简要说明。

Plan 为试验设计过程，Factors 定义因子及其水平，cvals 赋予因子水平为字符串，nvals 赋予因子水平为数值，Print 为输出过程。

程序运行结果如表 3.35 所示。

表 3.35 植物试验两因子的嵌套设计

No.	*Plant*	*Leaf*	*Rep*	*Weight*
1	A	1	1	12.3
2	A	1	2	12.1
3	A	2	1	12.7
4	A	2	2	12.8
5	B	2	1	14.7
6	B	2	2	14.5
7	B	1	2	14.6
8	B	1	1	14.4
9	C	2	1	28.1
10	C	2	2	28.8
11	C	1	2	23.4
12	C	1	1	23.1

2. 三因子的嵌套设计

例 3.13 的小鼠抗菌药物试验，小鼠代次（*Generation*）嵌套在药剂（*Drug*）之下，性别（*Sex*）

嵌套在小鼠代次因子之下，使用三个因子的嵌套设计。

使用 SAS 软件实现三因子的嵌套设计：

```
* SAS3.13 ;
Proc Plan;
  Factors Drug=2 Generation=3 Sex=2 Rep=2 / noprint;
  Output out=nested
    Drug cvals=('D1''D2')
    Generation cvals=('G1''G2''G3')
    Sex cvals=('M''F');
Run;
Proc Print data=nested;
Run;
```

程序简要说明：

Plan 为试验设计过程，Factors 定义因子及其水平，cvals 赋予因子水平为字符串，Print 为输出过程。

程序运行结果如表 3.36 所示。

表 3.36 小鼠试验三因子的嵌套设计表

Obs	*Drug*	*Generation*	*Sex*	*Rep*
1	D2	G2	M	1
2	D2	G2	M	2
3	D2	G2	F	1
4	D2	G2	F	2
5	D2	G3	M	2
6	D2	G3	M	1
7	D2	G3	F	2
8	D2	G3	F	1
9	D2	G1	M	1
10	D2	G1	M	2
11	D2	G1	F	2
12	D2	G1	F	1
13	D1	G1	M	1
14	D1	G1	M	2
15	D1	G1	F	2
16	D1	G1	F	1
17	D1	G2	F	2
18	D1	G2	F	1
19	D1	G2	M	2
20	D1	G2	M	1

续表 3.36

Obs	***Drug***	***Generation***	***Sex***	***Rep***
21	D1	G3	F	1
22	D1	G3	F	2
23	D1	G3	M	2
24	D1	G3	M	1

3.7.3　嵌套设计的统计分析

嵌套设计的试验数据需用方差分析的方法进行统计分析，与一般方差分析不同，嵌套设计中对上级因子的效应进行检验的误差项是下级因子的效应项。

对于二级嵌套的试验设计，以 A 表示一级因子，有 a 个水平，B 表示二级因子，有 b 个水平，整个试验重复 r 次，则它的统计分析模型为：

$$y_{ijk}=\mu+\alpha_i+\beta_{j(i)}+\varepsilon_{ijk},\ i=1,\ 2,\cdots,\ a;\ j=1,\ 2,\cdots,\ b;\ k=1,\ 2,\cdots,\ r$$

式中，y_{ijk} 为试验指标观测值，μ 为总平均值，α_i 为因子 A 第 i 水平的效应，$\beta_{j(i)}$ 为因子 B 第 j 水平的效应，且因子 B 效应嵌套在因子 A 的效应之下，ε_{ijk} 为随机误差，服从 $N(0,\ \sigma^2)$。其方差分析如表 3.37 所示。

表 3.37　二级嵌套设计的方差分析表

变异来源	自由度(df)	平方和(SS)	均方(MS)	F 统计量	显著性
A	$a-1$	SS_A	MS_A	$MS_A/MS_{B(A)}$	
$B(A)$	$a(b-1)$	$SS_{B(A)}$	$MS_{B(A)}$	$MS_{B(A)}/MS_E$	
误差(E)	$ab(r-1)$	SS_E	MS_E		
总和	$abr-1$	SS_T			

例 3.10 为二级嵌套的试验数据，如表 3.35 所示，使用 R 语言进行方差分析的程序：

```
#RA3.10
plant=rep(c("A","B","C"), each=4)
#plant=c("A","A","A","A","B","B","B","B","C","C","C","C")
leaf=rep(c("A1","A2","B1","B2","C1","C2"), each=2)
#leaf=c("A1","A1","A2","A2","B1","B1","B2","B2","C1","C1","C2","C2")
weight=c(12.3,12.1,12.7,12.8,14.7,14.5,14.6,14.4,28.1,28.8,23.4,23.1)
plants=data.frame(plant, leaf, weight)
aovmodel=aov(weight ~ plant+Error(leaf), data=plants)
summary(aovmodel)
aovmodel2=aov(weight ~ plant / leaf, data=plants)
summary(aovmodel2)
```

程序简要说明：

plant 和 leaf 为嵌套设计试验需要考虑的两个因子（植株和叶片），weight 为试验指标（重量），plants 为试验数据集合成的数据框，aov( )为方差分析函数，Error(leaf)指定方差分析的误差项，plant/leaf 指明 leaf 嵌套在 plant 之下。

程序运行结果：

```
Error: leaf
          Df Sum Sq Mean Sq F value Pr(>F)
plant      2  414.5  207.26   22.73 0.0154 *
Residuals  3   27.4    9.12
---
Signif.codes:
0 '***' 0.001 '**' 0.01 '*' 0.05 '.' 0.1 ' ' 1

           Df Sum Sq Mean Sq F value   Pr(>F)
plant       2  414.5  207.26  3502.9 6.27e-10 ***
plant:leaf  3   27.4    9.12   154.1 4.58e-06 ***
Residuals   6    0.4    0.06
---
Signif.codes:
0 '***' 0.001 '**' 0.01 '*' 0.05 '.' 0.1 ' ' 1
```

从方差分析可以看出，植物品种间存在显著差异（*Plant*，$df=2$，$F=22.73$ 和 $P=0.015<0.05$），嵌套在植株下的叶片间存在极显著差异[*Leaf*(*Plant*)，$df=3$，$F=154.10$ 和 $P=4.58e-6<0.01$]。但这里更关注的是上级因子植物品种（*Plant*）间的差异，需要进行均值比较。

```
library(agricolae)
with(plants, duncan.test(weight, plant, DFerror=3, MSerror=9.12, console=TRUE))
```

程序简要说明：

with( )为限定数据函数，即第二个参数的操作均限定在第一个参数指定的数据上，duncan.test( )为 Duncan 法均值比较函数，weight 为试验指标，plant 为试验因子，DFerror 指定误差项的自由度，MSerror 指定误差项的均方。

程序运行结果：

```
Study: weight~plant

Duncan's new multiple range test for weight
Mean Square Error:  9.12
Alpha: 0.05 ; DF Error: 3

Critical Range
       2        3
6.795846 6.818485

Means with the same letter are not significantly different.
  weight groups
C 25.850      a
B 14.550      b
A 12.475      b
```

通过植物品种(*Plant*)间的 Dancun 法均值比较得到,在 0.05 的显著水平下,品种 C 显著好于品种 A 和 B,品种 A 和 B 之间不存在显著差异。

3.7.4 嵌套设计的注意事项

嵌套设计中需要注意:

①在试验中应该注意甄别,有的试验是自然形成的嵌套设计,不能简单作为重复处理,如每处理重复若干盆(箱、笼),每盆(箱、笼)重复若干株(只)等。

②由于在嵌套设计中,两个因子之间不能自由交错地组成各种处理组合,因而,不能考察因子之间的交互作用。所以,凡是交互作用比较重要的试验,都不宜使用这种设计。

第 4 章　Plackett-Burman 设计

4.1　Plackett-Burman 设计概述

某些试验中，可能存在许多与试验指标有关的因子，甚至达到十几个，而它们的重要性却各不相同，同时研究众多因子会使试验规模过于庞大，浪费不必要的试验资源，甚至无法安排众多的试验处理。所以，通常在试验的初始阶段需要进行因子的筛选试验，从众多潜在的因子中筛选出少数对试验指标有重要影响的因子，再进行下一步的深入研究。

1946 年，Plackett（英国）和 Burman（英国）在英国"供应部"工作期间提出一种二水平部分析因设计，主要针对因子数较多时，从中快速地筛选出少数重要因子的试验设计方法，这种试验设计方法以两人的名字组合起来命名，称为 Plackett-Burman 设计，简称 PB 设计。

Plackett-Burman 设计是二水平的部分试验设计，它只能分析主效应，不能分析交互效应，通过对每个因子的两水平之间的差异显著性分析来确定因子是否为重要因子，从而达到因子筛选的目的。

通常用参数 N 来定义 Plackett-Burman 设计，即参数为 N 的 Plackett-Burman 设计。N 表示设计矩阵的行数，也是后续安排试验的试验次数。N 次试验理论上至多可研究 $N-1$ 个因子，但实际使用时，安排的因子数一般不多于 $N-4$ 个。

Plackett-Burman 设计中每个因子取高水平（+）和低水平（−）两个水平，通常低水平为原始条件，高水平取低水平的 1.25～1.5 倍，一般不超过 2 倍，或依据实际条件做一些预实验来确定。

需要注意的是，因子的水平高低差值不应过大，如果一个因子高低水平的差值过大，有可能会产生较大的主效应，进而掩盖其他因子的重要性。反之，因子的高低水平差值也不应过小，小到不能体现高低水平间的差异，同样会遗漏掉一些重要的因子。

因为 Plackett-Burman 设计的试验因子很多，试验次数相对较少，所以不能考察因子间的交互作用，结果可能会遗漏某些存在显著交互作用的因子。

4.2　Plackett-Burman 设计的实现

Plackett-Burman 试验设计按规则生成，排列可能具有不唯一性，其试验次数 N 的取值必为 4 的倍数，但 N 为 2 的整数次幂的时候除外，如 8，16，32 和 64 等。常用的试验次数 N 包括：$N=12$，20，24，28，36，40，44，48 等。

Plackett-Burman 试验设计为每个因子均为两水平的设计矩阵，这个矩阵有 N 行，$N-1$ 列。设计矩阵具有不唯一性，但都遵循一定的原则，其中除了一个都是低水平(－)的行以外，其他 $N-1$ 行都满足如下规则：

①每行高水平(＋)的数目为 $N/2$ 个。

②每行低水平(－)的数目为 $N/2-1$ 个。

③每列包含的高水平(＋)和低水平(－)数相等，各为 $N/2$ 个。

如表 4.1 所示为一个 $N=12$ 的 Plackett-Burman 设计示例，表中高水平用 1 表示，低水平用 －1 表示。

表 4.1　$N=12$ 的 Plackett-Burman 设计示例

N	X_1	X_2	X_3	X_4	X_5	X_6	X_7	X_8	X_9	X_{10}	X_{11}
1	1	−1	1	−1	−1	−1	1	1	1	−1	1
2	1	1	−1	1	−1	−1	−1	1	1	1	−1
3	−1	1	1	−1	1	−1	−1	−1	1	1	1
4	1	−1	1	1	−1	1	−1	−1	−1	1	1
5	1	1	−1	1	1	−1	1	−1	−1	−1	1
6	1	1	1	−1	1	1	−1	1	−1	−1	−1
7	−1	1	1	1	−1	1	1	−1	1	−1	−1
8	−1	−1	1	1	1	−1	1	1	−1	1	−1
9	−1	−1	−1	1	1	1	−1	1	1	−1	1
10	1	−1	−1	−1	1	1	1	−1	1	1	−1
11	−1	1	−1	−1	−1	1	1	1	−1	1	1
12	−1	−1	−1	−1	−1	−1	−1	−1	−1	−1	−1

Plackett-Burman 试验设计矩阵可以手工构造，也可以由统计或试验设计软件生成，但均需遵循上述原则。

Plackett-Burman 设计矩阵的所有列都处于同等的地位，任何一个因子都可以随机地安排到任意一列上，没有安排任何因子的列称为空白列。一般设计矩阵时保留三个及以上空白列，以便估计试验误差。后续安排试验时，应该对 N 次试验随机确定试验顺序。

4.2.1　手工构造 Plackett-Burman 设计

手工构造 Plackett-Burman 设计需要按照基本行进行变换得到，表 4.2 列出了一些常见的 Plackett-Burman 设计的基本行。因为 Plackett-Burman 设计具有不唯一性，所以有的设计列出了两个基本行，使用任何一个作为基本行均能生成 Plackett-Burman 设计矩阵。

表 4.2 常见 Plackett-Burman 设计的基本行

N	基本行排列方法
12	＋＋－＋＋＋－－－＋－
	＋－＋－－－＋＋＋－＋
20	＋＋－－＋＋＋＋－＋－＋－－－－＋＋－
	＋－＋＋－－－－＋－＋－＋＋＋＋－－＋
24	＋＋＋＋＋－＋－＋＋－－＋＋－－＋－＋－－－－
	＋－－－－＋－＋－－＋＋－－＋＋－＋－＋＋＋＋
36	－＋－＋＋＋－－－＋＋＋＋＋－＋＋＋－－＋－－－－－＋－＋－＋＋－－＋－

根据因子数选定 $N \geqslant$ 因子数＋4 的 Plackett-Burman 设计，再根据 N 值从表 4.2 中任选一个基本行作为 Plackett-Burman 设计矩阵的第一行。

从第二行开始，将上一行复制下来，整体向后移动一位，将最后多出的一位移动到本行的第一位。按照相同的方法生成到第 $N-1$ 行。

最后一行，也就是第 N 行，全部安排为低水平(－)。

这样即完成了参数为 N 的 Plackett-Burman 设计。例如，表 4.1 中 $N=12$ 的 Plackett-Burman 设计可以由表 4.2 的 $N=12$ 的第二行作基本行(＋ －＋－－－＋＋＋－ ＋)生成。

4.2.2 软件生成 Plackett-Burman 设计

【例 4.1】 在某微生物培养条件优化应用试验中，初步考虑影响微生物有用代谢产物(Y)的因素有 8 个，即发酵温度℃(A)、培养基起始 pH(B)、摇瓶转速 r/min(D)、豆饼粉质量百分数(E，%)、玉米浆质量百分数(G，%)、可溶性淀粉质量百分数(H，%)、K_2HPO_4质量百分数(J，%)、$NaNO_3$质量百分数(K，%)，试筛选出几个重要因子，进行下一步的研究。

使用 R 语言实现 Plackett-Burman 设计：

```
#RD4.1
library(FrF2)
N=12
factors=LETTERS[1:11]
pbD=pb(N, factor.names=factors)
pbd=data.frame(pbD)
pbd
```

程序简要说明：

FrF2 为两水平分式因子设计包；N 定义 Plackett-Burman 设计的试验次数，需为 4 的倍数，且不为 2 的整数次幂；factors 定义因子名称为前 11 个大写字母 A～K，不定义时系统自动命名；pb 函数第一个参数为试验次数 N，pb 函数第二个参数为各因子名称；data.frame( )将数据转换成数据框形式。

程序运行结果如表 4.3 所示：

表 4.3　$N=12$ 的 Plackett-Burman 设计表

N	A	B	C	D	E	F	G	H	I	J	K
1	−1	1	1	−1	1	−1	−1	−1	1	1	1
2	1	−1	1	1	−1	1	−1	−1	−1	1	1
3	−1	−1	1	1	1	−1	1	1	−1	1	−1
4	1	1	1	−1	1	1	−1	1	−1	−1	−1
5	1	1	−1	1	−1	−1	−1	1	1	1	−1
6	−1	1	1	1	−1	1	1	−1	1	−1	−1
7	−1	−1	−1	−1	−1	−1	−1	−1	−1	−1	−1
8	−1	−1	−1	1	1	1	−1	1	1	−1	1
9	1	−1	1	−1	−1	−1	1	1	1	−1	1
10	−1	1	−1	−1	−1	1	1	1	−1	1	1
11	1	1	−1	1	1	−1	1	−1	−1	−1	1
12	1	−1	−1	−1	1	1	1	−1	1	1	−1

用 R 语言设计的 Plackett-Burman 设计矩阵是完整表，从中任选 8 列安排 8 个因子即可。

4.3　Plackett-Burman 设计的统计分析

参数为 N 的 Plackett-Burman 设计中，每个因子高低水平分别出现 $N/2$ 次，可以计算这个因子的效应，当某个因子处于高(低)水平时，其余因子均各出现高低水平 $N/4$ 次，所以，其他因子的效应将正负抵消而消除，这样可以只考察这个因子的效应，用所有空白列的效应估计试验误差。

对 Plackett-Burman 设计的试验数据可以进行多元线性回归分析或方差分析，一般选择可信度大于 90%(不低于 85%)或者显著性水平达到 0.1(不超过 0.15)的因子作为重要因子，显著性水平最多也可以放宽到 0.2。

假设影响试验指标(y)的变量有 p 个，分别记为 $x_1, x_2, \cdots, x_p$，则其多元线性回归分析模型为：

$$y_i = \beta_0 + \beta_1 x_{1i} + \beta_2 x_{2i} + \cdots + \beta_p x_{pi} + \varepsilon_i \text{ , } i = 1, 2, \cdots, n$$

式中，y_i 为试验指标，β_0，β_1，β_2，…，β_p 为回归参数，$\varepsilon_i \sim N(0, \sigma^2)$ 为随机误差。

如果采用方差分析，则其模型为：

$$y_{ij} = \mu + x_{1j} + x_{2j} + \cdots + x_{pj} + \varepsilon_{ij} \text{ , } i = 1, 2, \cdots, n; \ j = 1, 2$$

式中，y_{ij} 为试验指标观测值，μ 为总平均值，x_{1j} 为因子 x_1 的效应，x_{2j} 为因子 x_2 的效应，x_{pj} 为因子 x_p 的效应，$\varepsilon_{ij} \sim N(0, \sigma^2)$ 为随机误差。

例 4.1 的微生物培养试验，选用试验次数 $N=12$ 的试验设计，对 8 个因子进行考察，因子 A, B, D, E, G, H, J, K 分别对应于设计表中的 1,2,4,5,7,8,10,11 列。每个因子“−1”取低水平，“1”取高水平。另设 3 个虚拟空白列 C, F, I，对应表中的 3,6,9 列，以考察实验误差。Y 为试验指标。12 次试验随机安排具体如表 4.4 所示。

表 4.4 Plackett-Burman 设计的微生物培养试验方案

N	*A*	*B*	(*C*)	*D*	*E*	(*F*)	*G*	*H*	(*I*)	*J*	*K*	*Y*
1	−1	1	1	−1	1	−1	−1	−1	1	1	1	73.1
2	1	−1	1	1	−1	1	−1	−1	−1	1	1	72.5
3	−1	−1	1	1	1	−1	1	1	−1	1	−1	80.3
4	1	1	1	−1	1	1	−1	1	−1	−1	−1	69.6
5	1	1	−1	1	−1	−1	−1	1	1	1	−1	69.9
6	−1	1	1	1	−1	1	1	−1	1	−1	−1	73.4
7	−1	−1	−1	−1	−1	−1	−1	−1	−1	−1	−1	65.7
8	−1	−1	−1	1	1	1	−1	1	1	−1	1	73.7
9	1	−1	1	−1	−1	−1	1	1	1	−1	1	75.1
10	−1	1	−1	−1	−1	1	1	1	−1	1	1	79.6
11	1	1	−1	1	1	−1	1	−1	−1	−1	1	75.1
12	1	−1	−1	−1	1	1	1	−1	1	1	−1	79.4

注：带括号的 *C*,*F* 和 *I* 为三个虚拟空白列。

在例 4.1 试验数据中，空白列变量 *C*,*F*,*I* 可以存入数据集，但统计分析时不用。使用 R 语言实现统计分析的程序：

```
#RA4.1
A=c(-1, 1,-1,1,1,-1,-1,-1,1,-1,1,1)
B=c(1,-1,-1, 1, 1, 1,-1,-1,-1, 1, 1,-1)
D=c(-1, 1, 1,-1, 1, 1,-1, 1,-1,-1, 1,-1)
E=c(1,-1, 1, 1,-1,-1,-1, 1,-1,-1, 1, 1)
G=c(-1,-1, 1,-1,-1, 1,-1,-1, 1, 1, 1, 1)
H=c(-1,-1, 1, 1, 1,-1,-1, 1, 1, 1,-1,-1)
J=c(1, 1, 1,-1, 1,-1,-1,-1,-1, 1,-1, 1)
K=c(1, 1,-1,-1,-1,-1,-1, 1, 1, 1, 1,-1)
Y=c(73.1,72.5,80.3,69.6,69.9,73.4,65.7,73.7,75.1,79.6,75.1,79.4)
pbs=data.frame(A, B, D, E, G, H, J, K, Y)
#也可以直接利用R程序的到的PB设计矩阵pbD,但要注意变量名和列数据是否一致
#还需要注意设计矩阵pbD的行和试验结果Y的值是否一致
#pbs=data.frame(pbD, Y)

pbmodel=lm(Y ~ A+B+D+E+G+H+J+K, data=pbs)
summary(pbmodel)
```

程序简要说明：

A,B,D,E,G,H,J,K 为 PB 设计试验的 8 个因子，Y 为试验指标（微生物代谢产物），pbs 为试验数据集合成的数据框；lm( )为回归分析函数，因变量置于"～"左侧，自变量置于"～"右侧，自变量间用"＋"分开。

程序运行结果：

```
Call:
lm(formula=Y~ A+B+D+E+G+H+J+K, data=pb)
```

```
Coefficients:
             Estimate Std. Error t value Pr(>|t|)
(Intercept)   73.9500    0.4425  167.107  4.73e-07 ***
A             -0.3500    0.4425   -0.791  0.48676
B             -0.5000    0.4425   -1.130  0.34071
D              0.2000    0.4425    0.452  0.68198
E              1.2500    0.4425    2.825  0.06648 .
G              3.2000    0.4425    7.231  0.00545 **
H              0.7500    0.4425    1.695  0.18869
J              1.8500    0.4425    4.181  0.02494 *
K              0.9000    0.4425    2.034  0.13485
---
Signif. codes:
0 '***' 0.001 '**' 0.01 '*' 0.05 '.' 0.1 ' ' 1

Residual standard error: 1.533 on 3 degrees of freedom
Multiple R-squared:  0.9666,Adjusted R-squared:  0.8776
F-statistic: 10.86 on 8 and 3 DF,  p-value: 0.03768
```

豆饼粉质量百分数(E,$t=2.825$ 和 $P=0.066\ 5<0.1$)、玉米浆质量百分数(G,$t=7.231$ 和 $P=0.005\ 5<0.01$)、K_2HPO_4质量百分数(J,$t=4.181$ 和 $P=0.024\ 9<0.05$)三个因子在 0.1 的显著水平下是显著的。因此,可以筛选出这三个因子进行更进一步的深入研究。

第5章　区组设计

5.1　随机区组设计

5.1.1　随机区组设计概述

随机区组设计(RBD,Randomized Block Design)全称为随机完全区组设计(RCBD,Randomized Complete Block Design),也称随机单位组设计,是由于试验条件的不均匀性,根据局部控制和随机排列的原则,将试验条件划分成若干个区组,在区组内随机安排各个处理的试验设计方法。

划分区组的原则是使区组内试验条件尽可能相同或相近,而区组之间可以存在较大差异。区组的容量能安排所有的处理(组合),所以称其为随机完全区组设计,简称随机区组设计。一个完全区组就可以看作一次重复,安排几个区组就相当于安排了几次重复。如果区组的容量不够大,安排不下所有的处理(组合),则称其为不完全区组设计,一个不完全区组就不能看作一次重复,后续会有专门的章节介绍不完全区组设计。

随机区组设计最早起源于农业试验,由试验设计的创始人 Fisher 提出并使用,同时也将区组控制作为试验设计的三大原则之一。随机区组设计是一种相对简单而实用的试验设计方法,也是一般的科学试验中常用的方法,除了农学、生物学研究,目前其他各行各业、各个专业领域都在使用随机区组设计方法。

在科学试验中,相同的试验条件通常难以达到,但根据试验条件的不均匀性,可以人为地把时间、空间、试验材料和试验设备等试验条件划分成若干个区组,使区组内的试验条件相同或相近,而区组之间的试验条件允许存在较大的差异。区组也会影响试验指标,但并不是真正要研究的因素,通常称其为非试验因素。但是,划分区组能够从试验误差中分离出试验条件的不均匀性引起的变异,进而减少试验误差,提高试验精度,保证分析结果的正确性。

在农学科研试验中,可以根据试验场地地势高低差异、作物长势不同、含水量多少,乃至土地肥力的差异等,划分成若干区组,但要使区组内地势等高,作物长势、含水量和土地肥力接近。不同的温室、网室和培养箱等也可以划分成区组。

【例5.1】　比较4个大豆品种(*Soybean*,A,B,C,D)的产量试验,安排5次重复,由于土地肥力在左右方向不一致，可以按左右方向将土地分为 5 个区组，每个区组内划分 4 个小区并随机安排 4 个大豆品种。这就是单因子 4 处理 5 区组的随机区组设计。如图 5.1 所示。

区组1	区组2	区组3	区组4	区组5
B	A	D	B	C
D	C	A	C	B
A	D	B	D	A
C	B	C	A	D

图 5.1　大豆产量试验的随机区组设计

在动物学试验中，将同窝别、同性别、体重基本相同的动物划分到一个区组，不同窝别、不同性别、不同体重的动物应该划分到不同的区组。根据实际情况，不同试验场、畜舍、池塘也可以等划分成区组。

【例 5.2】　为了比较 5 种不同添加剂配成的饲料（*Fodder*：A_1，A_2，A_3，A_4，A_5）对仔猪的增重效果，从 4 头母猪所产的仔猪中，每窝选出同性别、体重相近的仔猪各 5 头，每窝形成一个区组，共 4 个区组。20 头仔猪，每一区组内的 5 头仔猪随机饲喂 5 种不同的饲料。这就是单因子 5 处理 4 区组的随机区组设计（明道绪，2002）。

随机区组设计的区组中，既可以安排单因子试验的不同处理，也可以安排复因子试验的处理组合。即随机区组设计可以进行单因子试验，也可以进行复因子试验。

【例 5.3】　某试验考察橡胶树两个品种（*A*：A1，A2）在三种种植密度（*B*：B1：3 m×6 m，B2：3.5 m×6 m，B3：4 m×6 m）下的橡胶产量，每个试验小区的面积为 1 亩，采用随机区组设计，重复 4 次。试验安排如图 5.2 所示（韩汉鹏，2006）。

区组1	A1B1	A2B2	A2B3	A1B3	A1B2	A2B1
区组2	A2B3	A1B2	A1B3	A2B1	A2B2	A1B1
区组3	A1B3	A2B1	A1B2	A2B2	A1B1	A2B3
区组4	A2B1	A1B2	A2B2	A2B3	A1B1	A1B3

图 5.2　随机区组设计的橡胶产量试验排列方式

在随机区组设计中需要注意以下问题：

①随机区组设计的试验设置的区组数，也就是重复数的设置应该适当，一般试验设计的区组数建议 3～5 个为宜，也可以根据误差项自由度不低于 10 的原则估算区组数。

②区组容量的设置应该适当，区组容量太大时将很难保证区组内的一致性，则区组控制失败，所以区组的容量一般建议不超过 15 个，只有试验条件比较均匀，才可以根据实际情况酌情增加。

5.1.2　随机区组设计的实现

随机区组设计按照试验条件的不均匀性划分区组，使区组内试验条件相同或相近，但区组的试验编号以及区组内各处理的排列方式应该按照随机原则安排。下面分别介绍单因子的随机区组设计和两因子的随机区组设计，三因子以上的随机区组设计可以参照两因子试验进行设计。

1. 单因子的随机区组设计

例 5.2 仔猪饲料(*Fodder*:A1,A2,A3,A4,A5)的增重效果试验:4 头母猪所产的仔猪形成 4 个区组,每窝安排相近的仔猪各 5 头随机饲喂 5 种不同的饲料。此为单因子 5 处理 4 区组的随机区组设计,使用 R 软件设计如下:

```
#RD5.2
library(agricolae)
Fodder=c('A1','A2','A3','A4','A5')
Block=4
rcbDesign=design.rcbd(Fodder, Block)
rcbd=rcbDesign$book[-1]
rcbd
```

程序简要说明:

agricolae 为农业研究统计包,Fodder 定义饲料的 5 个水平,Block 定义区组数量,design.rcbd( )为随机区组设计函数,rcbDesign$book[-1]为取输出列表 rcbDesign 数据框 book 数据中除第一列外的数据。

程序运行结果如表 5.1 所示:

表 5.1 单因子随机区组设计

No.	*Block*	*Fodder*
1	1	A2
2	1	A1
3	1	A5
4	1	A4
5	1	A3
6	2	A3
7	2	A2
8	2	A4
9	2	A1
10	2	A5
11	3	A2
12	3	A5
13	3	A4
14	3	A3
15	3	A1
16	4	A5
17	4	A2
18	4	A3
19	4	A1
20	4	A4

2. 复因子的随机区组设计

例 5.3 考察橡胶树两个品种（A：A1，A2）在三种种植密度（B：B1，B2，B3）的橡胶产量试验，安排 4 个随机区组。此为两因子 4 区组的随机区组设计，使用 R 软件设计如下：

```
#RD5.3
library(agricolae)
factors=c(2, 3)
block=4
rcbdDesign=design.ab(factors, r=block, design="rcbd")
rcbd=rcbdDesign$book[-1]
rcbd       可以用 names( )函数对因子重命名
```

程序简要说明：

agricolae 为农业研究统计包；factors＝c(2,3)定义两因子 2×3 水平设计；两因子默认名称为 A 和 B，设计完后可以修改为需要的因子名；2,3 都为数值类型的水平值，设计完后可以修改为需要的水平值；design. ab( )为析因设计函数；r＝block 为区组数；design＝"rcbd"定义设计类型为随机区组设计；rcbdDesign $ book[－1]为取 rcbddDesign 列表的 book 数据框除第一列外的数据。

程序运行结果如表 5.2 所示：

表 5.2　两因子随机区组设计

No.	*Block*	A	B
1	1	2	2
2	1	1	1
3	1	1	3
4	1	1	2
5	1	2	3
6	1	2	1
7	2	2	1
8	2	1	3
9	2	1	2
10	2	2	3
11	2	1	1
12	2	2	2
13	3	2	3
14	3	2	2
15	3	2	1
16	3	1	1
17	3	1	2
18	3	1	3

续表 5.2

No.	*Block*	*A*	*B*
19	4	1	2
20	4	2	3
21	4	1	3
22	4	2	1
23	4	1	1
24	4	2	2

5.1.3 随机区组设计的统计分析

随机区组设计的统计分析需使用方差分析，变异来源有区组、各个因子、因子间的交互作用。区组仅是因为试验条件的不均匀性等限制而划分的，一般不需要考虑区组和因子的交互作用，如果是单因子的试验则不需考虑任何交互作用。下面分别介绍单因子随机区组设计的方差分析和两因子随机区组设计的方差分析。三因子以上的随机区组设计的方差分析可以参照两因子的进行方差分析。

1. 单因子随机区组设计的方差分析

单因子随机区组设计的方差分析，假设因子 A 有 a 个水平，设置 r 个区组 *Block*，则其统计分析模型：

$$y_{ij}=\mu+\gamma_j+\alpha_i+\varepsilon_{ij}\ ,\ i=1,\ 2,\cdots,\ a;\ j=1,\ 2,\cdots,\ r$$

式中，y_{ij} 为试验指标的观测值，μ 为总平均值，γ_j 为第 j 个区组 *Block* 的效应，α_i 为因子 A 第 i 个水平的效应，ε_{ij} 为随机误差，服从 $N(0,\ \sigma^2)$。其方差分析如表 5.3 所示。

表 5.3 单因子随机区组设计的方差分析表

变异来源	自由度(df)	平方和(SS)	均方(MS)	F 统计量	显著性
Block	$r-1$	SS_R	MS_R	MS_R/MS_E	
A	$a-1$	SS_A	MS_A	MS_A/MS_E	
误差(E)	$(r-1)(a-1)$	SS_E	MS_E		
总和	$ar-1$	SS_T			

例 5.2 仔猪饲料(*Fodder*:A1,A2,A3,A4,A5)的增重效果试验，此为单因子 5 处理 4 区组的随机区组设计，试验数据经整理如表 5.4 所示。

表 5.4 单因子随机区组设计的仔猪增重试验数据

Fodder	*Block*			
	Block1	Block2	Block3	Block4
A1	205	168	222	230
A2	230	198	242	255
A3	252	248	305	260
A4	200	158	183	196
A5	265	275	315	282

使用 R 语言程序进行方差分析的程序：

```
#RA5.2
Block=factor(rep(1:4,each=5))
#Block=factor(c(1, 1, 1, 1, 1, 2, 2, 2, 2, 2, 3, 3, 3, 3, 3, 4, 4, 4, 4, 4))
Fodder=rep(c("A1","A2","A3","A4","A5"),times=4)
#Fodder=c("A1","A2","A3","A4","A5","A1","A2","A3","A4","A5",
          "A1","A2","A3","A4","A5","A1","A2","A3","A4","A5")
Weight=c(205, 230, 252, 200, 265, 168, 198, 248, 158, 275, 222, 242,
        305, 183, 315, 230, 255, 260, 196, 282)
pig=data.frame(Block, Fodder, Weight)
aovmodel=aov(Weight ~ Block+Fodder, data=pig)
summary(aovmodel)
library(agricolae)
duncan.test(aovmodel, "Fodder", console=TRUE)
```

程序简要说明：

Block 为区组，Fodder 为因子（饲料），Weight 为试验指标（仔猪增重），pig 为试验数据集合成的数据框，aov( )为方差分析函数，方差分析的模型为"试验指标～各项效应之和"的形式，duncan.test( )为 Duncan 法均值比较函数。

程序运行结果：

```
            Df Sum Sq Mean Sq F value   Pr(>F)
Block        3   5530   1843    7.15  0.0052   **
Fodder       4  27267   6817   26.44  7.15e-06 ***
Residuals   12   3094    258
---
Signif.codes:
0 '***' 0.001 '**' 0.01 '*' 0.05 '.' 0.1 ' ' 1

Study:aovmodel ~ "Fodder"

Duncan's new multiple range test for Weight
Mean Square Error:  257.8
Alpha: 0.05; DF Error: 12

Critical Range
       2        3        4        5
24.73696 25.89250 26.59262 27.05599

Means with the same letter are not significantly different.
   Weight groups
A5 284.25      a
A3 266.25      a
A2 231.25      b
A1 206.25      c
A4 184.25      c
```

通过对区组设计进行方差分析，发现区组效应（*Block*，$df=3$，$F=7.15$，$P=0.0052<0.01$）达极显著，说明仔猪窝别之间存在极显著差异，将窝别的变异从试验误差中分离出来达到了区组控制的目的，所以区组之间即使存在显著差异一般也不做均值比较。饲料效应（*Fodder*，$df=4$，$F=26.44$ 和 $P=7.15e-6<0.01$）达极显著，即不同饲料之间存在极显著差异，需对其进行均值比较。

对饲料效应进行 Duncan 法均值比较，在 0.05 的显著水平下，说明饲料 A5 和 A3 对仔猪的增重效果显著高于饲料 A2，A1 和 A4；饲料 A2 对仔猪的增重效果显著高于饲料 A1 和 A4；饲料 A5 和 A3 之间增重效果无显著差异；饲料 A1 和 A4 之间增重效果无显著差异。优先考虑增重效果最好的饲料 A5 和 A3。

2. 两因子随机区组设计的方差分析

两因子随机区组设计的统计分析，假设因子 A 有 a 个水平，因子 B 有 b 个水平，设置 r 个区组 *Block*，则其统计分析模型：

$$y_{ijk}=\mu+\gamma_k+\alpha_i+\beta_j+\alpha\beta_{ij}+\varepsilon_{ijk},\ i=1,2,\cdots,a;j=1,2,\cdots,b;k=1,2,\cdots,r$$

式中，y_{ijk} 为试验指标观测值，μ 为总平均值，γ_k 为第 k 个区组 *Block* 的效应，α_i 为因子 A 的第 i 个水平效应，β_j 为因子 B 的第 j 个水平效应，$\alpha\beta_{ij}$ 为因子 A 和 B 的交互效应，ε_{ijk} 为随机误差，服从 $N(0,\sigma^2)$。其方差分析如表 5.5 所示。

表 5.5　两因子随机区组设计的方差分析表

变异来源	自由度(df)	平方和(SS)	均方(MS)	F 统计量	显著性
Block	$r-1$	SS_R	MS_R	MS_R/MS_E	
A	$a-1$	SS_A	MS_A	MS_A/MS_E	
B	$b-1$	SS_B	MS_B	MS_B/MS_E	
AB	$(a-1)(b-1)$	SS_{AB}	MS_{AB}	MS_{AB}/MS_E	
误差(E)	$(r-1)(ab-1)$	SS_E	MS_E		
总和	$abr-1$	SS_T			

例 5.3 考察橡胶树不同品系（A）和不同种植密度（B）影响橡胶产量的试验，为两因子 4 区组的随机区组设计，试验数据经整理如表 5.6 所示。

表 5.6　两因子随机区组设计的橡胶树产量试验数据

Block	**A1**			**A2**		
	B3	**B1**	**B2**	**B3**	**B1**	**B2**
1	56	60	66	65	60	53
2	45	50	57	61	58	53
3	43	45	50	60	56	48
4	46	48	50	63	60	55

使用 R 语言程序进行方差分析的程序：

```
#RA5.3
Block=factor(rep(1:4, each=6))
```

```
#Block=factor(c(1,1,1,1,1,1,2,2,2,2,2,2,3,3,3,3,3,3,4,4,4,4,4,4))
A=rep(c("A1","A2"), each=3, times=4)
#A=c("A1","A1","A1","A2","A2","A2","A1","A1","A1","A2","A2","A2",
#      "A1","A1","A1","A2","A2","A2","A1","A1","A1","A2","A2","A2")
B=rep(c("B1","B2","B3"), times=8)
#B=c("B1","B2","B3","B1","B2","B3","B1","B2","B3","B1","B2","B3",
#      "B1","B2","B3","B1","B2","B3","B1","B2","B3","B1","B2","B3")
Weight=c(56,60,66,65,60,53,45,50,57,61,58,53,43,45,50,60,56,48,46,48,50,63,60,55)
rubber=data.frame(Block, A, B, Weight)

aovmodel=aov(Weight ~ Block+A+B+A:B, data=rubber)
summary(aovmodel)

library(agricolae)
duncan.test(aovmodel, "A", console=TRUE)
duncan.test(aovmodel, c("A","B"), console=TRUE)
```

程序简要说明：

Block 为区组，A 和 B 为试验因子（橡胶品系和种植密度），Weight 为试验指标（橡胶产量），rubber 为试验数据集合成的数据框，aov( )为方差分析函数，方差分析的模型为“试验指标～各项效应之和”的形式，其中 A:B 为交互作用，duncan. test( )为 Duncan 法均值比较函数。

程序主要运行结果：

```
            Df Sum Sq Mean Sq F value   Pr(>F)
Block        3  291.3   97.11   9.010 0.001181 **
A            1  240.7  240.67  22.330 0.000271 ***
B            2    3.3    1.63   0.151 0.861330
A:B          2  339.1  169.54  15.731 0.000208 ***
Residuals   15  161.7   10.78
---
Signif. codes:
0 '***' 0.001 '**' 0.01 '*' 0.05 '.' 0.1 ' ' 1

Study: aovmodel ~ "A"

Duncan's new multiple range test for Weight

Mean Square Error:  10.77778

Alpha: 0.05 ; DF Error: 15

Critical Range
       2
2.856696

Means with the same letter are not significantly different.

     Weight groups
A2 57.66667      a
A1 51.33333      b
```

```
Study:aovmodel ~ c("A", "B")

Duncan's new multiple range test for Weight
Mean Square Error:  10.77778
Alpha: 0.05; DF Error: 15

Critical Range
       2        3        4        5        6
4.947943 5.186780 5.335205 5.436320 5.508833
Means with the same letter are not significantly different.
       Weight groups
A2:B1   62.25      a
A2:B2   58.50     ab
A1:B3   55.75     bc
A2:B3   52.25     cd
A1:B2   50.75     cd
A1:B1   47.50      d
```

从区组设计的方差分析可得，区组效应达极显著($Block, df=3, F=9.01, P=0.001\ 18<0.01$)，说明区组之间存在极显著差异，将区组变异从试验误差中分离出来达到了区组控制的目的。橡胶品种效应达极显著($A, df=1, F=22.33$ 和 $P=0.000\ 27<0.01$)，种植密度效应未达显著($B, df=2, F=0.151$ 和 $P=0.861>0.05$)，而品种和种植密度的交互效应达极显著($A:B, df=2, F=15.731$ 和 $P=0.000\ 2<0.01$)。因此需要对品种和种植密度的交互效应进行均值比较，来确定适宜的橡胶品系和种植密度。

对品种效应进行 Duncan 法均值比较：在 0.05 的显著水平下，品种 A2 的橡胶产量显著高于品种 A1。品种和种植密度的交互效应 A2B1 和 A2B2 的产量显著高于 A2B3、A1B2 和 A1B1，但 A2B1 和 A2B2 两者之间产量差异不显著，从橡胶高产角度考虑，优先选择品种 A2 和种植密度 B1 或者品种 A2 和种植密度 B2。

5.1.4 随机区组设计的特点

随机区组设计有很多优点：①设计比较简单，易于掌握。②具有较好的伸缩性，单因子、复因子试验都可以采用。③能提供无偏的误差估计，有效地降低试验误差，试验精度比较高。④对试验条件要求不严格，允许试验条件存在一定的差异。

随机区组设计不足之处是区组的容量不能太多，如果处理数过多，很难保证处理内的均质性，区组控制容易失败。

5.2 双向区组设计

5.2.1 双向区组设计概述

由于试验条件本身不均匀等，对试验条件加以区组控制的常用试验设计方法有随机区组设计和拉丁方设计。一般而言，能横竖两个方向实现区组控制的拉丁方设计的试验精度要高于随机区组设计，但拉丁方设计的要求过于严苛，处理数须等于重复数、行数和列数，处理数比较大时，重复数也必然相应加大。比如，拉丁方设计在处理数 r 达到 8 以上时，重复数也要达到 8 以上，而按平方增长的总处理数 r^2 必然达到 64 以上，试验处理工作量的快速增加已经成为难以承受之重，不再适合采用拉丁方设计。

在处理数比较大时，能不能使用横竖两个方向的控制，而又适当减少重复数呢？1990 年前后，中国学者凌树洪(1989)和牛玉刚(1994)等提出了双向随机区组设计，简称双向区组设计(TDBD，Two Directions Block Design)。双向区组设计主要是基于试验设计中的平衡原理，可以把它看作裂区设计、不完全区组设计和行列设计的拓展。

双向区组设计可以在通常的随机区组设计的基础上加以变化而成，可以控制试验条件横向(Row)和竖向(Column)两个方向的差异，但又不像拉丁方设计那样严苛，双向区组设计的重复数要小于处理数，整个试验单元的数量比拉丁方要少得多。双向区组设计拥有很高的试验精度，却又具有较少的重复数和总试验单元数，使用起来比较灵活方便，区组控制也容易实施，因此该设计具有较大的实用意义和推广价值。

双向区组设计的主要参数有 r，c，b，m，t，其中 r 为横向区组数，c 为竖向区组数，b 为重复内亚区组数，m 为亚区组中试验单元数，$t=bm$ 为试验处理数，即处理数为亚区数与亚区组内试验单元数的乘积。

处理数 t 只要是合数都可以安排成双向区组设计，比如 t 常见的取值有：6，8，9，10，12，14，15，16，18，20，24，26，28，30，32，36 等。一些常见的双向区组设计如表 5.7 至表 5.11 所示。

表 5.7　6 个处理 3 次重复的双向区组设计(3,3,3,2,6)

横向区组	竖向区组					
	1		2		3	
1	1	3	2	5	4	6
2	4	5	1	6	2	3
3	6	2	4	3	5	1

表 5.8　8 个处理 4 次重复的双向区组设计(4,4,4,2,8)

横向区组	竖向区组							
	1		2		3		4	
1	2	1	6	5	4	3	7	8
2	3	4	7	8	1	2	5	6
3	5	6	3	4	7	8	1	2
4	7	8	1	2	5	6	3	4

表 5.9　9 个处理 3 次重复的双向区组设计(3,3,3,3,9)

横向区组	竖向区组								
	1			2			3		
1	5	3	9	6	4	2	8	1	7
2	1	2	4	7	8	9	3	5	6
3	6	7	8	1	3	5	2	4	9

表 5.10　12 个处理 4 次重复的双向区组设计(4,4,4,3,12)

横向区组	竖向区组											
	1			2			3			4		
1	6	3	4	12	9	10	2	5	1	8	11	7
2	9	11	12	5	7	8	3	4	6	2	10	1
3	1	2	10	4	6	11	7	8	9	3	5	12
4	5	7	8	1	2	3	10	11	12	4	6	9

表 5.11　10 个处理 5 次重复的双向区组设计(5,5,5,2,10)

横向区组	竖向区组									
	1		2		3		4		5	
1	5	10	8	4	7	9	6	2	3	1
2	1	2	9	10	3	6	7	8	4	5
3	3	4	6	5	2	8	1	9	7	10
4	6	7	1	2	4	5	3	10	8	9
5	8	9	3	7	1	10	4	5	2	6

当试验有 6 个，9 个，12 个，15 个，18 个，21 个和 24 个等处理均为 3 的倍数时,可以设置 3 个重复,均可以仿照表 5.7 和表 5.9 的方式排列。

当试验有 8 个，12 个，16 个，20 个，24 个，28 个和 32 个等处理均为 4 的倍数时,可以设置 4 个重复,均可以仿照表 5.8 和表 5.10 的方式排列。

当试验有 10 个，15 个，20 个，25 个，30 个和 35 个等处理均为 5 的倍数时,可以设置 5 个重复,均可以仿照表 5.11 的方式排列。

当试验处理数为素数时,如 7，11，13，17，19，23 和 29 等,均无法安排成双向区组设计,此时可适当增加或减少一些处理,比如,对比较重要的处理安排重复或增加一些有潜在影响的处理从而增加处理数,对不太重要的处理可以直接删除,使最终的处理数等于某个适当的合数时,再进行双向区组设计。

双向区组设计类似于拉丁方设计,双向区组可以作为物理的横向区组和竖向区组,也可以安排一个或两个因子,加上处理因素,最多可以同时安排三个因子,但因子间不能存在交互作用。

双向区组设计可以进行单因子试验,也可以安排复因子试验,只要把复因子的处理组合数当作单因子的处理数即可进行双向区组设计。

5.2.2　双向区组设计的实现

目前,R 语言暂时无法方便地实现双向区组设计,可以采用 SAS 软件实现。

1. 单因子双向区组设计

【例 5.4】　安徽某地进行棉花新品种(*Cotton*)区域试验，供试品种 6 个(品种 1:安农 121,品种 2:皖 73-10,品种 3:兵 413,品种 4:岱 15,品种 5:岱 16,品种 6:徐州 142),由于试验地为长条台地，土地肥力可能不均匀，为了更有效地利用区组来控制土壤差异，可以采用双向随机区组设计，即 6 个处理 3 次重复的双向区组设计(3,3,3,2,6)，每试验小区大小约 20 m×15 m。

```
使用 SAS 软件进行双向区组设计：
* SAS5.4 ;
/*1.准备设计矩阵*/
%let r=3;   **行数,重复数;
%let b=2;   **区块的列数;
%let n=6;   **处理数,必为 r×b 之积;
**生成一列 n 个随机数;
Proc Plan;
  factors A=&n / noprint;
  output out=a;
Run;
**随机数列转置成行;
Proc Transpose data=a prefix=C out=indata(drop=_NAME_);
  var A;
Run;
**定义设计矩阵 r*N;
Proc IML;
  edit indata;
  S=J(&r-1, &n,.);
  append from S;
Run;
Quit;
/*2.将设计矩阵赋值给宏变量 C_1_1 至 C_9_9*/
%macro store_initial_values;
  /*储存初值到宏变量 C_i_j */
  data _null_;
      set indata;
      array C{&n};
      do j=1 to &n;
         i=_N_;
         call symput(compress('C_'||put(i,best.)||'_'||put(j,best.)),
             put(C[j],best.));
      end;
  run;
%mend store_initial_values;
**调用宏函数;
%store_initial_values;
/*3.利用 CLP 过程求解设计矩阵*/
%macro solve;
```

```
  proc clp out=outdata;
/* VAR语句 声明求解变量X_1_1至X_9_9  取值范围为[1,9] */
/* alldiff语句:约束条件:行约束,每行元素互不相同,
如X_1_1:X_1_9的取值互不相同 */
     %do i=1 %to &r;
       var (X_&i._1-X_&i._&n)=[1,&n];
       alldiff(X_&i._1-X_&i._&n);
     %end;
     /* alldiff语句:约束条件:块约束,块矩阵元素互不相同,
如X_1_1:X_3_3的取值互不相同。*/
     %do s=0 %to 0;
       %do t=0 %to &r-1;
         alldiff(
         %do i=&r*&s+1 %to &r*&s+&r;
           %do j=&b*&t+1 %to &b*&t+&b;
             X_&i._&j
           %end;
         %end;
         );
       %end;
     %end;
     /* lincon语句:初值约束,已知变量约束如X_1_3=C_1_3=5 */
     /* 如果C_i_j非缺失,则X_i_j=C_i_j  */
     %do i=1 %to &r;
       %do j=1 %to &n;
         %if &&C_&i._&j ne . %then %do;
           lincon X_&i._&j=&&C_&i._&j;
         %end;
       %end;
     %end;
  run;
  %put &_ORCLP_;
 %mend solve;
 %solve;
 /*4.整理输出结果*/
 Proc IML;
   use outdata;
   read all into A;
   r=&r;
   c=&n;
   D=J(r,c);
   do i=1 to r;
     do j=1 to c;
```

```
  D[i,j]=A[(i-1)*c+j];
end;
  end;
   **print r c d;
  Create Design from D;
  Append from D;
Run;
Quit;
/*5.输出结果*/
Proc Print data=Design;
Run;
```

程序简要说明:

Plan 为试验设计过程,Factors 定义因子及其水平,Transpose 为排序过程,IML 为矩阵运算过程,Print 为输出过程。

程序运行结果如表 5.12 所示:

表 5.12　6 个棉花品种 3 次重复的双向区组设计(3,3,3,2,6)

横向区组	竖向区组					
	1		2		3	
1	1	6	3	5	2	4
2	2	5	6	4	1	3
3	3	4	2	1	6	5

2. 两因子双向区组设计

两因子双向区组设计的试验,只需将两因子的处理组合当作单因子的处理即可使用同样的方法进行双向区组设计。

设因子 A 有 a 个水平,因于 B 有 b 个水平,则总共有 $a\times b$ 个处理组合,可以按照单因子 $a\times b$ 个处理而重新编号,处理组合可按顺序编号,也可随机编号。两因子双向区组设计试验的重复数应该取两因子中水平较多因子的水平数,即 $r=max\{a,b\}$。为讨论方便,取水平多的因子为 A 因子,则重复数 $r=a$,这时可作出 $a\times b\times r$ 型的双因子双向随机区组试验设计。该设计中各因子水平数不宜过多,一般要求因子的最高水平数不超过 5,最高不超过 8,当一个因子水平数较大时,另一个因子水平数应较小,以避免处理组合数过多导致区组过大,区组控制容易失败。

【例 5.5】 有一早稻栽培试验,一个因子为稻苗秧龄(*Days*),3 个水平分别为 Days1:20 天;Days2:30 天;Days3:40 天。第二个因子为种植密度(*Density*),3 个水平分别为 Density1:16.7 cm×6.7 cm;Density2:16.7 cm×13.3 cm;Density3:20 cm×16.7 cm。两个因子共有 9 个处理组合,需安排 3 次重复,小区面积 13.4 m^2。

欲要进行两因子双向随机区组设计,则需要对 9 个处理组合进行编号,如表 5.13 所示。

表 5.13 早稻试验两因子处理组合编号

Days×*Density*	Density1	Density2	Density3
Days1	1	2	3
Days2	4	5	6
Days3	7	8	9

使用 SAS 进行两因子双向区组设计的程序，可以参照单因子双向区组设计，只改动前面的几个设计矩阵参数即可。改动“准备设计矩阵”部分如下：

```
/*1.准备设计矩阵*/
%let r=3;  **行数,重复数;
%let b=3;  **区块的列数;
%let n=9;  **处理数,必为r×b之积;
```

程序运行结果如表 5.14 所示：

表 5.14 早稻栽培试验的两因子双向区组设计(3,3,3,3,9)

横向区组	竖向区组								
	1			2			3		
1	1	5	9	6	8	2	7	3	4
2	6	8	3	7	1	4	2	5	9
3	7	2	4	3	5	9	6	8	1

5.2.3 双向区组设计的统计分析

1. 单因子双向随机区组设计的分析

单因子双向区组设计的统计分析与拉丁方设计的统计分析一样使用方差分析，将横向区组因素记为 R，竖向区组因素记为 C，试验处理记为 T，横向区组数与竖向区组数记为 r，处理数记为 t，则其试验数据进行方差分析的数学模型为：

$$y_{ijk} = \mu + \alpha_i + \beta_j + \gamma_k + \varepsilon_{ijk}\ ,\ i = j = 1,\ 2, \cdots,\ r;\ k = 1,\ 2, \cdots,\ t$$

式中，y_{ijk} 为试验指标的观测值，μ 为总平均数，α_i 为第 i 横向区组 R_i 的效应，β_j 为第 j 竖向区组 C_j 的效应，γ_k 为第 k 处理 T_k 的效应，ε_{ijk} 为随机误差，服从 $N(0,\ \sigma^2)$。其方差分析如表 5.15 所示。

表 5.15 单因子双向区组设计的方差分析表

变异来源	自由度(df)	平方和(SS)	均方(MS)	F 统计量	显著性
R	$r-1$	SS_R	MS_R	MS_R/MS_E	
C	$r-1$	SS_C	MS_C	MS_C/MS_E	
T	$t-1$	SS_T	MS_T	MS_T/MS_E	
误差(E)	$(r-1)(t-2)$	SS_E	MS_E		
总和	$rt-1$	SS_T			

对例 5.4 中 6 个棉花新品种区域试验采用单因子双向随机区组设计，试验数据如表 5.16 所示：

表 5.16　6 个棉花新品种 3 次重复的双向区组设计试验数据

横向区组	竖向区组					
	1		2		3	
1	(1)172.5	(6)182.0	(3)149.0	(5)139.0	(2)159.5	(4)142.5
2	(2)155.0	(5)187.0	(6)164.5	(4)204.0	(1)210.5	(3)172.0
3	(3)177.5	(4)176.0	(1)207.5	(2)196.0	(5)203.0	(6)215.0

单因子双向随机区组设计的方差分析的 R 语言程序：

```
#RA5.4
Row=factor(rep(1:3, each=6))
#Row=factor(c(1,1,1,1,1,1,2,2,2,2,2,2,3,3,3,3,3,3))
Column=factor(rep(1:3, each=2, times=3))
#Column=factor(c(1,1,2,2,3,3,1,1,2,2,3,3,1,1,2,2,3,3))
Cotton=factor(c(1,6,3,5,2,4,2,5,4,6,1,3,3,4,1,2,5,6))
Yield=c(172.5,182.0,149.0,139.0,159.5,142.5,155.0,187.0,164.5,204.0,
        210.5,172.0,177.5,176.0,207.5,196.0,203.0,215.0)
cotton=data.frame(Row, Column, Cotton, Yield)

aovmodel=aov(Yield ~ Row+Column+Cotton, data=cotton)
summary(aovmodel)

library(agricolae)
duncan.test(aovmodel, "Cotton", console=TRUE)
```

程序简要说明：

Row 为横向区组，Column 为竖向区组，Cotton 为试验因子棉花品种，Yield 为试验指标（棉花产量），cotton 为试验数据集合成的数据框，aov( )为方差分析函数，方差分析的模型为“试验指标～各项效应之和”的形式，duncan.test( )为 Duncan 法均值比较函数。

程序主要运行结果：

```
          Df Sum Sq Mean Sq F value   Pr(>F)
Row        2   4550  2275.2  19.904 0.000784 ***
Column     2    259   129.5   1.133 0.368755
Cotton     5   4036   807.2   7.062 0.008270 **
Residuals  8    914   114.3
---
Signif.codes:
0 '***' 0.001 '**' 0.01 '*' 0.05 '.' 0.1 ' ' 1

Study:aovmodel ~ "Cotton"

Duncan's new multiple range test for Yield
Mean Square Error:  114.3056
```

```
Alpha: 0.05; DF Error: 8

Critical Range
        2        3        4        5        6
20.13020 20.97757 21.45120 21.73517 21.90847

Means with the same letter are not significantly different.
     Yield groups
6 200.3333    a
1 196.8333    a
5 176.3333    b
2 170.1667    b
3 166.1667    b
4 161.0000    b
```

分析结果表明:横向区组间产量影响有极显著差异(*Row*, $df=2$, $F=19.904$, $P=0.000\ 784<0.01$),而竖向区组间产量影响无显著差异(*Column*, $df=2$, $F=1.133$, $P=0.369>0.05$),棉花品种间产量影响有极显著差异(*Cotton*, $df=5$, $F=7.062$, $P=0.008\ 27<0.01$)。

在本试验中,横向排列区组间差异显著,从试验误差中分离出来,降低了试验误差,双向区组起到局部控制作用。接下来,需要对棉花品种效应进行均值间的多重比较。

从棉花品种(*Cotton*)的 Duncan 法均值比较来看,在 0.05 的显著水平下,棉花品种 6 和品种 1 的产量无显著差异,但它们的产量显著高于其他四个棉花品种。其他四个棉花品种间产量无显著差异。所以在当地适合种植的棉花品种是品种 6(徐州 142)或品种 1(安农 121)。

2. 两因子双向随机区组设计的分析

两因子双向区组设计的统计分析同样采用方差分析,将横向区组因素记为 R,竖向区组因素记为 C,横向区组数与竖向区组数记为 r,两个试验因子分别记为 A 和 B,处理数分别记为 a 和 b,则其试验数据进行方差分析的数学模型为:

$$y_{ijkl}=\mu+\gamma_i+\tau_j+\alpha_k+\beta_l+\alpha\beta_{kl}+\varepsilon_{ijkl},$$
$$i=j=1,2,\cdots,r;\ k=1,2,\cdots,a;\ l=1,2,\cdots,b$$

式中,y_{ijkl} 为试验指标,μ 为总平均数,γ_i 为第 i 横向区组 R_i 的效应,τ_j 为第 j 竖向区组 C_j 的效应,α_k 为因子 A 第 k 个水平的效应,β_l 为因子 B 第 l 个水平的效应,$\alpha\beta_{kl}$ 为因子 A 和 B 的交互效应 $A\times B$,ε_{ijkl} 为随机误差,服从 $N(0,\sigma^2)$。其方差分析如表 5.17 所示。

表 5.17 单因子双向区组设计的方差分析表

变异来源	自由度(df)	平方和(SS)	均方(MS)	F 统计量	显著性
R	$r-1$	SS_R	MS_R	MS_R/MS_E	
C	$r-1$	SS_C	MS_C	MS_C/MS_E	
A	$a-1$	SS_A	MS_A	MS_A/MS_E	
B	$b-1$	SS_B	MS_B	MS_B/MS_E	
$A\times B$	$(a-1)(b-1)$	SS_{AB}	MS_{AB}	MS_{AB}/MS_E	
误差(E)	$(r-1)(ab-2)$	SS_E	MS_E		
总和	$rab-1$	SS_T			

对例 5.5 早稻不同秧龄和不同种植密度的栽培试验采用两因子双向随机区组设计，试验数据如表 5.18 所示。

表 5.18　早稻栽培试验的两因子双向随机区组设计试验数据

横向区组	竖向区组								
	1			2			3		
1	(1)9.0	(5)9.0	(9)9.6	(6)8.3	(8)8.0	(2)9.8	(7)7.3	(3)10.7	(4)9.0
2	(6)8.3	(8)9.0	(3)10.3	(7)7.5	(1)9.1	(4)9.1	(2)9.7	(5)8.6	(9)8.0
3	(7)8.6	(2)9.2	(4)9.5	(3)10.7	(5)8.8	(9)8.7	(6)7.8	(8)7.5	(1)8.0

两因子双向随机区组设计的方差分析的 R 语言程序：

```
#RA5.5
Row=factor(rep(1:3, each=9))
#Row=factor(c(1,1,1,1,1,1,1,1,1,2,2,2,2,2,2,2,2,2,3,3,3,3,3,3,3,3,3))
Column=factor(rep(1:3, each=3, times=3))
#Column=factor(c(1,1,1,2,2,2,3,3,3,1,1,1,2,2,2,3,3,3,1,1,1,2,2,2,3,3,3))
Days=factor(c(1,2,3,2,3,1,3,1,2,2,3,1,3,1,2,1,2,3,3,1,2,1,2,3,2,3,1))
Density=factor(c(1,2,3,3,2,2,1,3,1,3,2,3,1,1,1,2,2,3,1,2,1,3,2,3,3,2,1))
Yield=c(9.0,9.0,9.6,8.3,8.0,9.8,7.3,10.7,9.0,8.3,9.0,10.3,7.5,9.1,9.1,9.7,
        8.6,8.0,8.6,9.2,9.5,10.7,8.8,8.7,7.8,7.5,8.0)
rice=data.frame(Row, Column, Days, Density, Yield)

aovmodel=aov(Yield ~ Row+Column+Days+Density+Days:Density, data=rice)
summary(aovmodel)

library(agricolae)
duncan.test(aovmodel, "Days", console=TRUE)
duncan.test(aovmodel, "Density", console=TRUE)
duncan.test(aovmodel, c("Days","Density"), console=TRUE)
```

程序简要说明：

Row 为横向区组，Column 为竖向区组，Days 为试验因子水稻秧龄，Density 为试验因子种植密度，Yield 为试验指标(水稻产量)，rice 为试验数据集合成的数据框，aov( )为方差分析函数，方差分析的模型为“试验指标～各项效应之和”的形式，Days:Density 为水稻秧龄和种植密度的交互作用，duncan. test( )为 Duncan 法均值比较函数，其中 c("Days","Density")设置对交互作用进行均值比较。

程序主要运行结果：

```
              Df Sum Sq Mean Sq F value   Pr(>F)
Row            2  0.202   0.101   0.520  0.605566
Column         2  1.949   0.974   5.011  0.022831 *
Days           2  8.687   4.343  22.337  4.4e-05   ***
Density        2  1.562   0.781   4.017  0.041803 *
Days:Density   4  6.844   1.711   8.800  0.000908 ***
```

```
Residuals      14  2.722  0.194
---
Signif.codes:
0 '***' 0.001 '**' 0.01 '*' 0.05 '.' 0.1 ' ' 1

Study:aovmodel ~ "Days"

Duncan's new multiple range test for Yield
Mean Square Error:  0.1944444
Alpha: 0.05; DF Error: 14

Critical Range
        2         3
0.4458365 0.4671661

Means with the same letter are not significantly different.
     Yield groups
1 9.611111      a
2 8.711111      b
3 8.244444      c

Study:aovmodel ~ "Density"

Duncan's new multiple range test for Yield
Mean Square Error:  0.1944444
Alpha: 0.05; DF Error: 14

Critical Range
        2         3
0.4458365 0.4671661

Means with the same letter are not significantly different.
     Yield groups
3 9.155556      a
2 8.844444     ab
1 8.566667      b

Study:aovmodel ~ c("Days", "Density")

Duncan's new multiple range test for Yield
Mean Square Error:  0.1944444
Alpha: 0.05; DF Error: 14

Critical Range
        2         3         4         5         6
0.7722115 0.8091555 0.8319560 0.8473680 0.8583225
        7         8         9
0.8663422 0.8723120 0.8767880

Means with the same letter are not significantly different.
         Yield groups
```

```
1:3 10.566667      a
1:2  9.566667      b
2:1  9.200000     bc
2:2  8.800000    bcd
3:3  8.766667    bcd
1:1  8.700000     cd
3:2  8.166667     de
2:3  8.133333     de
3:1  7.800000      e
```

分析结果表明：横向区组间无显著差异（*Row*，$df=2$，$F=0.520$，$P=0.606>0.05$），而竖向区组间存在显著差异（*Column*，$df=2$，$F=5.011$，$P=0.0228<0.05$），秧龄间存在极显著差异（*Days*，$df=2$，$F=22.337$，$P=4.4e-5<0.01$），种植密度间存在显著差异（*Density*，$df=2$，$F=4.017$，$P=0.0418<0.05$），秧龄和种植密度交互作用极显著（*Days*×*Density*，$df=4$，$F=8.80$，$P=0.00091<0.01$）。

在该试验中，竖向排列区组间差异显著，从试验误差中分离出来，降低了试验误差，双向区组起到局部控制作用。接下来，需要对各项显著的效应进行均值间的多重比较。

从秧龄（*Days*）的 Duncan 法均值比较来看，在 0.05 的显著水平下，秧龄 1（20 天）的产量显著高于秧龄 2（30 天），秧龄 2（30 天）的产量显著高于秧龄 3（40 天）。从种植密度（*Density*）的 Duncan 法均值比较来看，种植密度 3（20 cm×16.7 cm）的产量显著高于种植密度 1（16.7 cm×6.7 cm），其他种植密度间无显著差异。

由于秧龄和种植密度间存在极显著的交互作用，说明不同的秧龄适合不同的种植密度，所以需要秧龄和种植密度的交互作用进行均值比较。在 0.05 的显著水平下，均值比较结果表明，秧龄 1（20 天）和种植密度 3（20 cm×16.7 cm）组合下的产量（10.567）显著高于其他组合的产量。

第6章 裂区设计

6.1 裂区设计

6.1.1 裂区设计概述

裂区设计(SPD,Split Plot Design)适用于两因子的试验。将一个试验因子按照随机区组设计,每一个试验单元称为主区(Main Plot),亦称整区;将整区分裂成更小的小区,称为裂区(Split Plot),裂区内可以安排进另一个试验因子,以便研究这两个因子单独的主效应和交互作用,这种将整区分成裂区进行试验设计的方法,称为裂区设计。

裂区设计要先设置若干区组,在区组内安排第一个因子的各个水平形成主区,在主区内安排第二个因子,这样每个区组内都有两个因子的所有处理组合。每个区组本质上就是一个重复,可以分析两个因子的交互作用。

裂区设计和两因子随机区组设计粗看有些相似,但它们还是存在本质区别。

区别一:两因子(设为 A 和 B)随机区组设计在每一区组内两因子的 ab 个处理组合是完全随机化的。裂区设计的随机化过程只能在 A 因子的 a 个处理和 B 因子的 b 个处理之间进行,不能完全自由组合,不是完全随机化,丧失了一部分自由度。

区别二:它们进行方差分析时,两因子随机区组设计只有一个误差项,裂区设计却有两个误差项,区组和整区因子用整区的误差项来考察,而裂区因子和交互作用则用裂区的误差项来考察,并且裂区部分的误差项自由度以不低于 10 为宜。

【例 6.1】 不同的喷雾方式杀灭白茅效果比较试验:草甘膦的剂量(A)有 A1:75 g/hm^2,A2:100 g/hm^2,A3:120 g/hm^2,A4:150 g/hm^{2}共 4 个水平,喷雾方式(B)有 B1:静电喷雾和 B2:非静电喷雾共 2 个水平,试验安排 4 个重复区组。因喷雾方式需要较大的试验面积,草甘膦的剂量可以在各区组内随机配置实施,故本试验采用裂区设计,即喷雾方式放在主区、剂量放在裂区,其排列方式如图 6.1 所示(韩汉鹏,2006)。

对于两个因子的试验,满足以下几种情况时适宜采用裂区设计。

①当两个因子的处理需要的操作单元大小不相同时,适宜采用裂区设计,操作单元要求大的因子放在整区,小的因子放在裂区。例如,田间试验的耕地、灌溉、施肥等需要的操作单元相

区组	主区					主区				
区组1	静电 B1	A2B1	A4B1	A2B2	A3B1	非静电 B1	A2B2	A1B2	A3B2	A4B2
区组2	非静电 B2	A3B2	A1B2	A4B2	A2B2	静电 B2	A3B1	A2B1	A4B1	A1B1
区组3	非静电 B2	A1B2	A4B2	A3B2	A2B2	静电 B2	A4B1	A1B1	A2B1	A3B1
区组4	静电 B1	A3B1	A2B1	A4B1	A1B1	非静电 B1	A1B2	A4B2	A3B2	A2B2

图 6.1　灭茅试验裂区设计排列方式

对较大时更容易操作，宜放于主区，而品种、喷药、种植密度以及便于实施的田间管理方式等需要的操作单元相对较小，则可以放于裂区。还有某些生产工艺中，一批次安排多个处理的设备自然形成主区，如一窖、一炉、一窑等。

②在原有的一个因子试验的基础上，再追加一个新的试验因子时，适宜采用裂区设计，原来的因子的试验自然形成整区，新追加的因子只能放在裂区。如某地果树品种的产量比较试验，果树种植几年挂果后，同时还想研究施肥方式对果树产量的影响等。

③参与试验的两个因子需要分阶段实施，必须第一阶段安排第一个因子，下一个阶段才能安排第二个因子，第一个因子不同处理水平形成的批次可以分成若干份，之后用于安排第二个因子的处理时会自然形成裂区设计。

④当参与试验的两个因子有主次之分，要求精度不一样时，宜采用裂区设计，精度要求低的次要因子放在整区，精度要求高的主要因子放在裂区。只有这样，主要因子的各水平的重复数才会多于次要因子的各水平的重复数，才能获得较高的精度。

【例 6.2】　欲研究蛇毒的抗肿瘤作用，肿瘤采用四种不同的瘤株(A)，蛇毒使用四种不同的浓度(B，含对照)。选用 48 只小鼠，根据试验条件划分为 3 个区组，每区组 16 只，每区组随机地分成 4 个小组，每小组 4 只小鼠，按小组分别接种四种不同的瘤株。待它们生长一段时间后，每小组 4 只小鼠各随机注射四种浓度的蛇毒处理，处理后测量相应的瘤重。第一阶段培养的瘤株可以看作整区，第二阶段注射的蛇毒浓度可以看作副区，从而形成裂区设计。

裂区设计在主区和副区的排列方式可以随机排列，建议按照拉丁方的排列方式，这样可以避免某些主区、副区方向上因随机造成的不均匀性，从而提高试验精度。例如，在图 6.1 的裂区设计排列方式上，第 1 列内 A3 水平出现了两次，却缺少 A4 水平，而第 2 列内 A4 水平出现了两次，却缺少 A3 水平。

裂区设计一般指两个因子(记为 A 和 B 的)的试验设计，假设因子 A 设置在主区，则另一个因子 B 设置在裂区。倘若因子 B 还可以分裂为更小的小区，则称为再裂区，可以安排第三个因子 C，并称之为再裂区设计，或三裂区设计。再裂区设计和裂区设计原理相同，只不过多一层再裂区因子而已，但无论是试验设计的安排，还是数据的统计分析都更加复杂，所以再裂区设计在实际应用中比较少见。

6.1.2　裂区设计的实现

【例 6.3】　有一个小麦中耕次数(A)和施肥量(B)试验，因子 A 有 A1、A2、A3 三个水平，

因子 *B* 有 B1、B2、B3、B4 四个水平，采用裂区设计，需要面积比较大的因子 *A* 安排在主区，因子 *B* 安排在副区，副区计产面积 33 m^2，设置 3 个重复区组(盖钧镒，2000)。

使用 R 语言实现裂区设计。

```
#RD6.3
library(agricolae)
Block=3
A=c('A1', 'A2', 'A3')
B=c('B1', 'B2', 'B3', 'B4')
SplitDesign=design.split(A, B, r=Block)
Split=SplitDesign$book[3:5]
Split
```

程序简要说明：

agricolae 为农业研究统计包，Block 定义重复区组数，A 和 B 定义的两个因子及其水平，design.split( )为裂区设计函数，其中 A 为主区因子，B 为裂区因子。

程序运行结果如表 6.1 所示：

表 6.1　小麦中耕次数和施肥量的裂区设计表

Block	**A**	**B**	***Block***	**A**	**B**	***Block***	**A**	**B**
1	A3	B3	2	A2	B2	3	A1	B1
1	A3	B2	2	A2	B1	3	A1	B2
1	A3	B1	2	A2	B3	3	A1	B3
1	A3	B4	2	A2	B4	3	A1	B4
1	A1	B3	2	A3	B3	3	A3	B3
1	A1	B4	2	A3	B1	3	A3	B4
1	A1	B2	2	A3	B2	3	A3	B2
1	A1	B1	2	A3	B4	3	A3	B1
1	A2	B4	2	A1	B3	3	A2	B2
1	A2	B1	2	A1	B4	3	A2	B3
1	A2	B3	2	A1	B1	3	A2	B1
1	A2	B2	2	A1	B2	3	A2	B4

将表 6.1 转换成田间的排列方式，区组可以随机排列，如图 6.2 所示。

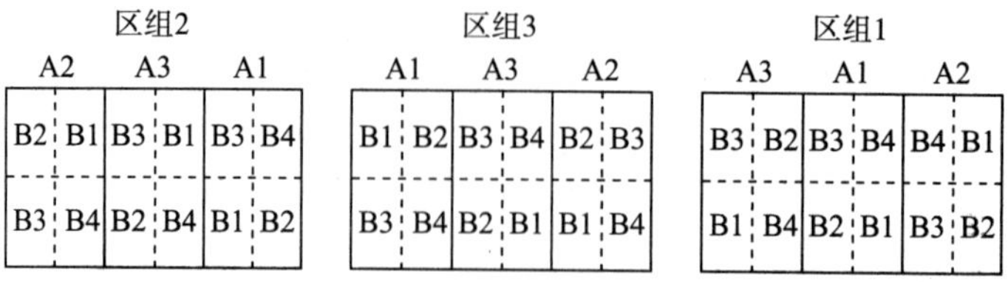

图 6.2　小麦中耕次数和施肥量的裂区设计田间排列方式

6.1.3 裂区设计的统计分析

两个因子裂区设计的试验数据需要采用裂区设计的方差分析，主区效应的检验需要用主区的误差项，裂区效应的检验需要用裂区的误差项。

假设主区因子为 A，有 a 个水平，裂区因子为 B，有 b 个水平，设置 r 个重复区组 $Block$，则该试验共有 abr 个观测值。则其统计分析模型：

$$y_{ijk}=\mu+\gamma_k+\alpha_i+\delta_{ik}+\beta_j+\alpha\beta_{ij}+\varepsilon_{ijk}\ ,i=1,2,\cdots,a;j=1,2,\cdots,b;k=1,2,\cdots,r$$

式中，y_{ijk} 为试验指标观测值，μ 为总平均值，γ_k 为第 k 个区组 $Block$ 的效应，α_i 为因子 A 第 i 个水平的效应，δ_{ik} 为主区随机误差，服从 $N(0,\sigma_\delta{}^2)$，β_j 为因子 B 第 j 个水平的效应，$\alpha\beta_{ij}$ 为因子 A 和 B 的交互效应，ε_{ijk} 为副区随机误差，服从 $N(0,\ \sigma_\varepsilon{}^2)$。其方差分析如表 6.2 所示。

表 6.2　裂区设计的方差分析表

变异来源	自由度(df)	平方和(SS)	均方(MS)	F 统计量	显著性
$Block$	$r-1$	SS_R	MS_R	MS_R/MS_{Ea}	
A	$a-1$	SS_A	MS_A	MS_A/MS_{Ea}	
误差(Ea)	$(r-1)(a-1)$	SS_{Ea}	MS_{Ea}		
主区总和	$ar-1$	SS_{Ta}			
B	$b-1$	SS_B	MS_B	MS_B/MS_E	
$A\times B$	$(a-1)(b-1)$	SS_{AB}	MS_{AB}	MS_{AB}/MS_E	
误差(E)	$a(r-1)(b-1)$	SS_E	MS_E		
裂区总和	$abr-1$	SS_T			

裂区设计的方差分析表 6.2 中，上半部分为主区部分的方差分析，下半部分为裂区部分的方差分析。在主区的方差分析中，考察的效应有区组($Block$)和主区因子(A)，主区误差项为 Ea。在裂区的方差分析中，考察的效应有副区因子(B)和两因子的交互作用($A\times B$)，裂区误差项为 E。

对于例 6.3 的小麦产量试验，其产量(kg)的试验数据如图 6.3 所示。

图 6.3　小麦裂区设计的产量试验数据

使用 R 语言进行裂区设计方差分析的程序：

```
#RA6.3
Block=factor( rep(c(2,3,1), each=12))
#Block=factor(c(2,2,2,2,2,2,2,2,2,2,2,2,3,3,3,3,3,3,3,3,3,3,3,3,1,1,1,1,1,1,1,1,1,1,1,1))
A=c('A2','A2','A2','A2','A3','A3','A3','A3','A1','A1','A1','A1','A1','A1','A1','A1','A3','A3',
    'A3','A3','A2','A2','A2','A2','A3','A3','A3','A3','A1','A1','A1','A1','A2','A2','A2','A2')
B=c('B2','B1','B3','B4','B3','B1','B2','B4','B3','B4','B1','B2','B1','B2','B3','B4','B3','B4',
```

```
'B2','B1','B2','B3','B1','B4','B3','B2','B1','B4','B3','B4','B2','B1','B4','B1','B3','B2')
Weight=c(28,29,13,12,14,27,28,15,14,16,28,32,32,31,17,15,11,13,
        31,26,29,10,25,12,15,31,30,16,18,17,37,29,13,28,13,31)
wheat=data.frame(Block, A, B, Weight)
library(agricolae)
model=with(wheat, sp.plot(Block, A, B, Weight))
gla=model $ gl.a
glb=model $ gl.b
Ea=model $ Ea
Eb=model $ Eb
with(wheat, duncan.test(Weight, A, DFerror=gla, MSerror=Ea, console=TRUE))
with(wheat, duncan.test(Weight, B, DFerror=glb, MSerror=Eb, console=TRUE))
```

程序简要说明：

Block为重复区组，A为主区因子（中耕次数），B为裂区因子（施肥量），Weight为试验指标（小麦产量），wheat为试验数据集合成的数据框，with( )为限定数据函数，即第二个参数的操作均限定在第一个参数指定的数据上；sp.plot( )为裂区设计的方差分析函数，duncan.test( )为Duncan法均值比较函数。

程序主要运行结果：

```
ANALYSIS SPLIT PLOT:  Weight
Class level information
A:  A2 A3 A1
B:  B2 B1 B3 B4
Block:  2 3 1
Analysis of Variance Table
Response: Weight
        Df   Sum Sq Mean Sq  F value     Pr(>F)
Block    2    32.67   16.33
A        2    80.17   40.08  17.4909  0.01053    *
Ea       4     9.17    2.29
B        3  2179.67  726.56  283.2780  2.442e-15 ***
A:B      6     7.17    1.19   0.4657  0.82462
Eb      18    46.17    2.56
---
Signif.codes:  0 '***' 0.001 '**' 0.01 '*' 0.05 '.' 0.1 ' ' 1
cv(a) =6.9 % , cv(b)=7.3 % , Mean=21.83333
Study: Weight~ A
Duncan's new multiple range test for Weight
Mean Square Error:2.291667
Alpha: 0.05 ; DF Error: 4
```

```
Critical Range
        2          3
1.715896 1.753496

Means with the same letter are not significantly different.
     Weight groups
A1 23.83333      a
A3 21.41667      b
A2 20.25000      b

Study: Weight～B

Duncan's new multiple range test for Weight
Mean Square Error:  2.564815
Alpha: 0.05 ; DF Error: 18

Critical Range
        2          3          4
1.586104 1.664168 1.713425

Means with the same letter are not significantly different.
     Weight groups
B2 30.88889      a
B1 28.22222      b
B4 14.33333      c
B3 13.88889      c
```

分析结果表明：

①主区效应：中耕次数间产量存在显著差异（$A,df=2,F=17.491,P=0.011<0.05$）。主区误差项的自由度为 4，平方和为 9.17，均方 2.29。

②裂区效应：施肥量间产量存在极显著差异（$B,df=3,F=283.278,P=2.442e-15<0.01$），中耕次数和施肥量间交互作用间产量不存在显著差异（$A\times B,df=6,F=0.466,P=0.825>0.05$）。裂区误差项的自由度为 18，平方和为 46.17，均方为 2.56。

从 Duncan 法均值比较来看，在 0.05 的显著水平下，中耕次数 A1 显著优于 A3 和 A2，A3 和 A2 间不存在显著差异。施肥量 B2 显著优于 B1、B4 和 B3，B1 显著优于 B4 和 B3，B4 和 B3 不存在显著差异，最终选择中耕次数 A1 水平和施肥量 B2 水平，小麦将获得最高产量。

6.2 条区设计

6.2.1 条区设计概述

条区设计（SD，Strip Design）是横向、竖向都安排列成区组的两因子的试验设计方法，又称两因子互为区组的裂区设计。条区设计属于裂区设计的一种衍生设计，当两个试验因子都需要较大的试验单元，并且两因子的交互作用比较重要时，可以采用条区设计。

采用条区设计时，可以先将每个试验区划分成若干横向区组，安排一个因子的各个水平，接下来再将试验区划分成若干竖向区组，安排另一个因子的各个水平。

【例 6.4】 假设有两个试验因子，因子 A 有 3 个水平，因子 B 有 5 个水平，设置 3 个重复区组，两个因子都需要较大的操作单元，需要采用条区设计。其排列方式如图 6.4 所示。

		B4	B2	B3	B1	B5
重复1	A3	A3B4	A3B2	A3B3	A3B1	A3B5
	A1	A1B4	A1B2	A1B3	A1B1	A1B5
	A2	A2B4	A2B2	A2B3	A2B1	A2B5

		B2	B5	B1	B3	B4
重复2	A2	A2B2	A2B5	A2B1	A2B3	A2B4
	A3	A3B2	A3B5	A3B1	A3B3	A3B4
	A1	A1B2	A1B5	A1B1	A1B3	A1B4

		B1	B4	B3	B5	B2
重复3	A1	A1B1	A1B4	A1B3	A1B5	A1B2
	A2	A2B1	A2B4	A2B3	A2B5	A2B2
	A3	A3B1	A3B4	A3B3	A3B5	A3B2

图 6.4　条区设计排列方式

行区组和列区组可以随机排列，建议按照拉丁方的排列方式，以免某些区组在方向上产生因随机造成的不均匀性，从而提高试验精度。例如，在图 6.4 的条区设计排列方式上，第 3 列内 B3 水平出现了两次，从而带来系统误差。

条区设计能估计三种试验误差，分别用于检验两个因子的主效应和交互作用，但对两个因子的主效应检验精度没有一般随机区组设计的高，但其交互作用的检验精度却相对较高。

条区设计主要应用在下列情况的试验中：

①从操作管理或观察测量等角度考虑，两个因子均需要较大的操作单元时，可使用条区设计。如田间试验的耕地、灌溉、施肥和喷药等。

②当试验的主要目的不是要考察两个因子的主效应，而是要考察两个因子的交互作用时，可使用条区设计。

6.2.2　条区设计的实现

【例 6.5】 有一甘薯垄宽（*Width*）和栽培期（*Date*）的两因子试验，垄宽具有三水平：W1＝50cm，W2＝60cm，W3＝70cm，栽培期具有三个水平：D1＝5 月 16 日，D2＝6 月 6 日，D3＝6 月 26 日，两因子均作为随机区组的条区设计排列，栽培期设置为横向区组，垄宽设置为竖向区组总共设置 4 个重复区组（盖钧镒，2000）。

使用 R 语言实现条区设计：

```
#RD6.5
library(agricolae)
Block=4
Date=c("D1","D2","D3")
Width=c("W1","W2","W3")
StripDesign=design.strip(Date, Width, r=Block)
Strip=StripDesign$book[2:4]
Strip
```

程序简要说明：

agricolae 为农业研究统计包，Block 定义重复区组数，Date 和 Width 定义的两个区组因子及其水平，design. strip( )为条区设计函数，Strip 为存储结果的变量。

程序运行结果如表 6.3 所示：

表 6.3　甘薯产量条区设计表

Block	*Date*	*Width*
1	D2	W1
1	D2	W3
1	D2	W2
1	D1	W1
1	D1	W3
1	D1	W2
1	D3	W1
1	D3	W3
1	D3	W2
2	D1	W2
2	D1	W1
2	D1	W3
2	D3	W2
2	D3	W1
2	D3	W3
2	D2	W2
2	D2	W1
2	D2	W3
3	D3	W2
3	D3	W3
3	D3	W1
3	D1	W2
3	D1	W3
3	D1	W1
3	D2	W2
3	D2	W3
3	D2	W1
4	D1	W3
4	D1	W1
4	D1	W2
4	D2	W3
4	D2	W1
4	D2	W2
4	D3	W3
4	D3	W1
4	D3	W2

将表 6.3 转换成田间的排列方式，如图 6.5 所示。

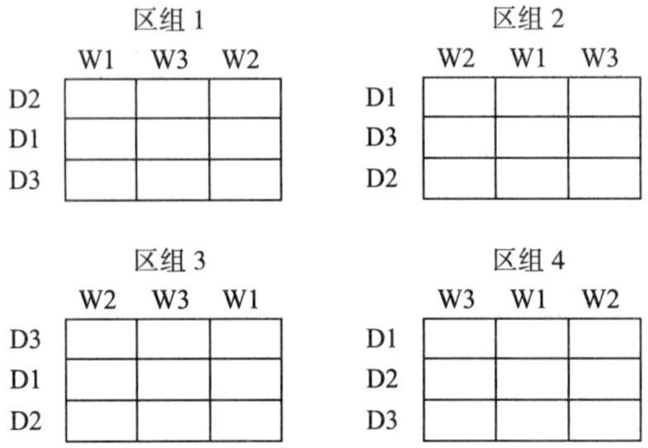

图 6.5 甘薯产量条区设计田间排列方式

6.2.3 条区设计的统计分析

条区设计试验的统计分析需采用方差分析，其方差分析表由三部分构成，分别是横向区组效应的检验、竖向区组效应的检验和交互作用的检验，每一部分均有需要检验的效应项和误差项。

设有两个试验因子的条区设计，横向区组因子为 A，有 a 个水平，竖向区组因子为 B，有 b 个水平，设置 r 个重复区组 $Block$，则该试验共有 rab 个观测值。则其统计分析模型：

$$y_{ijk}=\mu+\gamma_k+\alpha_i+\delta_{ik}+\beta_j+\varphi_{jk}+\alpha\beta_{ij}+\varepsilon_{ijk},$$
$$i=1,2,\cdots,a;\ j=1,2,\cdots,b;\ k=1,2,\cdots,r$$

式中，y_{ijk} 为试验指标观测值，μ 为总平均值，γ_k 为第 k 个区组 $Block$ 的效应，α_i 为横向区组因子 A 第 i 个水平的效应，δ_{ik} 为横向区组误差，服从 $N(0,\ \sigma_\delta^2)$，β_j 为竖向区组因子 B 第 j 个水平的效应，φ_{jk} 为竖向区组误差，服从 $N(0,\ \sigma_\varphi^2)$，$\alpha\beta_{ij}$ 为因子 A 和 B 的交互效应，ε_{ijk} 为交互作用随机误差，服从 $N(0,\ \sigma_\varepsilon^2)$。其方差分析如表 6.4 所示。

表 6.4 条区设计的方差分析表

变异来源	自由度(df)	平方和(SS)	均方(MS)	F 统计量	显著性
$Block$	$r-1$	SS_R	MS_R		
A	$a-1$	SS_A	MS_A	MS_A/MS_{Ea}	
误差(Ea)	$(r-1)(a-1)$	SS_{Ea}	MS_{Ea}		
B	$b-1$	SS_B	MS_B	MS_B/MS_{Eb}	
误差(Eb)	$(r-1)(b-1)$	SS_{Eb}	MS_{Eb}		
$A\times B$	$(a-1)(b-1)$	SS_{AB}	MS_{AB}	MS_{AB}/MS_E	
误差(E)	$(r-1)(a-1)(b-1)$	SS_E	MS_E		
裂区总和	$abr-1$	SS_T			

表 6.4 中，上半部分为横向区组的方差分析，考察的效应为横向区组因子(A)，其误差项为 Ea；中间部分为竖向区组的方差分析，考察的效应为竖向区组因子(B)，其误差项为 Eb；下半部分为交互作用部分的方差分析，考察的效应为交互作用($A\times B$)，其误差项为 E。

对于例 6.5 的甘薯产量试验，其产量(kg/80 m^2)的试验数据如图 6.6 所示。

区组 1

	W1	W3	W2
D2	376	455	480
D1	386	476	496
D3	355	433	446

区组 2

	W2	W1	W3
D1	549	396	492
D3	533	388	482
D2	540	406	512

区组 3

	W2	W3	W1
D3	413	334	201
D1	469	436	298
D2	436	398	280

区组 4

	W3	W1	W2
D1	458	366	474
D2	434	356	465
D3	413	333	425

图 6.6　甘薯产量条区设计的试验数据

使用 R 语言进行条区设计方差分析的程序：

```
#RA6.5
Block=factor(rep(1:4, each=9))
#Block=factor(c(1,1,1,1,1,1,1,1,1,2,2,2,2,2,2,2,2,2,3,3,3,3,3,3,3,3,3,4,4,4,4,4,4,4,4,4))
Date=rep(c('D2','D1','D3','D1','D3','D2','D3','D1','D2','D1','D2','D3'), each=3)
#Date=c('D2','D2','D2','D1','D1','D1','D3','D3','D3','D1','D1','D1',
#        'D3','D3','D3','D2','D2','D2','D3','D3','D3','D1','D1','D1',
#        'D2','D2','D2','D1','D1','D1','D2','D2','D2','D3','D3','D3')
Width=c('W1','W3','W2','W1','W3','W2','W1','W3','W2','W2','W1','W3',
        'W2','W1','W3','W2','W1','W3','W2','W3','W1','W2','W3','W1',
        'W2','W3','W1','W3','W1','W2','W3','W1','W2','W3','W1','W2')
Yield=c(376,455,480,386,476,496,355,433,446,549,396,492,533,388,482,540,406,512,
        413,334,201,469,436,298,436,398,280,458,366,474,434,356,465,413,333,425)
sweet_potato=data.frame(Block, Date, Width, Yield)

library(agricolae)
model=with(sweet_potato, strip.plot(Block, Date, Width, Yield))
with(sweet_potato, duncan.test(Yield, Date, model$gl.a, model$Ea, console=TRUE))
with(sweet_potato, duncan.test(Yield, Width, model$gl.b, model$Eb, console=TRUE))
```

程序简要说明：

Block为区组，Date为横向区组因子，Width为竖向区组因子，Yield为试验指标（甘薯产量），sweet_potato为试验数据集合成的数据框，with( )为限定数据函数，即第二个参数的操作均限定在第一个参数指定的数据上，strip.plot( )为条区设计的方差分析函数，duncan.test( )为Duncan法均值比较函数。

程序主要运行结果：

```
ANALYSIS STRIP PLOT:  Yield
Class level information

Date   :  D2 D1 D3
Width  :  W1 W3 W2
Block  :  1 2 3 4
```

```
model Y: Yield~Block+Date+Ea+Width+Eb+Width:Date+Ec

Analysis of Variance Table
Response: Yield
           Df Sum Sq Mean Sq  F value    Pr(>F)
Block       3  61177   20392 176.2519 3.469e-10 ***
Date        2  12847    6423   9.1161 0.0151803 *
Ea          6   4228     705   6.0902 0.0039756 **
Width       2 113104   56552  52.6534 0.0001566 ***
Eb          6   6444    1074   9.2831 0.0006251 ***
Width:Date  4    196      49   0.4227 0.7894458
Ec         12   1388     116
---
Signif.codes:  0 '***' 0.001 '**' 0.01 '*' 0.05 '.' 0.1 ' ' 1

cv(a)=6.3%, cv(b)=7.8%, cv(c)=2.5%, Mean=421.9444

Study: Yield~Date

Duncan's new multiple range test for Yield
Mean Square Error:  704.6296
Alpha: 0.05; DF Error: 6

Critical Range
       2        3
26.51692 27.48276

Means with the same letter are not significantly different.
      Yield groups
D1 441.3333      a
D2 428.1667      a
D3 396.3333      b

Study: Yield~Width

Duncan's new multiple range test for Yield
Mean Square Error:  1074.046
Alpha: 0.05; DF Error: 6

Critical Range
       2        3
32.73815 33.93059

Means with the same letter are not significantly different.
      Yield groups
W2 477.1667      a
W3 443.5833      b
W1 345.0833      c
```

程序分析结果表明：横向区组因子栽培期间产量存在显著差异（*Date*，$df=2$，$F=9.116$，

$P=0.015<0.05$)。横向区组的误差项部分,其自由度为 6,平方和为 4 228,均方为 705。

竖向区组因子垄宽间产量存在极显著差异(*Width*, $df=2$, $F=52.6534$, $P=0.000157<0.01$)。竖向区组的误差项部分,其自由度为 6,平方和为 6 444,均方为 1 074。

垄宽和栽培期的交互作用不显著(*Width*×*Date*, $df=4$, $F=0.423$, $P=0.789>0.05$),其误差项自由度为 12,平方和为 1 388,均方为 116,此误差项均方明显小于横向区组和竖向区组。

从 Duncan 法均值比较来看,在 0.05 的显著水平下,栽培期 D1 和 D2 的产量不存在显著差异,但它们的产量显著优于 D3,栽培期选择在 D1(5 月 16 日)和 D2(6 月 6 日)之间均可。垄宽 W2 的产量显著优于 W3 和 W1,W3 的产量显著优于 W1,最佳垄宽为 W2(60 cm)。

第 7 章　不完全区组设计

根据局部控制的原则，在一些试验条件本身存在不均匀性，需要进行设置区组的科学试验中，如果区组的容量足够大，可以容纳所有的处理时，就按照前述区组设计的方法进行试验设计。但由于试验条件的限制，区组容量不够大，不能容纳全部处理时，可以按照一定的规则在每个区组中只安排一部分处理，这样的试验设计被称为不完全区组设计（IBD，Incomplete Block Design）。

应用不完全区组设计的主要原因有以下两种：

一是试验处理过多，若安排在一个区组，则区组容量过大，试验误差也会随着区组增大而不断加大，最终导致区组控制失败。

二是受试验条件本身的限制，区组容量有限，不能容纳所有的处理。

本章着重介绍比较常用的三种不完全区组设计方法：平衡不完全区组设计、格子设计和尤敦方设计。

7.1　平衡不完全区组设计

7.1.1　平衡不完全区组设计概述

在试验设计中，平衡性是指任何两个处理共同出现在同一区组中的次数相同，或两个处理相遇在同一区组中的次数相同。试验的平衡性是一种优良性质，在试验设计中应尽量满足平衡性，这对试验设计的精度和统计分析的功效均大有益处，满足平衡性的设计称为平衡设计。前述的完全随机设计、随机完全区组设计、拉丁方设计和双向区组设计等均属于平衡设计。

在不完全区组设计中，完全满足平衡性的设计称为平衡不完全区组设计（BIBD，Balanced Incomplete Block Design），也简称 BIB 设计。满足部分平衡性的设计称为部分平衡不完全区组设计（PBIBD，Partial Balanced Incomplete Block Design）。

平衡不完全区组设计有 5 个参数描述，如下所示：

t：试验中的处理数；

k：区组容量，即不完全区组中的试验单元数；

b：试验中的不完全区组数；

r：每个处理的重复数；

λ：任意一对处理在同一区组中相遇的次数。

将 t 个处理安排进 b 个区组的平衡不完全区组设计，必须满足以下 3 个条件：

①每个区组都包含 k 个不同处理；

②每个处理都在 r 个不同区组中出现；

③任何一对处理都在 λ 个不同区组中相遇。

从这些条件中可以看出，t 个处理的重复数都相同，任一处理与其他处理在相同条件下进行比较的次数相同，这样每一个处理都可以得到公平的比较。

平衡不完全区组设计中 5 个参数必须满足如下 3 个关系式：

①总试验单元数：$N=tr=bk$；

②$r(k-1)=\lambda(t-1)$；

③$b\geqslant t\geqslant k, b\geqslant r\geqslant k$。

平衡不完全区组设计的 5 个参数中，仅需确定 3 个便可以确定一个设计方案，其余 2 个参数可根据上述关系式计算出来。如 $t=6,k=3$ 时，有 $b=10$ 和 $b=20$ 两种平衡不完全区组设计可以选择。

当 $b=t$ 时，则称这样的平衡不完全区组设计为拜尔设计，或者称为对称的平衡不完全区组设计。

【例 7.1】 一个参数为 $t=6,k=3,b=10,r=5,\lambda=2$ 的平衡不完全区组设计，如表 7.1 所示。

7.1　6 处理 10 区组的平衡不完全区组设计表

		Block									
		1	**2**	**3**	**4**	**5**	**6**	**7**	**8**	**9**	**10**
Treat	A	A	A	A	A	A					
	B	B	B				B	B	B		
	C			C	C		C	C		C	
	D			D		D	D		D		D
	E	E				E		E		E	E
	F		F		F				F	F	F

在表 7.1 的平衡不完全区组设计表中，从行分析，该设计共有 6 个处理，每个处理均重复 5 次；从列分析，该设计共有 10 个区组，每个区组的容量均为 3；从处理对分析，每个处理对均出现在 2 个区组中，如 A 和 D 这对处理，它们同时出现在第 3 和第 5 区组中。

平衡不完全区组设计适用于单因子多处理且因子和区组间不存在显著交互作用的试验，而不能用于复因子的试验。

7.1.2　平衡不完全区组设计的实现

假设一个试验有 t 个处理，而每个区组仅能容纳 k 个处理($k<t$)，则理论上可以通过排列组合的方法构造出包含 b 个区组组成的平衡不完全区组设计，其中区组数量 b 为：

$$b=C_t^k=\frac{t!}{k!(t-k)!}$$

随着处理数 t 和区组容量 k 的增加，区组数量 b 迅速增加，如果 b 值不太大时，可以用作平衡不完全区组设计，但当 b 值过大时，区组众多则不适合作为平衡不完全区组设计，这时就需要区组数量比较小一些的设计方案。一般而言，可以通过数学上的一些特定方法构造出区组数量少于理论值的平衡不完全区组设计。时至今日，统计学家们已经找到很多个这样的平衡不完全区组设计的实施方案。

比如，可以使用正交拉丁方组设计法、不完全区组循环设计法、不完全区组广义循环设计法、不完全区组互补设计法、不完全区组剩余设计法及衍生设计法等均能得到一些区组数相对较少的平衡不完全区组设计。

一些常用的平衡不完全区组设计详如附表 3 所示，可以直接查表进行设计，在具体试验实施时，将查表得到的设计作为基础方案，先进行区组的随机化，以及区组内处理的随机化，之后才可安排试验。

此外，还可以使用软件实现一些常用的平衡不完全区组设计，使用软件设计得到的结果通常已经完成了随机化，直接用于安排试验即可。使用 R 语言进行设计时，只需提供 t,k 两个参数，就能得到一个区组数 b 较小的平衡不完全区组设计。

需要说明的是，对于采用不同软件实现的平衡不完全区组设计方案与教材的设计方案相比，可能会存在一些不同，但它们都满足平衡不完全区组设计的基本性质，在使用上没有本质区别。例如，将一个设计方案中的编码 5 和编码 7 互换之后，可能就与另一个设计方案相同。

【例 7.2】 某地现有 5 个玉米品种(*Treat*)进行产量比较试验，参与试验的农场有 10 个，由于试验条件的限制，每个农场只能安排 3 个玉米品种的试验，参与试验的每个农场的试验条件都被认可，但不同农场的试验条件却存在一些差异，因此可将每个农场看作一个区组，每个区组包含 3 个处理。本试验使用 $t=5,k=3,b=10,r=6,\lambda=3$ 的平衡不完全区组设计。

使用 R 语言实现 $t=5,k=3,b=10$ 的 BIB 设计：

```
#RD7.2
library(agricolae)
t=c(1:5)
k=3
BIBDesign=design.bib(t, k)
BIBD=BIBDesign$sketch
bibd=data.frame(BIBD)
bibd
```

程序简要说明：

agricolae 为农业研究统计包，变量 t 定义因子的处理数，k 定义区组的容量，design.bib( ) 为平衡不完全区组设计函数，BIBDesign$sketch 为从运行结果中取出平衡不完全区组设计矩阵，存于变量 BIBD 中，data.frame( )将数据转化为数据框格式。

程序运行结果如表 7.2 所示，表中 *Block* 为农场，V1～V3 为处理编号。

表 7.2　$t=5$, $k=3$ 的 BIB 设计表

Block	V1	V2	V3
1	2	3	5
2	5	2	4
3	3	5	1
4	2	3	1
5	2	4	3
6	4	5	1
7	4	2	1
8	1	3	4
9	1	2	5
10	5	3	4

同理，在某些科学试验中，由于试验条件的限制，区组容量不够大，可以考虑采用平衡不完全区组设计。如试验材料或试剂的批次不同，每个批次的数量都不够多，或者不同来源的试验动物数量有限等，均可考虑平衡不完全区组设计。

【例 7.3】 欲研究 6 种不同剂型(T)的药物治疗佝偻病的疗效试验，选择 15 窝小鼠参加试验，每窝取出 4 只合格的小鼠。由于每窝参试的小鼠数量少于药剂的水平数，因此只能采用平衡不完全区组设计，把每窝小鼠看成一个区组，每个区组包含 4 个处理。

这个平衡不完全区组设计试验方案的设计参数为：$t=6$，$k=4$，$b=15$，$r=10$，$\lambda=6$，使用 R 语言实现设计如下：

```
#RD7.3
t=c(1:6)
k=4
BIBDesign=design.bib(t, k)
BIBD=BIBDesign$sketch
BIBD=as.data.frame(BIBD)
BIBD
```

程序说明同上例，试验设计方案如表 7.3 所示。

表 7.3　小鼠佝偻病试验的平衡不完全区组设计表

Block	V1	V2	V3	V4
1	3	5	1	4
2	3	1	2	4
3	2	5	6	3
4	1	5	2	6
5	1	3	6	4
6	4	6	2	5
7	1	3	2	6
8	5	3	6	4
9	2	5	1	3

续表 7.3

Block	V1	V2	V3	V4
10	2	6	1	4
11	3	5	4	2
12	4	1	5	6
13	4	5	2	1
14	6	3	2	4
15	5	6	1	3

7.1.3 平衡不完全区组设计的统计分析

平衡不完全区组设计的统计分析需用方差分析，假设因子 T 有 t 个处理，不完全区组 *Block* 有 b 个，区组的容量为 k，则其统计分析模型：

$$y_{ij} = \mu + \beta_j + \tau_i + \varepsilon_{ij}, i = 1,2,\cdots,t; j = 1,2,\cdots,b$$

式中，y_{ij} 为试验指标观测值，μ 为总平均值，β_j 为第 j 个区组的效应，τ_i 为因子第 i 个处理的效应，ε_{ij} 为随机误差，服从 $N(0,\sigma^2)$。其方差分析如表 7.4 所示。

表 7.4 平衡不完全区组设计的方差分析表

变异来源	自由度(df)	平方和(SS)	均方(MS)	F 统计量	显著性
Block	$b-1$	SS_B	MS_B		
T	$t-1$	SS_t（修正）	MS_t（修正）	MS_t/MS_E	
误差(E)	$b(k-1)-t+1$	SS_E	MS_E		
总和	$bk-1$	SS_T			

注：因为不同的处理出现在不同区组中，处理的平方及均方的计算均需要修正。

由于平衡不完全区组设计的每个处理均和其他处理存在于不同的区组中，所以每个处理的效应中不可避免地混杂了区组效应，但可以用区组效应去矫正处理的效应，进而得到更接近于真实值的处理效应。现在一般由统计软件进行平衡不完全区组设计的方差分析。

例 7.2 的玉米品种产量比较试验，试验数据如表 7.5 所示。

表 7.5 BIB 设计作物品种试验数据

Block	T1	T2	T3	T4	T5
1		21.3	16.0		13.1
2		30.9		46.6	35.6
3	60.2		39.1		33.2
4	54.2	51.0	33.1		
5		25.7	34.5	30.6	
6	44.3			31.6	14.0
7	28.1	36.6		46.6	
8	50.9		18.1	54.4	
9	58.7	42.6			38.6
10			39.4	55.3	44.6

使用R语言实现例7.2 BIB设计的方差分析的程序：

```
#RA7.2
Block =rep(1:10, each=3)
#Block=c(1,1,1,2,2,2,3,3,3,4,4,4,5,5,5,6,6,6,7,7,7,8,8,8,9,9,9,10,10,10)
Treat=c(2,3,5,2,4,5,1,3,5,1,2,3,2,3,4,1,4,5,1,2,4,1,3,4,1,2,5,3,4,5)
Yield=c(21.3,16.0,13.1,30.9,46.6,35.6,60.2,39.1,33.2,54.2,51.0,33.1,25.7,34.5,30.6,
        44.3,31.6,14.0,28.1,36.6,46.6,50.9,18.1,45.4,58.7,42.6,38.6,39.4,55.3,44.6)
library(agricolae)
BIB.test(Block, Treat, Yield, test="lsd", console=TRUE)
```

程序简要说明：

Block为区组，Treat为处理(玉米品种)，Yield为试验指标(玉米产量)；BIB.test( )为BIB设计的方差分析函数，其参数test="lsd"为采用lsd均值比较法，因为BIB设计随机误差较大，有掩盖处理间显著性的趋势，故采用阈值较低的lsd均值比较法。

程序主要运行结果：

```
ANALYSIS BIB:  Yield
Class level information

Block:  1 2 3 4 5 6 7 8 9 10
Trt  :  1 2 3 4 5

Analysis of Variance Table
Response: Yield
             Df  Sum Sq Mean Sq F value   Pr(>F)
block.unadj   9  2458.50  273.17  4.8609  0.002996 **
trt.adj       4  1575.33  393.83  7.0081  0.001852 **
Residuals    16   899.15   56.20
---
Signif.codes:  0 '***' 0.001 '**' 0.01 '*' 0.05 '.' 0.1 ' ' 1

coefficient of variation: 20.1 %
Yield Means: 37.33

Treat,  statistics
     Yield mean.adj       SE r      std  Min  Max
1 49.40000    48.19 3.296173 6 11.90059 28.1 60.2
2 34.68333    36.03 3.296173 6 11.01552 21.3 51.0
3 30.03333    28.99 3.296173 6 10.37915 16.0 39.4
4 42.68333    44.63 3.296173 6  9.65493 30.6 55.3
5 29.85000    28.81 3.296173 6 13.19238 13.1 44.6

LSD test
Std.diff    : 4.741181
Alpha       : 0.05
LSD         : 10.05086
```

```
Parameters BIB
Lambda     : 3
treatmeans : 5
Block size : 3
Blocks     : 10
Replication: 6

Efficiency factor 0.8333333

Comparison between treatments means
      Difference pvalue sig.
1-2      12.16  0.0208    *
1-3      19.20  0.0010  ***
1-4       3.56  0.4636
1-5      19.38  0.0008  ***
2-3       7.04  0.1570
2-4      -8.60  0.0884    .
2-5       7.22  0.1474
3-4     -15.64  0.0046   **
3-5       0.18  0.9702
4-5      15.82  0.0042   **

Treatments with the same letter are not significantly different.
  Yield groups
1 48.19      a
4 44.63     ab
2 36.03     bc
3 28.99      c
5 28.81      c
```

程序分析结果表明:区组($Block, df=9, F=4.861, P=0.003<0.01$)间产量存在极显著差异,即 10 个农场间试验条件存在极显著差异。处理($Treat, df=4, F=7.003, P=0.00185<0.01$)间产量存在极显著差异,即 5 个玉米品种间产量存在极显著差异。

LSD 法均值比较结果显示,5 个玉米品种的产量已经进行过矫正,在 0.05 的显著水平下,品种 1 和品种 4 的产量不存在显著差异,但品种 1 的产量显著优于品种 2、品种 3 和品种 5,品种 4 的产量显著优于品种 3 和品种 5,优先推荐品种 1 和品种 4。

7.2 格子设计

在农业或生物学科学试验设计中,经常会碰到由于试验处理比较多,或者受试验条件的限制,而在一个区组中容纳不了很多试验处理的情况。如果处理数在 20 个之内,可以考虑采用平衡不完全区组设计,如果处理数多于 20 个,这时只能考虑其他的试验设计方法安排试验。

比如,在作物育种试验中,可以达到几十个,乃至上百个品系、杂交子代或无性系,这时的处理数特别多。若采用完全区组设计,过多的处理数会导致区组过大,区组控制失败,带来很大的试验误差,即使采用平衡不完全区组设计也不行,此时只能采用一种新的试验设计方法——格子设计。

7.2.1 格子设计概述

格子设计(LD,Lattice Design)最早是由英国统计学家 Frank Yates 于 1936 年提出,常用于植物育种中品系较多时的测试比较试验,现广泛用于各项农业育种试验中。

格子设计是不完全区组设计的一种,主要适用于单因子大量处理的比较试验,其处理数可以为十几、几十乃至上百个,其基本原理是应用较小的区组,控制区组内的同质性来提高试验精度。格子设计试验的主要目的是从大量的处理中筛选出少量的优势处理,以便对少量优势处理进行更深入的研究。

格子设计特别适用于品种资源研究试验,育种的中间阶段具有很多新品系的比较试验,以及林木和果树育种的试验。尤其是需要较大试验单元,而区组容量有限时,格子设计更加具有实用价值。除了农业育种试验,在其他专业领域,只要存在大量处理,而又需要比较处理的优劣时,也可以借鉴格子设计。

格子设计按照处理数 t 和区组容量 k 的数量关系可以分为以下几种类型:

当 $t=k^2$ 时,为平方格子设计;

当 $t=k(k+1)$ 时,为矩形格子设计;

当 $t=k^3$ 时,为立方格子设计;

当 $t=k^4$ 时,为四维格子设计;

当 $t=k(k+m)$ 时,为广义矩形格子设计。

在这些格子设计方法中,平方格子设计和矩形格子设计最为常用,下面主要介绍这两种格子设计方法。

7.2.2 平方格子设计

在格子设计中,不完全区组的容量为 k,若每一重复内含有 k^2 个处理,则称其为平方格子设计(SLD,Square Lattice Design)。它的每一个重复由不同的构造方法分组而形成,即基本分组法。基本分组法包括按行分组法、按列分组法和正交拉丁方分组法。

采用基本分组法对平方格子设计进行处理分组以及重复设计,使每一对处理在同一区组中相遇一次,从而形成平衡平方格子设计,否则就是不平衡平方格子设计。

平衡平方格子设计和不平衡平方格子设计,它们的主要区别在于:

①平衡平方格子设计的重复数比较严格,且重复数通常比较多,而不平衡平方格子设计的重复数可根据实际情况少量选取。

②在比较处理间的差异时,平衡平方格子设计的精度高于不平衡平方格子设计。

1. 平衡平方格子设计

平衡平方格子设计简称平衡格子设计(BLD,Balanced Lattice Design),其任意两个处理在同一区组中相遇的次数均相同,它需要由以下四个参数描述:

t:处理数;

k:不完全区组的容量;

r:重复次数;

b:不完全区组数。

平衡格子设计的参数严格满足以下三个条件:

①处理数 $t=k^2$;

②重复数 $r=k+1$;

③不完全区组数 $b=k\times r=k(k+1)$。

常用的平衡格子设计的参数如表 7.6 所示,具体设计方案见附表 4。

表 7.6　常用平衡格子设计参数

处理数 t	9	16	25	49	64	81	121
区组容量 k	3	4	5	7	8	9	11
重复数 r	4	5	6	8	9	10	12
区组数 b	12	20	30	56	72	90	132

需要注意的是,当处理数 $t=36$、区组容量 $k=6$ 时,不存在平衡格子设计,因为在构造平衡格子时,需要用到正交拉丁方组,由于 6 阶拉丁方不存在正交拉丁方组,而无法构造平衡格子设计。当区组容量为 10,12,14 或 15 等非素数或素数整数幂时,其正交拉丁方组较少,也无法构造平衡格子设计。

平衡格子处理数必为整数的平方数,如:9,16,25,49,64,81,121 等,若某个试验的处理数不是平方数,但向上接近某个平方数时,可以采用增加对照或较有希望的处理,从而向上凑成某个平方数。若其处理数向下接近平方数时,可以采用减少没有希望的处理,从而向下凑成某个平方数。

【例 7.4】 这是一个 $t=9,k=3,b=12,r=4$ 的平衡格子设计的例子,也称为 3×3 平衡格子设计,如表 7.7 所示。

表 7.7　3×3 平衡平方格子设计

区组	**重复 1**		
(1)	1	2	3
(2)	4	5	6
(3)	7	8	9

区组	**重复 2**		
(4)	1	4	7
(5)	2	5	8
(6)	3	6	9

区组	**重复 3**		
(7)	1	5	9
(8)	2	6	7
(9)	3	4	8

区组	**重复 4**		
(10)	1	6	8
(11)	2	4	9
(12)	3	5	7

这个平衡格子设计有 4 个重复,12 个不完全区组,每个重复包含 3 个不完全区组,每个不完全区组包含 3 个处理,每个重复有 9 个处理。

(1)平衡格子设计的实现

对于平衡格子设计,当区组容量 k 为大于 2 的素数或素数的整数次幂时,如 3, 4, 5, 7, 8, 9 等,可以通过附表 4 直接得到相应的平衡格子设计,也可以通过软件实现设计。

【例 7.5】 某地小麦的品种产量比较试验中,参与试验的小麦品种有 9 个,由于试验场地的土地肥力不均匀,不能安排容量足够大的区组,可以考虑采用3×3 平衡格子设计。

3×3 平衡格子设计的参数为 $t=9,k=3,b=12,r=4$,通过附表 4.1 可得 3×3 平衡平方格子设计表,并将其作为基础方案,如表 7.7 所示。然后要依次进行重复的随机化、重复内区组的随机化和区组内处理的随机化，之后才能用于安排试验。

①重复的随机化

对 4 个重复随机化得到重复编号顺序为：3，1，4，2，则得到结果如表 7.8 所示。

表 7.8　3×3 平衡平方格子设计

区组	重复 3			区组	重复 1			区组	重复 4			区组	重复 2		
(7)	1	5	9	(1)	1	2	3	(10)	1	6	8	(4)	1	4	7
(8)	2	6	7	(2)	4	5	6	(11)	2	4	9	(5)	2	5	8
(9)	3	4	8	(3)	7	8	9	(12)	3	5	7	(6)	3	6	9

②重复内区组的随机化

对 4 个重复内区组随机化得到编号顺序分别为：第一重复 9，8，7；第二重复 2，1，3；第三重复 11，12，10；第四重复 4，6，5。则得到结果如表 7.9 所示。

表 7.9　3×3 平衡平方格子设计

区组	重复 3			区组	重复 1			区组	重复 4			区组	重复 2		
(9)	3	4	8	(2)	4	5	6	(11)	2	4	9	(4)	1	4	7
(8)	2	6	7	(1)	1	2	3	(12)	3	5	7	(6)	3	6	9
(7)	1	5	9	(3)	7	8	9	(10)	1	6	8	(5)	2	5	8

③区组内处理的随机化

对区组内重复随机化得到结果如表 7.10 所示。

表 7.10　3×3 平衡平方格子设计

区组	重复 3			区组	重复 1			区组	重复 4			区组	重复 2		
(9)	8	3	4	(2)	4	6	5	(11)	4	9	2	(4)	4	1	7
(8)	2	7	6	(1)	3	2	1	(12)	3	5	7	(6)	3	9	6
(7)	5	9	1	(3)	8	9	7	(10)	6	8	1	(5)	8	5	2

表 7.10 的设计方案即为最终用于田间试验安排的 3×3 平衡格子设计试验方案。

平衡格子设计的程序目前只能使用 SAS 软件实现，R 软件目前尚不能实现平衡格子设计，只能实现部分不平衡格子设计，如：简单格子设计和三重格子设计。例 7.5 的 3×3 的平衡格子设计的 SAS 程序如下：

```
*SAS7.5 ;
**定义宏函数 Lattice(k) ;
%macro Lattice(k);
%let r=%eval(&k +1);
%let k2=%eval(&k * &k);
%let one=1;
%if &k<4 %then %let one=2;

proc factex;
```

```
    factors x1 - x&r/nlev=&k;
    size design=&k2;
    model r=3;
    output out=a;
run;

data b;
    keep Rep Block Plot t;
    array x{&r} x1 - x&r;
    do Rep=1 to &r;
        do Block=1 to &k;
            Plot=0;
            do n=1 to &k2;
                set a point=n;
                if (x{rep}=Block - &one) then do;
                    t=n;
                    Plot=Plot+1;
                    output;
                end;
            end;
        end;
    end;
    stop;
run;

data _null_;
    array s{&k} s1-s&k;
    file print;
    n=1;
    do r=1 to &r;
        put "Replication " r 2.0 ":";
        do b=1 to &k;
            do p=1 to &k;
                set b point=n;
                s{Plot}=t;
                n=n+1;
            end;
            put "Block " b 2.0 ":" (s1-s&k) (4.0);
        end;
        put;
    end;
    stop;
run;

%mend Lattice;
```

```
**调用宏函数 Lattice(k) ;
%Lattice(k =3);
```

程序简要说明：

%macro Lattice(k) 定义名称为 Lattice 的宏函数，其参数 k 为区组容量，r 定义重复数，model r=3 定义分辨度为 3 的模型，%mend Lattice 为宏函数 Lattice 的结束，%Lattice(k=3) 运行带参数 k 的宏函数 Lattice，其中参数 k 只能取大于 2 的素数或素数的整数次幂，如 3，4，5，7，8，9，11，13，16 等。

运行 SAS 程序得到 3×3 平衡格子设计的基础方案如下：

```
Replication  1:
  Block  1:   1   2   3
  Block  2:   4   5   6
  Block  3:   7   8   9
Replication  2:
  Block  1:   1   4   7
  Block  2:   2   5   8
  Block  3:   3   6   9
Replication  3:
  Block  1:   1   6   8
  Block  2:   3   5   7
  Block  3:   2   4   9
Replication  4:
  Block  1:   1   5   9
  Block  2:   3   4   8
  Block  3:   2   6   7
```

同样，要将其依次进行重复的随机化、重复内区组的随机化和区组内处理的随机化，之后才能用于安排试验。

(2)平衡格子设计的统计分析

平衡格子设计也是不完全区组设计的一种，其分析方法需要采用方差分析，共有四种变异来源，即重复间变异、重复内区组间变异、处理间变异和误差变异。

但是，其区组变异中混杂着处理效应，不同区组的处理不相同；而处理变异中也混杂着区组效应，不同处理可能在不同的区组。

因此，在方差分析计算区组变异时需消去处理效应，以获得试验误差的无偏估计，而在多重比较时则需矫正各处理的产量，以消去区组效应。

上述原则适用于所有的格子设计，不同格子设计在分析上的差别仅是消去处理和区组效应的具体方法有所不同，具体的实现过程由软件自动实现。

平衡格子设计的方差分析表，如表 7.11 所示。

表 7.11 平衡格子设计的方差分析表

变异来源	自由度(df)	平方和(SS)	均方(MS)	F统计量
重复	$r-1$	SS_r	MS_r	
重复内区组(修正)	$r(k-1)$	SS_B(修正)	MS_B(修正)	
处理(未修正)	k^2-1	SS_t	MS_t	MS_t/MS_e
区组内误差	$(k-1)(rk-k-1)$	SS_e	MS_e	
随机完全区组误差	$(r-1)(k^2-1)$	SS_{EB}	MS_{EB}	
总和	rk^2-1	SS_T		

对于平衡格子设计的方差分析，由于处理数和不完全区组都很多，试验条件变异大，试验误差大，可能会影响处理间的显著性。试验的主要目的是从大量的处理中筛选出少量的优势处理，以便进行下一步的深入研究，所以通常更关注修正后处理的均值比较，可以直接从均值中筛选部分优良处理进行下一步试验。

例 7.5 的 3×3 平衡格子设计小麦品种产量比较试验，其试验数据如表 7.12 所示，其中，括号内为品种编号，括号外为该品种的产量。

表 7.12 3×3 平衡平方格子设计小麦品种产量比较数据

区组	重复 3			区组	重复 1		
(9)	(8)17.2	(3)16.7	(4)15.0	(2)	(4)19.2	(6)16.2	(5)18.2
(8)	(2)15.2	(7)16.2	(6)15.5	(1)	(3)15.2	(2)13.0	(1)15.5
(7)	(5)12.7	(9)14.7	(1)14.7	(3)	(8)15.2	(9)13.7	(7)18.2
区组	**重复 4**			**区组**	**重复 2**		
(11)	(4)16.2	(9)18.2	(2)15.5	(4)	(4)17.2	(1)22.0	(7)17.5
(12)	(3)19.2	(5)16.5	(7)15.5	(6)	(3)20.0	(9)15.5	(6)17.7
(10)	(6)14.2	(8)20.7	(1)14.0	(5)	(8)18.7	(5)16.5	(2)15.2

使用 R 语言程序进行例 7.5 的 3×3 平衡格子设计小麦品种比较试验方差分析的程序：

```
#RA7.5
Group=rep(1:4, each=9)
#Group=c(1,1,1,1,1,1,1,1,1,2,2,2,2,2,2,2,2,2,3,3,3,3,3,3,3,3,3,4,4,4,4,4,4,4,4,4)
Block=rep(1:3, each=3, times=4)
#Block=c(1,1,1,2,2,2,3,3,3,1,1,1,2,2,2,3,3,3,1,1,1,2,2,2,3,3,3,1,1,1,2,2,2,3,3,3)
Treat=c(8,3,4,2,7,6,5,9,1,4,6,5,3,2,1,8,9,7,4,9,2,3,5,7,6,8,1,4,1,7,3,9,6,8,5,2)
Yield=c(17.2,16.7,15.0,15.2,16.2,15.5,12.7,14.7,14.7,19.2,16.2,18.2,15.2,
        13.0,15.5,15.2,13.7,18.2,16.2,18.2,15.5,19.2,16.5,15.5,14.2,20.7,
        14.0,17.2,22.0,17.5,20.0,15.5,17.7,18.7,16.5,15.2)
wheat=data.frame(Group, Block, Treat, Yield)
library(agricolae)
with(wheat, PBIB.test(Block, Treat, Group, Yield, k=3, method="REML",
     test="lsd", console=T))
```

程序简要说明：

Group 为重复，Block 为区组，Treat 为处理（小麦品种），Yield 为试验指标（玉米产量），wheat 为试验数据集合成的数据框；with( )为限定数据函数，即第二个参数的操作均限定在第一个参数指定的数据上，PBIB. test( )为部分平衡不完全区组设计的方差分析函数，k 为区组容量，method 为方差估计的方法，可选方法有 REML、ML 和 VC，test 为均值比较方法，常用的有 lsd 或 tukey 法。

程序主要运行结果：

```
ANALYSIS PBIB:  Yield

Class level information
Block : 12
Treat : 9

Estimation Method:  Residual (restricted) maximum likelihood

Parameter Estimates
             Variance
Block:Group  0.8120370
Group        0.4759259
Residual     3.2868519

                       Fit Statistics
AIC                        152.10361
BIC                        167.65365
-2 Res Log Likelihood      -64.05181

Analysis of Variance Table
Response: Yield
           Df Sum Sq Mean Sq F value Pr(>F)
Treat       8 35.711  4.4639  1.3581 0.2859
Residuals  16 52.590  3.2869

Coefficient of variation: 11 %
Yield Means: 16.46111

Parameters PBIB
Treat        9
Block size   3
Block/Group  3
Group        4

Efficiency factor 0.75

Comparison test lsd
Treatments with the same letter are not significantly different.
  Yield.adj groups
8  18.21597      a
3  17.95265      a
```

```
1  16.80406    ab
7  16.72297    ab
4  16.49310    ab
5  15.92637    ab
6  15.63204    ab
9  15.62127    ab
2  14.78157     b
```

程序分析结果表明：各小麦品种在 0.05 的显著水平下没有显著差异（$Treat$，$df=8$，$F=1.358$，$P=0.286>0.05$），可能是由于试验条件变异大导致，可以不必关注。本试验的目的是在众多处理中筛选出少量的优选处理进行更深入的研究。所以，本试验优先选择高产小麦品种 8（产量，18.216）和小麦品种 3（产量，17.953）。

2. 不平衡平方格子设计

不平衡平方格子设计简称不平衡格子设计（UBLD，UnBalanced Lattice Design），也称为部分平衡格子设计（PBLD，Partial Balanced Lattice Design）。

不平衡格子设计不满足每一对处理在同一区组中相遇一次的条件，所以它的重复数没有严格的要求，重复数可多可少，一般为了易于安排试验，通常采用较少重复数的不平衡格子设计。

常用的不平衡格子设计按照重复数分类可以分为：

①简单格子设计（Simple Lattice Design）：取平衡格子设计的前两个重复，如果加倍成四次、六次重复，则分别称为四次重复简单格子设计和六次重复简单格子设计。

②三重格子设计（Triple Lattice Design）：取平衡格子设计的前三个重复，如果加倍成六次、九次重复，则分别称为六次重复三重格子设计和九次重复三重格子设计。

③四重格子设计（Quadruple Lattice Design）：取平衡格子设计的前四个重复，如果加倍成八次重复，则称为八次重复四重格子设计。

④S 重格子设计（Multiple S Lattice Design）：取平衡格子的前 S 个重复构成的格子设计。

对于区组容量 $k=6$，10 和 12 等非素数或素数的整数次幂的平方格子，虽然不满足平衡性的条件，不存在平衡格子设计，但是存在不平衡的简单格子、三重格子或四重格子等设计。

(1)不平衡格子设计的实现

不平衡格子的设计，当区组容量 $k=6$，10 和 12 等非素数或素数的整数次幂时，可以直接查阅附表 4 中相应的不平衡格子设计表得到；当区组容量 k 为大于 2 的素数或素数的整数次幂时，可以查阅附表 4 中相应的平衡格子设计，按需要取前几个重复即可得到相应的不平衡格子设计。也可以通过软件实现大部分的不平衡格子设计。

对于查阅附表 4 得到的不平衡格子设计，同样要依次进行重复的随机化、重复内区组的随机化和区组内处理的随机化，之后才能用于安排试验。

【例 7.6】 某地安排一个 5×5 简单格子设计试验，安排 25 个大豆品种的产量比较试验，田间排列方式为 5×5 简单格子设计。

对于 5×5 简单格子设计的试验设计可以由以下三种方法实现：

①使用 SAS 软件按照前述 5×5 平衡格子设计方法进行设计，取前两个重复即可，将其进行随机化后可用于安排试验。

②查阅附表 4.3，可得 5×5 平衡格子设计表，取前 2 个重复，经过重复内区组的随机化和区组内处理的随机化，如表 7.13 所示。

表 7.13　5×5 简单格子设计大豆品种产量的比较数据

区组	重复 1					区组	重复 2				
(1)	14	4	8	19	12	(6)	17	14	5	22	7
(2)	22	2	21	1	10	(7)	3	8	6	21	18
(3)	5	23	6	15	11	(8)	20	12	11	10	13
(4)	7	16	18	25	13	(9)	24	19	15	1	25
(5)	17	9	3	24	20	(10)	9	4	23	2	16

③也可以使用 R 语言实现 5×5 简单格子设计，其程序如下：

```
#RD7.6
library(agricolae)
t=c(1:25)
rep=2
LatticeDesign=design.lattice(t, r=rep)
LD=LatticeDesign$sketch
LD
```

程序简要说明：

agricolae 为农业研究统计包，t 定义因子的处理数，rep 定义重复数，只能取值为 2(简单格子)或 3(三重格子)，design.lattice( )为不平衡格子设计函数，LatticeDesign $sketch 为取出设计矩阵，横向为区组。

程序运行结果：

```
$rep1
     [,1] [,2] [,3] [,4] [,5]
[1,] "14" "4"  "8"  "19" "12"
[2,] "22" "2"  "21" "1"  "10"
[3,] "5"  "23" "6"  "15" "11"
[4,] "7"  "16" "18" "25" "13"
[5,] "17" "9"  "3"  "24" "20"

$rep2
     [,1] [,2] [,3] [,4] [,5]
[1,] "17" "14" "5"  "22" "7"
[2,] "3"  "8"  "6"  "21" "18"
[3,] "20" "12" "11" "10" "13"
[4,] "24" "19" "15" "1"  "25"
[5,] "9"  "4"  "23" "2"  "16"
```

【例 7.7】 某地进行 49 个玉米地方品种的产量比较试验，采用 7×7 三重格子设计，可以查阅附表 4.5，可得 7×7 平衡平方格子设计表，取前 3 个重复，经过重复内区组的随机化和区组内处理的随机化，如表7.14所示（刘德金，2005）。

表7.14　7×7三重格子设计玉米品种产量的比较数据

区组	重复1						
(2)	14	11	9	8	10	12	13
(7)	45	43	47	49	44	46	48
(5)	32	31	30	34	29	33	35
(1)	7	5	4	2	3	1	6
(6)	37	36	39	40	38	42	41
(4)	25	28	27	22	24	26	23
(3)	16	21	18	15	19	17	20
区组	重复2						
(13)	27	13	6	20	48	34	41
(9)	16	2	30	23	37	44	9
(12)	5	19	12	33	47	40	26
(14)	14	42	21	7	28	49	35
(8)	8	29	36	15	22	43	1
(11)	46	39	25	32	18	4	11
(10)	38	45	31	17	24	10	3
区组	重复3						
(16)	2	43	18	10	34	26	42
(18)	28	29	20	37	12	45	4
(20)	14	6	47	39	31	15	23
(21)	32	24	40	16	48	7	8
(19)	46	38	30	22	21	5	13
(17)	36	11	44	19	3	35	27
(15)	1	9	49	41	33	17	25

除查附表4外，同样使用R语言实现7×7三重格子设计，其程序如下：

```
#RD7.7
library(agricolae)
t=c(1:49)
rep=3
LatticeDesign=design.lattice(t, r =rep)
LD=LatticeDesign$sketch
LD
```

程序简要说明：

agricolae为农业研究统计包，t定义因子的处理数，rep定义重复数，只能取值为2(简单格子)或3(三重格子)，design.lattice( )为不平衡格子设计函数，LatticeDesign $sketch为取出设计矩阵，横向为区组。

程序运行结果如下所示：

```
$rep1
     [,1] [,2] [,3] [,4] [,5] [,6] [,7]
[1,] "31" "46" "21" "17" "48" "15" "26"
[2,] "20" "22" "45" "10" "32" "23" "11"
[3,] "33" "6"  "35" "27" "9"  "36" "2"
[4,] "38" "40" "18" "30" "4"  "24" "16"
[5,] "13" "43" "19" "39" "14" "12" "5"
[6,] "8"  "41" "1"  "42" "3"  "49" "34"
[7,] "47" "37" "28" "29" "25" "7"  "44"

$rep2
     [,1] [,2] [,3] [,4] [,5] [,6] [,7]
[1,] "48" "25" "4"  "32" "3"  "14" "9"
[2,] "46" "37" "40" "22" "41" "43" "6"
[3,] "17" "29" "30" "10" "42" "39" "27"
[4,] "31" "47" "38" "20" "8"  "13" "33"
[5,] "26" "44" "16" "11" "34" "5"  "2"
[6,] "15" "7"  "24" "23" "49" "12" "36"
[7,] "21" "28" "18" "45" "1"  "19" "35"

$rep3
     [,1] [,2] [,3] [,4] [,5] [,6] [,7]
[1,] "21" "25" "30" "20" "34" "43" "36"
[2,] "15" "44" "38" "32" "1"  "39" "6"
[3,] "17" "7"  "16" "45" "41" "14" "33"
[4,] "46" "28" "4"  "11" "49" "13" "27"
[5,] "26" "47" "40" "10" "3"  "12" "35"
[6,] "48" "29" "24" "22" "8"  "19" "2"
[7,] "31" "37" "18" "23" "42" "5"  "9"
```

需要说明的是，R 语言进行不平衡格子设计时，每次均已经进行了重复的随机化、重复内区组的随机化和区组内处理的随机化，可以直接用于安排试验。

除简单格子设计和三重格子设计能使用 R 语言实现以外，其他的不平衡格子设计可以参考附表 4 进行相应的设计。

(2)不平衡格子设计的统计分析

不平衡格子设计的统计分析和平衡格子设计的统计分析方法完全一致，其统计分析的模型不再赘述，参见平衡格子设计的统计分析部分。

例 7.6 的 5×5 简单格子设计的大豆品种产量比较试验，其试验数据经整理如表 7.15 所示，其中括号内为品种编号，括号外为该品种的产量。

表 7.15　5×5 简单格子设计大豆品种产量的比较数据

区组	重复 1					区组	重复 2				
(1)	(1) 6	(2) 7	(3) 5	(4) 8	(5) 6	(6)	(1) 24	(6) 13	(11) 24	(16) 11	(21) 8
(2)	(6) 16	(7) 12	(8) 12	(9) 13	(10) 8	(7)	(2) 21	(7) 11	(12) 14	(17) 11	(22) 23
(3)	(11) 17	(12) 7	(13) 7	(14) 9	(15) 14	(8)	(3) 16	(8) 4	(13) 12	(18) 12	(23) 12
(4)	(16) 18	(17) 16	(18) 13	(19) 13	(20) 14	(9)	(4) 17	(9) 10	(14) 30	(19) 9	(24) 23
(5)	(21) 14	(22) 15	(23) 11	(24) 14	(25) 14	(10)	(5) 15	(10) 15	(15) 22	(20) 16	(25) 19

使用R语言实现例7.6的5×5简单格子设计的大豆品种比较试验的方差分析程序：

```
#RA7.6
Group=rep(1:2, each=25)
#Group=c(1,1,1,1,1,1,1,1,1,1,1,1,1,1,1,1,1,1,1,1,1,1,1,1,1,
#        2,2,2,2,2,2,2,2,2,2,2,2,2,2,2,2,2,2,2,2,2,2,2,2,2)
Block=rep(1:5, each=5, times=2)
#Block=c(1,1,1,1,1,2,2,2,2,2,3,3,3,3,3,4,4,4,4,4,5,5,5,5,5,
#        1,1,1,1,1,2,2,2,2,2,3,3,3,3,3,4,4,4,4,4,5,5,5,5,5)
Treat=c(1,2,3,4,5,6,7,8,9,10,11,12,13,14,15,16,17,18,19,20,21,22,23,24,25,
        1,6,11,16,21,2,7,12,17,22,3,8,13,18,23,4,9,14,19,24,5,10,15,20,25)
Yield=c(6,7,5,8,6,16,12,12,13,8,17,7,7,9,14,18,16,13,13,14,14,15,11,14,14,24,
        13,24,11,8,21,11,14,11,23,16,4,12,12,12,17,10,30,9,23,15,15,22,16,19)
soybean=data.frame(Group, Block, Treat, Yield)

library(agricolae)
with(soybean, PBIB.test(Block, Treat, Group, Yield, k=5, method="REML",
     test="lsd", console=T))
```

程序简要说明：

Group为重复，Block为区组，Treat为处理（大豆品种），Yield为试验指标（大豆产量），soybean为试验数据集合成的数据框；with( )为限定数据函数，即第二个参数的操作均限定在第一个参数指定的数据上，PBIB.test( )为部分平衡不完全区组设计的方差分析函数，k为区组容量，method为方差估计的方法，可选方法有REML、ML和VC，test为均值比较方法，常用的有lsd或tukey法。

程序主要运行结果：

```
ANALYSIS PBIB:  Yield

Class level information

Block : 10
Treat : 25

Estimation Method:  Residual (restricted) maximum likelihood

Parameter Estimates
              Variance
Block:Group  19.629999
Group         4.014993
Residual     13.655001

                        Fit Statistics
AIC                         224.56945
BIC                         258.69797
-2 Res Log Likelihood      -84.28473

Analysis of Variance Table
Response: Yield
```

```
          Df Sum Sq Mean Sq F value  Pr(>F)
Treat     24 644.63  26.859  1.967 0.08244 .
Residuals 16 218.48  13.655
---
Signif.codes:  0 '***' 0.001 '**' 0.01 '*' 0.05 '.' 0.1 ' ' 1
Coefficient of variation: 27.1 %
Yield Means: 13.62

Parameters PBIB
Treat        25
Block size    5
Block/Group   5
Group         2

Efficiency factor 0.75

Comparison test lsd
Treatments with the same letter are not significantly different.
    Yield.adj  groups
11  23.551052       a
14  20.751714     aab
15  19.329946    aabc
1   19.068069    aabc
22  18.530607    aabc
24  17.326518   aabcd
2   16.972820  aabcde
25  15.404751 aabcdef
4   14.768731  abcdef
3   14.646301  abcdef
6   13.170054   bcdef
5   12.846963   bcdef
13  12.629284   bcdef
16  12.622430   bcdef
12  12.455803   bcdef
23  12.204089   bcdef
21  11.625857    cdef
20  11.401323    cdef
18  10.700662    cdef
17  10.527180    cdef
7    9.074805     def
10   8.448948     def
9    8.370716      ef
19   7.323091       f
8    6.748286       f
```

程序分析结果表明:大豆品种间在 0.05 的显著水平下没有显著差异($Treat,df=24,F=$

1.967，$P=0.082>0.05$），可能是由于试验条件变异大导致，可以不必关注。本试验优先选择高产大豆品种11(23.551)、品种14(20.752)、品种15(19.330)、品种1(19.068)、品种22(18.531)、品种24(17.327)和品种2(16.973)。

例7.7 中7×7三重格子设计的玉米品种产量的比较数据，经整理如表7.16所示，其中括号内为品种编号，括号外为该品种的产量。

表7.16 7×7三重格子设计的玉米品种产量的比较数据

区组	重复 1						
(2)	(14)45	(11)62	(9)58	(8)57	(10)52	(12)50	(13)25
(7)	(45)51	(43)44	(47)36	(49)33	(44)47	(46)45	(48)34
(5)	(32)48	(31)58	(30)62	(34)55	(29)41	(33)47	(35)56
(1)	(7)27	(5)38	(4)39	(2)26	(3)55	(1)37	(6)43
(6)	(37)58	(36)64	(39)64	(40)58	(38)54	(42)49	(41)63
(4)	(25)67	(28)47	(27)52	(22)71	(24)51	(26)69	(23)29
(3)	(16)26	(21)73	(18)42	(15)57	(19)57	(17)36	(20)43
区组	**重复 2**						
(13)	(27)49	(13)35	(6)43	(20)38	(48)42	(34)45	(41)54
(9)	(16)37	(2)26	(30)60	(23)29	(37)51	(44)45	(9)58
(12)	(5)48	(19)40	(12)43	(33)48	(47)36	(40)59	(26)61
(14)	(14)45	(42)53	(21)57	(7)40	(28)48	(49)39	(35)53
(8)	(8)52	(29)51	(36)55	(15)43	(22)59	(43)50	(1)41
(11)	(46)49	(39)56	(25)66	(32)53	(18)36	(4)40	(11)63
(10)	(38)49	(45)41	(31)47	(17)37	(24)47	(10)31	(3)52
区组	**重复 3**						
(16)	(2)18	(43)40	(18)39	(10)46	(34)43	(26)65	(42)52
(18)	(28)46	(29)59	(20)45	(37)31	(12)32	(45)49	(4)41
(20)	(14)49	(6)43	(47)36	(39)68	(31)37	(15)53	(23)30
(21)	(32)42	(24)44	(40)58	(16)23	(48)29	(7)34	(8)35
(19)	(46)52	(38)55	(30)63	(22)67	(21)58	(5)48	(13)19
(17)	(36)63	(11)63	(44)51	(19)54	(3)57	(35)46	(27)52
(15)	(1)46	(9)52	(49)41	(41)63	(33)43	(17)42	(25)60

例7.7 中7×7三重格子设计的玉米品种比较试验的统计分析，可以仿照前例自行练习，不再赘述。

7.2.3 矩形格子设计

1. 矩形格子设计

在格子设计中，每个区组的容量为k，每一重复内设置$b=k+1$个区组，处理数为$t=k(k+1)$时，相当于每一重复构成$k(k+1)$的矩形，所以称这样的格子设计叫做矩形格子设计(RLD，Rectangular Lattice Design)。

矩形格子设计也是一种不平衡格子设计，即它不满足任意两个处理在同一区组中相遇的次数相同的规则。

矩形格子设计同样由以下四个参数描述：

t：处理数；

k：不完全区组的容量；

r：重复次数；

b：不完全区组数。

矩形格子设计的参数严格满足以下三个条件：

①处理数 $t=k(k+1)$；

②重复数 $r=3$ 或 3 的倍数；

③不完全区组数 $b=r(k+1)$。

矩形格子设计的试验处理数为 $k(k+1)$个，常用的处理数有 12，20，30，42，56，72，90，110 等，这些处理数在 k^2 和$(k+1)^2$之间，即在两个相邻的平方数之间，可以作为平方格子设计的一种有益补充，相当于加密了格子设计的处理数。可用于矩形格子设计的常见处理数：9，12，16，20，25，30，42，49，56，64，72，81，90，110，121，132，156，……，如此，在使用格子设计时，处理数的选择上更加灵活、方便。

矩形格子设计的重复数一般为 3 或 3 的倍数，如：3，6，9 等，通常情况下使用 3 个重复，这 3 个重复分别定义为重复 X、重复 Y 和重复 Z。

常用的矩形格子设计的参数如表 7.17 所示。

表 7.17　常用矩形格子设计参数表

处理数 t	12	20	30	42	56	72	90	110	132
区组容量 k	3	4	5	6	7	8	9	10	11
重复数 r	3	3	3	3	3	3	3	3	3
区组数 b	12	15	18	21	24	27	30	33	36

2. 矩形格子设计的实现

矩形格子设计可以由多种方法构造，其中一种方法是利用平衡格子设计矩形格子，另一种方法是利用拉丁方设计矩形格子，所以矩形格子设计的试验方案具有不唯一性。

本教材附表 5 矩形格子设计表已经列出常用的矩形格子设计基础方案，使用时跟平方格子设计一样要依次进行重复的随机化、重复内区组的随机化和区组内处理的随机化，之后才能用于安排试验。

【例 7.8】　这是一个 $t=12$，$k=3$，$b=12$，$r=3$ 的矩形格子设计的例子，也称为 3×4 矩形格子设计，其基础设计方案参阅附表 5.1，具体如表 7.18 所示。

表 7.18　3×4 矩形格子设计

区组	重复 X		
X1	1	2	3
X2	4	5	6
X3	7	8	9
X4	10	11	12

区组	重复 Y		
Y1	1	8	11
Y2	2	5	12
Y3	3	6	9
Y4	4	7	10

区组	重复 Z		
Z1	1	5	7
Z2	2	9	10
Z3	3	4	11
Z4	6	8	12

例 7.8 的矩形格子设计有 3 个重复,12 个不完全区组,每个重复包含 4 个不完全区组,每个不完全区组包含 3 个处理,每个重复有 12 个处理,实施前需进行随机化处理。

3. 矩形格子设计的统计分析

矩形格子设计的统计分析和平衡格子设计的统计分析方法完全一致,其统计分析的模型不再赘述,参见平衡格子设计的统计分析部分。

【例 7.9】 某地 20 个牧草品系的产量比较试验,采用 4×5 矩形格子设计,其设计方案参阅附表 5.2,其试验数据(kg/小区)经整理后如表 7.19 所示。

表 7.19 4×5 矩形格子设计牧草品系产量的比较数据

区组	重复 X			
X1	(1)15	(2)12	(3)17	(4)16
X2	(5)13	(6)16	(7)15	(8)16
X3	(9)12	(10)17	(11)13	(12)13
X4	(13)11	(14)12	(15)14	(16)13
X5	(17)7	(18)10	(19)18	(20)16
区组	**重复 Y**			
Y1	(1)18	(10)16	(14)15	(18)16
Y2	(2)17	(6)14	(15)14	(19)13
Y3	(3)16	(7)13	(11)15	(20)16
Y4	(4)20	(8)13	(12)15	(16)16
Y5	(5)14	(9)13	(13)12	(17)7
区组	**重复 Z**			
Z1	(1)18	(6)17	(11)14	(13)13
Z2	(2)16	(8)14	(10)18	(17)7
Z3	(3)18	(5)16	(16)18	(18)13
Z4	(4)18	(9)15	(15)14	(20)10
Z5	(7)13	(12)12	(14)16	(19)12

使用 R 语言对例 7.9 中 4×5 矩形格子设计牧草品系产量比较试验进行方差分析程序:

```
#RA7.9
Group=rep(1:3, each=20)
#Group=c(1,1,1,1,1,1,1,1,1,1,1,1,1,1,1,1,1,1,1,1,2,2,2,2,2,2,2,2,2,2,
#         2,2,2,2,2,2,2,2,2,2,3,3,3,3,3,3,3,3,3,3,3,3,3,3,3,3,3,3,3,3)
Block=rep(1:5, each=4, times=3)
#Block=c(1,1,1,1,2,2,2,2,3,3,3,3,4,4,4,4,5,5,5,5,1,1,1,1,2,2,2,2,3,3,3,3,
#         4,4,4,4,5,5,5,5,1,1,1,1,2,2,2,2,3,3,3,3,4,4,4,4,5,5,5,5)
Treat=c(1,2,3,4,5,6,7,8,9,10,11,12,13,14,15,16,17,18,19,20,1,10,14,18,2,6,15,19,3,7,
        11,20,4,8,12,16,5,9,13,17,1,6,11,13,2,8,10,17,3,5,16,18,4,9,15,20,7,12,14,19)
Yield=c(15,12,17,16,13,16,15,16,12,17,13,13,11,12,14,13,7,10,18,16,
```

```
        18,16,15,16,17,14,14,13,16,13,15,16,20,13,15,16,14,13,12,7,
        18,17,14,13,16,14,18,7,18,16,18,13,18,15,14,10,13,12,16,12)
forage=data.frame(Group, Block, Treat, Yield)
library(agricolae)
with(forage, PBIB.test(Block, Treat, Group, Yield, k=4, method="REML",
     test="lsd", console=T))
```

程序简要说明：

Group 为重复，Block 为区组，Treat 为处理（牧草品系），Yield 为试验指标（牧草产量），forage 为试验数据集合成的数据框：with( )为限定数据函数，即第二个参数的操作均限定在第一个参数指定的数据上，PBIB. test( )为部分平衡不完全区组设计的方差分析函数，k 为区组容量，method 为方差估计的方法，可选方法有 REML，ML 和 VC，test 为均值比较方法，常用的有 lsd 或 tukey 法。

程序主要运行结果：

```
ANALYSIS PBIB:  Yield

Class level information
Block : 15
Treat : 20

Estimation Method:  Residual (restricted) maximum likelihood

Parameter Estimates
                 Variance
Block:Group   3.991929e-01
Group         5.697885e-08
Residual      3.250178e+00

                        Fit Statistics
AIC                          232.8236
BIC                          271.6678
-2 Res Log Likelihood        -93.4118

Analysis of Variance Table
Response: Yield
           Df  Sum Sq Mean Sq F value    Pr(>F)
Treat      19 285.955 15.0503  4.6306 0.0001945 ***
Residuals 26   84.505  3.2502
---
Signif. codes:  0 '***' 0.001 '**' 0.01 '*' 0.05 '.' 0.1 ' ' 1

Coefficient of variation: 12.6 %
Yield Means: 14.35

Parameters PBIB
Treat         20
Block size     4
```

```
Block/Group  5
Group        3

Efficiency factor 0.76

Comparison test lsd
Treatments with the same letter are not significantly different.
   Yield.adj groups
4  18.213682      a
3  17.010122     ab
1  17.001541     ab
10 16.916684     ab
16 15.620102    abc
6  15.541100    abc
2  15.190442   abcd
14 14.483196    bcd
19 14.364846    bcd
15 14.298538    bcd
8  14.140118    bcd
5  14.126561    bcd
20 13.955284    bcd
11 13.942828    bcd
7  13.636209     cd
9  13.508415     cd
12 13.417882     cd
18 12.651685     cd
13 12.101757      d
17  6.879009      e
```

程序分析结果表明：牧草品系在 0.01 的显著水平下显著（$Treat$，$df=19$，$F=4.631$，$P=0.000\ 195<0.01$），说明牧草品系间存在显著差异。本试验优先选择高产牧草品系4（18.214）、品系 3（17.010）、品系 1（17.002）、品种 10（16.917）、品系 16（15.620）、品系6（15.541）和品系 2（15.190）。

7.3 尤敦方设计

在三因子试验设计中，如果三个因子的水平数相等，可以使用拉丁方设计。但其中两个因子的水平数相等，第三个因子的水平数却少于前两个因子时就不能使用拉丁方设计，却可以使用尤敦方设计（YSD，Youden Square Design）。所以，从原则上来说，尤敦方设计和拉丁方设计的应用范围相似，即总试验处理数比较少，因子之间不能存在交互作用。

7.3.1 尤敦方设计概述

尤敦方设计是由统计学家 Youden 研究出来的，并由此得名。尤敦方设计也经常被称作尤登方设计或尧敦方设计。

尤敦方设计是指从一个拉丁方设计中划去一列或几列，并将行看作区组，可以看作不完全拉丁方设计。同理，划去一行或几行，将列看作区组，也是尤敦方设计，只是在实际使用中更习惯划去列，所以一般情况下提到的尤敦方设计通常列数少于行数。

一个划去一列(行)的尤敦方设计，即变成一个平衡的不完全区组设计。但划去两列(行)及以上的尤敦方设计，通常不再是一个平衡的不完全区组设计，因为虽然每一个处理的重复数相同，但处理对的相遇次数不同。

常见的尤敦方设计是不完全拉丁方设计，它的列数 k 少于行数 b 和处理数 t，但行数 b 等于处理数 t，即：$k<b=t$。如表 7.20 为一个 $t=5$，$k=3$，即 5 行 3 列的尤敦方设计。

表 7.20　$t=5$，$k=3$ 的尤敦方设计表

行	列		
	1	**2**	**3**
1	E	C	B
2	C	D	E
3	A	B	D
4	D	A	C
5	B	E	A

7.3.2　尤敦方设计的实现

【例 7.10】　某养猪场考察 5 种不同配方的饲料(*Fodder*，A～E)对六周龄仔猪增重效果的试验，同时考察猪场现有 4 种饲养环境(*Environ*)对仔猪生长的影响，试验指标为仔猪的平均日增重。由于符合相近试验条件的仔猪数量有限，现从 5 窝(*Litter*)仔猪中各挑选出 4 只用于安排试验。采用尤敦方设计安排试验。

试验中 5 窝仔猪作为行区组效应，5 种配方的饲料作为处理效应，4 种饲养环境作为列区组效应，符合尤敦方设计的试验条件，即 $t=5$，$k=4$。

使用 R 语言实现尤敦方设计：

```
#RD7.10
library(agricolae)
Fodder=LETTERS[1:5]
k=4
YoudenDesign=design.youden(Fodder, k)
YoudenDesign$sketch
```

程序简要说明：

agricolae 为农业研究统计包，Fodder 定义处理及其水平为前 5 个大写字母 A～E，k 为区组容量，design.youden( )为尤敦方设计函数，其第一个参数为处理，第二个参数为区组容量，YoudenDesign$sketch 为取输出设计列表 YoudenDesign 的数据框 sketch 的数据。

程序运行结果如表 7.21 所示，表中 Rows 为窝别(*Litter*)，Col1～Col4 为 4 种饲养环境(*Environ*)。

表 7.21　$t=5$，$k=4$ 的尤敦方设计表

Rows	Col1	Col2	Col3	Col4
1	C(410)	D(420)	A(450)	B(430)
2	B(420)	E(490)	C(430)	D(410)
3	E(470)	C(410)	D(420)	A(450)
4	D(410)	A(460)	B(420)	E(480)
5	A(440)	B(430)	E(470)	C(410)

7.3.3　尤敦方设计的统计分析

尤敦方设计试验数据，按三因素试验的方差分析法进行，不考虑 3 个因素之间的交互作用。将横行区组因素记为 A，直列区组因素记为 B，试验处理记为 T，横行区组数与处理数记为 r，直列区组数记为 k，尤敦方设计试验结果进行方差分析的数学模型为：

$$y_{ijk} = \mu + \alpha_i + \beta_j + \gamma_k + \varepsilon_{ijk}\,,\ i = k = 1,2,\cdots,r;\ j == 1,2,\cdots,\ k$$

式中，y_{ijk} 为试验指标，μ 为总平均数，α_i 为第 i 横行区组因素效应，β_j 为第 j 直列区组因素效应，γ_k 为第 k 个处理效应，ε_{ijk} 为随机误差，服从 $N(0,\ \sigma^2)$。其方差分析如表 7.22 所示。

表 7.22　尤敦方设计的方差分析表

变异来源	自由度(df)	平方和(SS)	均方(MS)	F 统计量	显著性
A	$r-1$	SS_A	MS_A	MS_A/MS_E	
B	$k-1$	SS_B	MS_B	MS_B/MS_E	
T	$r-1$	SS_T	MS_T	MS_T/MS_E	
误差(E)	$(k-2)(r-1)$	SS_E	MS_E		
总和	$rk-1$	SS_T			

例 7.10 的仔猪饲料增重试验采用尤敦方设计，其仔猪的增重数据如表 7.21 中括号内的数据，使用 R 语言实现其方差分析的程序如下：

```
#RA7.10
Litter=factor(rep(1:5, each=4))
#Litter=factor(c(1,1,1,1,2,2,2,2,3,3,3,3,4,4,4,4,5,5,5,5))
Environ=factor(rep(1:4, times=5))
#Environ=factor(c(1,2,3,4,1,2,3,4,1,2,3,4,1,2,3,4,1,2,3,4))
Fodder=c('C','D','A','B','B','E','C','D','E','C','D','A','D','A','B','E','A','B','E','C')
Weight=c(410,420,450,430,420,490,430,410,470,410,420,450,
         410,460,420,480,440,430,470,410)
pig=data.frame(Litter, Environ, Fodder, Weight)

aovmodel=aov(Weight ~ Litter+Environ+Fodder, data=pig)
summary(aovmodel)
library(agricolae)
duncan.test(aovmodel, "Fodder", console=TRUE)
```

程序简要说明：

Litter 为窝别效应，Environ 为环境效应，Fodder 为饲料效应，Weight 为试验指标(仔猪增重)，pig 为试验数据集合成的数据框，aov( )为方差分析函数，方差分析的模型为“试验指标～各项效应之和”的形式，duncan. test( )为 Duncan 法均值比较函数。

程序主要运行结果：

```
              Df Sum Sq Mean Sq F value   Pr(>F)
Litter        4     480   120.0   2.323   0.144
Environ       3     375   125.0   2.419   0.141
Fodder        4   11387  2846.7  55.097   7.32e-06 ***
Residuals     8     413    51.7
---
Signif.codes:  0 '***' 0.001 '**' 0.01 '*' 0.05 '.' 0.1 ' ' 1

Study:aovmodel ~ "Fodder"

Duncan's new multiple range test for Weight
Mean Square Error:  51.66667
Alpha: 0.05 ; DF Error: 8

Critical Range
       2        3        4        5
11.72061 12.21399 12.48975 12.65509

Means with the same letter are not significantly different.
  Weight groups
E  477.5     a
A  450.0     b
B  425.0     c
C  415.0     c
D  415.0     c
```

程序分析结果表明：行区组效应未达显著(窝别 *Litter*，$df=4$，$F=2.323$，$P=0.144>0.05$)，说明仔猪窝别之间不存在显著差异；列区组效应未达显著(饲养环境 *Environ*，$df=3$，$F=2.419$，$P=0.141>0.05$)，说明仔猪场的饲养环境之间不存在显著差异；饲料效应达极显著(*Fodder*，$df=4$，$F=55.097$ 和 $P=7.32\text{e}-6<0.01$)，即 5 种不同的饲料之间的增重效果存在极显著差异，需对其进行均值比较。

对饲料效应进行 Duncan 法均值比较表明：在 0.05 的显著水平下，饲料 E 对仔猪的增重效果显著高于其他饲料；饲料 A 对仔猪的增重效果显著高于饲料 B，C 和 D；饲料 B，C 和 D 之间增重无显著差异。因此，优先考虑增重效果最好的饲料 E。

第 8 章　正交设计

在复因子试验中，当因子数和水平数都不太多的情况下，可以考虑采用全面试验的析因设计等试验设计方法，这样能获得十分丰富的试验信息，分析结论也比较准确可靠。

当复因子试验中因子数或水平数比较多时，总的试验次数也急剧增加，有时候多到难以承受，比如有 5 个因子对指标有影响，每个因子取 3 个水平进行比较，那么就有 $3^5=243$ 个不同的处理组合。如果再加上重复，处理的数量就会更多，这在实际中往往是不可行的，因此我们只能从中选择一部分进行试验。正交设计就是常用的从全面试验的水平组合中挑选出一部分具有代表性的试验点进行试验的方法。

8.1　正交设计概述

正交设计(OD，Orthogonal Design)的试验设计方法始于 20 世纪 50 年代，由日本统计学家田口玄一(Taguchi)创立，适用于 3 个或 3 个以上因子，是寻求最优水平组合的一种高效率的试验设计方法。日本很快普及推广了这个方法，取得了丰硕的科研成果和经济效益。

20 世纪 60～70 年代，我国统计学家也为正交设计做出了很多贡献，制作了很多方便实用的正交表，随后在各行各业逐步展开应用，目前正交设计法已经得到全世界科研人员的普遍认可和广泛应用。

正交设计是用于研究复因子试验的一种试验设计方法，它是根据正交性的原理从全面试验的水平组合中挑选一部分具有代表性的试验点进行试验的方法，是部分因子设计的一种。正交设计采用了水平组合均衡的原则，它的试验点具有“均衡分散”和“整齐可比”的特点，是一种方便、经济、高效的试验设计方法。

正交设计试验是指用具有“代表性”的部分试验代替全面试验的处理组合，试验重点在于如何科学合理地安排试验点，试验目的是选择各因子的最优水平组合。试验工作量的减少可以大大节约人力、物力、财力和时间，提高科研工作的效率。

正交设计试验的基本特点：用存在正交性质的部分试验来代替全面试验，通过对部分试验结果的分析，推断全面试验的情况。正是由于正交设计试验是采用了部分试验，因此不像全面试验那样对各因子所有的主效应和交互作用都能进行分析，而是只能分析主效应和部分交互作用，有时还可能出现效应间的混杂现象，要慎重对待分析结果。

虽然正交设计试验有上述不足，但是它能大大减少试验处理数，提高试验效率，能通过部分试验找到最优水平组合，因此具有较高的实际使用价值。

8.2　正交表

正交设计需要根据数学原理编制好的正交表安排试验，正交表的制作方法有多种，如正交拉丁方构造法、哈达玛(Hadamard)矩阵直积构造法等。

正交表常见的表达形式为 $L_n(q^p)$，其中，L 代表正交表，n 代表正交表的行数或试验方案数，q 代表水平数，p 代表正交表的列数。正交表的数量有很多，本教材附表 6 收录了大部分常用的正交表，表 8.1 所示即其中一个三水平正交表 $L_9(3^4)$。

表 8.1　正交表 $L_9(3^4)$

No.	1	2	3	4
1	1	1	1	1
2	1	2	2	2
3	1	3	3	3
4	2	1	2	3
5	2	2	3	1
6	2	3	1	2
7	3	1	3	2
8	3	2	1	3
9	3	3	2	1

正交表 $L_9(3^4)$一共有 4 列，理论上最多可以安排 4 个因子，每一列均有 3 个水平，总共要做 9 个不同处理组合的试验。

对于 3 个因子的试验，每个因子有 3 个水平，则 3 个因子全面试验的所有处理组合共有 $3^3=27$ 个，如果将 3 个因子放置于三维因子空间，这 27 个处理组合就是三维因子空间编码立方体的 27 个交点，如图 8.1 所示。

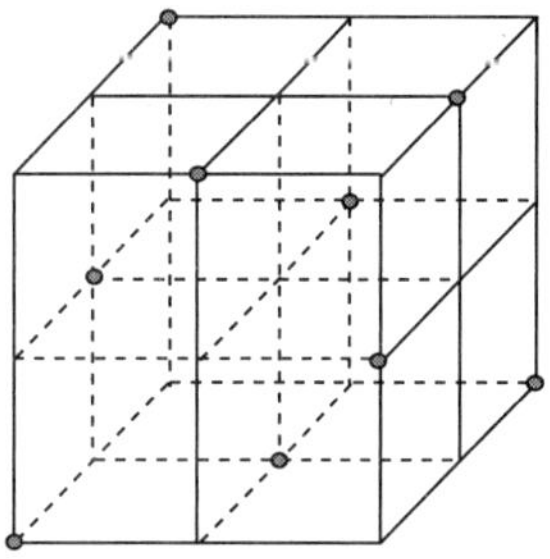

图 8.1　三因子三水平试验的试验点

如果采用正交表 $L_9(3^4)$安排 3 个因子的试验，只需要安排 9 次试验，即从 27 个处理组合中挑选出有代表性的 9 个处理组合，仅占全部试验处理组合数的 1/3，如图 8.1 中编码立方体的黑色交点所示。在编码立方体的 27 条直线上，每条直线上有一个试验点，在前、中、后，左、中、右，上、中、下 9 个平面中，每个平面都包含 3 个试验点。可以看出，正交设计试验的这 9 个试验点具有均衡分散的特点，有很强的代表性，能够比较全面地反映因子空间的基本情况。

8.2.1 正交表的性质

1. 正交表的正交性

正交表具有正交性，是因为正交表具有以下两个特征：

①正交表的任意一列中，每个水平的重复次数均相同。如在正交表 $L_9(3^4)$ 中，任意一列的 3 个水平：1，2，3 均有 3 次重复。

②任意两列中出现的水平组合出现的次数均相同。如在正交表 $L_9(3^4)$ 中，任意两列的水平组合有 9 个：(1,1)，(1,2)，(1,3)，(2,1)，(2,2)，(2,3)，(3,1)，(3,2)，(3,3)，每一种组合均出现一次。

这两个数学特征即“均衡分散，整齐可比”的体现。

2. 正交表的代表性

正交表任意一列中的各个水平都会出现，包含了所有因子的所有水平，任意两列的所有水平组合也同样都会出现，正交试验的试验点必然均衡地分布在全部试验点之中，具有很强的代表性。

3. 正交表的综合可比性

正交表任意一列中的各个水平出现的次数都相等，任意两列间所有水平组合出现的次数也都相等，这就使任意一个因子各水平的试验条件相同，保证了在每一个因子各水平的效果比较中，最大限度地排除了其他因素的干扰，从而可以分析该因子不同水平的效应。

8.2.2 正交表的分类

按照正交表各列的水平数划分，可以分为等水平正交表和混合水平正交表。

1. 等水平正交表

等水平正交表为表中各列的水平数均相等的正交表，这一类也是最常见、最常用的正交表。常见的正交表有 $L_4(2^3)$，$L_8(2^7)$，$L_{12}(2^{11})$和 $L_{16}(2^{15})$等 2 水平正交表；$L_9(3^4)$，$L_{18}(3^7)$和 $L_{27}(3^{13})$ 等 3 水平正交表；$L_{16}(4^5)$ 和 $L_{32}(4^9)$等 4 水平正交表；$L_{25}(5^6)$和 $L_{50}(5^{11})$等 5 水平正交表。其中，$L_4(2^3)$是最小的正交表，但因其试验处理数太少几乎没有实用价值。

对于等水平正交表 $L_n(q^p)$，根据其是否满足以下两个关系式：

① $n = q^k,\ k = 2,3,4,\cdots$

② $p = \dfrac{n-1}{q-1}$

又可以将其分成两类，如果等水平正交表完全满足上述两个关系式则称为完全正交表，如 $L_8(2^7)$，$L_{16}(2^{15})$，$L_9(3^4)$，$L_{27}(3^{13})$，$L_{16}(4^5)$和 $L_{25}(5^6)$等均是完全正交表。如果用完全正交表安排试验，将可以考察因子间的部分交互作用，这类正交表通常会附有一张交互作用列表、交互作用的简要说明或表头设计示例。

例如，表 8.2 所示的正交表 $L_8(2^7)$由于满足关系式 $8=2^3$ 和 $7=(8-1)/(2-1)$，所以 $L_8(2^7)$是一张完全正交表。

表 8.2　完全正交表 $L_8(2^7)$

No.	1	2	3	4	5	6	7
1	1	1	1	1	1	1	1
2	1	1	1	2	2	2	2
3	1	2	2	1	1	2	2
4	1	2	2	2	2	1	1
5	2	1	2	1	2	1	2
6	2	1	2	2	1	2	1
7	2	2	1	1	2	2	1
8	2	2	1	2	1	1	2

如果等水平正交表不完全满足上述两个关系式，则称其为不完全正交表，如 $L_{12}(2^{11})$，$L_{18}(3^7)$，$L_{32}(4^9)$和 $L_{50}(5^{11})$等均是不完全正交表。不完全正交表一般不能考察交互作用，经常使用在一些不存在交互作用的试验中。

2. 混合水平正交表

混合水平正交表为表中各列的水平数不完全相等的正交表。如 $L_8(4\times2^4)$，$L_{16}(4\times2^{12})$，$L_{16}(4^2\times2^9)$，$L_{16}(4^3\times2^6)$和 $L_{18}(2\times3^7)$等均是混合水平正交表。

比如，混合水平正交表 $L_8(4\times2^4)$ 有 1 个 4 水平列和 4 个 2 水平列，混合水平正交表 $L_{16}(4^2\times2^9)$有 2 个 4 水平列和 9 个 2 水平列，混合水平正交表 $L_{18}(2\times3^7)$ 有 1 个 2 水平列和 7 个 3 水平列，如表 8.3 所示。

表 8.3　混合水平正交表 $L_{18}(2\times3^7)$

No.	1	2	3	4	5	6	7	8
1	1	1	1	1	1	1	1	1
2	1	1	2	2	2	2	2	2
3	1	1	3	3	3	3	3	3
4	1	2	1	1	2	2	3	3
5	1	2	2	2	3	3	1	1
6	1	2	3	3	1	1	2	2
7	1	3	1	2	1	3	2	3
8	1	3	2	3	2	1	3	1
9	1	3	3	1	3	2	1	2
10	2	1	1	3	3	2	2	1
11	2	1	2	1	1	3	3	2
12	2	1	3	2	2	1	1	3
13	2	2	1	2	3	1	3	2
14	2	2	2	3	1	2	1	3
15	2	2	3	1	2	3	2	1
16	2	3	1	3	2	3	1	2
17	2	3	2	1	3	1	2	3
18	2	3	3	2	1	2	3	1

在混合水平正交表中，有一部分能考察交互作用，特别是由原完全正交表改造而来的混合水平正交表，可以考察一部分因子的交互作用，但需要依据原完全正交表对应的交互作用列得到。

8.2.3 自由度和基本列

1. 正交表的自由度

在使用正交表时，需要清楚与正交表有关的两个方面的自由度：

①正交表的自由度。正交表的自由度为正交表的行数减1，即 $df_{表}=n-1$，其中 n 为正交表的行数。

如：正交表 $L_9(3^4)$的自由度 $df_{表}=9-1=8$，正交表 $L_{18}(2\times3^7)$的自由度 $df_{表}=18-1=17$。

②列的自由度。正交表列的自由度为列的水平数减1，即 $df_{列}=q-1$，其中 q 为列的水平数。

如：正交表 $L_9(3^4)$各列的自由度均为 $df_{列}=3-1=2$，混合正交表 $L_{18}(2\times3^7)$第1列的自由度 $df_1=2-1=1$，第2列的自由度 $df_2=3-1=2$。

2. 正交表的基本列

对于等水平的完全正交表 $L_n(q^p)$，由于 $n=q^k$，其中 k 为正整数，则这个完全正交表的全部列可以被分为 k 个组，各组中包含的列数分别为 q^0，q^1，q^2，……，q^{k-1}个。

如正交表 $L_8(2^7)$的7列被分为3个组：

第一组：有 $2^0=1$ 列，即第1列；

第二组：有 $2^1=2$ 列，即第2，3列；

第三组：有 $2^2=4$ 列，即第4，5，6，7列。

又如正交表 $L_{27}(3^{13})$的13列被分为3个组：

第一组：有 $3^0=1$ 列，即第1列；

第二组：有 $3^1=3$ 列，即第2，3，4列；

第三组：有 $3^2=9$ 列，即第5，6，7，8，9，10，11，12，13列。

按照上述方法将完全正交表的所有列分成 k 组，其中每一组的第一列均称为基本列，如正交表 $L_8(2^7)$有3个基本列，即第1，2，4列；正交表 $L_{16}(2^{15})$有4个基本列，即第1，2，4，8列；正交表 $L_{27}(3^{13})$有3个基本列，即第1，2，5列。详见附表6正交表所示。

8.3 无交互作用的正交设计

8.3.1 无交互作用的正交设计的实现

无交互作用的正交设计是指在正交设计时只考虑因子的主效应，而不考虑因子间交互作用的正交设计方法。

对于复因子试验，如果能根据预研究或相关文献确定各个因子之间不存在交互作用，或者交互作用很小，甚至可以忽略，就可以考虑采用无交互作用的正交设计。如果不确定各个因子之间是否存在交互作用，或可能存在潜在的交互作用，都需要依照存在交互作用的正交设计来安排试验,并有意将潜在的交互作用列避开。在分析的时候,如果因子间交互作用显著,则分析其交互作用,否则将其归入误差项即可。

建议在使用完全正交表安排试验因子的时候,不管因子间是不是存在交互作用,尽可能将因子先安排在基本列上,这样可以避开后因子潜在的交互作用列。在统计分析的时候,可以检验因子间潜在的交互作用是否显著,一旦交互作用显著,还可以对其进行均值的多重比较,这样安排对设计和分析都非常有利。

1. 使用正交表进行正交设计

【例 8.1】 山东某地的棉花产量试验,考察棉花品种(A)、种植密度(B)和打顶期(C)对皮棉产量的影响,每个因子均为 3 个水平,试验因子及其水平如表 8.4 所示,因子间不存在交互作用,试验指标为每小区的皮棉产量(Y:kg/小区),欲采用正交设计进行试验。

表 8.4　棉花产量试验因子及其水平表

水平	棉花品种(A)	种植密度(B)	打顶期(C)
1	陕 721	6 000 株/亩	7 月 10 日
2	中棉 1279	7 500 株/亩	7 月 20 日
3	中夏杂 06	9 000 株/亩	7 月 30 日

(1)确定因子和水平

在例 8.1 中,确定影响当地皮棉产量的 3 个试验因子为棉花品种 A、种植密度 B 和打顶期 C,每因子均为 3 个水平,因子间不存在交互作用。

(2)确定正交表及表头设计

本例所有的因子均为 3 水平,故需要从附表 6 正交设计表中选取 3 水平的正交表,又由于现在研究 3 个因子,所以选用正交表 $L_9(3^4)$安排本试验即可。

将试验因子安排到选定正交表的列上称为表头设计。在不考虑交互作用的情况下,原则上可以将因子任意安排到等水平的列上,一个因子占用一列。本例将 3 个因子棉花品种 A、种植密度 B 和打顶期 C 分别放置在正交表 $L_9(3^4)$的第 1,2 和 4 列,如表 8.5 的表头所示。

表 8.5　棉花产量试验的正交表 $L_9(3^4)$

No.	A	B		C	Y
	1	2	3	4	
1	1(陕 721)	1(6 000)	1	1(7 月 10 日)	5.96
2	1(陕 721)	2(7 500)	2	2(7 月 20 日)	5.15
3	1(陕 721)	3(9 000)	3	3(7 月 30 日)	5.87
4	2(中棉 1279)	1(6 000)	2	3(7 月 30 日)	4.52
5	2(中棉 1279)	2(7 500)	3	1(7 月 10 日)	5.18
6	2(中棉 1279)	3(9 000)	1	2(7 月 20 日)	4.56
7	3(中夏杂 06)	1(6 000)	3	2(7 月 20 日)	5.00
8	3(中夏杂 06)	2(7 500)	1	3(7 月 30 日)	5.67
9	3(中夏杂 06)	3(9 000)	2	1(7 月 10 日)	6.70

(3)列出试验方案

只需将放置因子的列中的水平数字替换成相应的实际水平即可,没有安排因子的列不予考虑,直接忽略即可。

本例中,正交表第1列安排棉花品种 A,只需将其中的水平1、水平2、水平3分别替换为棉花品种陕721、中棉1279和中夏杂06即可。同理,正交表第2列安排种植密度 B,只需将其中的水平1、水平2、水平3分别替换为种植密度6 000株/亩、7 500株/亩和9 000株/亩即可,正交表第4列安排打顶期 C,只需将其中的水平1、水平2、水平3分别替换为时间7月10日、7月20日和7月30日即可,最终得到试验方案(表8.5)。

本例的正交设计试验方案共有9个试验处理组合,如其中的5号试验为棉花品种中棉1279在种植密度7 500株/亩下,7月10日打顶,其余各试验号原理类似,不再赘述。

(4)进行试验和收集数据

在进行正交设计的试验时,为了避免产生系统误差,9个试验处理要随机安排。要认真实施试验,准确测量数据,最终将棉花试验的皮棉产量(kg/小区)和正交设计表整理在一起(表8.5)。

2.使用软件进行正交设计

使用R语言实现正交设计的程序:

```
#RD8.1
#程序1
library(DoE.base)
factors=c('A', 'B', 'C')
levels=c(3, 3, 3)
OD=oa.design(ID=L9.3.4, factor.names=factors, nlevels=levels, randomize=F)
OD
#或程序2
factors=c('A', 'B', 'C')
OD=oa.design(ID=L9.3.4, factor.names=factors, nlevels=3, randomize=F)
OD
#或程序3
OD=oa.design(nfactors=3, nlevels=3, randomize=F)
OD
```

程序简要说明:

DoE.base为正交、析因设计包,factors=c('A','B','C')定义3个因子A, B和C,levels=c(3, 3, 3)分别定义3个因子的水平数均为3,oa.design( )为正交设计函数,ID=L9.3.4指定正交表的编号,不指定此项时,将根据因子数和水平数选择最小可用正交表,建议指定正交表ID,factor.names参数指定因子名,nlevels参数指定因子相应的水平数,nlevels=3时所有因子均为3水平,randomize=F参数指定正交表的行是否随机排列,去掉此项参数正交表将会随机排列,nfactors=3指定因子数为3个,因子名默认为A,B和C。

程序运行结果如表8.6所示:

表 8.6　R 语言设计的正交表 $L_9(3^4)$

No.	*A*	*B*	*C*
1	1	1	1
2	1	2	3
3	1	3	2
4	2	1	3
5	2	2	2
6	2	3	1
7	3	1	2
8	3	2	1
9	3	3	3

R 语言设计的正交表有时与教材中的正交表存在差异，这些差异主要存在于两方面，一是正交表的列顺序可能不同，但适当调整列顺序后即可相同；二是正交表中对应的水平编码值可能不同，但适当调整编码顺序后即可相同。一般情况下，R 语言设计的正交表在安排因子时，存在基本列的正交表尽可能先安排基本列，基本列用完后再占用其他列。

8.3.2　无交互作用的正交设计的统计分析

对无交互作用的正交设计的试验数据进行统计分析，通常有两种方法：一是直观分析法，二是方差分析法。

直观分析法也称极差分析法，通过分析各个因子的极差来判断各个因子的影响程度。直观分析法只计算极差即可，计算比较简单，但只能比较相对大小。它最大的缺陷是既无法检验各个因子的显著性，也无法判别因子的各水平之间是否存在显著差异。

方差分析法虽然计算比较复杂，但是它能检验各个因子的显著性，也可以判别因子的各水平之间是否存在显著差异。方差分析法除了能完成直观分析法的所有功能外，还能实现更进一步的分析，而且其结论比直观分析更加准确和可靠。在计算机统计软件应用十分便捷的今天，计算复杂已不再是问题，因而正交设计的试验数据推荐采用方差分析法，本教材也只讲解方差分析法。

对例 8.1 正交设计的棉花产量试验的结果进行方差分析的数学模型为：

$$y_{ijk} = \mu + \alpha_i + \beta_j + \gamma_k + \varepsilon_{ijk}\text{，}i = k = j = 1,\ 2,\ 3$$

式中，y_{ijk} 为试验指标，μ 为总平均数，α_i 为因子 A 的第 i 水平效应，β_j 为因子 B 的第 j 水平效应，γ_k 为因子 C 的第 k 水平效应，ε_{ijk} 为随机误差，服从 $N(0, \sigma^2)$。其方差分析如表 8.7 所示。

表 8.7　正交设计的棉花试验方差分析表

变异来源	自由度(df)	平方和(SS)	均方(MS)	F 统计量	显著性
A	2	SS_A	MS_A	MS_A/MS_E	
B	2	SS_B	MS_B	MS_B/MS_E	
C	2	SS_C	MS_C	MS_C/MS_E	
误差(E)	2	SS_E	MS_E		
总和	8	SS_T			

使用R语言实现例8.1无交互作用的正交设计的方差分析程序如下：

```
#RA8.1
A=factor(c(1, 1, 1, 2, 2, 2, 3, 3, 3))
B=factor(c(1, 2, 3, 1, 2, 3, 1, 2, 3))
C=factor(c(1, 2, 3, 3, 1, 2, 2, 3, 1))
Y=c(5.96, 5.15, 5.87, 4.52, 5.18, 4.56, 5.00, 5.67, 6.70)
cotton=data.frame(A, B, C, Y)

aovmodel=aov(Y ~ A+B+C, data=cotton)
summary(aovmodel)

library(agricolae)
duncan.test(aovmodel, "A", console=TRUE)
duncan.test(aovmodel, "B", console=TRUE)
duncan.test(aovmodel, "C", console=TRUE)
```

程序简要说明：

A，B，C为3个试验因子，其水平采用水平编号或实际值均可，Y为试验指标，aov( )为方差分析函数，方差分析的模型为"试验指标～各项效应之和"的形式，duncan.test( )为Duncan法均值比较函数。

程序主要运行结果：

```
          Df Sum Sq Mean Sq F value  Pr(>F)
A          2 1.9136  0.9568  111.55 0.00889 **
B          2 0.4744  0.2372   27.65 0.03490 *
C          2 1.6431  0.8215   95.78 0.01033 *
Residuals  2 0.0172  0.0086
---
Signif. codes:  0 '***' 0.001 '**' 0.01 '*' 0.05 '.' 0.1 ' ' 1

Study: aovmodel ~ "A"

Duncan's new multiple range test for Y
Mean Square Error:  0.008577778
Alpha: 0.05 ; DF Error: 2

Critical Range
        2         3
0.3250906 0.3108751

Means with the same letter are not significantly different.

         Y groups
3 5.790000      a
1 5.660000      a
2 4.753333      b

Study: aovmodel ~ "B"
```

```
Duncan's new multiple range test for Y
Mean Square Error:  0.008577778
Alpha: 0.05; DF Error: 2

Critical Range
        2         3
0.3250906 0.3108751

Means with the same letter are not significantly different.
         Y groups
3 5.710000      a
2 5.333333      b
1 5.160000      b

Study:aovmodel ~ "C"

Duncan's new multiple range test for Y
Mean Square Error:  0.008577778
Alpha: 0.05; DF Error: 2

Critical Range
        2         3
0.3250906 0.3108751

Means with the same letter are not significantly different.
         Y groups
1 5.946667      a
3 5.353333      b
2 4.903333      c
```

程序分析结果表明：棉花品种间产量存在极显著差异（$A, df=2, F=111.55, P=0.008\,9<0.01$），种植密度间产量存在显著差异（$B, df=2, F=27.65, P=0.035<0.05$），打顶期间产量存在显著差异（$C, df=2, F=95.78, P=0.010\,3<0.01$）。

从 Duncan 法均值比较来看，在 0.05 的显著水平下，棉花品种 A3（中夏杂 06）和 A1（陕 721）间的产量不存在显著差异，但它们的产量显著高于 A2（中棉 1279）。种植密度 B3（9 000 株/hm^2）的产量显著高于 B2（7 500 株/hm^2）和 B1（6 000 株/hm^2），而 B2（7 500 株/hm^2）和 B1（6 000 株/hm^2）间的产量不存在显著差异。打顶期 C1（7 月 10 日）的产量显著高于 C3（7 月 30 日），C3（7 月 30 日）的产量显著高于 C2（7 月 20 日）。

所以推荐种植棉花品种中夏杂 06 或陕 721，种植密度 9 000 株/hm^2，于 7 月 10 日打顶时皮棉产量最高。

8.4 有交互作用的正交设计

8.4.1 有交互作用正交设计的实现

有交互作用的正交设计是指在正交设计时除了考虑各因子的主效应外，还可以考虑部分因子间交互作用的正交设计方法。

根据交互作用产生的原理可以知道，交互作用主要存在于低阶交互作用当中，而高阶交互作用很小，小到可以忽略，众多科学试验也印证了这一点，所以在进行科学试验的时候，通常只考虑部分一阶交互作用即可，二阶及以上的交互作用只有在特殊情况下才会考虑。

有交互作用的正交设计与无交互作用的正交设计相比，主要区别在于正交表的表头设计上，表头除了要安排各个因子以外，还要安排一些需要考察的交互作用。

下面通过例子来说明有交互作用的正交设计的试验如何实施。

8.4.1.1 使用正交表进行正交设计

【例 8.2】 某地水稻栽培试验，确定影响水稻产量的 3 个试验因子为水稻品种(*Rice*)、种植密度(*Density*)和施氮肥量(*Nitrogen*)，每个因子均为 2 个水平，试验因子及其水平如表 8.8 所示，需要考察 3 个因子间所有的一阶交互作用，欲选用正交设计进行试验。

表 8.8 水稻产量试验因子及其水平表

水平	水稻品种(*Rice*)	种植密度(*Density*)	施氮肥量(*Nitrogen*)
1	铁大	16.7 cm×13.3 cm	150.0 kg/hm^2
2	双广	16.7 cm×16.7 cm	187.5 kg/hm^2

1. 确定因子和水平

本例中，影响水稻产量的 3 个试验因子为水稻品种(*Rice*)、种植密度(*Density*)和施氮肥量(*Nitrogen*)，每个因子均为 2 个水平。

2. 确定正交表及表头设计

有交互作用的正交设计在表头设计时需要遵循以下三条原则：

(1)试验因子的自由度应该等于所在列的自由度　只要试验因子的水平数等于所在列的水平数，它们的自由度必然会相等，这一原则比较容易保证。

(2)交互作用的自由度应该等于所在列的自由度或其之和　两个因子的交互作用的自由度等于两个因子的自由度的乘积，交互作用有可能占用正交表的一列，也有可能占用两列、三列乃至更多列。但需要保证交互作用所占列的自由度之和等于交互作用的自由度。

(3)所有因子和交互作用的自由度之和不能超过所选正交表的自由度　正交设计的误差项的自由度通常来自空白列，所以正交表的列一般不应该排满，否则便没有误差项，无法进行方差分析。若正交表的列都被排满，可以通过设置重复来产生误差项，从而能正常进行方差分析。

在进行有交互作用的正交设计时，应该先安排存在交互作用的因子，后安排无交互作用的因子。在进行正交表的表头设计时，可能在某一列上不可避免地出现两项效应，比如：两项不同的交互作用或一个因子与另一项交互作用，这种现象称为混杂。当一列出现混杂现象，而且这一列的效应显著时，则难以断定哪个效应显著，给统计分析带来困难。

为了避免混杂现象带来的困扰，在使用完全正交表进行表头设计时，应该将存在交互作用的因子先安排在基本列上，则可以有效避免混杂现象。

本例所有的因子均为 2 水平，故需要从附表 6 正交设计表中选取 2 水平的正交表，又由于现在需要研究 3 个试验因子 *Rice*，*Density* 和 *Nitrogen*，以及它们之间的 3 个交互作用 *Rice*×

Density，*Rice*×*Nitrogen* 和 *Density*×*Nitrogen*，所有这些项的自由度之和为 6，所以选用正交表 $L_8(2^7)$ 安排本试验即可满足上述三个原则。

将 3 个因子 *Rice*，*Density* 和 *Nitrogen* 分别安排在正交表 $L_8(2^7)$ 的基本列第 1、2 和 4 列，查阅表 $L_8(2^7)$ 的二列间交互作用表，可以得到交互作用 *Rice*×*Density*，*Rice*×*Nitrogen* 和 *Density*×*Nitrogen* 分别占用第 3、5 和 6 列，如表 8.9 的表头所示。

表 8.9　水稻产量试验的正交表 $L_8(2^7)$

No.	*Rice*	*Density*	*Rice*×*Density*	*Nitrogen*	*Rice*×*Nitrogen*	*Density*×*Nitrogen*	
	1	2	3	4	5	6	7
1	1	1	1	1	1	1	1
2	1	1	1	2	2	2	2
3	1	2	2	1	1	2	2
4	1	2	2	2	2	1	1
5	2	1	2	1	2	1	2
6	2	1	2	2	1	2	1
7	2	2	1	1	2	2	1
8	2	2	1	2	1	1	2

3. 列出试验方案

只需将放置因子的列中的水平数字替换成相应的实际水平即可，安排交互作用的列和没有安排因子的列不予考虑，直接忽略。交互作用列只有在正交设计和统计分析时需要，而在进行试验时，只需要按照各个因子处理组合安排试验，不需要对交互作用列实施任何操作。

本例中，正交表第 1 列安排水稻品种 *Rice*，只需将其中的水平 1 和水平 2 分别替换为水稻品种铁大和双广。同理，正交表第 2 列安排种植密度 *Density*，只需将其中的水平 1 和水平 2 分别替换为种植密度 16.7 cm×13.3 cm 和 16.7 cm×16.7 cm，正交表第 4 列安排施氮肥量 *Nitrogen*(kg/hm^2)，只需将其中的水平 1 和水平 2 分别替换为 150 和 187.5。最终得到试验方案如表 8.10 所示。

表 8.10　水稻产量试验的正交表 $L_8(2^7)$ 的试验方案

No.	*Rice*	*Density*	*Nitrogen*	*Yield*
1	(1)铁大	(1)16.7×13.3	(1)150.0	5 922.75
2	(1)铁大	(1)16.7×13.3	(2)187.5	7 138.50
3	(1)铁大	(2)16.7×16.7	(1)150.0	6 006.75
4	(1)铁大	(2)16.7×16.7	(2)187.5	6 680.25
5	(2)双广	(1)16.7×13.3	(1)150.0	6 412.50
6	(2)双广	(1)16.7×13.3	(2)187.5	5 670.00
7	(2)双广	(2)16.7×16.7	(1)150.0	6 435.00
8	(2)双广	(2)16.7×16.7	(2)187.5	5 107.50

4. 进行试验和收集数据

同理，在进行正交设计的试验时，8 个试验的处理顺序需随机化安排。试验过程中，要认真试验，精准测量，最终将水稻试验的产量（kg/hm²）和正交设计表整理在一起。如表 8.10 所示。

下面再看一个更复杂的有交互作用的正交设计试验的例子。

【例 8.3】 培养赤霉菌产生赤霉素试验，考察的试验因子有硼砂含量（A，%）、玉米粉含量（B，%）、白糖含量（C，%）、培养时间（D，天）、尿素含量（E，%）和磷酸二氢钾含量（F，%）共 6 个因子，每个因子均有 3 个水平，如表 8.11 所示，试验中需重点考察 A，B，C 3 个因子的交互作用，试验指标为赤霉素效价单位数（Y，千单位）。

表 8.11　赤霉素试验因子及其水平表

水平	硼砂（A）	玉米粉（B）	白糖（C）	时间（D）	尿素（E）	磷酸二氢钾（F）
1	0.05%	13%	2%	20 天	0.05%	0.1%
2	0.10%	17%	3%	25 天	0.10%	0.2%
3	0.20%	20%	4%	30 天	0.20%	0.3%

根据实践经验，拟重点考察因子 A，B，C 之间可能存在的交互作用 $A\times B$，$A\times C$ 和 $B\times C$，每个交互作用的自由度为 4，则所有 6 个因子和 3 个交互作用的自由度之和为 $2\times6+4\times3=24$，因此选用正交表 $L_{27}(3^{13})$。先进行表头设计，按照各因子的交互作用多少，依次安排因子 A，B，C 及其交互作用，因子 A，B，C 分别安排在基本列第 1、2 和 5 列，则交互作用 $A\times B$ 出现在第 3 和 4 列，交互作用 $A\times C$ 出现在第 6 和 7 列，交互作用 $B\times C$ 出现在第 8 和 11 列，剩下的 3 个因子 D，E，F 分别安排在第 9、10 和 12 列，其表头设计如表 8.12 所示。

表 8.12　赤霉素 6 因子试验正交表 $L_{27}(3^{13})$

No.	A	B	$A\times B_1$	$A\times B_2$	C	$A\times C_1$	$A\times C_2$	$B\times C_1$	D	E	$B\times C_2$	F		Y
	1	2	3	4	5	6	7	8	9	10	11	12	13	
1	1	1	1	1	1	1	1	1	1	1	1	1	1	8.0
2	1	1	1	1	2	2	2	2	2	2	2	2	2	22.4
3	1	1	1	1	3	3	3	3	3	3	3	3	3	14.0
4	1	2	2	2	1	1	1	2	2	2	3	3	3	20.0
5	1	2	2	2	2	2	2	3	3	3	1	1	1	21.0
6	1	2	2	2	3	3	3	1	1	1	2	2	2	14.0
7	1	3	3	3	1	1	1	3	3	3	2	2	2	16.0
8	1	3	3	3	2	2	2	1	1	1	3	3	3	20.5
9	1	3	3	3	3	3	3	2	2	2	1	1	1	10.0
10	2	1	1	3	1	2	3	1	2	3	1	2	3	14.8
11	2	1	2	3	2	3	1	2	3	1	2	3	1	14.8
12	2	1	3	3	3	1	2	3	1	2	3	1	2	8.0
13	2	2	1	1	1	2	3	2	3	1	3	1	2	15.4
14	2	2	2	1	2	3	1	3	1	2	1	2	3	10.0
15	2	2	3	1	3	1	2	1	2	3	2	3	1	19.6
16	2	3	1	2	1	2	3	3	1	2	2	3	1	21.0
17	2	3	2	2	2	3	1	1	2	3	3	1	2	14.0

续表 8.12

No.	A	B	$A\times B_1$	$A\times B_2$	C	$A\times C_1$	$A\times C_2$	$B\times C_1$	D	E	$B\times C_2$	F		Y
	1	2	3	4	5	6	7	8	9	10	11	12	13	
18	2	3	3	2	3	1	2	2	3	1	1	2	3	20.0
19	3	1	3	2	1	3	2	1	3	2	1	3	2	28.0
20	3	1	3	2	2	1	3	2	1	3	2	1	3	12.0
21	3	1	3	2	3	2	1	3	2	1	3	2	1	12.6
22	3	2	1	3	1	3	2	2	1	3	3	2	1	14.5
23	3	2	1	3	2	1	3	3	2	1	1	3	2	29.0
24	3	2	1	3	3	2	1	1	3	2	2	1	3	16.0
25	3	3	2	1	1	3	2	3	2	1	2	1	3	24.4
26	3	3	2	1	2	1	3	1	3	2	3	2	1	22.4
27	3	3	2	1	3	2	1	2	1	3	1	3	2	8.0

进行试验时，随机安排 27 个处理组合的试验，最终得到试验结果，赤霉素效价单位数（Y，千单位）放置于正交表 $L_{27}(3^{13})$ 设计表的最后一列，如表 8.12 所示。

8.4.1.2　使用软件进行正交设计

在 R 软件中使用扩展包 DoE. base 进行正交设计，通常程序会自动按照因子出现的先后顺序优先安排基本列，个别时候也会有例外，特别是有交互作用的正交设计要谨慎使用，最好和教材提供的正交表对照使用。下面介绍使用 R 语言实现例 8.2 水稻产量试验的有交互作用正交设计的程序。

```
#RD8.2
library(DoE.base)
factors=c('Rice','Density','Nitrogen')
levels=c(2, 2, 2)
OD=oa.design(ID=L8.2.7, factor.names=factors, nlevels=levels, randomize=F)
OD
#或
factors =c('Rice','Density','Nitrogen')
OD=oa.design(ID=L8.2.7, factor.names=factors, nlevels=2, randomize=F)
OD
```

程序简要说明：

DoE. base 为正交、析因设计包，factors＝c('Rice','Density','Nitrogen')定义 3 个因子，levels=c(2, 2, 2)分别定义 3 个因子的水平数均为 2，oa. design( )为正交设计函数，ID＝L8.2.7 指定正交表的编号，不指定此项时，将根据因子数和水平数选择最小可用正交表，建议指定正交表 ID，factor. names 参数指定因子名，nlevels 参数指定因子相应的水平数，nlevels＝2 时指所有因子均为 2 水平，randomize＝F 参数指定正交表的行是否随机排列，去掉此项参数正交表将会随机排列。

程序运行结果如表 8.13 所示：

表 8.13 R 语言设计 $L_8(2^7)$ 的正交设计表

No.	*Rice*	*Density*	*Nitrogen*
1	1	1	1
2	1	1	2
3	1	2	1
4	1	2	2
5	2	1	1
6	2	1	2
7	2	2	1
8	2	2	2

8.4.2 有交互作用的正交设计的统计分析

对于有交互作用的正交设计的试验数据进行分析，同样采用方差分析法，根据主效应优先于交互作用的原则，对于主效应的显著性，不管显著与否，都放在考察之列；而对于交互作用的显著性，如果交互作用不显著，则不需要考虑，而是并入误差项。

对于有交互作用的正交设计的试验数据进行均值比较，选择因子最优水平时，优先考虑存在显著交互作用的因子，不管形成这个交互作用的因子本身是否显著，均需从该交互作用的最优处理组合来确定这些因子的最优水平。对于不存在交互作用但本身主效应显著的因子，根据主效应的最优水平取值。对于不存在交互作用且本身主效应也不显著的因子，可以根据实际情况，比如实施方便、成本低等酌情选取水平值。

例 8.2 水稻产量正交设计试验的结果进行方差分析的数学模型为：

$$y_{ijk} = \mu + \alpha_i + \beta_j + \alpha\beta_{ij} + \gamma_k + \alpha\gamma_{ik} + \beta\gamma_{jk} + \varepsilon_{ijk}, i = j = k = 1,2$$

式中，y_{ijk} 为试验指标，μ 为总平均数，α_i 为因子 *Rice* 的第 i 个水平效应，β_j 为因子 *Density* 的第 j 个水平效应，$\alpha\beta_{ij}$ 为因子 *Rice* 和 *Density* 的交互作用，γ_k 为因子 *Nitrogen* 的第 k 个水平效应，$\alpha\gamma_{ik}$ 为因子 *Rice* 和 *Nitrogen* 的交互作用，$\beta\gamma_{jk}$ 为因子 *Density* 和 *Nitrogen* 的交互作用，ε_{ijk} 为随机误差，服从 $N(0, \sigma^2)$。其方差分析如表 8.14 所示。

表 8.14 正交设计的棉花试验方差分析表

变异来源	自由度(*df*)	平方和(*SS*)	均方(*MS*)	*F* 统计量	显著性
Rice	1	SS_A	MS_A	MS_A/MS_E	
Density	1	SS_B	MS_B	MS_B/MS_E	
Rice×*Density*	1	SS_{AB}	MS_{AB}	MS_{AB}/MS_E	
Nitrogen	1	SS_C	MS_C	MS_C/MS_E	
Rice×*Nitrogen*	1	SS_{AC}	MS_{AC}	MS_{AC}/MS_E	
Density×*Nitrogen*	1	SS_{BC}	MS_{BC}	MS_{BC}/MS_E	
误差(*E*)	1	SS_E	MS_E		
总和	7	SS_T			

使用 R 语言实现例 8.2 有交互作用的正交设计的方差分析程序如下：

```
#RA8.2
Rice=factor(c(1,1,1,1,2,2,2,2))
Density=factor(c(1,1,2,2,1,1,2,2))
Nitrogen=factor(c(1,2,1,2,1,2,1,2))
Yield=c(5922.75,7138.50,6006.75,6680.25,6412.50,5670.00,6435.00,5107.50)
rice=data.frame(Rice, Density, Nitrogen, Yield)
aovmodel=aov(Yield ~ (Rice+Density+Nitrogen)^2, data=rice)
summary(aovmodel)
```

程序简要说明：

Rice，Density 和 Nitrogen 为 3 个试验因子，其水平采用水平编号或实际值均可，Yield 为水稻产量，rice 为试验数据集合成的数据框，aov( )为方差分析函数，方差分析的模型为"试验指标～各项效应之和"的形式，其中^2 表示需要考虑的任意两个因子间的交互作用。

程序主要运行结果：

```
                  Df  Sum Sq  Mean Sq  F value  Pr(>F)
Rice               1  563524   563524  2466.78  0.01282 *
Density            1  104482   104482   457.36  0.02975 *
Nitrogen           1    4084     4084    17.88  0.14785
Rice:Density       1    3434     3434    15.03  0.16069
Rice:Nitrogen      1 1959458  1959458  8577.36  0.00687 **
Density:Nitrogen   1  158837   158837   695.29  0.02413 *
Residuals          1     228      228
---
Signif. codes:
0 '***' 0.001 '**' 0.01 '*' 0.05 '.' 0.1 ' ' 1
```

程序分析结果表明：水稻品种和种植密度的交互作用（*Rice*:*Density*，$df=1$，$F=15.03$，$P=0.161>0.05$）不显著，需要去掉此项后重新进行方差分析。

调整 R 语言方差分析程序如下：

```
aovmodel=aov(Yield ~ Rice+Density+Nitrogen+Rice:Nitrogen
             +Density:Nitrogen, data=rice)
summary(aovmodel)
library(agricolae)
duncan.test(aovmodel, "Rice", console=TRUE)
duncan.test(aovmodel, "Density", console=TRUE)
duncan.test(aovmodel, c("Rice","Nitrogen"), console=TRUE)
duncan.test(aovmodel, c("Density","Nitrogen"), console=TRUE)
```

程序简要说明：

aov( )为方差分析函数，其中 Rice:Nitrogen 和 Density:Nitrogen 为交互作用项，duncan.test( )为 Duncan 法均值比较函数，其中两个因子的为交互作用的均值比较。

程序主要运行结果如下：

```
                   Df  Sum Sq Mean Sq F value   Pr(>F)
Rice               1  563524  563524  307.72  0.003234 **
Density            1  104482  104482   57.05  0.017080 *
Nitrogen           1    4084    4084    2.23  0.273922
Rice:Nitrogen      1 1959458 1959458 1069.99  0.000933 ***
Density:Nitrogen   1  158837  158837   86.73  0.011334 *
Residuals          2    3663    1831
---
Signif. codes:
0 '***' 0.001 '**' 0.01 '*' 0.05 '.' 0.1 ' ' 1

Study:aovmodel ~ "Rice"

Duncan's new multiple range test for Yield
Mean Square Error:  1831.289
Alpha: 0.05; DF Error: 2

Critical Range
       2
130.0847

Means with the same letter are not significantly different.
     Yield groups
1 6437.062     a
2 5906.250     b

Study:aovmodel ~ "Density"

Duncan's new multiple range test for Yield
Mean Square Error:  1831.289
Alpha: 0.05; DF Error: 2

Critical Range
       2
130.0847

Means with the same letter are not significantly different.
     Yield groups
1 6285.938     a
2 6057.375     b

Study:aovmodel ~ c("Rice", "Nitrogen")

Duncan's new multiple range test for Yield
Mean Square Error:  1831.289
Alpha: 0.05; DF Error: 2

Critical Range
       2        3        4
183.9675 175.9230 168.1420
```

```
Means with the same letter are not significantly different.
        Yield groups
1:2 6909.375      a
2:1 6423.750      b
1:1 5964.750      c
2:2 5388.750      d

Study:aovmodel ~ c("Density", "Nitrogen")

Duncan's new multiple range test for Yield
Mean Square Error:  1831.289
Alpha: 0.05 ; DF Error: 2

Critical Range
        2          3          4
183.9675 175.9230 168.1420

Means with the same letter are not significantly different.
        Yield groups
1:2 6404.250      a
2:1 6220.875     ab
1:1 6167.625      b
2:2 5893.875      c
```

程序分析结果表明：水稻品种间产量存在极显著差异（*Rice*, $df=1$, $F=307.72$, $P=0.00323<0.01$），种植密度间存在显著差异（*Density*, $df=1$, $F=57.05$, $P=0.017<0.05$），施氮肥量间不存在显著差异（*Nitrogen*, $df=1$, $F=2.23$, $P=0.274>0.05$），水稻品种和施氮肥量间交互作用极显著（*Rice*:*Nitrogen*, $df=1$, $F=1069.99$, $P=0.000933<0.01$），种植密度和施氮肥量间交互作用显著（*Density*:*Nitrogen*, $df=1$, $F=86.73$, $P=0.011<0.05$）。

对显著的主效应进行 Duncan 法均值比较得到：在 0.05 的显著水平下，水稻品种 1（铁大）的产量显著高于品种 2（双广），种植密度 1（16.7 cm×13.3 cm）的产量显著高于种植密度 2（16.7 cm×16.7 cm）。对交互作用的最小二乘均值比较得到结果：水稻品种和施氮肥量间交互作用（*Rice*:*Nitrogen*）中水稻品种 1（铁大）和施氮肥量 2（187.5 kg/hm^2）组合产量显著高于其他组合，种植密度和施氮肥量间交互作用（*Density*:*Nitrogen*）中种植密度 1（16.7 cm×13.3 cm）和施氮肥量 2（187.5 kg/hm^2）组合产量显著高于其他组合。

综上所述，推荐种植水稻品种 1（铁大）、种植密度 1（16.7 cm×13.3 cm）、施氮肥量 2（187.5 kg/hm^2）时水稻产量最高。

对于例 8.3 赤霉菌培养正交设计试验的方差分析，可由以下 R 语言程序实现。

```
#RA8.3
A=factor(rep(1:3, each=9))
#A=factor(c(1,1,1,1,1,1,1,1,1,2,2,2,2,2,2,2,2,2,3,3,3,3,3,3,3,3,3))
B=factor(rep(1:3, each=3, times=3))
#B=factor( c(1,1,1,2,2,2,3,3,3,1,1,1,2,2,2,3,3,3,1,1,1,2,2,2,3,3,3))
C=factor(rep(1:3, times=9))
```

```
#C=factor(c(1,2,3,1,2,3,1,2,3,1,2,3,1,2,3,1,2,3,1,2,3,1,2,3,1,2,3))
D=factor(c(1,2,3,2,3,1,3,1,2,2,3,1,3,1,2,1,2,3,3,1,2,1,2,3,2,3,1))
E=factor(c(1,2,3,2,3,1,3,1,2,3,1,2,1,2,3,2,3,1,2,3,1,3,1,2,1,2,3))
F=factor(c(1,2,3,3,1,2,2,3,1,2,3,1,1,2,3,3,1,2,3,1,2,2,3,1,1,2,3))
Y=c(8.0,22.4,14.0,20.0,21.0,14.0,16.0,20.5,10.0,14.8,14.8,8.0,15.4,10.0,
    19.6,21.0,14.0,20.0,28.0,12.0,12.6,14.5,29.0,16.0,24.4,22.4,8.0)
gibberellin=data.frame(A, B, C, D, E, F, Y)
aovmodel=aov(Y ~ A+B+C+D+E+F+A:B+A:C+B:C, data=gibberellin)
summary(aovmodel)
```

程序简要说明：

A，B，C，D，E，F 为 6 个试验因子，其水平采用水平编号，Y 为赤霉素产量，gibberellin 为试验数据集合成的数据框，aov( )为方差分析函数，方差分析的模型为“试验指标～各项效应之和”的形式，其中 A:B，A:C，B:C 等均为两因子的交互作用。

程序主要运行结果：

```
          Df Sum Sq Mean Sq F value Pr(>F)
A          2  50.68  25.34   7.230  0.1215
B          2  40.78  20.39   5.818  0.1467
C          2 130.93  65.47  18.679  0.0508 .
D          2 194.22  97.11  27.707  0.0348 *
E          2  43.97  21.98   6.272  0.1375
F          2 120.03  60.02  17.124  0.0552 .
A:B        4  39.34   9.83   2.806  0.2796
A:C        4 201.91  50.48  14.402  0.0660 .
B:C        4  48.34  12.08   3.448  0.2373
Residuals  2   7.01   3.50
---
Signif.codes:
0 '***' 0.001 '**' 0.01 '*' 0.05 '.' 0.1 ' ' 1
```

程序分析结果表明：硼砂含量和玉米粉含量的交互作用(A:B，$df=4$，$F=2.806$，$P=0.280>0.05$)以及玉米粉含量和白糖含量的交互作用(B:C，$df=4$，$F=3.448$，$P=0.237>0.05$)均不显著，则考虑将这两项交互作用归入误差项。重新方差分析如下：

```
aovmodel=aov(Y ~ A+B+C+D+E+F+A:C, data=gibberellin)
summary(aovmodel)
```

程序主要运行结果：

```
          Df Sum Sq Mean Sq F value  Pr(>F)
A          2  50.68  25.34   2.676  0.11724
B          2  40.78  20.39   2.154  0.16681
C          2 130.93  65.47   6.914  0.01302 *
D          2 194.22  97.11  10.256  0.00378 **
```

```
E            2   43.97  21.98  2.322  0.14852
F            2  120.03  60.02  6.339  0.01667 *
A:C          4  201.91  50.48  5.331  0.01460 *
Residuals   10   94.68   9.47
---
Signif.codes:
0 '***' 0.001 '**' 0.01 '*' 0.05 '.' 0.1 ' ' 1
```

程序分析结果表明：在现有因子水平设置下，硼砂含量(A，$df=2$，$F=2.676$，$P=0.117>0.05$)、玉米粉含量(B，$df=2$，$F=2.154$，$P=0.167>0.05$)以及尿素含量(E，$df=2$，$F=2.322$，$P=0.149>0.05$)3个因子均不显著，不显著的原因可能是因子水平梯度设置过小、试验误差过大或有其他未考虑到的交互作用混杂其中等，有待进一步研究。

白糖含量(C，$df=2$，$F=6.914$，$P=0.013<0.05$)、培养时间(D，$df=2$，$F=10.256$，$P=0.004<0.01$)、磷酸二氢钾含量(F，$df=2$，$F=6.339$，$P=0.017<0.05$)三个因子，以及硼砂含量和白糖含量的交互作用($A:C$，$df=4$，$F=5.331$，$P=0.015<0.05$)均显著，故需要进一步均值比较。

```
library(agricolae)
duncan.test(aovmodel, "C", console=TRUE)
duncan.test(aovmodel, "D", console=TRUE)
duncan.test(aovmodel, "F", console=TRUE)
duncan.test(aovmodel, c("A","C"), console=TRUE)
```

程序简要说明：

duncan.test( )为Duncan法均值比较函数，其中两个因子的为交互作用的均值比较。

程序主要运行结果如下：

```
Study:aovmodel ~ "C"

Duncan's new multiple range test for Y

Mean Square Error:  9.46837

Alpha: 0.05 ; DF Error: 10

Critical Range
       2        3
3.232017 3.377428

Means with the same letter are not significantly different.

          Y groups
2 18.45556      a
1 18.01111      a
3 13.57778      b

Study:aovmodel ~ "D"

Duncan's new multiple range test for Y

Mean Square Error:  9.46837

Alpha: 0.05 ; DF Error: 10
```

```
Critical Range
       2        3
3.232017 3.377428

Means with the same letter are not significantly different.

          Y groups
3 18.62222      a
2 18.53333      a
1 12.88889      b

Study:aovmodel ~ "F"

Duncan's new multiple range test for Y

Mean Square Error:  9.46837

Alpha: 0.05 ; DF Error: 10

Critical Range
       2        3
3.232017 3.377428

Means with the same letter are not significantly different.

          Y groups
3 19.43333      a
2 16.30000     ab
1 14.31111      b

Study:aovmodel ~ c("A", "C")

Duncan's new multiple range test for Y

Mean Square Error:  9.46837

Alpha: 0.05 ; DF Error: 10

Critical Range
       2        3        4        5        6        7
5.598017 5.849877 5.998129 6.092964 6.156069 6.198640
       8        9
6.227134 6.245568

Means with the same letter are not significantly different.

            Y groups
3:1 22.30000      a
1:2 21.30000     ab
3:2 21.13333     ab
2:1 17.06667    abc
2:3 15.86667     bc
1:1 14.66667      c
2:2 12.93333      c
1:3 12.66667      c
3:3 12.20000      c
```

程序分析结果表明：在 0.05 的显著水平下，白糖含量 C2(3%)和 C1(2%)无显著差异，但它们均显著好于 C3(4%)，培养时间 D3(30 天)和 D2(25 天)无显著差异，但它们均显著好于 D1(20 天)水平，磷酸二氢钾含量 F3(0.3%)显著好于 F1(0.1%)。硼砂含量和白糖含量的交互作用(A:C)的均值通过比较得到：较好的处理组合是 A3C1，A1C2 和 A3C2。

综上所述，水平间差异不显著的本着节约或方便实施的原则，最终推荐：硼砂含量(A3：0.20%)、玉米粉含量(B3：13%)、白糖含量(C1：2%)、培养时间(D2：25 天)、尿素含量(E1：0.05%)及磷酸二氢钾含量(F3：0.3%)。

8.5 有重复的正交设计

8.5.1 有重复的正交设计的实现

重复是试验设计的基本原则之一，只有安排重复，才能得到真正的试验误差。而对于正交设计的试验，本来就是为了减少试验规模，利用部分“代表性”的试验代替全面试验的方法，一般不会安排重复，所以正交设计的误差项来源不是重复，而是空白列，误差项的自由度就是所有空白列的自由度之和。正交表的列都被因子或交互作用占满之后，没有空白列，也就没有了误差项，便不能做方差分析，这也正是正交设计时正交表要保留部分空白列的原因。

如果正交表的列都被排满之后，若是安排若干次重复，可以得到真正的随机误差项，方可进行方差分析。即便是正交表的列没有排满，只是空白列比较少，也建议安排重复试验，以增大误差项自由度，使统计分析的结论更加准确可靠。如果条件允许，一般的正交设计试验也可以适当安排重复，一是有可能分析潜在的交互作用，二是也会提高分析的可靠性。

有重复的正交设计试验，因为有真正的试验误差，可以适当考虑更多潜在的交互作用，其他方面和一般的正交设计没有多大区别。

进行有重复的正交设计试验时，在具体的试验安排上有两种情况：一是正交设计的每个重复独立安排，相当于重复区组；二是正交设计所有的试验处理均在相同条件下随机安排，没有划分重复区组。

【例 8.4】 某地香茅草施肥试验，参与试验的肥料有 3 种，分别为氮肥(N，硫酸铵)、磷肥(P，过磷酸钙)和钾肥(K，氯化钾)，各设置两个水平，如表 8.15 所示。为探索氮肥、磷肥和钾肥对香茅草产量的影响，以及考察它们之间的交互作用，试验方案可采用正交设计，安排两次重复，试验基本单元为 35 m^2 的小区(韩汉鹏，2006)。

表 8.15 香茅草施肥试验因子及其水平表

水平	氮肥(N)	磷肥(P)	钾肥(K)
1	0 kg	0 kg	0 kg
2	0.3 kg	1.25 kg	0.5 kg

本试验欲考察因为 N，P，K 及其交互作用 $N\times P$，$N\times K$ 和 $P\times K$，共 6 个自由度。根据正交设计的基本要求，采用正交表 $L_8(2^7)$即可，3 个因子 N，P，K 分别安排在正交表的基本列即第 1，2，4 列，其他列分别为相应的交互作用，如表 8.16 所示。

表 8.16 香茅草施肥试验正交表 $L_8(2^7)$

No.	N	P	N×P	K	N×K	P×K	N×P×K
	1	2	3	4	5	6	7
1	1	1	1	1	1	1	1
2	1	1	1	2	2	2	2
3	1	2	2	1	1	2	2
4	1	2	2	2	2	1	1
5	2	1	2	1	2	1	2
6	2	1	2	2	1	2	1
7	2	2	1	1	2	2	1
8	2	2	1	2	1	1	2

去掉交互作用列，整理试验方案，随机安排两次重复的试验处理组合进行试验。香茅草产量折算以 kg/亩计量，最终试验结果如表 8.17 所示。

表 8.17 香茅草施肥试验正交设计试验结果

No.	N	P	K	重复 1	重复 2
1	1	1	1	277	308
2	1	1	2	380	362
3	1	2	1	310	299
4	1	2	2	408	400
5	2	1	1	270	255
6	2	1	2	362	378
7	2	2	1	350	335
8	2	2	2	420	427

本例中采用正交表 $L_8(2^7)$安排有重复的正交设计，也可以采用 R 语言实现设计，它首先默认将三个因子安排在基本列上，能满足香茅草施肥试验的要求，其 R 语言设计程序如下：

```
#RD8.4
library(DoE.base)
factors=c('N','P','K')
OD=oa.design(ID=L8.2.7, factor.names=factors, nlevels=2, replications=2)
OD
```

程序简要说明：

DoE.base 为正交、析因设计包，factors=c('N','P','K')定义 3 个因子 N，P 和 K，oa.design( )为正交设计函数，ID=L8.2.7 指定正交表的编号，factor.names 参数指定因子名，nlevels=2 定义 3 个因子的水平数均为 2，replications=2 参数指定正交设计的重复数为 2。默认重复内试验号随机排列。

程序运行结果如表 8.18 所示：

表 8.18　R 语言设计的香茅草正交设计

run. no	run. no. std. rp	*N*	*P*	*K*
1	2.1	1	1	2
2	4.1	1	2	2
3	1.1	1	1	1
4	8.1	2	2	2
5	6.1	2	1	2
6	7.1	2	2	1
7	5.1	2	1	1
8	3.1	1	2	1
9	5.2	2	1	1
10	1.2	1	1	1
11	6.2	2	1	2
12	2.2	1	1	2
13	7.2	2	2	1
14	3.2	1	2	1
15	8.2	2	2	2
16	4.2	1	2	2

注：run. no 为试验号，run. no. std. rp 为重复内试验号＋重复号。

8.5.2　有重复的正交设计的统计分析

有重复的正交设计根据试验的具体实施分为两种情况，在统计分析时应该要区别对待：①对于每个重复独立安排的正交设计，需要考虑区组效应，如果区组之间没有显著差异，可以将其归入误差项。②对于所有的试验处理均在相同条件下随机安排的正交设计，没有划分区组，不用考虑区组效应，直接当作普通重复即可。

例 8.4 香茅草施肥试验，其重复没有划分区组，则不需要考虑区组效应，但需考虑所有交互作用，其统计分析的 R 语言程序如下所示：

```
#RA8.4
N=factor(rep(c(1,2), each=4, times=2))
#N=factor( c(1,1,1,1,2,2,2,2,1,1,1,1,2,2,2,2))
P=factor(rep(c(1,2), each=2, times=4))
#P=factor(c(1,1,2,2,1,1,2,2,1,1,2,2,1,1,2,2))
K=factor(rep(c(1,2), times=8))
#K=factor(c(1,2,1,2,1,2,1,2,1,2,1,2,1,2,1,2))
Yield=c(277,380,310,408,270,362,350,420,308,362,299,400,255,378,335,427)
citronella=data.frame(N, P, K, Yield)

aovmodel=aov(Yield ~ N * P * K, data=citronella)
summary(aovmodel)
```

程序简要说明：

N，P，K 为三个试验因子，Yield 为香茅草产量，citronella 为试验数据集合成的数据框，

aov( )为方差分析函数，方差分析的模型为"试验指标～各项效应"的形式，其中 N * P * K 表示要分析所有因子的主效应和各级交互作用。

程序主要运行结果：

```
          Df Sum Sq Mean Sq F value   Pr(>F)
N          1    176     176   1.262  0.29377
P          1   7966    7966  57.280  6.49e-05 ***
K          1  33581   33581 241.478  2.93e-07 ***
N:P        1   1958    1958  14.080  0.00561  **
N:K        1     28      28   0.198  0.66798
P:K        1      8       8   0.054  0.82146
N:P:K      1    564     564   4.056  0.07879 .
Residuals  8   1113     139
---
Signif. codes:
0 '***' 0.001 '**' 0.01 '*' 0.05 '.' 0.1 ' ' 1
```

程序分析结果表明：有三项交互作用 $N:K(df=1,F=0.20,P=0.668>0.05)$，$P:K(df=1,F=0.05,P=0.822>0.05)$和 $N:P:K(df=1,F=4.06,P=0.079>0.05)$均不显著，需要将不显著的交互作用逐项去掉，并入误差项后，重新进行方差分析，其最终 R 语言程序如下：

```
aovmodel=aov(Yield ~ N+P+K+N:P, data=citronella)
summary(aovmodel)

library(agricolae)
duncan.test(aovmodel, "P", console=TRUE)
duncan.test(aovmodel, "K", console=TRUE)
duncan.test(aovmodel, c("N","P"), console=TRUE)
```

程序简要说明：

aov( )为方差分析函数，其中 N:P 为交互作用项，duncan.test( )为 Duncan 法均值比较函数，其中 c("N","P")为两个因子的交互作用的均值比较。

程序主要运行结果：

```
          Df Sum Sq Mean Sq F value   Pr(>F)
N          1    176     176   1.128  0.31092
P          1   7966    7966  51.190  1.86e-05 ***
K          1  33581   33581 215.802  1.42e-08 ***
N:P        1   1958    1958  12.583  0.00457  **
Residuals 11   1712     156
---
Signif. codes:
0 '***' 0.001 '**' 0.01 '*' 0.05 '.' 0.1 ' ' 1

Study:aovmodel ~ "P"

Duncan's new multiple range test for Yield
```

```
Mean Square Error:  155.608
Alpha: 0.05; DF Error: 11

Critical Range
        2
13.72787

Means with the same letter are not significantly different.
    Yield groups
2 368.625     a
1 324.000     b

Study:aovmodel ~ "K"

Duncan's new multiple range test for Yield
Mean Square Error:  155.608
Alpha: 0.05; DF Error: 11

Critical Range
        2
13.72787

Means with the same letter are not significantly different.
    Yield groups
2 392.125     a
1 300.500     b

Study:aovmodel ~ c("N", "P")

Duncan's new multiple range test for Yield
Mean Square Error:  155.608
Alpha: 0.05; DF Error: 11

Critical Range
        2        3        4
19.41413 20.30623 20.83994

Means with the same letter are not significantly different.
     Yield groups
2:2 383.00     a
1:2 354.25     b
1:1 331.75     c
2:1 316.25     c
```

程序分析结果表明：施氮肥量间不存在显著差异（N，$df=11$，$F=1.128$，$P=0.311>0.05$），施磷肥量间存在极显著差异（P，$df=1$，$F=51.190$，$P=1.86e-5<0.01$），施钾肥量间存在极显著差异（K，$df=1$，$F=215.802$，$P=1.42e-8<0.01$），施氮肥和施磷肥的交互作用达极显著（$N:P$，$df=1$，$F=12.583$，$P=0.004\ 57<0.01$），故需要均值比较。

因为施氮肥和施磷肥的交互作用显著，施氮肥量和施磷肥量的最优水平均需从交互作用的处理组合中选取，在 0.05 的显著水平下，其处理组合 N2P2 的产量（383.00）显著好于其他三种处理组合，所以施氮肥量最优水平取 N2、施磷肥量最优水平取 P2。施钾肥量 K 主效应显著，其 K2 水平显著好于 K1 水平。

综上所述，香茅草的最佳施肥方案为施氮肥量(N2)0.3 kg/小区、施磷肥量(P2)1.25 kg/小区、施钾肥量(K2)0.5 kg/小区，此时香茅草产量最高。

8.6 混合水平的正交设计

8.6.1 混合水平正交设计的实现

在前面所探讨的正交设计试验中，每个试验因子的水平都是相同的，即等水平的试验设计。但是在科学试验和生产实践中，经常也会遇到试验因子的水平不全相等的情况需要采用正交设计，这时使用水平数不等的因子进行的正交设计称为混合水平的正交设计。

由于因子混合水平的情况各不相同，混合水平的正交设计也有多种实现方法可以采用，应该视试验的具体情况而定，常用的混合水平的正交设计方法有以下几种。

8.6.1.1 混合水平正交表法

在一个正交表的列中存在两个及以上水平数的正交表称为混合水平正交表。如混合水平正交表 $L_8(4\times2^4)$有 1 个 4 水平列和 4 个 2 水平列，$L_{18}(2\times3^7)$有 1 个 2 水平列和 7 个 3 水平列，其他还有 $L_{12}(6\times2^2)$，$L_{16}(4^2\times2^9)$，$L_{18}(6\times3^6)$和 $L_{32}(2^4\times4^9)$等。

一些常用的混合水平正交表详见附表 6 正交设计表的混合水平正交表部分，在混合水平正交表中有些表不能考察交互作用，有些表则可以考察部分交互作用，一般都会在正交表后附带说明。

如果存在合适的混合水平正交表可用，则直接拿来安排正交设计即可，若没有合适的正交表可用，则可以试试后续所述的方法。

【例 8.5】 某橡胶幼苗矮化试验，供试橡胶品种为热垦 17，影响矮化效果的因子有 4 个，分别是药剂(A)、浓度(B)、物候期(C)和喷药次数(D)，试验指标为新抽出的蓬距(Y)，其中因子 A 有 4 个水平，其他 3 个因子各有 2 个水平，如表 8.19 所示。试验不考察因子间交互作用，采用正交设计，安排 2 次重复(韩汉鹏，2006)。

表 8.19 橡胶幼苗矮化试验因子及其水平表

水平	药剂(A)	浓度(B/ppm)	物候期(C)	喷药次数(D)
1	B9	2 000	展叶期	1
2	二氯异丁酸钠	5 000	变色期	2
3	7305			
4	二氯异丁酸			

由于试验明确不考察因子间交互作用，故而选择混合水平正交表 $L_8(4\times2^4)$即可，其表头设计如表 8.20 所示。

表 8.20　橡胶幼苗矮化试验的混合水平正交表 $L_8(4\times 2^4)$

No.	A	B	C	D		Y1	Y2
	1	2	3	4	5	重复 1	重复 2
1	1	1	1	1	1	8.24	9.64
2	1	2	2	2	2	15.28	17.26
3	2	1	1	2	2	16.62	15.20
4	2	2	2	1	1	13.98	17.94
5	3	1	2	1	2	38.32	35.25
6	3	2	1	2	1	10.11	7.70
7	4	1	2	2	1	33.64	31.90
8	4	2	1	1	2	23.02	22.46

8.6.1.2　并列法

如果没有合适的混合水平正交表可用，可以将其他正交表进行改造，以形成混合水平的正交表，并列法就是其中常用的改造方法。并列法是将正交表进行部分改造，把其中的一些低水平列合并成一个高水平列，从而改造成新的混合水平正交表的方法。

实际上本教材附表 6.20 即正交表 $L_{16}(4\times 2^{12})$ 就是按照并列法生成的，下面以 2 水平正交表 $L_{16}(2^{15})$ 为例，介绍用并列法将其改造成混合水平正交表 $L_{16}(4\times 2^{12})$ 的过程，其他的 2 水平正交表的并列方法与此类似。

找来正交表 $L_{16}(2^{15})$，如表 8.21 所示，先将其第 1 列和第 2 列合并成一个新列，由于这两列相对应的试验号会出现 4 个处理组合，故将新列定义为对应的 4 个水平，如下：

(1, 1)→ 1　(1, 2)→ 2　(2, 1)→ 3　(2, 2)→ 4

同时，将第 1 列和第 2 列的交互作用列即第 3 列直接删去，如此，相当于将 3 个 2 水平的列合并成 1 个 4 水平的列。3 个 2 水平的列自由度和为 3，1 个 4 水平的列自由度也为 3，所有列的总自由度没有变化，并列改造后的混合正交表 $L_{16}(4\times 2^{12})$ 如表 8.22 所示，依然是一个整齐、均衡的正交表。

表 8.21　正交表 $L_{16}(2^{15})$

No.	1	2	3	4	5	6	7	8	9	10	11	12	13	14	15
1	1	1	1	1	1	1	1	1	1	1	1	1	1	1	1
2	1	1	1	1	1	1	1	2	2	2	2	2	2	2	2
3	1	1	1	2	2	2	2	1	1	1	1	2	2	2	2
4	1	1	1	2	2	2	2	2	2	2	2	1	1	1	1
5	1	2	2	1	1	2	2	1	1	2	2	1	1	2	2
6	1	2	2	1	1	2	2	2	2	1	1	2	2	1	1
7	1	2	2	2	2	1	1	1	1	2	2	2	2	1	1
8	1	2	2	2	2	1	1	2	2	1	1	1	1	2	2

续表 8.21

No.	1	2	3	4	5	6	7	8	9	10	11	12	13	14	15
9	2	1	2	1	2	1	2	1	2	1	2	1	2	1	2
10	2	1	2	1	2	1	2	2	1	2	1	2	1	2	1
11	2	1	2	2	1	2	1	1	2	1	2	2	1	2	1
12	2	1	2	2	1	2	1	2	1	2	1	1	2	1	2
13	2	2	1	1	2	2	1	1	2	2	1	1	2	2	1
14	2	2	1	1	2	2	1	2	1	1	2	2	1	1	2
15	2	2	1	2	1	1	2	1	2	2	1	2	1	1	2
16	2	2	1	2	1	1	2	2	1	1	2	1	2	2	1

表 8.22　混合水平正交表 $L_{16}(4\times 2^{12})$

新列号	1	2	3	4	5	6	7	8	9	10	11	12	13
原列号	1,2,3	4	5	6	7	8	9	10	11	12	13	14	15
1	1	1	1	1	1	1	1	1	1	1	1	1	1
2	1	1	1	1	1	2	2	2	2	2	2	2	2
3	1	2	2	2	2	1	1	1	1	2	2	2	2
4	1	2	2	2	2	2	2	2	2	1	1	1	1
5	2	1	1	2	2	1	1	2	2	1	1	2	2
6	2	1	1	2	2	2	2	1	1	2	2	1	1
7	2	2	2	1	1	1	1	2	2	2	2	1	1
8	2	2	2	1	1	2	2	1	1	1	1	2	2
9	3	1	2	1	2	1	2	1	2	1	2	1	2
10	3	1	2	1	2	2	1	2	1	2	1	2	1
11	3	2	1	2	1	1	2	1	2	2	1	2	1
12	3	2	1	2	1	2	1	2	1	1	2	1	2
13	4	1	2	2	1	1	2	2	1	1	2	2	1
14	4	1	2	2	1	2	1	1	2	2	1	1	2
15	4	2	1	1	2	1	2	2	1	2	1	1	2
16	4	2	1	1	2	2	1	1	2	1	2	2	1

使用同样的方法，可以将正交表 $L_{16}(2^{15})$ 逐步使用并列法得到混合水平正交表 $L_{16}(4^2\times 2^9)$，$L_{16}(4^3\times 2^6)$ 和 $L_{16}(4^4\times 2^3)$。可以将正交表 $L_{16}(4\times 2^{12})$ 的第 1、2 列合并成一个 8 水平列，再将它们的交互作用列，即第 3、4、5 列直接删去，可以得到正交表 $L_{16}(8\times 2^8)$。

同样采用并列法可以将正交表 $L_{27}(3^{13})$ 改造成混合水平正交表 $L_{27}(9\times 3^9)$，方法是将其第 1、2 列的 9 个水平组合重新定义成新列的 9 个水平，即：

(1，1)→ 1　(1，2)→ 2　(1，3)→ 3

(2，1)→ 4　(2，2)→ 5　(2，3)→ 6

(3，1)→ 7　(3，2)→ 8　(3，3)→ 9

同时删除第 1、2 列的交互作用列，查附表 6 正交表 $L_{27}(3^{13})$ 的两列间交互作用列表(附表 6.9a)可知，其交互作用列在第 3、4 列，相当于前 4 列合并成 1 个 9 水平列，即可得到混合水平正交表 $L_{27}(9\times3^9)$，如表 8.23 所示。原表的 4 个 3 水平列共有 8 个自由度，新表的 9 水平列也有 8 个自由度，即列的总自由度不变，正交表的整齐性、均衡性不变。

表 8.23　混合水平正交表 $L_{27}(9\times3^9)$

No.	1	2	3	4	5	6	7	8	9	10
1	1	1	1	1	1	1	1	1	1	1
2	1	2	2	2	2	2	2	2	2	2
3	1	3	3	3	3	3	3	3	3	3
4	2	1	1	1	2	2	2	3	3	3
5	2	2	2	2	3	3	3	1	1	1
6	2	3	3	3	1	1	1	2	2	2
7	3	1	1	1	3	3	3	2	2	2
8	3	2	2	2	1	1	1	3	3	3
9	3	3	3	3	2	2	2	1	1	1
10	4	1	2	3	1	2	3	1	2	3
11	4	2	3	1	2	3	1	2	3	1
12	4	3	1	2	3	1	2	3	1	2
13	5	1	2	3	2	3	1	3	1	2
14	5	2	3	1	3	1	2	1	2	3
15	5	3	1	2	1	2	3	2	3	1
16	6	1	2	3	3	1	2	2	3	1
17	6	2	3	1	1	2	3	3	1	2
18	6	3	1	2	2	3	1	1	2	3
19	7	1	3	2	1	3	2	1	3	2
20	7	2	1	3	2	1	3	2	1	3
21	7	3	2	1	3	2	1	3	2	1
22	8	1	3	2	2	1	3	3	2	1
23	8	2	1	3	3	2	1	1	3	2
24	8	3	2	1	1	3	2	2	1	3
25	9	1	3	2	3	2	1	2	1	3
26	9	2	1	3	1	3	2	3	2	1
27	9	3	2	1	2	1	3	1	3	2

在并列法改造正交表的过程中，如果被合并的这两列的交互作用不在此表之内，则无需删除交互作用列，比如正交表 $L_{18}(2\times3^7)$，其列总自由度为 15，将其第 1、2 列并列成 1 个 6 水平列，其交互作用不在表内，直接忽略。合并后的正交表为 $L_{18}(6\times3^6)$，其列总自由度为 17，与原表列自由度不再相等。

【例 8.6】　某生化产品合成试验，需要考察 4 个因子 A,B,C,D 对产量(Y)的影响，其中

因子 A 有 4 个水平，因子 B，C，D 各有 2 个水平，根据专业知识，还需要考察交互作用 $A\times B$ 和 $A\times C$，欲采用正交设计安排试验。

4 个因子的自由度之和为 3+1+1+1=6，2 个交互作用自由度之和为 3+3=6，共 12 个自由度，故选用混合正交表 $L_{16}(4\times 2^{12})$ 即可。因子 A 和 B 分别放于正交表 $L_{16}(4\times 2^{12})$ 的第 1、2 列，而交互作用需要从原正交表 $L_{16}(2^{15})$ 的交互作用列得到，则交互作用 $A\times B$ 为原正交表 $L_{16}(2^{15})$ 的第 1、2、3 列和第 4 列的交互作用列第 5、6、7 列即新表的第 3、4、5 列，同理，因子 C 安排在第 6 列，则交互作用 $A\times C$ 安排在第 7、8、9 列，最后将因子 D 安排在第 10 列，具体表头设计如表 8.24 所示。

表 8.24 生化产品合成试验的混合水平正交表 $L_{16}(4\times 2^{12})$

因子	A	B	$A\times B$	$A\times B$	$A\times B$	C	$A\times C$	$A\times C$	$A\times C$	D				Y
新列号	1	2	3	4	5	6	7	8	9	10	11	12	13	
原列号	1,2,3	4	5	6	7	8	9	10	11	12	13	14	15	
1	1	1	1	1	1	1	1	1	1	1	1	1	1	175
2	1	1	1	1	1	2	2	2	2	2	2	2	2	231
3	1	2	2	2	2	1	1	1	1	2	2	2	2	97
4	1	2	2	2	2	2	2	2	2	1	1	1	1	136
5	2	1	1	2	2	1	1	2	2	1	1	2	2	169
6	2	1	1	2	2	2	2	1	1	2	2	1	1	198
7	2	2	2	1	1	1	1	2	2	2	2	1	1	162
8	2	2	2	1	1	2	2	1	1	1	1	2	2	142
9	3	1	2	1	2	1	2	1	2	1	2	1	2	150
10	3	1	2	1	2	2	1	2	1	2	1	2	1	225
11	3	2	1	2	1	1	2	1	2	2	1	2	1	170
12	3	2	1	2	1	2	1	2	1	1	2	1	2	240
13	4	1	2	2	1	1	2	2	1	1	2	2	1	191
14	4	1	2	2	1	2	1	1	2	2	1	1	2	189
15	4	2	1	1	2	1	2	2	1	2	1	1	2	204
16	4	2	1	1	2	2	1	1	2	1	2	2	1	190

8.6.1.3 拟水平法

在进行正交设计时，大多数因子在相同的水平上，只有少量个别因子的水平数不一致，而又没有合适的混合水平正交表可用时，可以采用拟水平法进行正交设计。

具体做法是，先按照水平相同的多数因子选择正交表，同时正交表中需要有一列的水平数略多于水平不一致的个别因子的水平数，用来安排这个因子，并从其他水平中选择比较重要的水平安排重复，虚拟成若干水平，以补齐所在列的水平数。

需要注意的是，此时正交设计中拟水平因子的各个水平的重复数不再相等，即试验使用的正交表不再具有正交性，所以拟水平法正交设计应该谨慎使用。

【例 8.7】 江苏省徐州农科所考虑夏玉米丰产栽培试验，考虑的因子有 6 个，其因子及其水平如表 8.25 所示，采用正交设计安排试验(戚容怡等，1979)。

表 8.25　夏玉米丰产栽培试验的因子及其水平表

水平	播种方式	品种	播期	行距/cm	种植密度/(株/hm^2)	施肥方式/(kg/hm^2)
	A	*B*	*C*	*D*	*E*	*F*
1	3～4 叶栽	新单 1 号	6 月 12 日	67	45 000	种 75＋苗 112.5＋穗 187.5
2	5～6 叶栽	烟三 6 号	6 月 17 日	83	52 500	苗 112.5＋穗 262.5
3	7～8 叶栽	华傲	6 月 22 日	93＋40	60 000	苗 225＋穗 150
4	直播					

注：施肥方式为不同时期施的硫酸铵用量。

经分析发现，没有合适的正交表安排夏玉米丰产栽培试验的各个因子，为了能够使用正交表 $L_{18}(6\times3^6)$，需要对因子 A 进行拟水平设计，考虑到因子 A 的第 4 水平直播是夏玉米大面积生产的种植方式，故将其重复两次，作为形式上的第 4、5、6 水平，虚拟成一个 6 水平因子，然后将因子 A、B、C、D、E 和 F 分别放置于正交表 $L_{18}(6\times3^6)$ 的第 1、2、4、5、6、7 列上，得到试验方案和最终试验结果如表 8.26 所示。

表 8.26　夏玉米丰产栽培试验的正交设计表 $L_{18}(6\times3^6)$

No.	A	B		C	D	E	F
	1	2	3	4	5	6	7
1	1	1	1	1	1	1	1
2	1	2	2	2	2	2	2
3	1	3	3	3	3	3	3
4	2	1	1	2	2	3	3
5	2	2	2	3	3	1	1
6	2	3	3	1	1	2	2
7	3	1	2	1	3	2	3
8	3	2	3	2	1	3	1
9	3	3	1	3	2	1	2
10	4	1	3	3	2	2	1
11	4	2	1	1	3	3	2
12	4	3	2	2	1	1	3
13	4(5)	1	2	3	1	3	2
14	4(5)	2	3	1	2	1	3
15	4(5)	3	1	2	3	2	1
16	4(6)	1	3	2	3	1	2
17	4(6)	2	1	3	1	2	3
18	4(6)	3	2	1	2	3	1

8.6.1.4　R 软件法

使用 R 软件的扩展包 DoE. base 同样也可以实现混合水平的正交设计，下面介绍使用 R

语言实现前述一些混合水平正交设计示例的程序。

例 8.5 橡胶幼苗矮化试验中有 4 个试验因子，其中因子 A 有 4 个水平，其余因子 B,C,D 各有 2 个水平，其 R 语言设计程序如下：

```
#RD8.5
library(DoE.base)
factors=c('A', 'B', 'C', 'D')
levels=c(4, 2, 2, 2)
OD=oa.design(factor.names=factors, nlevels=levels)
OD
```

程序简要说明：

DoE.base 为正交、析因设计包，factors 定义 4 个因子 A，B，C 和 D，levels 分别定义 4 个因子的水平数，oa.design( )为正交设计函数，正交表的行默认随机排列。

程序运行结果得到随机排列的正交表 $L_8(4\times2^4)$，只显示 4 列，如表 8.27 所示。

表 8.27 R 语言设计的混合水平正交表 $L_8(4\times2^4)$

No.	A	B	C	D
1	2	2	1	2
2	4	1	2	2
3	3	1	1	2
4	1	2	2	2
5	1	1	1	1
6	3	2	2	1
7	4	2	1	1
8	2	1	2	1

例 8.6 生化产品合成试验中有 4 个试验因子，其中因子 A 有 4 个水平，其余因子 B,C,D 各有 2 个水平，还要考察交互作用 $A\times B$ 和 $A\times C$，其 R 语言设计程序如下：

```
#RD8.6
library(DoE.base)
factors=c('A', 'B', 'C', 'D')
levels=c(4, 2, 2, 2)
OD=oa.design(nruns=16, factor.names=factors, nlevels=levels)
OD
```

程序简要说明：

DoE.base 为正交、析因设计包，factors 定义 4 个因子 A，B，C 和 D，levels 分别定义 4 个因子的水平数，oa.design( )为正交设计函数，nruns 定义试验处理总数，正交表的行默认随机排列。

程序运行结果得到随机排列的正交表 $L_{16}(4\times2^{12})$，只显示 4 列，如表 8.28 所示。

表 8.28　R 语言设计的混合水平正交表 $L_{16}(4\times 2^{12})$

No.	*A*	*B*	*C*	*D*
1	3	1	2	2
2	2	1	1	1
3	4	1	1	1
4	3	2	2	1
5	3	1	1	1
6	2	2	2	1
7	4	2	2	1
8	4	1	2	2
9	1	1	1	1
10	2	2	1	2
11	4	2	1	2
12	3	2	1	2
13	1	2	1	2
14	2	1	2	2
15	1	1	2	2
16	1	2	2	1

例 8.7 夏玉米丰产栽培试验中有 6 个试验因子，其中因子 *A* 有 4 个水平，虚拟为 6 个水平，其余因子 *B*,*C*,*D* 各有 3 个水平，其 R 语言设计程序如下：

```
#RD8.7
library(DoE.base)
factors=c('A', 'B', 'C', 'D', 'E', 'F')
levels=c(6, 3, 3, 3, 3, 3)
OD=oa.design(factor.names=factors, nlevels=levels)
OD
```

程序简要说明：

DoE. base 为正交、析因设计包，factors 定义 6 个因子 A,B,C,D,E 和 F,levels 分别定义 6 个因子的水平，oa. design( )为正交设计函数，正交表的行默认随机排列。

程序运行结果得到随机排列的正交表 $L_{18}(6\times 3^6)$，只显示 6 列，如表 8.29 所示。

表 8.29　R 语言设计的混合水平正交表 $L_{18}(6\times 3^6)$

No.	*A*	*B*	*C*	*D*	*E*	*F*
1	4	1	2	3	1	2
2	6	2	1	1	3	2
3	6	1	3	3	2	1
4	2	2	2	3	3	1
5	2	3	3	1	1	2
6	3	2	3	2	1	1

续表 8.29

No.	A	B	C	D	E	F
7	5	1	3	2	3	2
8	6	3	2	2	1	3
9	3	3	1	3	2	2
10	5	2	1	3	1	3
11	4	2	3	1	2	3
12	1	1	1	1	1	1
13	5	3	2	1	2	1
14	1	2	2	2	2	2
15	4	3	1	2	3	1
16	3	1	2	1	3	3
17	1	3	3	3	3	3
18	2	1	1	2	2	3

最后将正交表 $L_{18}(6\times3^6)$的第 1 列因子 A 的 5 水平和 6 水平都改为 4 水平即可。

8.6.2 混合水平正交设计的统计分析

混合水平正交设计的统计分析和前述等水平的正交设计一样采用方差分析，需要注意的是，有的混合水平正交表可以考察交互作用，根据实际情况决定是否考虑交互作用；而有些混合水平正交表不能考察交互作用，只分析主效应即可。具体的统计分析可以参考前述方差分析法。

例 8.5 橡胶幼苗矮化试验采用混合正交表 $L_8(4\times2^4)$进行正交设计，试验指标 Y 为新抽出的蓬距，其试验数据如表 8.20 所示，因为试验安排了 2 次重复，存在真正的试验误差，所以对空白列的潜在效应可以进行考察，设空白列的潜在效应为 K。使用 R 语言进行方差分析的程序如下：

```
#RA8.5
A=factor(c(1,1,2,2,3,3,4,4,1,1,2,2,3,3,4,4))
B=factor(c(1,2,1,2,1,2,1,2,1,2,1,2,1,2,1,2))
C=factor(c(1,2,1,2,2,1,2,1,1,2,1,2,2,1,2,1))
D=factor(c(1,2,2,1,1,2,2,1,1,2,2,1,1,2,2,1))
K=factor(c(1,2,2,1,2,1,1,2,1,2,2,1,2,1,1,2))
Y=c(8.24, 15.28, 16.62, 13.98, 38.32, 10.11, 33.64, 23.02,
    9.64, 17.26, 15.20, 17.94, 35.25, 7.70, 31.9, 22.46)
rubber=data.frame(A, B, C, D, K, Y)
aovmodel=aov(Y ~ A+B+C+D+K, data=rubber)
summary(aovmodel)
```

程序简要说明：

A,B,C,D 为 4 个试验因子，K 为空白列效应，Y 为新抽出蓬距，rubber 为试验数据集合成的数据框，aov( )为方差分析函数，方差分析的模型为“试验指标～各项效应”的形式。

程序主要运行结果：

```
          Df Sum Sq Mean Sq F value   Pr(>F)
A          3  557.0   185.7   70.48 4.28e-06 ***
B          1  233.0   233.0   88.45 1.34e-05 ***
C          1  512.8   512.8  194.64 6.75e-07 ***
D          1   27.9    27.9   10.60 0.0116   *
K          1  157.9   157.9   59.93 5.53e-05 ***
Residuals  8   21.1     2.6
---
Signif.codes:
0 '***' 0.001 '**' 0.01 '*' 0.05 '.' 0.1 ' ' 1
```

程序分析结果表明：药剂间存在极显著差异($A,df=3,F=70.48,P=4.28e-6<0.01$)，浓度间存在极显著差异($B,df=1,F=88.45,P=1.34e-5<0.01$)，物候期间存在极显著差异($C,df=1,F=194.64,P=6.75e-7<0.01$)，喷药次数间存在显著差异($D,df=1,F=10.60,P=0.012<0.05$)，空白列的各水平间存在极显著差异($K,df=1,F=59.93,P=5.53e-5<0.01$)，空白列的效应显著，说明因子 $A\times B$,$A\times C$ 或 $A\times D$ 间存在显著的交互作用，不能将其作为误差项。

对 A,B,C,D 4 个试验因子进行均值比较的程序如下：

```
library(agricolae)
duncan.test(aovmodel, "A", console=TRUE)
duncan.test(aovmodel, "B", console=TRUE)
duncan.test(aovmodel, "C", console=TRUE)
duncan.test(aovmodel, "D", console=TRUE)
```

程序简要说明：

duncan.test( )为 Duncan 法均值比较函数，aovmodel 为方差分析的结果，“A”～“D”等为因子。

程序主要运行结果：

```
Study:aovmodel ~ "A"

Duncan's new multiple range test for Y
Mean Square Error:  2.634538
Alpha: 0.05; DF Error: 8

Critical Range
       2        3        4
2.646655 2.758064 2.820336

Means with the same letter are not significantly different.

       Y groups
4 27.755      a
3 22.845      b
2 15.935      c
```

```
1 12.605       d
Study:aovmodel ~ "B"
Critical Range
        2
1.871467
Means with the same letter are not significantly different.
          Y groups
1 23.60125      a
2 15.96875      b
Study:aovmodel ~ "C"
Critical Range
        2
1.871467
Means with the same letter are not significantly different.
          Y groups
2 25.44625      a
1 14.12375      b
Study:aovmodel ~ "D"
Critical Range
        2
1.871467
Means with the same letter are not significantly different.
          Y groups
1 21.10625      a
2 18.46375      b
```

因为试验目的是橡胶矮化，试验指标 Y 越小越好。从均值多重比较看出，在 0.05 的显著水平下，药剂 A1 水平的矮化效果显著好于其他 3 个水平，浓度 B2 水平的矮化效果显著好于 B1 水平，物候期 C1 水平的矮化效果显著好于 C2 水平，喷药次数 D2 水平的矮化效果显著好于 D1 水平。

综上所述，橡胶幼苗矮化试验的最佳方案为药剂(A1:B9)、浓度(B2:5 000 mg/kg)、物候期(C1:展叶期)和喷药次数(D2:喷 2 次)。

例 8.6 生化产品合成试验采用混合正交表 $L_{16}(4\times2^{12})$ 进行正交设计，试验指标为产量 Y，其试验数据如表 8.24 所示，需要考察交互作用 $A\times B$ 和 $A\times C$。使用 R 语言进行方差分析的程序如下：

```
#RA8.6
A=factor(c(1,1,1,1,2,2,2,2,3,3,3,3,4,4,4,4))
B=factor(c(1,1,2,2,1,1,2,2,1,1,2,2,1,1,2,2))
C=factor(c(1,2,1,2,1,2,1,2,1,2,1,2,1,2,1,2))
```

```
D=factor(c(1,2,2,1,1,2,2,1,1,2,2,1,1,2,2,1))
Y=c(175,231,97,136,169,198,162,142,150,225,170,240,191,189,204,190)
bioproduct=data.frame(A, B, C, D, Y)
aovmodel=aov(Y ~ A+B+C+D+A:B+A:C, data=bioproduct)
summary(aovmodel)
library(agricolae)
duncan.test(aovmodel, "A", console=TRUE)
duncan.test(aovmodel, "B", console=TRUE)
duncan.test(aovmodel, "C", console=TRUE)
duncan.test(aovmodel, c("A","B"), console=TRUE)
duncan.test(aovmodel, c("A","C"), console=TRUE)
```

程序简要说明：

A,B,C,D 为 4 个试验因子,Y 为产量,bioproduct 为试验数据集合成的数据框;aov( )为方差分析函数,方差分析的模型为“试验指标～各项效应”的形式,其中 A:B 和 A:C 表示要分析的交互作用;duncan. test( )为 Duncan 法均值比较函数,其中 c(“A”,“B”)等是两个因子交互作用的均值比较。

程序主要运行结果：

```
          Df Sum Sq Mean Sq F value  Pr(>F)
A          3   4018    1339  14.139 0.02824 *
B          1   2186    2186  23.072 0.01718 *
C          1   3393    3393  35.819 0.00934 **
D          1    431     431   4.545 0.12278
A:B        3   6644    2215  23.380 0.01393 *
A:C        3   4204    1401  14.792 0.02653 *
Residuals  3    284      95
---
Signif. codes:
0 '***' 0.001 '**' 0.01 '*' 0.05 '.' 0.1 ' ' 1

Duncan's new multiple range test for Y
Mean Square Error:  94.72917
Alpha: 0.05 ; DF Error: 3
Study:aovmodel ~ "A"
Critical Range
       2        3        4
21.90221 21.97517 21.76690
Means with the same letter are not significantly different.
       Y groups
3 196.25      a
4 193.50      a
2 167.75      b
```

```
1 159.75      b

Study:aovmodel ~ "B"

Critical Range
       2
15.4872
Means with the same letter are not significantly different.
         Y groups
1 191.000      a
2 167.625      b

Study:aovmodel ~ "C"

Critical Range
       2
15.4872

Means with the same letter are not significantly different.
         Y groups
2 193.875      a
1 164.750      b

Study:aovmodel ~ c("A", "B")

Critical Range
       2        3        4        5        6        7        8
30.97440 31.07759 30.78304 30.35588 29.88742 29.41415 28.95155

Means with the same letter are not significantly different.
         Y groups
3:2 205.0      a
1:1 203.0      a
4:2 197.0      a
4:1 190.0      a
3:1 187.5      a
2:1 183.5      a
2:2 152.0      b
1:2 116.5      c

Study:aovmodel ~ c("A", "C")

Critical Range
       2        3        4        5        6        7        8
30.97440 31.07759 30.78304 30.35588 29.88742 29.41415 28.95155

Means with the same letter are not significantly different.
         Y groups
3:2 232.5      a
4:1 197.5      b
```

```
4:2 189.5    bc
1:2 183.5    bc
2:2 170.0    bc
2:1 165.5    cd
3:1 160.0    cd
1:1 136.0     d
```

程序分析结果表明：因子 A 各水平间存在显著差异（$df=3, F=14.139, P=0.028<0.05$），因子 B 各水平间存在显著差异（$df=1, F=23.072, P=0.017<0.05$），因子 C 各水平间存在极显著差异（$df=1, F=35.819, P=0.009<0.01$），因子 D 各水平间不存在显著差异（$df=1, F=4.545, P=0.123>0.05$），交互作用 $A\times B$ 显著（$A:B, df=3, F=23.380, P=0.014<0.05$），交互作用 $A\times C$ 显著（$A:C, df=3, F=14.792, P=0.027<0.05$）。

从均值多重比较看出，在 0.05 的显著水平下，A 因子 A3 和 A4 水平间产量没有显著差异，但它们的产量显著高于 A2 和 A1 水平，B 因子 B1 水平的产量显著高于 B2 水平，C 因子 C2 水平的产量显著好于 C1 水平，交互作用 $A\times B$ 比较好的处理组合有 A3B2、A1B1、A4B2、A4B1、A3B1 和 A2B1，交互作用 $A\times C$ 的处理组合 A3C2 显著好于其他处理组合。

综上所述，生化产品合成试验产量的最佳方案为处理组合 A3，B2，C2 和 D1 或 D2。

8.7　正交设计需要注意的问题

8.7.1　正交设计的因子数

正交设计试验所适用的因子数一般为 3 个或 3 个以上。因为正交设计表的行数最少为水平数的平方，甚至更多，当有两个 q 水平的试验因子时，即使选用 q 水平最小的正交表，也会有 q^2 行，即需要安排 q^2 次处理组合的试验。在这种情况下，其实质是这两个因子的全面处理组合的试验，并没有减少试验处理数，而正交设计是采用“代表性”的部分试验代替全面试验的处理组合的试验设计方法，所以此时不能称其为正交设计。

例如，两个 3 水平的因子，采用最小的 3 水平正交表是 $L_9(3^4)$ 安排试验，假设两个因子安排在正交表的第 1 列和第 2 列，从这两列的水平组合来看有 9 个组合，正好是这两个因子的全部处理组合的试验。同理，两个 4 水平的因子采用正交表 $L_{16}(4^5)$，两个 5 水平的因子采用正交表 $L_{25}(5^6)$，它们的处理组合数分别是 16 和 25，正好也都是这两个因子的全部处理组合的试验。

8.7.2　正交表的误差项

通常的正交设计试验，一般不会安排重复，其误差项的主要来源即是空白列，空白列看起来似空白，其实则可能是潜在的未知交互作用。比如，正交表 $L_9(3^4)$ 有 A,B,C 3 个因子分别安排在此表的前 3 列，第 4 列空白即是误差项，从正交表 $L_9(3^4)$ 的性质知道，任意两列的交互作用都出现在剩余两列。因此，如果 $A\times B$，$A\times C$ 和 $B\times C$ 存在部分交互作用显著的话，它们有可能出现在第 4 列上，即误差项里可能会混杂部分交互作用，通常情况下会使误差项有所增大。如果用这个误差项去检验其他效应，且该效应显著，说明该效应确实显著，没有问题；如果该效应不显著，一种可能是该因子确实不显著，另一种可能是该因子的显著性被掩盖了。

在正交设计试验中要特别注意潜在的交互作用，在设计阶段就要优先使用基本列以避免潜在交互作用的混杂；在统计分析阶段要检验一下潜在交互作用是否真的显著，如果显著则必须将其从试验误差中分离出来以降低试验误差。

由于正交表误差项通常源于空白列，误差项的自由度是所有空白列的自由度之和，如果空白列比较少，则误差项的自由度也会比较小。根据假设检验的原理，检验显著性的临界值，比如最常用的 $F_{0.05}$，它有两个自由度，它的第一自由度为欲检验的效应项的自由度，第二自由度为误差项的自由度，误差项自由度越小，则临界值 $F_{0.05}$ 的值越大，这项效应越不易显著，也会降低检验的灵敏度，很有可能掩盖这项效应的真实显著性。

常见的 $F_{0.05}(n_1, n_2)$ 值如表 8.30 所示，从表中可以看到，若效应项自由度 $n_1=1$，当误差项自由度 $n_2=1$ 时，欲检验的效应项均方要高于误差项均方 161.45 倍以上方能显著；当误差项自由度 $n_2=2$ 时，欲检验的效应项均方要高于误差项均方 18.51 倍以上方能显著；当误差项自由度 $n_2=3$ 时，欲检验的效应项均方要高于误差项均方 9.12 倍以上方能显著。可见随着误差项自由度的增加，$F_{0.05}$ 的值迅速降低，直到误差项自由度 $n_2=5$ 时，欲检验的效应项均方要高于误差项均方 6.61 倍以上就能显著；直到误差项自由度 $n_2=10$ 时，$F_{0.05}$ 逐渐趋于稳定，欲检验的效应项均方大于误差项均方 4.96 倍即可显著；当效应项自由度 n_1 增大时亦存在类似趋势。总而言之，误差项自由度不能太低，建议误差项自由度不低于 5，最好在 10 左右为宜，这样方差分析的结论才会更加可靠。

正交设计时需要注意，为保证误差项的自由度不至于太小，应该选择稍大一些的正交表，除非试验成本很高、试验周期很长或者试验安排极其困难，为了减少试验次数迫不得已才会使用小正交表。

表 8.30 0.05 的显著水平下 $F_{0.05}(n_1, n_2)$ 的数值表

n_1	n_2											
	1	2	3	4	5	6	7	8	9	10	11	12
1	161.45	18.51	10.13	7.71	6.61	5.99	5.59	5.32	5.12	4.96	4.84	4.75
2	199.50	19.00	9.55	6.94	5.79	5.14	4.74	4.46	4.26	4.10	3.98	3.89
3	215.71	19.16	9.28	6.59	5.41	4.76	4.35	4.07	3.86	3.71	3.59	3.49
4	224.58	19.25	9.12	6.39	5.19	4.53	4.12	3.84	3.63	3.48	3.36	3.26

注：n_1 为第一自由度，即效应项自由度，n_2 为第二自由度，即误差项自由度。

8.7.3 大正交表与小正交表的重复

使用正交设计表时，为了误差项有足够的自由度，应该选用稍大一些的正交表，此外还有一种方法，就是选用小正交表，同时适当地安排重复。需要注意的是，安排重复的小正交表和大正交表，试验次数可能相同，也可能不同。比如，正交表 $L_8(2^7)$ 安排两次重复，和正交表 $L_{16}(2^{15})$ 一样有 16 次试验；正交表 $L_9(3^4)$ 安排两次重复，有 18 次试验却少于正交表 $L_{27}(3^{13})$ 的 27 次试验。

在选用大正交表和有重复的小正交表时试验次数相等，如正交表 $L_{16}(2^{15})$ 安排两次重复，试验次数等于正交表 $L_{32}(2^{31})$；正交表 $L_9(3^4)$ 安排 3 次重复，试验次数等于正交表 $L_{27}(3^{13})$，到底是选用无重复的大正交表，还是选用有重复的小正交表，却是一个比较棘手的问题，下面对这两种情况下的利弊进行分析。

第一种情况，选用大正交表一般可以考察更多的潜在交互作用，而且在后期方差分析时也能分析其显著性，但是没有安排重复，没有真正的误差项，只会把一些高阶的或不显著的交互作用作为误差项。第二种情况，选用有重复的小正交表，不能考察更多的交互作用，但是有重复，有真正的误差项，更能准确地检验各项效应的显著性。

这要根据试验的具体情况来选择合适的正交设计方案，如果试验中存在比较多的交互作用需要考察，优先选用大一些的正交表；如果明确不存在过多的交互作用，则选用有重复的小正交表更合适。

8.7.4　正交设计与析因设计

在使用完全正交表进行正交设计时，只使用基本列来安排因子，对比一下就会发现，此时正交设计的试验处理组合正好是析因设计的全面处理组合，这违背了正交设计是全面处理组合的部分代表性处理组合的基本性质，本质上是析因设计，若再安排重复，即可以考察所有交互作用的析因设计。

比如，3 个两水平因子(A,B,C)安排在正交表 $L_8(2^7)$的第 1,2 和 4 列，其试验处理组合正好为 3 因子析因设计的 A1B1C1，A1B1C2，A1B2C1，A1B2C2，A2B1C1，A2B1C2，A2B2C1 和 A2B2C2 共 8 个全面处理组合。

再如，4 个 2 水平因子安排在正交表 $L_{16}(2^{15})$的第 1,2,4,8 列，2 个 3 水平因子安排在正交表 $L_9(3^4)$的第 1,2 列，3 个 3 水平因子安排在正交表 $L_{27}(3^{13})$的第 1,2,5 列等，其试验处理均是全面处理组合的析因设计。

正交设计是采用具有代表性的部分处理组合进行试验，试验次数比较少，所以它主要考察因子的主效应和部分低阶交互作用。若因子间存在大量的交互作用，则容易出现难以避免的混杂现象，很有可能对欲考察的各项效应和误差项造成不良影响，降低统计分析结果的可靠性，此时最好采用全面试验的析因设计。

8.7.5　正交设计的均值比较

存在交互作用的正交设计在进行方差分析的均值比较时，不管产生交互作用的因子主效应显著与否，只要其交互作用显著，就应该按照交互作用确定相关因子的最优处理组合。

通过均值比较得到的各因子的最优处理组合，如果正好是正交设计试验中安排的处理组合，那就相当于最优处理组合已经做过验证。如果各因子的最优处理组合没有出现在正交设计试验的处理组合中，需要对此最优处理组合另外安排试验进行验证。

8.7.6　避免混杂现象

正交设计是采用具有代表性的部分处理组合进行试验，比较容易出现混杂现象，但是在进行正交设计试验时，应该采取一些措施尽量避免混杂现象。方法一是将试验因子首选安排在基本列上，可以有效避免混杂现象；方法二是选用更大一级的正交表，大正交表可选择的列多，自然容易避开交互作用列。

但是在正交设计时，尽管做出了很大努力，却依然难以完全避免混杂现象，应该先保证主效应和较为重要的交互作用不要混杂，让混杂发生在次要的交互作用和高阶交互作用之间。

在初级试验阶段，可以将正交设计试验用作预试验或因子筛选试验，用较少的试验次数多安排一些因子，则不必过多顾忌混杂现象。只要在一定程度上从多个因子中筛选出少量重要因子，为下一步全面、深入的高级阶段研究打下基础，就不失为好事。

8.7.7 更好的试验设计

在复因子的优化试验中，若有试验因子是定性因子，比如作物品种、试剂种类、操作方式等，则宜采用正交设计，可以找到最佳处理组合。

但是如果所有的试验因子都是定量因子，比如施肥量、浓度、温度等，那么采用正交设计时，最终得到的最佳试验方案只能是最初设定的几个水平之一，比如温度只设定了20℃、30℃和40℃，试验得到的最佳温度只能是30℃，而实际最佳温度是33℃，采用正交设计得不到33℃的最佳温度。

那么对于这个问题有没有办法通过试验得到真正的最佳温度呢？答案是肯定的，但不是通过正交设计，而是回归设计或均匀设计。如果所有的试验因子水平取值都是连续性的定量因子，建议采用回归设计或均匀设计，通过建立回归模型，对回归模型进行优化、求最优值，即可得到更接近真实值的最优值，而不必限定在试验设定的水平之中。

第 9 章　混杂设计

9.1　混杂设计概述

在复因子试验设计中，通常要考虑各因子的主效应和部分交互作用，随着因子数和水平数的增加，其处理组合数也急剧增加。如果受试验条件限制而难以保证试验条件的同质性，那么可以考虑采用区组容量相对比较小的混杂设计方法，将全部处理组合安排在几个区组中，即可解决这一问题。

混杂设计（CD，Confounded Design）是一种以牺牲高阶交互作用来换取小区组的一种试验设计方法，属于复因子试验的不完全区组设计方法。

与实施部分试验的正交设计相比，混杂设计提供的信息更丰富，试验精度也更高，这是因为正交设计是部分试验，而混杂设计是全面试验。与完全区组相比，混杂设计的试验单元数并没有减少，只不过是以牺牲某些高阶交互作用换取了不完全区组。

在试验条件不太均匀、不适合安排高容量的大区组，而必须设计成不完全的小区组的复因子试验中，混杂设计有较高的实用价值。混杂设计的基本原则是将高阶交互作用与区组混杂，即牺牲某些高阶交互作用来换取不完全区组设计。

混杂设计安排试验时比较复杂，通常用于两水平和三水平复因子试验，根据因子的水平数不同，可以将试验分成不同数量的区组。比如，对于两水平的复因子试验，可以构造出 2 个区组、4 个区组、8 个区组和 16 个区组的混杂设计；对于三水平的复因子试验，可以构造出 3 个区组、9 个区组和 27 个区组的区组设计。

常用的混杂设计的方法有符号法、定义对比法、主区组法、对偶法和正交表法等，本章主要介绍简单实用的正交表法进行两水平和三水平的混杂设计。

利用正交表进行混杂设计，首先选取与区组相混杂的交互作用，然后查阅该交互作用所在的列号，最后将交互作用列中水平相同的处理或处理组合分在同一个区组中，这样可以使混杂设计的过程和分析都得到简化。

9.2 两水平混杂设计的实现

9.2.1 完全混杂设计

当每次重复试验的区组都和相同的交互作用混杂在一起时称为完全混杂设计，这样这个交互作用的效应便和区组的效应完全混杂在一起，再也无法分析这个交互作用。

1. 构造两个不完全区组的两水平混杂设计

【例 9.1】 香茅草施肥试验，设置氮肥(*N*)、磷肥(*P*)和钾肥(*K*)各两个水平(3 种肥料的水平值如表 9.1 所示)，并设置 3 次重复，试验指标为香茅草的产量。由于试验场地土地肥力不够均匀，计划采用小区组的混杂设计安排试验，每区组包含 4 个试验小区，每小区的面积为 10 m^2(韩汉鹏，2006)。

表 9.1 香茅草施肥试验的因子及其水平表

水平	氮肥(*N*)	磷肥(*P*)	钾肥(*K*)
1	0	0	0
2	0.3 kg 硫酸铵	1.25 kg 过磷酸钙	0.5 kg 氯化钾

(1) 使用正交表实现混杂设计　利用正交表进行两水平复因子的混杂设计，要先根据因子的数量和欲考察的交互作用选择合适的正交表，通常选择高阶交互作用与区组混杂进行混杂设计。

本试验为了探索氮肥、磷肥和钾肥对香茅草产量的影响，并考察它们之间的一级交互作用，可以选择正交表 $L_8(2^7)$安排试验。由于试验场地土地肥力不够均匀，宜采用小区组的混杂设计安排试验，将氮、磷、钾三因子的交互作用 $N\times P\times K$ 与区组混杂。

首先将氮、磷、钾设置于基本列，即第 1,2,4 列，而交互作用 $N\times P\times K$ 可以由 $N\times P$ 和因子 K 的交互作用所在列得到，即正交表 $L_8(2^7)$的第 3 列和第 4 列的交互作用在第 7 列，则将区组(*Block*)也安排在第 7 列，即区组效应和交互作用 $N\times P\times K$ 混杂在了一起，如表 9.2 所示。

表 9.2 香茅草施肥试验的混杂设计

因子	**N**	**P**	**N×P**	**K**	**N×K**	**P×K**	**N×P×K+Block**
No.	**1**	**2**	**3**	**4**	**5**	**6**	**7**
1	1	1	1	1	1	1	1
2	1	1	1	2	2	2	2
3	1	2	2	1	1	2	2
4	1	2	2	2	2	1	1
5	2	1	2	1	2	1	2
6	2	1	2	2	1	2	1
7	2	2	1	1	2	2	1
8	2	2	1	2	1	1	2

这样 8 个试验处理按第 7 列的水平号分成两个区组，则区组的容量为 4，如表 9.3 所示。

表 9.3　香茅草施肥试验混杂设计的区组划分表

No.	区组 1			No.	区组 2		
	N	*P*	*K*		*N*	*P*	*K*
1	1	1	1	2	1	1	2
4	1	2	2	3	1	2	1
6	2	1	2	5	2	1	1
7	2	2	1	8	2	2	2

香茅草试验安排 3 次重复，每次重复内两个区组随机排列，每个区组内处理随机排列，则试验的混杂设计实施方案如图 9.1 所示。

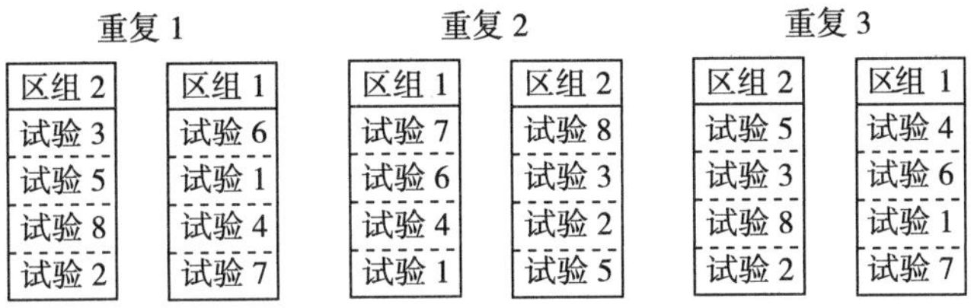

图 9.1　香茅草施肥试验混杂设计的田间实施方案

(2)使用软件实现混杂设计　R 软件目前无法实现混杂设计，可以使用 SAS 软件实现。例 9.1 中的香茅草施肥试验的混杂设计 SAS 程序如下：

```
*SAS9.1;
Proc Factex;
  FactorsN P K;
  Model resolution=max;
  Size design=8;
  Blocks nblocks=2;
  Output out=cdl;
  Examine aliasing;
Run;
Proc Print data=cdl;
Run;
```

程序简要说明：

Factex 为扩展的析因设计过程，Factors 定义因子 N、P、K，Model resolution=max 设定因子设计模型为最大分辨度，Size design=8 设定试验规模为 8 次试验，Blocks nblocks=2 设定区组数为 2，Output 指定结果输出数据集，Examine aliasing 检查别名，即列出区组混杂到哪些效应上，Print 为输出过程。

程序运行如下，结果如表 9.4 所示。

```
The FACTEX Procedure
 Aliasing Structure
```

```
N
P
K
N*P
N*K
P*K
[B]=N*P*K
```

表 9.4 SAS 软件设计的香茅草混杂设计试验

Obs	*Block*	*N*	*P*	*K*
1	1	−1	−1	−1
2	1	−1	1	1
3	1	1	−1	1
4	1	1	1	−1
5	2	−1	−1	1
6	2	−1	1	−1
7	2	1	−1	−1
8	2	1	1	1

SAS 运行结果说明，[B]=N * P * K 说明区组[B]混杂在高级交互作用$N\times P\times K$，表 9.4 为混杂设计表，将表中的−1 水平和 1 水平分别替换成 1 水平和 2 水平即可。

【例 9.2】 某试验有 4 个参试因子 A,B,C,D，各因子均设置两个水平，需要考察各因子的主效应和一阶交互作用 $A\times B$ 和 $A\times C$，由于试验条件的限制，区组容量为 8，需要采用小区组的混杂设计。本试验选择正交表 $L_{16}(2^{15})$分成区组容量为 8 的 2 个区组安排试验。

(1) 使用正交表实现混杂设计　如果要划分成区组容量为 8 的 2 个区组，则区组效应(*Block*)需要安置在最高级交互作用列，即第 15 列，其混杂设计如表 9.5 所示。

表 9.5 4 个 2 水平因子 2 区组的混杂设计

															Block
因子	*A*	*B*	*A*×*B*	*C*	*A*×*C*			*D*							*A*×*B*×*C*×*D*
No.	1	2	3	4	5	6	7	8	9	10	11	12	13	14	15
1	1	1	1	1	1	1	1	1	1	1	1	1	1	1	1
2	1	1	1	1	1	1	1	2	2	2	2	2	2	2	2
3	1	1	1	2	2	2	2	1	1	1	1	2	2	2	2
4	1	1	1	2	2	2	2	2	2	2	2	1	1	1	1
5	1	2	2	1	1	2	2	1	1	2	2	1	1	2	2
6	1	2	2	1	1	2	2	2	2	1	1	2	2	1	1
7	1	2	2	2	2	1	1	1	1	2	2	2	2	1	1
8	1	2	2	2	2	1	1	2	2	1	1	1	1	2	2
9	2	1	2	1	2	1	2	1	2	1	2	1	2	1	2
10	2	1	2	1	2	1	2	2	1	2	1	2	1	2	1

续表 9.5

因子	A	B	A×B	C	A×C			D							Block A×B×C×D
No.	1	2	3	4	5	6	7	8	9	10	11	12	13	14	15
11	2	1	2	2	1	2	1	1	2	1	2	2	1	2	1
12	2	1	2	2	1	2	1	2	1	2	1	1	2	1	2
13	2	2	1	1	2	2	1	1	2	2	1	1	2	2	1
14	2	2	1	1	2	2	1	2	1	1	2	2	1	1	2
15	2	2	1	2	1	1	2	1	2	2	1	2	1	1	2
16	2	2	1	2	1	1	2	2	1	1	2	1	2	2	1

两个区组内的试验号如表 9.6 所示。

表 9.6　4 因子 2 区组的混杂设计试验号分组

	No.							
区组 1	1	4	6	7	10	11	13	16
区组 2	2	3	5	8	9	12	14	15

(2) 使用软件实现混杂设计　同理，使用 SAS 软件实现例 9.2 的混杂设计 SAS 程序如下：

```
* SAS9.2 ;
Proc Factex;
  FactorsA B C D;
  Model resolution=max;
  Size design=16;
  Blocks nblocks=2;
  Output out=cd2;
  Examine aliasing;
Run;
Proc Print data=cd2;
Run;
```

程序简要说明：

Factex 为扩展的析因设计过程，Factors 定义因子 A，B，C，D，Model resolution=max 设定因子设计模型为最大分辨度，Size design=16 设定试验规模为 16 次试验，Blocks nblocks=2 设定区组数为 2，Output 指定结果输出数据集，Examine aliasing 检查别名，即列出区组混杂到哪些效应上，Print 为输出过程。

程序运行结果如表 9.7 所示：

表 9.7 SAS 软件设计的 4 因子 2 区组混杂设计试验

Obs	*Block*	*A*	*B*	*C*	*D*
1	1	−1	−1	−1	1
2	1	−1	−1	1	−1
3	1	−1	1	−1	−1
4	1	−1	1	1	1
5	1	1	−1	−1	−1
6	1	1	−1	1	1
7	1	1	1	−1	1
8	1	1	1	1	−1
9	2	−1	−1	−1	−1
10	2	−1	−1	1	1
11	2	−1	1	−1	1
12	2	−1	1	1	−1
13	2	1	−1	−1	1
14	2	1	−1	1	−1
15	2	1	1	−1	−1
16	2	1	1	1	1

SAS 运行结果说明，区组默认混杂在高级交互作用 $A\times B\times C\times D$，将表中的−1 水平和 1 水平分别替换成 1 水平和 2 水平即可。

2. 构造四个不完全区组的两水平混杂设计

同样对于例 9.2 的试验，如果要划分为区组容量为 4 的 4 个区组，则区组效应(*Block*)需要安置在两列合并而成的 4 个处理组合上，即 11、12、21、22，将其转化为 4 个水平，同时去掉其交互作用列即可。

(1) 使用正交表实现混杂设计　方法一：最高阶交互作用列 $A\times B\times C\times D$，即第 15 列可以看成由一阶交互作用 $A\times D$ 和 $B\times C$ 形成的交互作用，则将交互作用 $A\times D$ 和 $B\times C$ 所占的列，即第 9 列和第 6 列构成 4 个处理组合 11、12、21、22 并列成 4 个水平 1、2、3、4，按照 4 水平划分 4 个区组即可。其混杂设计如表 9.8 所示。其 4 个区组内的试验号如表 9.9 所示。

表 9.8 4 个 2 水平因子的 4 区组混杂设计 1

因子	*A*	*B*	*A*×*B*	*C*	*A*×*C*		*D*						*Block*
No.	1	2	3	4	5	7	8	10	11	12	13	14	6,9,15
1	1	1	1	1	1	1	1	1	1	1	1	1	1
2	1	1	1	1	1	1	2	2	2	2	2	2	2
3	1	1	1	2	2	2	1	1	1	2	2	2	3
4	1	1	1	2	2	2	2	2	2	1	1	1	4
5	1	2	2	1	1	2	1	2	2	1	1	2	3

续表 9.8

因子	A	B	A×B	C	A×C		D						Block
No.	1	2	3	4	5	7	8	10	11	12	13	14	6,9,15
6	1	2	2	1	1	2	2	1	1	2	2	1	4
7	1	2	2	2	2	1	1	2	2	2	2	1	1
8	1	2	2	2	2	1	2	1	1	1	1	2	2
9	2	1	2	1	2	2	1	1	2	1	2	1	2
10	2	1	2	1	2	2	2	2	1	2	1	2	1
11	2	1	2	2	1	1	1	1	2	2	1	2	4
12	2	1	2	2	1	1	2	2	1	1	2	1	3
13	2	2	1	1	2	1	1	2	1	1	2	2	4
14	2	2	1	1	2	1	2	1	2	2	1	1	3
15	2	2	1	2	1	2	1	2	1	2	1	1	2
16	2	2	1	2	1	2	2	1	2	1	2	2	1

表 9.9　4 个 2 水平因子的 4 区组混杂设计试验号分组 1

	No.			
区组 1	1	7	10	16
区组 2	2	8	9	15
区组 3	3	5	12	14
区组 4	4	6	11	13

方法二:将第 7 列交互作用 $A\times B\times C$ 和第 9 列交互作用 $A\times D$ 构成 4 个处理组合 11，12，21，22,并列成 4 个水平 1，2，3，4,按照 4 水平划分 4 个区组,同时划去其交互作用列 $B\times C\times D$,即第 14 列。其混杂设计如表 9.10 所示。其 4 个区组内的试验号如表 9.11 所示。

表 9.10　4 个 2 水平因子的 4 区组混杂设计 2

因子	A	B	A×B	C	A×C		D						Block
No.	1	2	3	4	5	6	8	10	11	12	13	15	7,9,14
1	1	1	1	1	1	1	1	1	1	1	1	1	1
2	1	1	1	1	1	1	2	2	2	2	2	2	2
3	1	1	1	2	2	2	1	1	1	2	2	2	3
4	1	1	1	2	2	2	2	2	2	1	1	1	4
5	1	2	2	1	1	2	1	2	2	1	1	2	3
6	1	2	2	1	1	2	2	1	1	2	2	1	4
7	1	2	2	2	2	1	1	2	2	2	2	1	1
8	1	2	2	2	2	1	2	1	1	1	1	2	2
9	2	1	2	1	2	1	1	1	2	1	2	2	4
10	2	1	2	1	2	1	2	2	1	2	1	1	3
11	2	1	2	2	1	2	1	1	2	2	1	1	2
12	2	1	2	2	1	2	2	2	1	1	2	2	1

续表 9.10

因子	*A*	*B*	*A*×*B*	*C*	*A*×*C*		*D*						*Block*
No.	**1**	**2**	**3**	**4**	**5**	**6**	**8**	**10**	**11**	**12**	**13**	**15**	**7,9,14**
13	2	2	1	1	2	2	1	2	1	1	2	1	2
14	2	2	1	1	2	2	2	1	2	2	1	2	1
15	2	2	1	2	1	1	1	2	1	2	1	2	4
16	2	2	1	2	1	1	2	1	2	1	2	1	3

表 9.11　4 个 2 水平因子的 4 区组混杂设计试验号分组 2

	No.			
区组 1	1	7	12	14
区组 2	2	8	11	13
区组 3	3	5	10	16
区组 4	4	6	9	15

(2) 使用软件实现混杂设计　同理,使用 SAS 软件实现例 9.2 的 4 区组混杂设计 SAS 程序如下：

```
* SAS9.3 ;
* 混杂设计 A*D 和 B*C ;
Proc Factex;
  Factors A B C D;
  Model estamate=(A B C D A*B A*C B*D C*D);
  Size design=16;
  Blocks nblocks=4;
  Output out=cd3;
  Examine aliasing;
Run;
Proc Print data=cd3;
Run;
```

程序简要说明：

Factex 为扩展的析因设计过程,Factors 定义因子 A,B,C,D,Model estamate 设定要分析的因子及交互作用,A * D 和 B * C 没有设定,默认用作混杂区组,Size design=16 设定试验规模为 16 次试验,Blocks nblocks=4 设定区组数为 4,Output 指定结果输出数据集,Examine aliasing 检查别名,即列出区组混杂到哪些效应上,Print 为输出过程。

程序运行结果如表 9.12 所示：

表 9.12　SAS 软件设计的 4 因子 4 区组混杂设计

Obs	*Block*	*A*	*B*	*C*	*D*
1	1	−1	−1	−1	1
2	1	−1	1	1	1

续表 9.12

Obs	*Block*	*A*	*B*	*C*	*D*
3	1	1	−1	−1	−1
4	1	1	1	1	−1
5	2	−1	−1	1	1
6	2	−1	1	−1	1
7	2	1	−1	1	−1
8	2	1	1	−1	−1
9	3	−1	−1	1	−1
10	3	−1	1	−1	−1
11	3	1	−1	1	1
12	3	1	1	−1	1
13	4	−1	−1	−1	−1
14	4	−1	1	1	−1
15	4	1	−1	−1	1
16	4	1	1	1	1

SAS 运行结果说明，[B]＝A＊D 和[B]＝B＊C 说明区组[B]混杂在高级交互作用 A＊D、B＊C 及其交互作用 A＊B＊C＊D，将表 9.12 中的－1 水平和 1 水平分别替换成 1 水平和 2 水平即可。

同理，对于 5 个 2 水平因子 A，B，C，D 和 E 的混杂设计，设置 4 个区组时，需采用正交表 $L_{32}(2^{31})$，5 个因子分别放置于正交表的 5 个基本列，即第 1，2，4，8，16 列。区组可以放置于交互作用列 $A\times D\times E$（第 25 列）和 $B\times C\times E$（第 18 列）合并而成的 4 水平列，同时需要划去交互作用列 $A\times D\times E$ 和 $B\times C\times E$ 的交互作用列 $A\times B\times C\times D$（第 11 列），即可得到 4 个区组，区组容量为 8 的混杂设计。

9.2.2　部分混杂设计

在进行混杂设计时，每次重复试验的区组都和相同的交互作用混杂在一起，则这个交互作用就无法进行分析和估计。若试验要考察所有的交互作用，则可以每次采用不同的重复混杂不同的交互作用，称为部分混杂设计。这样每个交互作用的信息可以得到部分恢复，所有的交互作用都可以进行统计分析。

【例 9.3】　牧草施肥三要素氮（N）、磷（P）、钾（K）试验，每个因子设置 2 个水平，安排 4 次重复，欲进行部分混杂设计试验（韩汉鹏，2006）。

本试验选择正交表 $L_8(2^7)$ 进行部分混杂设计，每次重复区组混杂一个不同的交互作用，重复 1 区组混杂交互作用 $N\times P$，重复 2 区组混杂交互作用 $N\times P\times K$，重复 3 区组混杂交互作用 $P\times K$，重复 4 区组混杂交互作用 $N\times K$，其设计如表 9.13 所示。部分混杂的牧草施肥方案如图 9.2 所示。

表 9.13　牧草施肥试验的部分混杂设计

区组混杂			重复 1		重复 4	重复 3	重复 2
因子	***N***	***P***	***N×P***	***K***	***N×K***	***P×K***	***N×P×K***
试验号	**1**	**2**	**3**	**4**	**5**	**6**	**7**
1	1	1	1	1	1	1	1
2	1	1	1	2	2	2	2
3	1	2	2	1	1	2	2
4	1	2	2	2	2	1	1
5	2	1	2	1	2	1	2
6	2	1	2	2	1	2	1
7	2	2	1	1	2	2	1
8	2	2	1	2	1	1	2

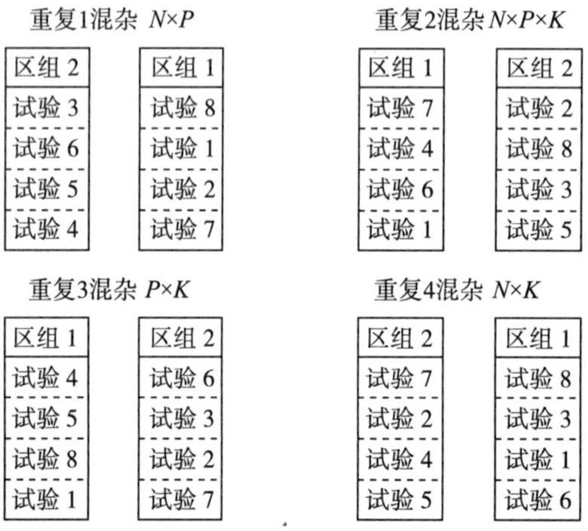

图 9.2　牧草施肥试验部分混杂设计田间实施方案

9.3　两水平混杂设计的统计分析

两水平混杂设计的试验同样需要方差分析的方法进行统计分析，可以参考前述正交设计的统计分析方法。例 9.1 的香茅草施肥试验数据整理后如表 9.14 所示。

表 9.14　香茅草施肥混杂设计试验数据

因子	***N***	***P***	***K***	***Block***	***Y***		
No.	**1**	**2**	**4**	**7**	**重复 1**	**重复 2**	**重复 3**
1	1	1	1	1	1.35	1.15	1.03
2	1	1	2	2	1.38	1.24	1.20
3	1	2	1	2	1.42	1.19	1.18
4	1	2	2	1	1.38	1.10	0.99
5	2	1	1	2	1.45	1.37	1.24

续表 9.14

因子	N	P	K	Block	Y		
No.	1	2	4	7	重复 1	重复 2	重复 3
6	2	1	2	1	1.45	1.27	0.95
7	2	2	1	1	1.45	1.33	1.27
8	2	2	2	2	1.38	1.24	1.09

其 R 语言的统计分析程序如下：

```
#RA9.1
N=factor(rep(1:2, each=4, times=3))
#N=factor(c(1,1,1,1,2,2,2,2,1,1,1,1,2,2,2,2,1,1,1,1,2,2,2,2))
P=factor(rep(1:2, each=2, times=6))
#P=factor(c(1,1,2,2,1,1,2,2,1,1,2,2,1,1,2,2,1,1,2,2,1,1,2,2))
K=factor(rep(1:2, times=12))
#K=factor(c(1,2,1,2,1,2,1,2,1,2,1,2,1,2,1,2,1,2,1,2,1,2,1,2))
Block=factor(c(1,2,2,1,2,1,1,2,1,2,2,1,2,1,1,2,1,2,2,1,2,1,1,2))
Rep=factor(rep(1:3, each=8))
#Rep=factor(c(1,1,1,1,1,1,1,1,2,2,2,2,2,2,2,2,3,3,3,3,3,3,3,3))
Y=c(1.35, 1.38, 1.42, 1.38, 1.45, 1.45, 1.45, 1.38, 1.15, 1.24, 1.19, 1.10,
    1.37, 1.27, 1.33, 1.24, 1.03, 1.2, 1.18, 0.99, 1.24, 0.95, 1.27, 1.09)
fragrantgrass=data.frame(N, P, K, Block, Rep, Y)
aovmodel=aov(Y ~ Block/Rep+(N+P+K)^2, data=fragrantgrass)
summary(aovmodel)
```

程序简要说明：

N，P，K 为 3 个施肥试验因子，Block 为混杂的区组效应，Rep 为重复编号，Y 为香茅草产量，fragrantgrass 为试验数据集合成的数据框，aov( )为方差分析函数，方差分析的模型中，Block/Rep 为区组嵌套在重复之下，(N+P+K)^2 表示 N、P、K 的主效应以及所有的两因子交互作用。

程序主要运行结果如下：

```
            Df Sum Sq Mean Sq F value   Pr(>F)
Block        1 0.0181 0.01815   4.721  0.0505 .
N            1 0.0323 0.03227   8.393  0.0134 *
P            1 0.0002 0.00015   0.039  0.8467
K            1 0.0241 0.02407   6.260  0.0278 *
Block:Rep    4 0.3513 0.08783  22.847 1.54e-05 ***
N:P          1 0.0006 0.00060   0.156  0.6997
N:K          1 0.0204 0.02042   5.311  0.0399 *
P:K          1 0.0131 0.01307   3.399  0.0901 .
Residuals   12 0.0461 0.00384
---
Signif.codes:  0 '***' 0.001 '**' 0.01 '*' 0.05 '.' 0.1 ' ' 1
```

程序分析结果表明：氮肥和磷肥交互作用不显著（$N:P, df=1, F=0.156, P=0.6997>0.05$），可以将其作为误差项重新进行方差分析。修改R语言方差分析程序如下：

```
aovmodel=aov(Y ~ Block/Rep+N+P+K+N:K+P:K, data=fragrantgrass)
summary(aovmodel)
library(agricolae)
duncan.test(aovmodel, "N", console=TRUE)
duncan.test(aovmodel, "K", console=TRUE)
duncan.test(aovmodel, c("N","K"), console=TRUE)
duncan.test(aovmodel, c("P","K"), console=TRUE)
```

程序主要运行结果：

```
              Df Sum Sq Mean Sq F value   Pr(>F)
Block          1 0.0181 0.01815   5.049  0.0426   *
N              1 0.0323 0.03227   8.976  0.0103   *
P              1 0.0002 0.00015   0.042  0.8413
K              1 0.0241 0.02407   6.695  0.0225   *
Block:Rep      4 0.3513 0.08783  24.433  6.04e-06 ***
N:K            1 0.0204 0.02042   5.679  0.0331   *
P:K            1 0.0131 0.01307   3.635  0.0789   .
Residuals     13 0.0467 0.00359
---
Signif.codes:  0 '***' 0.001 '**' 0.01 '*' 0.05 '.' 0.1 ' ' 1

Duncan's new multiple range test for Y

Mean Square Error:  0.003594872
Alpha: 0.05 ; DF Error: 13

Study:aovmodel ~ "N"

Critical Range
         2
0.0528803

Means with the same letter are not significantly different.

          Y groups
2 1.290833      a
1 1.217500      b

Study:aovmodel ~ "K"

Critical Range
         2
0.0528803

Means with the same letter are not significantly different.

          Y groups
1 1.285833      a
```

```
2 1.222500        b

Study:aovmodel ~ c("N", "K")

Critical Range
         2          3          4
0.07478404 0.07832366 0.08049013

Means with the same letter are not significantly different.

           Y groups
2:1 1.351667      a
2:2 1.230000      b
1:1 1.220000      b
1:2 1.215000      b

Study:aovmodel ~ c("P", "K")

Critical Range
         2          3          4
0.07478404 0.07832366 0.08049013

Means with the same letter are not significantly different.

           Y groups
2:1 1.306667     a
1:1 1.265000    ab
1:2 1.248333    ab
2:2 1.196667     b
```

程序分析结果表明：各项效应的显著性，区组效应极显著（*Block*:*Rep*，$df=4$，$F=24.433$，$P=6.04e-6<0.01$），说明区组的混杂设计是有意义的，氮肥效应显著（N，$df=1$，$F=8.976$，$P=0.010<0.05$），磷肥效应不显著（P，$df=1$，$F=0.042$，$P=0.841>0.05$），钾肥效应显著（K，$df=1$，$F=6.695$，$P=0.023<0.05$），氮肥和钾肥交互作用显著（$N\times K$，$df=1$，$F=5.679$，$P=0.033<0.05$），磷肥和钾肥交互作用在 0.1 水平下显著（$P\times K$，$df=1$，$F=3.635$，$P=0.079<0.1$）。

均值比较结果：在 0.05 的显著水平下，氮肥水平 N2 产量（1.291）显著高于水平 N1（1.218），钾肥水平 K1 产量（1.286）显著高于水平 K2（1.223），氮肥和钾肥交互作用处理组合 N2K1 的产量（1.352）显著高于其他处理组合，磷肥和钾肥交互作用处理组合 P2K1 的产量（1.307）显著高于处理组合 P2K2，但与 P1K1、P1K2 无显著差异。

综上所述，香茅草施肥试验最佳施肥组合为 N2P2K1。

例 9.3 的牧草施肥试验数据经整理后如表 9.15 所示。

表 9.15　牧草施肥混杂设计试验数据

因子	*N*	*P*	*K*	混杂区组分组				*Y*			
No.	1	2	4	1	2	3	4	重复 1	重复 2	重复 3	重复 4
1	1	1	1	1	1	1	1	3 580	3 665	3 530	3 480

续表 9.15

因子	*N*	*P*	*K*	混杂区组分组				*Y*			
No.	1	2	4	1	2	3	4	重复 1	重复 2	重复 3	重复 4
2	1	1	2	1	2	2	2	4 270	4 320	4 165	4 280
3	1	2	1	2	2	2	1	4 135	3 980	4 275	4 190
4	1	2	2	2	1	1	2	4 225	4 315	4 295	4 120
5	2	1	1	2	2	1	2	3 155	3 175	3 195	3 250
6	2	1	2	2	1	2	1	4 170	3 970	3 810	4 030
7	2	2	1	1	1	2	2	4 185	4 255	4 205	4 175
8	2	2	2	1	2	1	1	4 465	4 580	4 510	4 575

其 R 语言的统计分析程序如下：

```
#RA9.3
N=factor(rep(1:2, each=4, times=4))
#N=factor(c(1,1,1,1,2,2,2,2,1,1,1,1,2,2,2,2,1,1,1,1,2,2,2,2,1,1,1,1,2,2,2,2))
P=factor(rep(1:2, each=2, times=8))
#P=factor(c(1,1,2,2,1,1,2,2,1,1,2,2,1,1,2,2,1,1,2,2,1,1,2,2,1,1,2,2,1,1,2,2))
K=factor(rep(1:2, times=16))
#K=factor(c(1,2,1,2,1,2,1,2,1,2,1,2,1,2,1,2,1,2,1,2,1,2,1,2,1,2,1,2,1,2,1,2))
Block=factor(c(1,1,2,2,2,2,1,1,1,2,2,1,2,1,1,2,1,2,2,1,1,2,2,1,1,2,1,2,2,1,2,1))
Rep=factor(rep(1:4, each=8))
#Rep=factor(c(1,1,1,1,1,1,1,1,2,2,2,2,2,2,2,2,3,3,3,3,3,3,3,3,4,4,4,4,4,4,4,4))
Y=c(3580, 4270, 4135, 4225, 3155, 4170, 4185, 4465, 3665, 4320, 3980,
    4315, 3175, 3970, 4255, 4580, 3530, 4165, 4275, 4295, 3195, 3810,
    4205, 4510, 3480, 4280, 4190, 4120, 3250, 4030, 4175, 4575)
forage=data.frame(N, P, K, Block, Rep, Y)

aovmodel=aov(Y ~ Block/Rep+N*P*K, data=forage)
summary(aovmodel)
```

程序简要说明：

N,P,K 为 3 个施肥试验因子，Block 为混杂的区组效应，Rep 为重复编号，Y 为香茅草产量，forage 为试验数据集合成的数据框，aov( )为方差分析函数，方差分析的模型中，Block/Rep 为区组嵌套在重复之下，N * P * K 表示 N，P，K 的主效应以及所有的交互作用。

程序主要运行结果：

```
            Df  Sum Sq Mean Sq F value   Pr(>F)
Block        1    7503    7503   0.812 0.3802
N            1   39200   39200   4.240 0.0551   .
P            1 2226050 2226050 240.790 1.81e-11 ***
K            1 1838403 1838403 198.858 8.21e-11 ***
Block:Rep    6  215831   35972   3.891 0.0125   *
N:P          1  409509  409509  44.296 4.06e-06 ***
```

```
N:K           1    34504     34504     3.732   0.0702   .
P:K           1    474609    474609    51.338  1.58e-06 ***
N:P:K         1    18150     18150     1.963   0.1792
Residuals    17    157161    9245
---
Signif. codes:  0 '***' 0.001 '**' 0.01 '*' 0.05 '.' 0.1 ' ' 1
```

程序分析结果表明：氮肥、磷肥和钾肥的交互作用不显著($N \times P \times K, df=1, F=1.96, P=0.179>0.05$)，氮肥和钾肥的交互作用不显著($N \times K, df=1, F=3.73, P=0.070>0.05$)，可以将其作为误差项，重新进行方差分析。修改 R 语言方差分析程序如下：

```
aovmodel=aov(Y ~ Block/Rep+N+P+K+N:P+P:K, data=forage)
summary(aovmodel)

library(agricolae)
duncan.test(aovmodel, "P", console=TRUE)
duncan.test(aovmodel, "K", console=TRUE)
duncan.test(aovmodel, c("N","P"), console=TRUE)
duncan.test(aovmodel, c("P","K"), console=TRUE)
```

程序主要运行结果：

```
             Df  Sum Sq  Mean Sq  F value    Pr(>F)
Block         1    7503     7503    0.679    0.4200
N             1   39200    39200    3.550    0.0749 .
P             1 2226050  2226050  201.582   1.44e-11 ***
K             1 1838403  1838403  166.478   7.54e-11 ***
Block:Rep     6  215831    35972    3.257    0.0225 *
N:P           1  409509   409509   37.083   7.43e-06 ***
P:K           1  474609   474609   42.979   2.81e-06 ***
Residuals    19  209816    11043
---
Signif. codes:  0 '***' 0.001 '**' 0.01 '*' 0.05 '.' 0.1 ' ' 1

Duncan's new multiple range test for Y

Mean Square Error:  11042.93
Alpha: 0.05 ; DF Error: 19

Study:aovmodel ~ "P"

Critical Range
      2
77.7627

Means with the same letter are not significantly different.
           Y groups
2 4280.312      a
1 3752.812      b
```

```
Study:aovmodel ~ "K"

Critical Range
       2
77.7627

Means with the same letter are not significantly different.
            Y groups
2 4256.250       a
1 3776.875       b

Study:aovmodel ~ c("N", "P")

Critical Range
         2          3          4
109.9731 115.4117 118.8566

Means with the same letter are not significantly different.
              Y groups
2:2 4368.750       a
1:2 4191.875       b
1:1 3911.250       c
2:1 3594.375       d

Study:aovmodel ~ c("P", "K")

Critical Range
         2          3          4
109.9731 115.4117 118.8566

Means with the same letter are not significantly different.
              Y groups
2:2 4385.625       a
2:1 4175.000       b
1:2 4126.875       b
1:1 3378.750       c
```

程序分析结果表明：各项效应的显著性，区组效应显著（*Block*:*Rep*，$df=6$，$F=3.257$，$P=0.023<0.05$），说明区组的混杂设计是有意义的，氮肥效应不显著（N，$df=1$，$F=3.550$，$P=0.075>0.05$），磷肥效应极显著（P，$df=1$，$F=201.582$，$P=1.44\text{e}-11<0.01$），钾肥效应极显著（K，$df=1$，$F=166.478$，$P=7.54\text{e}-11<0.01$），氮肥和磷肥交互作用极显著（$N:P$，$df=1$，$F=37.083$，$P=7.43\text{e}-6<0.01$），磷肥和钾肥交互作用极显著（$P:K$，$df=1$，$F=42.979$，$P=2.81\text{e}-6<0.01$）。

均值比较结果：在 0.05 的显著水平下，磷肥水平 P2 产量（4 280.312）显著高于水平 P1（3 752.812），钾肥水平 K2 产量（4 256.250）显著高于水平 K1（3 776.875），氮肥和磷肥交互作用处理组合 N2P2 的产量（4 368.750）显著高于其他处理组合，磷肥和钾肥交互作用处理组合 P2K2 的产量（4 385.625）显著高于其他处理组合。

综上所述，牧草施肥试验最佳施肥组合为 N2P2K2。

9.4 三水平混杂设计的实现

三水平的因子在进行混杂设计时，同样需要将区组效应混杂在高级交互作用列上，且其交互作用要占用两列乃至更多，使用其中任意一个交互作用列混杂区组，则可以分成 3 个区组，其余的交互作用列用来作为误差项。若使用两个高级交互作用列和其交互作用列混杂区组，则可以分成 9 个区组，采用同样的方法还可以混杂设计为更多的区组。

下面以一个比较简单的三水平混杂设计分为 3 个区组为例，介绍三水平的混杂设计。

【例 9.4】 某地油菜施肥试验，考察氮肥(N)、磷肥(P)、钾肥(K)3 种肥料对油菜籽产量的影响，同时欲考察因子间的一阶交互作用，每种肥料设置 3 个水平，由于试验场地的限制，欲采用混杂设计安排试验(韩汉鹏，2006)。

①使用正交表进行混杂设计。本试验选择正交表 $L_{27}(3^{13})$进行混杂设计，3 个因子氮肥(N)、磷肥(P)、钾肥(K)分别放置于正交表的 3 个基本列，即第 1，2，5 列，区组效应放置于 3 因子交互作用 $N\times P\times K$ 所占 4 列(第 9，10，12，13 列)中的任意一列即可，比如置于第 12 列。其混杂设计如表 9.16 所示。

表 9.16 油菜施肥试验混杂设计

区组												Block		
因子	N	P			K				$N\times P\times K$	$N\times P\times K$		$N\times P\times K$	$N\times P\times K$	Y
No.	1	2	3	4	5	6	7	8	9	10	11	12	13	kg
1	1	1	1	1	1	1	1	1	1	1	1	1	1	4
2	1	1	1	1	2	2	2	2	2	2	2	2	2	6
3	1	1	1	1	3	3	3	3	3	3	3	3	3	5
4	1	2	2	2	1	1	1	2	2	2	3	3	3	7
5	1	2	2	2	2	2	2	3	3	3	1	1	1	7
6	1	2	2	2	3	3	3	1	1	1	2	2	2	8
7	1	3	3	3	1	1	1	3	3	3	2	2	2	6
8	1	3	3	3	2	2	2	1	1	1	3	3	3	6
9	1	3	3	3	3	3	3	2	2	2	1	1	1	9
10	2	1	1	3	1	2	3	1	2	3	1	2	3	6
11	2	1	2	3	2	3	1	2	3	1	2	3	1	6
12	2	1	3	3	3	1	2	3	1	2	3	1	2	6
13	2	2	1	1	1	2	3	2	3	1	3	1	2	10
14	2	2	2	1	2	3	1	3	1	2	1	2	3	9
15	2	2	3	1	3	1	2	1	2	3	2	3	1	9
16	2	3	1	2	1	2	3	3	1	2	2	3	1	14
17	2	3	2	2	2	3	1	1	2	3	3	1	2	12

续表 9.16

区组												Block		
因子	*N*	*P*			*K*				*N*×*P*×*K*	*N*×*P*×*K*		*N*×*P*×*K*	*N*×*P*×*K*	*Y*
No.	1	2	3	4	5	6	7	8	9	10	11	12	13	kg
18	2	3	3	2	3	1	2	2	3	1	1	2	3	11
19	3	1	3	2	1	3	2	1	3	2	1	3	2	4
20	3	1	3	2	2	1	3	2	1	3	2	1	3	4
21	3	1	3	2	3	2	1	3	2	1	3	2	1	7
22	3	2	1	3	1	3	2	2	1	3	3	2	1	11
23	3	2	1	3	2	1	3	3	2	1	1	3	2	12
24	3	2	1	3	3	2	1	1	3	2	2	1	3	11
25	3	3	2	1	1	3	2	3	2	1	2	1	3	13
26	3	3	2	1	2	1	3	1	3	2	3	2	1	13
27	3	3	2	1	3	2	1	2	1	3	1	3	2	12

试验的区组(*Block*)分组按照第 12 列水平划分，经过区组随机化和区组内处理随机化后，试验方案如图 9.3 所示。

区组 2	区组 1	区组 3
试验 26 N3P3K2	试验 20 N3P1K2	试验 03 N1P1K3
试验 22 N3P2K1	试验 12 N2P1K3	试验 04 N1P2K1
试验 10 N2P1K1	试验 13 N2P2K1	试验 23 N3P2K2
试验 07 N1P3K1	试验 01 N1P1K1	试验 19 N3P1K1
试验 18 N2P3K3	试验 05 N1P2K2	试验 11 N2P1K2
试验 14 N2P2K2	试验 24 N3P2K3	试验 15 N2P2K3
试验 06 N1P2K3	试验 25 N3P3K1	试验 08 N1P3K2
试验 21 N3P1K3	试验 09 N1P3K3	试验 27 N3P3K3
试验 02 N1P1K2	试验 17 N2P3K2	试验 16 N2P3K1

图 9.3 油菜施肥试验混杂设计方案

②使用软件实现混杂设计。同理，使用 SAS 软件实现例 9.4 油菜施肥试验的混杂设计 SAS 程序如下：

```
 * SAS9.4;
Proc Factex;
  Factors A B C/nlev=3;
  Model estamate=(A B C A*B A*C B*C);
  Blocks nblocks=3;
  Output out=cd4;
  Examine aliasing;
Run;

Proc Print data=cd4;
Run;
```

程序简要说明:Factex 为扩展的析因设计过程,Factors 定义因子 A,B,C,nlev=3 因子的水平均为 3,Model estamate 设定要分析的效应为主效应和一阶交互作用,Blocks nblocks=3 设定区组数为 3,Output 指定结果输出数据集,Examine aliasing 检查别名,即列出区组混杂到哪些效应上,Print 为输出过程。

程序运行结果如表 9.17 所示:

表 9.17　SAS 软件设计的 3 因子 3 水平 3 区组混杂设计

Obs	*Block*	A	B	C
1	1	−1	−1	−1
2	1	−1	0	1
3	1	−1	1	0
4	1	0	−1	1
5	1	0	0	0
6	1	0	1	−1
7	1	1	−1	0
8	1	1	0	−1
9	1	1	1	1
10	2	−1	−1	1
11	2	−1	0	0
12	2	−1	1	−1
13	2	0	−1	0
14	2	0	0	−1
15	2	0	1	1
16	2	1	−1	−1
17	2	1	0	1
18	2	1	1	0
19	3	−1	−1	0
20	3	−1	0	−1
21	3	−1	1	1
22	3	0	−1	−1
23	3	0	0	1
24	3	0	1	0
25	3	1	−1	1
26	3	1	0	0
27	3	1	1	−1

SAS 运行结果说明,区组混杂在高级交互作用 $A \times B \times C$,即正交表 $L_{27}(3^{13})$的第 15 列,将表 9.17 中 A 和 B 两列的水平−1,水平 0 和水平 1 分别替换成水平 1,水平 2 和水平 3,将 C 列中的水平−1,水平 0 和水平 1 分别替换成水平 1,水平 3 和水平 2 即可。

9.5 三水平混杂设计的统计分析

三水平混杂设计的试验同样需要方差分析法进行统计分析，可以参考前述正交设计的统计分析方法。

例 9.4 的油菜施肥试验，试验指标为每小区的油菜籽产量(kg)，试验数据经整理列于表 9.16 的最后 1 列。

其 R 语言的统计分析程序如下：

```
#RA9.4
N=factor(rep(1:3, each=9))
#N=factor(c(1,1,1,1,1,1,1,1,1,2,2,2,2,2,2,2,2,2,3,3,3,3,3,3,3,3,3))
P=factor(rep(1:3, each=3, times=3))
#P=factor(c(1,1,1,2,2,2,3,3,3,1,1,1,2,2,2,3,3,3,1,1,1,2,2,2,3,3,3))
K=factor(rep(1:3, times=9))
#K=factor(c(1,2,3,1,2,3,1,2,3,1,2,3,1,2,3,1,2,3,1,2,3,1,2,3,1,2,3))
Block=factor(c(1,2,3,3,1,2,2,3,1,2,3,1,1,2,3,3,1,2,3,1,2,2,3,1,1,2,3))
Y=c(4,6,5,7,7,8,6,6,9,6,6,6,10,9,9,14,12,11,4,4,7,11,12,11,13,13,12)
rapeseed=data.frame(N, P, K, Block, Y)

aovmodel=aov(Y ~ Block+(N+P+K)^2, data=rapeseed)
summary(aovmodel)
```

程序简要说明：

N,P,K 为 3 个施肥试验因子，Block 为混杂的区组效应，Y 为油菜籽产量，rapeseed 为试验数据集合成的数据框，aov( )为方差分析函数，方差分析的模型中，(N+P+K)^2 表示 N,P,K 的主效应以及所有的两因子交互作用。

程序主要运行结果：

```
          Df  Sum Sq Mean Sq F value   Pr(>F)
Block      2    0.22    0.11   0.062  0.940016
N          2   54.89   27.44  15.437  0.004308 **
P          2  138.67   69.33  39.000  0.000364 ***
K          2    0.67    0.33   0.187  0.833706
N:P        4   31.78    7.94   4.469  0.051521 .
N:K        4    7.11    1.78   1.000  0.475200
P:K        4    2.67    0.67   0.375  0.819200
Residuals  6    0.67    1.78
---
Signif.codes:  0 '***' 0.001 '**' 0.01 '*' 0.05 '.' 0.1 ' ' 1
```

程序分析结果表明：

氮肥和钾肥交互作用($N:K, df=4, F=1.00, P=0.475>0.05$)与磷肥和钾肥交互作用

($P:K,df=4,F=0.375,P=0.819>0.05$)均不显著，可以将其作为误差项，重新进行方差分析。修改 R 语言分析程序如下：

```
aovmodel=aov(Y ~ Block+N+P+K+N:P, data=rapeseed)
summary(aovmodel)

library(agricolae)
duncan.test(aovmodel, "N", console=TRUE)
duncan.test(aovmodel, "P", console=TRUE)
duncan.test(aovmodel, c("N","P"), console=TRUE)
```

程序主要运行结果：

```
            Df Sum Sq Mean Sq F value   Pr(>F)
Block        2   0.22    0.11   0.076 0.927116
N            2  54.89   27.44   8.793 0.000108 ***
P            2 138.67   69.33  47.478 5.78e-07 ***
K            2   0.67    0.33   0.228 0.798821
N:P          4  31.78    7.94   5.440 0.007413 **
Residuals   14  20.44    1.46
---
Signif.codes:  0 '***' 0.001 '**' 0.01 '*' 0.05 '.' 0.1 ' ' 1

Duncan's new multiple range test for Y

Mean Square Error:  1.460317
Alpha: 0.05 ; DF Error: 14

Study:aovmodel ~ "N"

Critical Range
       2        3
1.221804 1.280257

Means with the same letter are not significantly different.

          Y groups
3 9.666667      a
2 9.222222      a
1 6.444444      b

Study:aovmodel ~ "P"

Critical Range
       2        3
1.221804 1.280257

Means with the same letter are not significantly different.

          Y groups
3 10.666667      a
2  9.333333      b
1  5.333333      c
```

```
Study:aovmodel ~ c("N", "P")

Critical Range
       2        3        4        5        6        7        8        9
2.116226 2.217470 2.279955 2.322191 2.352212 2.374189 2.390549 2.402816

Means with the same letter are not significantly different.

             Y groups
3:3 12.666667      a
2:3 12.333333      a
3:2 11.333333     ab
2:2  9.333333     bc
1:2  7.333333     cd
1:3  7.000000     de
2:1  6.000000     de
1:1  5.000000      e
3:1  5.000000      e
```

程序分析结果表明：各项效应显著性：区组效应不显著（$Block, df=2, F=0.076, P=0.927>0.05$），氮肥效应极显著（$N, df=2, F=18.793, P=0.000\ 108<0.01$），磷肥效应极显著（$P, df=2, F=47.48, P=5.78e-7<0.01$），钾肥效应不显著（$K, df=2, F=0.228, P=0.799>0.05$），氮肥和磷肥交互作用极显著（$N:P, df=4, F=5.44, P=0.007\ 41<0.01$）。

均值比较结果：在 0.05 的显著水平下，氮肥水平 N3 和 N2 产量没有显著差异，但它们的产量显著高于水平 N1；磷肥水平 P3 产量显著高于水平 P1 和 P2，水平 P2 产量显著高于水平 P1；氮肥和磷肥交互作用处理组合 N3P3，N2P3 和 N3P2 产量没有显著差异，但它们的产量显著高于其他处理组合。钾肥 K 水平间无显著差异，从节约成本考虑，取最低施肥水平 K1 即可。

综上所述，油菜籽产量施肥试验最佳施肥组合为 N3P3K1 或 N2P3K1。

第 10 章　回归设计

在回归分析中，回归方程的预测效果不仅受到建立的回归模型的影响，还受到所安排的试验点的影响。传统的回归分析仅是对已有的试验数据建立回归模型的分析方法，试验前通常并未认真考虑如何安排这些试验点的问题，故而这些试验点在因子空间的分布是随机的，散乱而不均匀的。传统的回归分析除了未考虑试验点如何安排，而且对回归方程的拟合精度也很少研究，这样不仅是盲目地设置试验点，而且获得的试验数据往往也不能充分提供有用信息。

在科学试验和实际生产中，为了寻求最佳的工艺措施，往往需要使用尽量少的试验数据来建立精度较高的回归方程，为此需要主动地将试验安排、数据处理和回归方程的拟合精度统一考虑。

根据试验目的和数据分析的要求，应在因子空间中选择分布合理的试验点，使每一个试验点上的数据含有最多的信息，从而减少试验次数，并且使数据分析具有一些优良的统计性质，这便是近些年发展起来的回归设计（RD，Regressional Design），也称响应面设计（RSD，Response Surface Design）或反应面设计，它使回归分析摆脱了仅分析已有数据的被动局面。

回归设计方法最早是由英国统计学家 Box 在 20 世纪 50 年代初针对化工工艺生产中的实际问题提出的，之后又成功地推广到冶金、机械、制药、农业和生物等其他领域，如今回归设计方法已经在各个科研领域内广泛使用。

10.1　回归设计概述

在工艺参数优化的复因子试验中，期望寻找到一个工艺参数组合使工艺指标最优或成本最节省。在可行的因子空间内，建立试验指标与各因子之间的数学模型，即回归方程，通过对回归方程求极值，即可得到最优工艺参数组合。

由于建立回归方程通常是以连续性的变量为基础，因此回归设计试验所涉及的因子一般都是定量因子，此处的因子也称为变量或自变量。

10.1.1　回归设计的模型

假设在回归设计试验中，有 p 个定量因子 $x_1, x_2, x_3, \cdots, x_p$，试验指标为 y，假定试验指标和定量因子存在如下数量关系：

$$y = f(x_1, x_2, \cdots, x_p) + \varepsilon$$

式中，f 为试验指标和自变量间的函数关系，通常称为响应函数，ε 为随机误差，服从均值为 0、方差为 σ^2 的正态分布。

当函数 f 的表达形式已知时，可以通过优化方法寻找各个因子的最优值，然而通常情况下函数 f 的真实表达形式很难找到，甚至找不到，此时在数学上可以通过一个多项式去逼近它，常用的多项式回归模型为一次回归模型和二次回归模型，具体如下：

$$y = \beta_0 + \sum_{i=1}^{p} \beta_i x_i + \varepsilon$$

$$y = \beta_0 + \sum_{i=1}^{p} \beta_i x_i + \sum_{i=1}^{p} \beta_{ii} x_i^2 + \sum_{i \leqslant j} \beta_{ij} x_i x_j + \varepsilon$$

式中，β_0，β_i，β_{ii}，β_{ij} 为回归系数，x_i，x_j，…，x_p 为定量因子，也称为自变量，ε 为随机误差，服从均值为 0、方差为 σ^2 的正态分布。

在一次回归模型和二次回归模型中，更推荐二次回归模型，原因有以下几点：①一般而言，在众多定量因子和试验指标的数量关系上，除非所有的定量因子和试验指标都是线性关系，才能采用一次回归模型，只要有任何一个因子与试验指标存在非线性回归关系，就需采用非线性的二次回归模型，这样拟合精度更高。②二次回归模型实际上包含了一次回归模型，当二次回归模型中二次项和交叉项都不显著时，二次回归模型自然就退化成一次回归模型。③二次回归模型比一次回归模型能更好地刻画试验指标与各个试验因子的数量关系。④科学试验和生产实践证明，二次回归模型更为多见，更加常用，所以本教材只介绍二次回归模型。

通过试验数据对上述二次多项式回归模型的回归系数进行估计，则得到二次回归方程：

$$\hat{y} = b_0 + \sum_{i=1}^{p} b_i x_i + \sum_{i=1}^{p} b_{ii} x_i^2 + \sum_{i \leqslant j} b_{ij} x_i x_j$$

式中，b_0，b_i，b_{ii}，b_{ij} 为回归系数的估计值，x_i 为一次项，x_i^2 为二次项，$x_i x_j$ 为交叉项，可以解释为变量 x_i 和 x_j 之间的交互作用。

一般包含 p 个自变量的二次回归方程，包含常数项 b_0，其待估计的回归系数的数量有 $1+p+p+\mathrm{C}_p^2=(p+2)(p+1)/2$ 个。比如，2 个自变量的二次回归方程待估计的回归系数为 6 个，其二次回归方程如下：

$$\hat{y} = b_0 + b_1 x_1 + b_2 x_2 + b_{11} x_1^2 + b_{22} x_2^2 + b_{12} x_1 x_2$$

3 个自变量的二次回归方程待估计的回归系数为 10 个，其二次回归方程如下：

$$\hat{y} = b_0 + b_1 x_1 + b_2 x_2 + b_3 x_3 + b_{11} x_1^2 + b_{22} x_2^2 + b_{33} x_3^2 + b_{12} x_1 x_2 + b_{13} x_1 x_3 + b_{23} x_2 x_3$$

二次回归方程所对应的曲面称为二次响应面，其主要类型包括球面、椭球面、圆柱面、椭圆柱面、双曲柱面、抛物柱面、圆锥面、椭圆锥面、抛物面、椭圆抛物面、单叶双曲面、双叶双曲面、双曲抛物面(鞍面)。这些常见的二次响应面基本能较好地描述试验指标和各因子之间的数量关系，从响应面图中也能直观地看出试验指标随各变量的变化趋势。

响应面图只能用三维响应面图展示，即一张响应面图只能安排两个试验因子和一个试验指标，试验指标通常放置于纵轴，两个因子分别放置于横轴和斜轴。假定一个回归设计有 p 个因子，则最多可以生成 C_p^2 张响应面图。例如，2 个因子可以生成 1 张响应面图，3 个因子可以生成 3 张响应面图，4 个因子可以生成 6 张响应面图，6 个因子可以生成 15 张响应面图，随因子数增加，可生成的响应面图数量也急剧增加。在进行回归分析时，如果响应面图比较多，那么可从中挑选因子比较显著的、能明显反应试验指标随因子变化规律的响应面图（一般不超过 10 张）进行分析。

试验指标的期望越大越优时，称为望大特性，多数的试验指标都具有望大特性，比如产量、转化率、回收率等。试验指标的期望越小越优时，称为望小特性，有时候也会用到该指标，比如杂质含量、有害物排放量等。

对回归分析的试验数据应该使用响应面分析（RSA，Response Surface Analysis），其分析过程主要包括二次回归方程的显著性检验、各项回归系数的最小二乘法估计与显著性检验、回归模型的失拟检验、响应面特征分析、驻点性质分析以及极值的寻优计算。

目前，常用的回归设计有三大类：Box-Behnken 设计、中心组合设计和 D 最优回归设计。

10.1.2　因子水平编码

通常情况下，回归设计试验中各个试验因子的量纲不同或单位不同，其取值范围差别更大。为了数据处理上的方便，需要对所有的因子做线性变换，使所有的因子取值范围都变换在同一个尺度上进行回归设计，这一变换过程称为因子水平的编码。

假设因子 x 的取值范围为 $[x_{min},\ x_{max}]$，其编码值的取值范围为 $[-\gamma,\ \gamma]$，其中 γ 为编码参数，则因子 x 的中心值 $x_0=(x_{min}+x_{max})/2$ 对应编码值的 0 水平。根据相似三角形等比例原理，如图 10.1 所示，试验因子任意的实际值 x 和其编码值 x_c 可以相互转换，其转换公式如下：

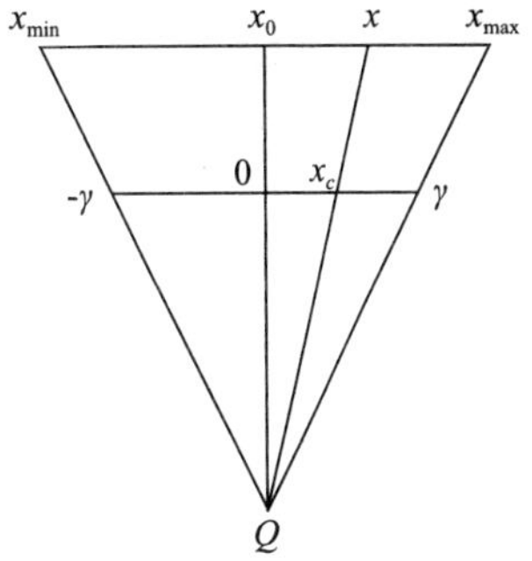

图 10.1　因子编码示意图

$$\Delta=(x_{max}-x_{min})/2\gamma$$

$$x_c=(x-x_0)/\Delta$$

$$x=x_0+x_c\Delta$$

【例 10.1】　某生化产品的生产工艺中，产量受到温度（x_1）和底物浓度（x_2）的影响，其中温度的取值范围为 80～120℃，底物浓度取值范围 20%～40%，编码参数 $\gamma=1.5$，求编码值 $x_c=1$ 对应的温度和底物浓度值。

计算温度实际值：

$$\Delta=(x_{max}-x_{min})/2\gamma=(120-80)/(2\times1.5)=13.333$$

$$x_0=(x_{min}+x_{max})/2=(80+120)/2=100$$

$$x=x_0+x_c\Delta=100+1\times13.333=113.333$$

计算底物浓度实际值：

$$\Delta=(x_{max}-x_{min})/2\gamma=(40-20)/(2\times1.5)=6.667$$

$$x_0=(x_{min}+x_{max})/2=(20+40)/2=30$$

$$x=x_0+x_c\Delta=30+1\times6.667=36.667$$

10.1.3　确定试验中心

可以先通过 Plackett-Burman 设计等预试验确定主要试验因子，接下来要确定回归设计的试验中心及其工艺范围。试验中心即整个回归设计的中心，也就是因子空间的中心点，此处所有因子的编码值均为0。一般而言，如果回归设计的最优工艺条件存在，通常希望它包含于因子空间之内，而其内部的中心点是最大可能靠近最优工艺条件的试验点，所以通常在中心点上安排重复，相当于在最优工艺条件附近安排重复，这对于试验设计非常有利。中心点的重复数一般推荐4～8次，或者根据实际情况而定。

回归设计的中心点可以根据经验确定，也可以安排预试验确定，常见的预试验有因子轮换法和快速攀登法。

1.因子轮换法

在工艺范围内，先固定其他因子在常规水平，只安排第一个因子的多个不同水平的试验，得到第一个因子在工艺范围内的最优值，将其固定在最优值。按照同样的方法，安排第二个因子的不同水平试验，得到第二个因子的最优值。同理，不断轮换因子进行单因子试验，可得到所有试验因子的最优值。

由于因子间交互作用的影响，使得单因子轮换法得到的最优值通常不是真实的最优值，但很有可能已经与真实的最优值非常接近，于是可以将其作为试验中心，在其临近区域内安排一个二次回归设计，从而进一步寻找更为准确的最优工艺条件。

2.快速攀登法

进行回归设计的目的是为了寻找最优的工艺条件，但是在试验刚开始时，设定的工艺参数可能与最优值相去甚远，此时需要寻找一条试验路径，能最快接近试验指标的最优值——快速攀登法便是这样一条快速逼近最优值的方法。快速攀登法又称最陡攀登法、最陡坡度法或陡坡法。

快速攀登法是根据数学上的微分学原理，沿着“梯度方向”选择若干个试验点进行试验，通过观察试验指标的变化，寻找使试验指标接近最优试验点的方法。

先安排一个比较简单的一次或二次回归设计，得到一个回归方程，求各个因子的一阶偏导数，即可得到梯度方向，再沿着梯度方向安排若干次试验，找到使试验指标达到最优的工艺条件，此时的最优值应该在真实的最优值附近。之后以该最优值作为新的试验中心，在其临近区域内再安排一个二次回归设计，从而找到真实的最优工艺条件。

10.1.4 驻点与岭脊分析

1.驻点分析

二次回归方程所对应的曲面称为二次响应面，其驻点也称平稳点，常见的驻点类型有三种，即极大值点、极小值点和鞍点，对于二次回归模型而言，极值即最值。

可以通过二次回归方程在驻点处二次型矩阵的特征值来判断驻点的类型，当所有的特征值都小于0时，驻点是极大值点；当所有的特征值都大于0时，驻点是极小值点；当特征值有正有负时，驻点是鞍点，鞍点不是极值点。

当在试验工艺范围内存在极值点，且极值与试验指标的期望相一致时，极值点就是最优工艺条件。虽然在试验工艺范围内存在极值点，而此极值与试验指标的期望相反时，则此极值点就不是最优工艺条件。比如试验工艺范围内存在极大值点，如果试验指标是望大特性，则越大越好，那么此极大值点就是最优工艺条件；而如果试验指标是望小特性，则越小越好，那么此极大值点就不是最优工艺条件，最优工艺条件将出现在试验工艺范围的边界上。

当极值点存在，但是在试验工艺范围之外，即使与试验指标的期望一致，其预测的可靠性也会大幅降低，如果试验工艺条件允许向外扩展，那么需要在此处重新安排验证试验，或以此为新的试验中心，重新安排一个二次回归设计试验。如果试验工艺条件不允许扩展，那么最优工艺条件将出现在靠近驻点方向的试验工艺范围的边界上。如果极值点与试验指标的期望相反，那么此极值点没有意义，同样需要在试验工艺范围的边界上寻找最优工艺条件。

当驻点为鞍点时，就不是极值点，最优工艺条件也将出现在试验工艺范围的边界上。

2. 岭脊分析

当试验范围内不存在有意义的极值点，且试验工艺条件不能向外扩展时，最优工艺条件将出现在试验工艺范围的边界上。

使用岭脊分析(Ridge Analysis)法可以在试验工艺范围的边界上找到最优工艺条件。岭脊分析从试验中心开始，一步一步沿着梯度方向搜索试验指标的最优值，如果试验指标是望大特性，那么就沿着试验指标增加最快的梯度方向搜索；如果试验指标是望小特性，那么就沿着试验指标下降最快的负梯度方向搜索。沿着梯度方向一直搜索到试验工艺范围的边界上，即可得到最优工艺条件。

离试验中心越远，试验指标预测值的方差越大，预测精度越低。因此，当最优工艺条件在边界上时，远离试验中心。试验指标预测值误差较大、精度较低，需要进行若干次验证试验，有条件的可以在此附近重新安排回归设计试验。

10.2　Box-Behnken 设计

Box-Behnken 设计(BBD，Box-Behnken Design)是由英国统计学家 Box 和 Behnken 提出的一种比较常用的回归设计方法，适用于 3～7 个因子的优化实验，其试验次数相比中心组合设计要少一些。但因为每个因子均为三水平，所以相比五水平的中心组合设计，其拟合精度也要低一些。

Box-Behnken 设计首先假定试验因子和试验指标间存在非线性关系，其试验点由两部分组成：一是选取编码立方体每条棱的中点，或有类似性质的试验点，记此类试验点的个数为 n_b，这些设计点都分布在等距离的球面上，称为球形设计，它们具有旋转性或近似旋转性；二是中心点，即试验中心，所有因子的编码值均为 0，通常在中心点安排 n_0 次重复。

Box-Behnken 设计的每个因子可以取 3 个水平，即 −1，0，1，总试验点个数：

$$n=n_b+n_0$$

比如，一个三因子的 Box-Behnken 设计的试验点，在因子空间的排列如图 10.2 所示，各试验点编码值如表 10.1 所示。

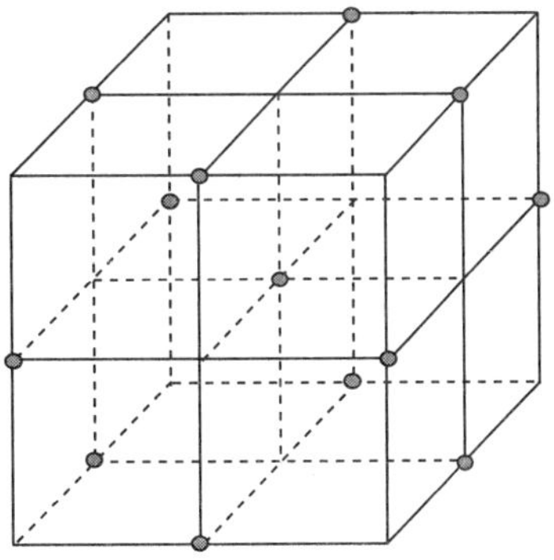

图 10.2　三因子 Box-Behnken 设计的试验点空间排列示意图

表 10.1 三因子 Box-Behnken 设计的试验点编码值

No.	x_1	x_2	x_3
1	−1	−1	0
2	−1	1	0
3	1	−1	0
4	1	1	0
5	0	−1	−1
6	0	−1	1
7	0	1	−1
8	0	1	1
9	−1	0	−1
10	1	0	−1
11	−1	0	1
12	1	0	1
13	0	0	0
14	0	0	0
15	0	0	0

Box-Behnken 设计试验方案中，没有将所有的试验因子同时安排为高水平的试验处理组合，不会超出安全操作范围，这对某些有特殊需求或安全需求的试验尤其重要。

10.2.1 Box-Behnken 设计的实现

【例 10.2】 优化从海带中萃取叶绿素的工艺条件时，选取萃取温度(x_1)、萃取压力(x_2)和夹带剂用量(x_3)3 个对叶绿素萃取影响较大因子进行试验，经过预试验设定因子及其水平。如表 10.2 所示，以提取叶绿素含量(y,mg/g)为试验指标，试采用 Box-Behnken 设计法进行回归设计(郑杰,2016)。

表 10.2 海带叶绿素萃取工艺因子及其水平

因子	水平		
	−1	**0**	**1**
萃取温度(x_1)	30	40	50
萃取压力(x_2)	10	12	14
夹带剂用量(x_3)	2	4	6

使用 R 语言实现 Box-Behnken 设计程序：

```
#RD10.2
library(rsm)
factors=3
m0=4
code=list(x1~(X1-40)/10, x2~(X2-12)/2, x3~(X3-4)/2)
bbd=bbd(factors, n0=m0, block=F, randomize=F, coding=code)
```

```
bbd      #实际值的试验方案
bbdcode=data.frame(bbd)[-c(1:2)]
bbdcode  #编码值的试验方案
```

程序简要说明：

rsm 为回归设计的扩展包，factors 定义因子，形式一：定义因子数量 3，默认为 x1，x2，x3，形式二：定义模型，如 y～x1＋x2＋x3。m0 定义中心点重复数，code 定义因子的编码方式。因子编码说明：x1～(X1－x0)/d，其中 x1 为编码值，X1 为实际值，x0 为实际值的平均值，d 为编码值为±1 对应的实际值差值的一半。bbd( )为 Box-Behnken 设计函数，第一个参数 3 为试验因子数，只能取3～7 个因子，参数 n0 定义中心点的重复次数为 4，参数 block＝F 为本设计不划分区组，只有 4 因子和 5 因子 Box-Behnken 设计可以划分区组，参数 randomize＝F 定义试验设计方案不随机排列，bbd 为因子实际值的设计结果，bbdcode 为因子编码值的设计结果。

程序运行结果经整理后置于表 10.3 中，其中小写字母为因子的编码值，大写字母为因子的实际值。

表 10.3　海带萃取叶绿素的 Box-Behnken 设计方案

No.	x_1	x_2	x_3	X_1	X_2	X_3	y
1	−1	−1	0	30	10	4	2.906
2	1	−1	0	50	10	4	2.635
3	−1	1	0	30	14	4	2.630
4	1	1	0	50	14	4	2.617
5	−1	0	−1	30	12	2	2.820
6	1	0	−1	50	12	2	2.583
7	−1	0	1	30	12	6	2.946
8	1	0	1	50	12	6	2.731
9	0	−1	−1	40	10	2	2.748
10	0	1	−1	40	14	2	2.689
11	0	−1	1	40	10	6	2.872
12	0	1	1	40	14	6	2.739
13	0	0	0	40	12	4	3.121
14	0	0	0	40	12	4	3.164
15	0	0	0	40	12	4	3.085
16	0	0	0	40	12	4	3.058

10.2.2　Box-Behnken 设计的统计分析

例 10.2 中海带萃取叶绿素工艺的 3 因子 Box-Behnken 设计完成后，随机安排试验，并将叶绿素含量数据(y)置于表 10.3 的最后一列。

使用 R 语言进行响应面回归分析，具体程序如下：

```
#RA10.2
#需要先运行其试验设计程序 RD10.2，生成设计方案
y=c(2.906, 2.635, 2.630, 2.617, 2.82, 2.583, 2.946, 2.731,
```

```
    2.748, 2.689, 2.872, 2.739, 3.121, 3.164, 3.085, 3.058)
bbd$y=y
SO.bbd=rsm(y ~ SO(x1,x2,x3), data=bbd)
summary(SO.bbd)
stationary=canonical.path(SO.bbd, dist=0)
stationary
persp(SO.bbd, x1~x2, contours=list(z="bottom", col="colors"), theta=-40, phi=15)
persp(SO.bbd, x1~x3, contours=list(z="bottom", col="colors"), theta=-40, phi=15)
persp(SO.bbd, x2~x3, contours=list(z="bottom", col="colors"), theta=-40, phi=15)
```

程序简要说明：

y为试验指标叶绿素含量，bbd $ y指在数据框bbd中增加一列y，rsm( )响应面回归函数，其回归模型有纯一次项回归模型FO、纯二次项回归模型PQ、纯两因子交互项回归模型TWI及含一次、二次及两因子交互项的回归模型SO；canonical. path( )函数计算过驻点的岭脊线的值，dist=0时为驻点处的函数值；persp( )为透视图函数，用于绘制响应面图，其中参数contours指定同时绘制等高线图，theta指定左右旋转的角度，phi指定前后倾斜的角度。

程序主要运行结果：

```
              Estimate  Std. Error  t value   Pr(>|t|)
(Intercept)   3.107000  0.022738   136.6430  1.036e-11 ***
x1           -0.092000  0.016078   -5.7220   0.0012353 **
x2           -0.060750  0.016078   -3.7784   0.0091977 **
x3            0.056000  0.016078    3.4830   0.0130951 *
x1:x2         0.064500  0.022738    2.8366   0.0296973 *
x1:x3         0.005500  0.022738    0.2419   0.8169245
x2:x3        -0.018500  0.022738   -0.8136   0.4469441
x1^2         -0.201000  0.022738   -8.8398   0.0001165 ***
x2^2         -0.209000  0.022738   -9.1916   9.347e-05 ***
x3^2         -0.136000  0.022738   -5.9812   0.0009806 ***
---
Signif.codes:  0 '***' 0.001 '**' 0.01 '*' 0.05 '.' 0.1 ' ' 1
Multiple R-squared:  0.978,Adjusted R-squared:  0.9449
F-statistic: 29.59 on 9 and 6 DF,  p-value: 0.0002706
Analysis of Variance Table
Response: y
                Df  Sum Sq  Mean Sq F value   Pr(>F)
FO(x1, x2, x3)   3 0.12232 0.040775 19.7162  0.001649
TWI(x1, x2, x3)  3 0.01813 0.006044  2.9224  0.122159
PQ(x1, x2, x3)   3 0.41031 0.136771 66.1340  5.472e-05
Residuals        6 0.01241 0.002068
Lack of fit      3 0.00608 0.002026  0.9603  0.512902
Pure error       3 0.00633 0.002110
```

```
Stationary point of response surface:
        x1         x2        x3
-0.2571329 -0.1944795 0.2139104

Stationary point in original units:
       X1        X2       X3
37.428671 11.611041 4.427821

Eigenanalysis:
eigen() decomposition
$values
[1] -0.1348156 -0.1729362 -0.2382482

$vectors
         [,1]       [,2]        [,3]
x1 -0.0241427 0.7545782   0.6557658
x2 -0.1340233 0.6475926  -0.7501077
x3  0.9906841 0.1059975  -0.0854964

  dist     x1     x2    x3 |     X1     X2    X3 |  yhat
1    0 -0.257 -0.194 0.214 | 37.429 11.612 4.428 | 3.131
```

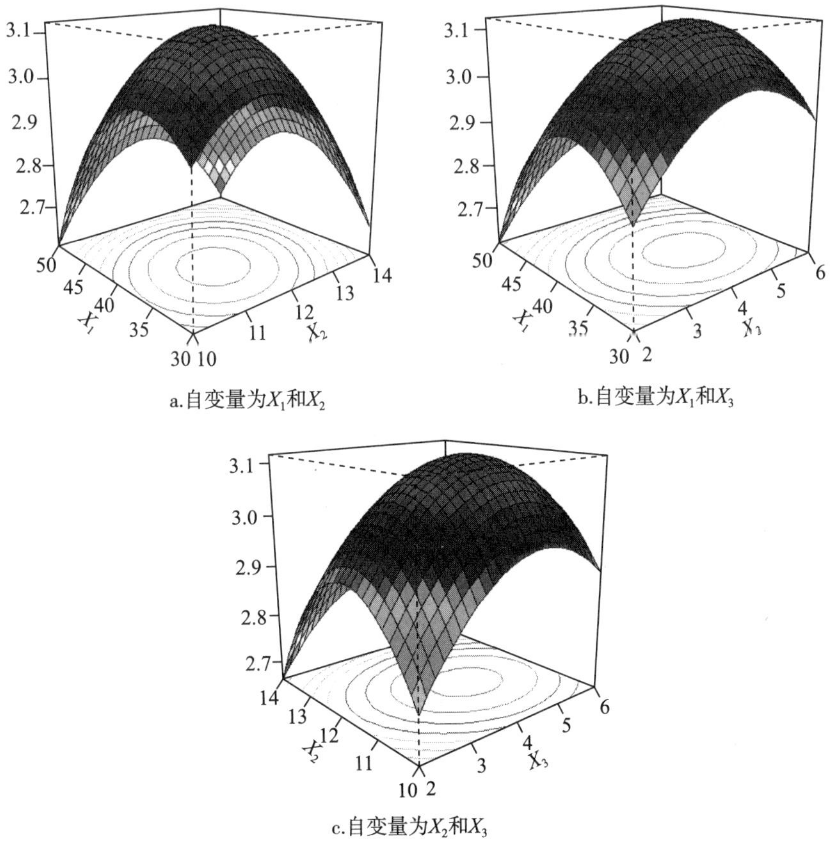

图 10.3　海带叶绿素萃取工艺的响应面

默认以因子的编码值为自变量进行的响应面回归分析，二次回归模型显著性检验，$df_1=9$，$df_2=6$，$F=29.59$，$P=0.000\ 27$，回归关系达极显著，各项回归系数大部分达到了显著或极显著，决定系数 $R^2=0.978$，说明该回归模型能描述大部分试验数据的数量关系。可得各因子为编码值的二次多项式回归方程：

$$\hat{y}=3.107-0.092x_1-0.060\ 75x_2+0.056x_3+0.064\ 5x_1x_2+0.005\ 5x_1x_3$$
$$-0.018\ 5x_2x_3-0.201x_1^2-0.209x_2^2-0.136x_3^2$$

失拟检验，$df=3$，$F=0.960\ 3$，$P=0.513>0.05$，没有失拟，说明回归方程拟合良好。

驻点性质分析，二次回归方程在驻点处二次型矩阵的3个特征值-0.135，-0.173，-0.238均小于0，所以该驻点为极大值点，则在因子编码值为 $x_1=-0.257$，$x_2=-0.195$，$x_3=0.214$ 和实际值为 $X_1=37.429$，$X_2=11.611$，$X_3=4.428$ 处的工艺范围内，叶绿素萃取量存在最大值 $y=3.131$。

分别绘制试验指标和3个因子之间的响应面图，可以绘制 y 与 X_1，X_2；y 与 X_1，X_3；y 与 X_2，X_3三张响应面图，如图10.3所示。从叶绿素萃取量随3个因子的变化趋势看，在工艺范围内存在最优工艺条件。

如果要得到因子为实际值的二次回归方程，需要用因子的实际值进行响应面回归分析，其R语言程序如下：

```
X1=c(30,50,30,50,30,50,30,50,40,40,40,40,40,40,40,40)
X2=c(10,10,14,14,12,12,12,12,10,14,10,14,12,12,12,12)
X3=c(4,4,4,4,2,2,6,6,2,2,6,6,4,4,4,4)
bbd.X=data.frame(X1, X2, X3, y)

SO.X=rsm(y ~ SO(X1,X2,X3), data=bbd.X)
summary(SO.X)
```

程序主要运行结果：

```
              Estimate    Std. Error t value   Pr(>|t|)
(Intercept) -6.18650000  1.09639110  -5.6426  0.0013279 * *
X1           0.11180000  0.02324407   4.8098  0.0029708 * *
X2           1.11312500  0.14581660   7.6337  0.0002636 * * *
X3           0.34450000  0.09409560   3.6612  0.0105647 *
X1:X2        0.00322500  0.00113690   2.8366  0.0296973 *
X1:X3        0.00027500  0.00113690   0.2419  0.8169245
X2:X3       -0.00462500  0.00568452  -0.8136  0.4469441
X1^2        -0.00201000  0.00022738  -8.8398  0.0001165 * * *
X2^2        -0.05225000  0.00568452  -9.1916  9.347e-05 * * *
X3^2        -0.03400000  0.00568452  -5.9812  0.0009806 * * *
---
Signif. codes:  0 '* * *' 0.001 '* *' 0.01 '* ' 0.05 '.' 0.1 ' ' 1

Multiple R-squared:  0.978,Adjusted R-squared:  0.9449
F-statistic: 29.59 on 9 and 6 DF,  p-value: 0.0002706
```

可得因子为实际值的二次回归方程：

$$\hat{y}=-6.1865+0.1118X_1+1.1131X_2+0.3445X_3+0.00323X_1X_2+$$

$$0.00028X_1X_3 - 0.00463X_2X_3 - 0.00201X_1^2 - 0.05225X_2^2 - 0.0304X_3^2$$

10.3 中心组合设计

中心组合设计(CCD,Central Composite Design)是由英国统计学家 Box 和 Wilson(1951)提出的一种比较常用的回归设计方法,是在两水平因子的全面试验或部分试验的基础上发展而来的一种回归设计方法。它采用二次回归方程来拟合试验指标和各因子之间的数量关系,通过回归分析来寻求最优工艺条件的试验设计方法。

10.3.1 中心组合设计概述

1. 中心组合设计的试验点由三部分组成

(1)正交点 采用两水平正交表的 p 个基本列安排 p 个试验因子,将列中的两个水平 1 和水平 2 重新定义为水平 1 和水平 −1,所得到的试验点称为正交点,也称为立方点(Cube Point),它们在因子空间中是编码立方体的顶点或其中的一部分。当因子数比较少时,可以是全因子的试验点;当因子数比较多时,可以 1/2 实施或 1/4 实施等。记正交点的个数为 m_c,则 $m_c=2^p$;1/2 实施时,$m_c=2^{p-1}$;1/4 实施时,$m_c=2^{p-2}$。

(2)主轴点 在每一个因子坐标轴的正负两个方向取等距离的两个试验点,称为主轴点(Axial Point),也称星号点。定义主轴点到试验中心的距离为参数 γ,γ 的取值通常 $\geqslant 1$,则该因子的主轴点取编码值为 γ 和 $-\gamma$,其他因子的编码值均为 0。记主轴点的个数为 m_p,由于有 p 个试验因子,则 $m_p=2p$。

(3)中心点 在试验的中心进行的试验称为中心点(Center Point),即各因子编码值均为 0 的试验点。通常在中心点安排重复,重复次数记为 m_0。一般中心点安排 3 次以上的重复,或为满足某些性质而定。

中心组合设计试验的总试验点个数:$n=m_c+m_p+m_0$,它们分布在 3 个不同半径的球面上。其中,m_c 个正交点分布在半径为 $\sqrt{p}$ 的球面上,m_p 个主轴点分布在半径为 γ 的球面上,m_0 个中心点分布在半径为 0 的球面上。

中心组合设计的每个因子取 5 个水平,即 $-\gamma$, -1 , 0 , 1 , γ。

比如,一个三因子的中心组合设计的试验方案,其试验点在因子空间的排列如图 10.4 所示,各试验点编码值如表 10.4 所示。

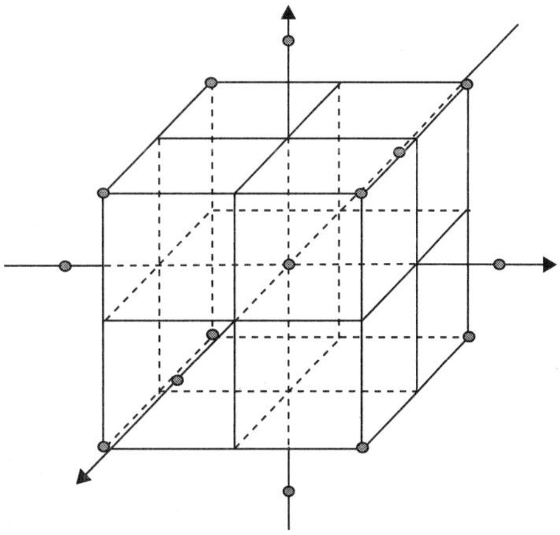

图 10.4 三因子中心组合设计的试验点空间排列示意图

表 10.4 三因子中心组合设计的试验点编码值

No.	x_1	x_2	x_3
1	1	1	1
2	1	1	−1
3	1	−1	1
4	1	−1	−1
5	−1	1	1
6	−1	1	−1
7	−1	−1	1
8	−1	−1	−1
9	γ	0	0
10	$-\gamma$	0	0
11	0	γ	0
12	0	$-\gamma$	0
13	0	0	γ
14	0	0	$-\gamma$
15	0	0	0
16	0	0	0
17	0	0	0
18	0	0	0
19	0	0	0
20	0	0	0

2.中心组合设计的优良性质

(1)正交性(Orthogonal) 正交性是指回归方程的回归系数的估计值之间互不相关。在进行回归系数计算时,删除某些模型效应时不会影响到其他回归系数的估计值。手工计算的年代,该性质可能会节约不少计算量,但到了信息时代,计算机能准确快速地完成计算,计算量已经不是问题,正交性便没有了优势。

(2)旋转性(Rotary) 旋转性是指与试验中心距离相等的点上的预测值的方差相等。旋转性使预测值的方差在因子空间不再具有方向性,减少了试验误差的干扰,这是一个非常有利的性质。当设计参数满足条件 $n_c=\gamma^4$ 时,可使中心组合设计满足旋转性。

(3)通用性(Uniform) 通用性是指在与试验中心距离小于 1 的球体内预测值的方差均近似相等。这是一个在试验中心附近区域内非常有利的性质。

3.常用的中心组合设计

(1)二次回归正交设计 通过调整中心组合设计的两个参数 m_0 和 γ 的取值,可以同时满足最多两个优良性质,比如只满足一个正交性时称为二次回归正交设计,简称回归正交设计(ROD,Regressional Orthogonal Design),其参数如表 10.5 所示。

表 10.5 二次回归正交设计的设计参数

m_0	$p=2$	$p=3$	$p=4$	$p=5$ (1/2 实施)	$p=5$	$p=6$ (1/2 实施)	$p=6$	$p=7$ (1/2 实施)
1	1.000	1.215	1.414	1.547	1.596	1.724	1.761	1.885
2	1.078	1.287	1.483	1.607	1.662	1.784	1.824	1.943
3	1.147	1.353	1.546	1.664	1.724	1.841	1.885	2.000
4	1.210	1.414	1.607	1.719	1.784	1.896	1.943	2.055
5	1.267	1.471	1.664	1.771	1.841	1.949	2.000	2.108
6	1.320	1.525	1.719	1.820	1.896	2.000	2.055	2.159
7	1.369	1.575	1.771	1.868	1.949	2.049	2.108	2.209
8	1.414	1.632	1.820	1.914	2.000	2.097	2.159	2.257
9	1.457	1.668	1.868	1.958	2.049	2.143	2.209	2.304
10	1.498	1.711	1.914	2.000	2.097	2.187	2.257	2.350

(2)二次回归正交旋转设计　通过调整中心组合设计的两个参数 m_0 和 γ 的取值，使其同时满足正交性和旋转性，即二次回归正交旋转设计，简称正交旋转设计（ORD，Orthogonal Rotary Design），其参数如表 10.6 所示。

表 10.6 二次回归正交旋转设计的设计参数

因子数与试验方案	m_c	γ	m_p	m_0	n
$p=2$	4	1.414	4	8	16
$p=3$	8	1.682	6	9	23
$p=4$	16	2.000	8	12	36
$p=5$	32	2.378	10	16	58
$p=5$(1/2 实施)	16	2.000	10	10	36
$p=6$	64	2.828	12	24	100
$p=6$(1/2 实施)	32	2.378	12	14	58
$p=7$	128	3.364	14	35	177
$p=7$(1/2 实施)	64	2.828	14	22	100
$p=8$	256	4.000	16	52	324
$p=8$(1/2 实施)	128	3.364	16	33	177
$p=8$(1/4 实施)	64	2.828	16	20	100

(3)二次回归通用旋转设计　通过调整中心组合设计的两个参数 m_0 和 γ 的取值，使其同时满足通用性和旋转性，即二次回归通用旋转设计，简称通用旋转设计（URD，Uniform Rotary Design），其参数如表 10.7 所示。

表 10.7 二次回归通用旋转设计的设计参数

因子数与试验方案	m_c	γ	m_p	m_0	n
$p=2$	4	1.414	4	5	13
$p=3$	8	1.682	6	6	20
$p=4$	16	2.000	8	7	31

表 10.7

因子数与试验方案	m_c	γ	m_p	m_0	n
$p=5$	32	2.378	10	10	52
$p=5$(1/2 实施)	16	2.000	10	6	32
$p=6$	64	2.828	12	15	91
$p=6$(1/2 实施)	32	2.378	12	9	53
$p=7$	128	3.364	14	21	163
$p=7$(1/2 实施)	64	2.828	14	14	92
$p=8$	256	4.000	16	28	300
$p=8$(1/2 实施)	128	3.364	16	20	164
$p=8$(1/4 实施)	64	2.828	16	13	93

不同的软件和教材得到的中心组合设计方案大同小异，主要区别在于中心点的重复数存在些许差异。

一般而言，中心组合设计同时满足两个优良性质要好于只满足一个优良性质，所以安排试验时优先考虑采用二次回归正交旋转设计和二次回归通用旋转设计。正交性在统计软件普遍使用的今天已经不再具有优势，所以采用中心组合设计时，更推荐使用二次回归通用旋转设计。

10.3.2 中心组合设计的实现

【例 10.3】 超声波辅助提取柚皮苷工艺中，影响柚皮苷提取率的 3 个试验因子有提取温度(x_1，40～80℃)、乙醇浓度(x_2，60%～90%)和超声波频率(x_3，20～60kHz)，试验指标为柚皮苷提取率(y，%)，试验欲采用二次回归通用旋转设计，其因子及水平编码如表 10.8 所示。

表 10.8 超声辅助柚皮苷提取工艺因子及其水平编码表

因子	水平				
	−1.682	**−1**	**0**	**1**	**1.682**
提取温度(x_1)	40	48.109	60	71.891	80
乙醇浓度(x_2)	60	66.082	75	83.918	90
超声波频率(x_3)	20	28.109	40	51.891	60

查表 10.7 可知，3 因子的二次通用旋转设计中心点重复 $m_0=6$ 次，使用 R 语言实现如下：

```
#RD10.3
library(rsm)
factors=3
m0=c(0,6)
code=list(x1~(X1-60)/11.891, x2~(X2-75)/8.918, x3~(X3-40)/11.891)
ccd=ccd(factors, n0=m0, alpha='rotatable', oneblock=T, randomize=F, coding=code)
ccd #实际值的试验方案
ccdcode=data.frame(ccd)[-c(1:2)]
ccdcode  #编码值的试验方案
```

程序简要说明：

rsm 为回归设计的 R 扩展包；factors 定义因子，形式一：定义因子数量 3，默认为 x1，x2，x3，形式二：定义模型，如：y～x1＋x2＋x3；m0 定义中心点重复数；code 定义因子编码，因子编码说明：x1～(X1－x0)/d，其中 x1 为编码值，X1 为实际值，x0 为实际值的平均值，d 为编码值为±1 对应的实际值差值的一半；ccd( )为中心组合设计函数，其第一个参数 factors 为试验因子，参数 n0 定义中心点的重复次数。需要注意的是，中心组合设计的中心点分为正交点组的中心点和主轴点组的中心点，若分开定义 n0＝c(0,6)，则中心点共有 0＋6＝6 个；不分区组时，两部分的中心点没有区别，总数正确即可。参数 alpha 定义中心组合设计的具体类型，alpha＝'rotatable'为正交旋转设计或通用旋转设计，参数 oneblock＝T 为不做区组划分，参数 randomize＝F 定义试验设计方案号不随机排列。

程序运行结果如表 10.9 所示：

表 10.9　超声辅助提取柚皮苷通用旋转设计方案及试验数据

No.	x_1	x_2	x_3	X_1	X_2	X_3	y
1	−1.000	−1.000	−1.000	48.110	66.082	28.110	3.04
2	1.000	−1.000	−1.000	71.890	66.082	28.110	4.35
3	−1.000	1.000	−1.000	48.110	83.918	28.110	1.59
4	1.000	1.000	−1.000	71.890	83.918	28.110	2.42
5	−1.000	−1.000	1.000	48.110	66.082	51.890	4.53
6	1.000	−1.000	1.000	71.890	66.082	51.890	7.25
7	−1.000	1.000	1.000	48.110	83.918	51.890	3.22
8	1.000	1.000	1.000	71.890	83.918	51.890	4.85
12	−1.682	0.000	0.000	40.003	75.000	40.000	2.84
13	1.682	0.000	0.000	79.997	75.000	40.000	5.36
14	0.000	−1.682	0.000	60.000	60.002	40.000	5.68
15	0.000	1.682	0.000	60.000	89.998	40.000	2.91
16	0.000	0.000	−1.682	60.000	75.000	20.003	1.43
17	0.000	0.000	1.682	60.000	75.000	59.997	5.21
9	0.000	0.000	0.000	60.000	75.000	40.000	4.33
10	0.000	0.000	0.000	60.000	75.000	40.000	4.20
11	0.000	0.000	0.000	60.000	75.000	40.000	4.35
18	0.000	0.000	0.000	60.000	75.000	40.000	4.36
19	0.000	0.000	0.000	60.000	75.000	40.000	4.23
20	0.000	0.000	0.000	60.000	75.000	40.000	4.46

10.3.3　中心组合设计的统计分析

超声波辅助提取柚皮苷工艺的 3 因子通用旋转设计完成后，随机安排试验，将柚皮苷提取率(y)置于表 10.9 试验方案的最后一列。

使用 R 语言进行响应面回归分析，具体程序如下：

```
#RA10.3
#需要先运行其试验设计程序 RD10.3,生成设计方案
y=c(3.04, 4.35, 1.59, 2.42, 4.53, 7.25, 3.22, 4.85,2.84,5.36,
5.68, 2.91, 1.43, 5.21,4.33,4.20,4.35, 4.36, 4.23, 4.46)
ccd$y=y

SO.ccd=rsm(y ~ SO(x1, x2, x3), data=ccd)
summary(SO.ccd)

persp(SO.ccd, x1~x2, contours=list(z="bottom", col="colors"), theta=-40, phi=15)
persp(SO.ccd, x1~x3, contours=list(z="bottom", col="colors"), theta=-40, phi=15)
persp(SO.ccd, x2~x3, contours=list(z="bottom", col="colors"), theta=-40, phi=15)

#如果驻点是工艺条件内的最优值,用下面语句求最优值
#stationary=canonical.path(SO.ccd, dist=0)
#stationary

#否则用下面的岭脊分析求最优值
ridge=steepest(SO.ccd, dist=seq(0, 3, by=0.02), descent=F)

options(max.print=10000) #默认岭脊分析显示行数不够时使用
ridge
```

程序简要说明：

y 为试验指标柚皮苷提取率；ccd$y 在数据框 ccd 中增加一列 y；rsm( )为响应面回归函数，其回归模型有纯一次项回归模型 FO、纯二次项回归模型 PQ、纯两因子交互项回归模型 TWI 以及含一次、二次和两因子交互项的回归模型 SO；persp( )为透视图函数，用于绘制响应面图，其中参数 contours 指定同时绘制等高线图，theta 指定左右旋转的角度，phi 指定前后倾斜的角度；canonical. path( )函数计算过驻点的岭脊线的值，dist=0 时为驻点处的值；steepest( )岭脊分析函数。

程序运行结果：

```
              Estimate  Std. Error   t value   Pr(>|t|)
(Intercept)  4.3208102  0.0472751   91.3972   6.017e-16 ***
x1           0.7855482  0.0313659   25.0446   2.358e-10 ***
x2          -0.8602688  0.0313659  -27.4269   9.617e-11 ***
x3           1.0842304  0.0313659   34.5671   9.725e-12 ***
x1:x2       -0.1962500  0.0409816   -4.7887   0.000736  ***
x1:x3        0.2762500  0.0409816    6.7408   5.100e-05 ***
x2:x3       -0.0412500  0.0409816   -1.0066   0.337885
x1^2        -0.0727736  0.0305339   -2.3834   0.038391  *
x2^2        -0.0038307  0.0305339   -0.1255   0.902649
x3^2        -0.3485452  0.0305339  -11.4150   4.667e-07 ***
---
Signif.codes:  0 '***' 0.001 '**' 0.01 '*' 0.05 '.' 0.1 ' ' 1

Multiple R-squared:  0.9964,Adjusted R-squared:  0.9932
```

```
F-statistic: 308.5 on 9 and 10 DF,  p-value: 5.031e-11

Analysis of Variance Table

Response: y
                 Df  Sum Sq Mean Sq  F value     Pr(>F)
FO(x1, x2, x3)    3  34.589 11.5296 858.1178  2.344e-12
TWI(x1, x2, x3)   3   0.932  0.3107  23.1280  8.123e-05
PQ(x1, x2, x3)    3   1.789  0.5964  44.3867  4.369e-06
Residuals        10   0.134  0.0134
Lack of fit       5   0.090  0.0179   2.0069  0.2314
Pure error        5   0.045  0.0089

Stationary point of response surface:
         x1         x2          x3
-4.5074027 6.4808503 -0.6143746

Stationary point in original units:
        X1         X2         X3
  6.406982 132.796223 32.695086

Eigenanalysis:
eigen() decomposition
$values
[1]  0.08942044 -0.10783232 -0.40673758

$vectors
          [,1]       [,2]        [,3]
x1   0.6426164  0.6571285  -0.39398764
x2  -0.7286182  0.6831672  -0.04896962
x3   0.2369801  0.3185353   0.91781028
```

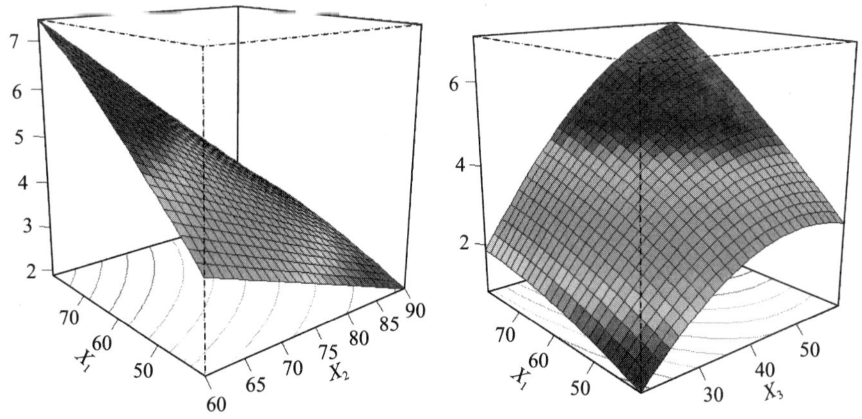

a.自变量为X_1和X_2　　b.自变量为X_1和X_3

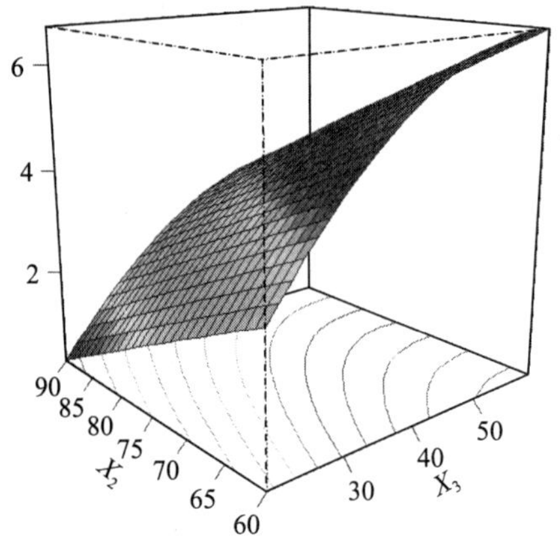

c.自变量为X_2和X_3

图 10.5 柚皮苷提取工艺的响应面图

默认以因子的编码值为自变量进行响应面回归分析和二次回归模型显著性检验，$df_1=9$，$df_2=10$，$F=29.59$，$P=5.031\text{e}-11$，回归关系达极显著，各项回归系数大部分达到了显著或极显著，决定系数 $R^2=0.996$，说明该回归模型能描述大部分试验数据的数量关系。可得各因子为编码值的二次多项式回归方程：

$$\hat{y}=4.321+0.786x_1-0.860x_2+1.084x_3-0.196x_1x_2+0.276x_1x_3$$
$$-0.041x_2x_3-0.073x_1^2-0.0038x_2^2-0.349x_3^2$$

失拟检验，$df=5$，$F=2.007$，$P=0.231>0.05$，没有失拟，说明回归方程拟合良好。

驻点性质分析，二次回归方程在驻点处二次型矩阵的三个特征值(0.089，−0.108，−0.407)一正两负，说明驻点为鞍点，不是最佳工艺条件，需要进行下一步的岭脊分析。

分别绘制试验指标和三个因子之间的响应面图，可以绘制 y 与 X_1，X_2；y 与 X_1，X_3；y 与 X_2，X_3 三张响应面图，如图 10.5 所示。从响应面图来看，工艺范围内部不存在最优工艺条件，需要岭脊分析在边界上寻找最优工艺。岭脊分析部分结果如表 10.10 所示。

表 10.10 柚皮苷提取工艺岭脊分析部分结果

No.	*dist*	x_1	x_2	x_3	X_1	X_2	X_3	*yhat*
1	0.00	0.000	0.000	0.000	60.000	75.000	40.000	4.321
2	0.02	0.010	−0.011	0.014	60.119	74.902	40.166	4.353
129	2.56	1.611	−1.648	1.116	79.155	60.303	53.269	8.674
130	2.58	1.624	−1.661	1.122	79.309	60.187	53.341	8.710
131	2.60	1.637	−1.675	1.129	79.464	60.062	53.424	8.748
132	2.62	1.650	−1.689	1.135	79.619	59.938	53.495	8.786
133	2.64	1.664	−1.703	1.141	79.785	59.813	53.566	8.825
150	2.98	1.889	−1.938	1.248	82.460	57.717	54.839	9.478
151	3.00	1.902	−1.952	1.254	82.615	57.592	54.910	9.516

从表 10.10 中可以看到，在搜索距离为 $dist=2.60$ 时，乙醇浓度为60.062%，已达到其工

艺边界，而温度 79.464℃和超声波频率 53.424kHz 均在工艺范围内。此时试验指标柚皮苷提取率的最大估计值为 8.748%，此最优工艺条件需要进一步试验验证。

如果要得到因子为实际值的二次回归方程，需要用因子的实际值进行响应面回归分析，其 R 语言程序如下：

```
X1=c(48.109,71.891,48.109,71.891,48.109,71.891,48.109,71.891,60.00,60.00,
      60.00,40.00,80.00,60.00,60.00,60.00,60.00,60.00,60.00,60.00)
X2=c(66.082,66.082,83.918,83.918,66.082,66.082,83.918,83.918,75.00,75.00,
      75.00,75.00,75.00,60.00,90.00,75.00,75.00,75.00,75.00,75.00)
X3=c(28.109,28.109,28.109,28.109,51.891,51.891,51.891,51.891,40.00,40.00,
      40.00,40.00,40.00,40.00,40.00,20.00,60.00,40.00,40.00,40.00)
ccd.X=data.frame(X1, X2, X3, y)

SO.X=rsm(y ~ SO(X1,X2,X3), data=ccd.X)
summary(SO.X)
```

程序主要运行结果：

```
                Estimate    Std. Error   t value   Pr(>|t|)
(Intercept)  -6.9300e+00   3.2739e+00   -2.1167   0.0603546 .
X1            1.8847e-01   4.0657e-02    4.6357   0.0009280 ***
X2            3.7396e-02   6.4068e-02    0.5837   0.5723596
X3            2.0030e-01   3.8053e-02    5.2639   0.0003660 ***
X1:X2        -1.8506e-03   3.8648e-04   -4.7885   0.0007363 ***
X1:X3         1.9537e-03   2.8985e-04    6.7405   5.102e-05 ***
X2:X3        -3.8899e-04   3.8648e-04   -1.0065   0.3379104
X1^2         -5.1471e-04   2.1593e-04   -2.3837   0.0383691 *
X2^2         -4.8378e-05   3.8388e-04   -0.1260   0.9022099
X3^2         -2.4647e-03   2.1593e-04  -11.4144   4.670e-07 ***
---
Signif.codes:  0 '***' 0.001 '**' 0.01 '*' 0.05 '.' 0.1 ' ' 1

Multiple R-squared:  0.9964,Adjusted R-squared:  0.9932
F-statistic: 308.5 on 9 and 10 DF,  p-value: 5.033e-11
```

可得因子为实际值的二次回归方程：

$$\hat{y} = -6.930 + 0.1885X_1 + 0.0374X_2 + 0.2003X_3 - 0.00185X_1X_2 + 0.00195X_1X_3 - 0.00389X_2X_3 - 0.000515X_1^2 - 0.000048X_2^2 - 0.00246X_3^2$$

10.4　D 最优回归设计

回归设计的正交性、旋转性和通用性各有其优点，但是都没有涉及统计意义上的优劣。而最优设计就是从统计上来研究不同试验方案的优劣，并寻求最优方案。在所有试验方案中，能使回归预测值与观察值拟合最好的那个方案就是最优方案，即最优设计(Optimal Design)。

判断试验方案的优良性有很多标准，如D优良性、G优良性、A优良性、E优良性、I优良性、U优良性等，其中以D优良性的使用最为普遍。有数学家证明G优良性和D优良性在本质上等价。

10.4.1 D最优回归设计概述

1943年，美国统计学家Wald提出信息矩阵的行列式极大值判别法，结构矩阵 $\boldsymbol{X}$ 和信息矩阵 $\boldsymbol{A}$ 与试验方案有关。设试验方案为W，可以证明，试验方案的信息矩阵 $\boldsymbol{A}$(W)的行列式的值 $|\boldsymbol{A}(W)|$ 越大，回归系数的预测值的方差越小，预测值的方差也越小，试验方案也就越优良，1959年Kefier称这种性质为D优良性。

依据D优良性，从各种试验方案中挑选最优设计方案的方法，即被称为D最优回归设计。D最优回归设计的试验方案处理数比较少，试验效率比较高，回归系数和待估参数之间拟合的比较好。

在同一模型下，两个试验方案W1和W2，如果方案W1的信息矩阵行列式的值大于W2的值，即：$|\boldsymbol{A}(W1)| > |\boldsymbol{A}(W2)|$，则说明在D优良性下方案W1比W2有更好的优良性。

1. 常规D最优回归设计

1971年，统计学家Box找出了两个 $p=2$ 的常规D最优回归设计方案，即R207和R208，如表10.11所示。对于其他的多因子常规D最优回归设计方案，至今尚未解决。

D最优回归设计中，R表示回归设计，第一个数字表示因子数，第2、3位数字表示处理个数，最后的字母表示相同因子数和试验次数的同类方案顺序编号。

表10.11 两因子常规D最优回归设计

R207			**R208**		
No.	x_1	x_2	**No.**	x_1	x_2
1	−1	−1	1	−1	−1
2	1	−1	2	1	−1
3	−1	1	3	−1	1
4	1	1	4	1	1
5	−0.092	0.092	5	1	0
6	1	−0.067	6	0.082	1
7	0.067	−1	7	0.082	−1
			8	−0.215	0

例如，常规D最优回归设计方案R207，其结构矩阵 $\boldsymbol{X}$ 为：

$$\boldsymbol{X}=\begin{array}{c} \\ \end{array}\begin{matrix} x_0 & x_1 & x_2 & x_1^2 & x_2^2 & x_1x_2 \end{matrix}$$

$$\boldsymbol{X}=\begin{vmatrix} 1 & -1 & -1 & 1 & 1 & 1 \\ 1 & 1 & -1 & 1 & 1 & -1 \\ 1 & -1 & 1 & 1 & 1 & -1 \\ 1 & 1 & 1 & 1 & 1 & 1 \\ 1 & -0.092 & 0.092 & 0.008\,464 & 0.008\,464 & -0.008\,464 \\ 1 & 1 & -0.067 & 1 & 0.004\,489 & -0.067 \\ 1 & 0.067 & -1 & 0.004\,489 & 1 & -0.067 \end{vmatrix}$$

则信息矩阵 $\boldsymbol{A}$ 为：$\boldsymbol{A}=\boldsymbol{X}^{\mathrm{T}}\boldsymbol{X}$

$$\boldsymbol{A}=\begin{vmatrix} 7 & 0.975 & -0.975 & 5.012\,953 & 5.012\,953 & -0.142\,46 \\ 0.975 & 5.012\,953 & -0.142\,46 & 0.999\,522 & 0.070\,71 & -0.070\,71 \\ -0.975 & -0.142\,46 & 5.012\,953 & -0.070\,71 & -0.999\,52 & 0.070\,71 \\ 5.012\,953 & 0.999\,522 & -0.070\,71 & 5.000\,092 & 4.009\,05 & -0.067\,37 \\ 5.012\,953 & 0.070\,71 & -0.999\,52 & 4.009\,05 & 5.000\,092 & -0.067\,37 \\ -0.142\,46 & -0.070\,71 & 0.070\,71 & -0.067\,37 & -0.067\,37 & 4.009\,05 \end{vmatrix}$$

则信息矩阵 $\boldsymbol{A}$ 的行列式值：$|\boldsymbol{A}|=980.769\,35$ 为所有两因子 7 个试验点设计方案的最大值。

2. 饱和 D 最优回归设计

一个回归设计试验方案，当其所包含的试验点个数（处理组合数）与待估的回归参数的个数相等时称为饱和设计。当 D 最优回归设计方案的试验点数量等于其待估的回归参数的个数时称为饱和 D 最优回归设计。

在 1971—1972 年，统计学家 Box 提出了 $p=2$ 和 $p=3$ 的饱和 D 最优回归设计方案：R206 和 R310A。对于 $p\geqslant 4$ 的饱和 D 最优回归设计方案还未很好解决，只是找到了一些近似方案，如 $p=4$ 的近似饱和 D 最优回归设计为 R415。饱和 D 最优回归设计 R206 的试验方案如表 10.12 所示，其他试验方案详见附表 7 的 D 最优回归设计表。

表 10.12　饱和 D 最优回归设计 R206

No.	x_1	x_2
1	−1	−1
2	1	−1
3	−1	1
4	−0.131 5	−0.131 5
5	1	0.394 4
6	0.394 4	1

该类方案处理数比较少，但是由于饱和性，其回归模型的自由度等于回归设计方案的自由度，而误差项没有自由度（即没有误差项），无法进行回归方程和回归系数的显著性检验，但可以得到回归方程，可以进行驻点性质分析和岭脊分析寻找最优值。

3. D 最优混合设计

虽然常规 D 最优回归设计的优点显著，但寻找这样的方案比较困难，因此统计学家退而求其次，寻找了比较优的方案设计。回归设计满足 D 优良性时一般不满足正交性和旋转性，于是统计学家根据组合设计的思想，设计出了一些兼有近似 D 优良性、正交性和旋转性的较优方案，即 D 最优混合设计（DOHD，D—Optimal Hybrid Design）。

p 个因子的 D 最优混合设计方案一般包括四部分：

第一部分：第 p 个因子的一个水平与前 $p-1$ 个因子的二水平正交点（或其部分）；

第二部分：第 p 个因子的另一水平与前 $p-1$ 个因子的主轴点；

第三部分：第 p 个因子的一个或两个主轴点，如：$(0,\ 0,\ \cdots,\ 0,\ \gamma)$；

第四部分：有时可以附加一些中心点，防止信息矩阵 **A** 的退化。

例如，D 最优混合设计 R311A 的试验点即可分为四个部分，如表 10.13 所示。

表 10.13　D 最优混合设计 R311A 的试验方案

No.	x_1	x_2	x_3	$p=3$
1	0	0	2	因子 3 的主轴点
2	0	0	−2	
3	−1.414	−1.414	1	前 2 因子的正交点
4	1.414	−1.414	1	
5	−1.414	1.414	1	
6	1.414	1.414	1	
7	2	0	−1	前 2 因子的主轴点
8	−2	0	−1	
9	0	2	−1	
10	0	−2	−1	
11	0	0	0	中心点

到目前为止，统计学家们已经找到了 3～6 个因子的十多个 D 最优混合设计方案，包括 R310B、R311A、R311B、R312、R416A、R416B、R416C、R521、R628A 和 R628B，详见附表 7 的 D 最优回归设计表。

4. 近似 D 最优回归设计

我国农业部 2006 年推广、2011 年修订的《测土配方施肥技术规范(2011 年修订版)》推荐采用"3414"方案设计，所以在具体实施过程中可根据研究目的选用"3414"完全实施方案、部分实施方案或其他试验方案。

"3414"方案设计吸收了常规 D 最优回归设计处理少、效率高的优点，是目前应用较为广泛的肥料效应田间试验方案。"3414"是指氮、磷、钾 3 个因子、4 个水平、14 个处理。4 个水平的含义：0 水平指不施肥，2 水平指当地推荐施肥量，1 水平(指施肥不足)＝2 水平×0.5，3 水平(指过量施肥)＝2 水平×1.5。这里的"3414"试验方案即近似 D 最优回归设计方案 R3414，它是在近似 D 最优设计 R3411 的基础之上增加 3 个处理而生成，如表 10.14 所示。

表 10.14　R3414 设计方案

No.	处理	*N*	*P*	*K*
1	N0P0K0	0	0	0
2	N0P2K2	0	2	2
3	N1P2K2	1	2	2
4	N2P0K2	2	0	2
5	N2P1K2	2	1	2
6	N2P2K2	2	2	2
7	N2P3K2	2	3	2
8	N2P2K0	2	2	0

续表 10.14

No.	处理	N	P	K
9	N2P2K1	2	2	1
10	N2P2K3	2	2	3
11	N3P2K2	3	2	2
12	N1P1K2	1	1	2
13	N1P2K1	1	2	1
14	N2P1K1	2	1	1

该方案可应用 14 个处理进行氮、磷、钾三元二次效应方程拟合，还可分别进行氮、磷、钾中任意二元或一元效应方程拟合。

例如，进行氮、磷二元效应方程拟合时，可选用 8 个处理 2，3，4，5，6，7，11，12，求得在以 K2 水平为基础的氮、磷二元二次效应方程；进行氮、钾二元效应方程拟合时，可选用 8 个处理 2，3，6，8，9，10，11，13，求得在以 P2 水平为基础的氮、钾二元二次效应方程；进行磷、钾二元效应方程拟合时，可选用 8 个处理 4，5，6，7，8，9，10，14，求得在以 N2 水平为基础的磷、钾二元二次效应方程。选用处理 2，3，6，11 可求得在 P2K2 水平为基础的氮肥效应方程；选用处理 4，5，6，7 可求得在 N2K2 水平为基础的磷肥效应方程；选用处理 6，8，9，10 可求得在 N2P2 水平为基础的钾肥效应方程。此外，通过处理 1，可以获得基础地力产量，即空白区产量。

如果试验中需要研究有机肥和中、微量元素肥料效应，可在此基础上增加处理。比如增加一个只施用有机肥而不施用氮、磷、钾的处理，主要用于有机肥和不施肥的处理效应对比，从而构成近似 D 最优回归设计方案 R3415。

当然，近似 D 最优回归设计方案 R3414 由于农业领域科技人员的大力推广，已经在土壤施肥领域卓有成效，同样，它也应该在其他科研领域得到大力推广和积极应用。

总而言之，上述各类 D 最优回归设计试验方案的处理数比较少，试验效率比较高，回归系数和待估参数之间拟合的比较好，但是其剩余的误差项自由度比较少，特别是饱和 D 最优回归设计没有误差项，无法进行显著性检验。在农学和生物学试验中不可控的干扰因素多，误差比较大，所以采用 D 最优回归设计进行试验时，应尽可能安排重复，如果无法安排重复，就尽量不要采用饱和 D 最优回归设计。

10.4.2　D 最优回归设计的实现

目前常见的 D 最优回归设计方案，R 语言不方便实现，可以通过附录 7 的 D 最优回归设计表实现。

【例 10.4】 某试验为了研究小麦适宜的氮、磷用量，采用两因子常规 D 最优回归设计方案（R207）进行田间试验，氮肥（N）的施用范围为 0～12.4kg/区，磷肥（P）的施用范围为 0～11.6kg/区，重复 2 次，试验指标为单位面积的小麦产量（Y，kg/区）。

查阅附表 7 中的 D 最优回归设计表，使用常规 D 最优回归设计方案 R207，分别将 N 和 P 置于其第 1，2 列，如表 10.15 所示。

表 10.15 小麦施肥常规 D 最优回归设计方案 R207

No.	N	P
1	−1	−1
2	1	−1
3	−1	1
4	1	1
5	−0.092	0.092
6	1	−0.067
7	0.067	−1

通过整理表 10.15 中各因子的水平，得到小麦施肥试验的因子的水平编码及其对应的实际水平，如表 10.16 所示。

表 10.16 小麦施肥试验因子及其水平表

因子	水平					
	−1	−0.092	−0.067	0.067	0.092	1
N	0	5.63	—	6.62	—	12.4
P	0	—	5.41	—	6.33	11.6

小麦施肥试验的两因子常规 D 最优回归设计方案 R207 及其试验数据如表 10.17 所示，其中 n 和 p 为氮肥和磷肥的编码值，N 和 P 为氮肥和磷肥的实际值，$Y1$ 和 $Y2$ 为小麦产量(kg/区)的两次重复。

表 10.17 小麦施肥试验常规 D 最优回归设计 R207 试验方案及数据

No.	n	p	N	P	Y1	Y2
1	−1	−1	0	0	90.3	83.3
2	1	−1	12.4	0	58.3	138.9
3	−1	1	0	11.6	86.1	100.0
4	1	1	12.4	11.6	272.2	252.8
5	−0.092	0.092	5.63	6.33	325.0	322.2
6	1	−0.067	12.4	5.41	288.9	294.4
7	0.067	−1	6.62	0	187.5	261.1

【例 10.5】 某地亚麻的氮、磷、钾施肥试验，氮肥(N)的施用范围为 1～7kg/区，磷肥(P)的施用范围为 0～4kg/区，钾肥(K)的施用范围为 0～3kg/区，采用三因子 D 最优混合设计方案 R311A，设置 3 次重复，试验指标为单位面积的亚麻产量(Y,kg/区)。

本试验可以查阅附表 7 中的 D 最优回归设计表，使用附表 7.8 D 最优混合设计方案 R311A，分别将 N,P 和 K 置于其第 1，2 和 3 列，如表 10.18 所示。

表 10.18　亚麻施肥 D 最优混合设计方案 R311A

No.	*N*	*P*	*K*
1	0	0	1.4142
2	0	0	−1.4142
3	−1	−1	0.7071
4	1	−1	0.7071
5	−1	1	0.7071
6	1	1	0.7071
7	1.4142	0	−0.7071
8	−1.4142	0	−0.7071
9	0	1.4142	−0.7071
10	0	−1.4142	−0.7071
11	0	0	0

注意：不同软件或教材得到的三因子 D 最优混合设计方案 R311A 可能有些不同，它们可能相差 1.414 2 倍，但没有本质区别，均可正常使用。

通过整理表 10.18 中各因子的水平，得到亚麻施肥试验的因子的水平编码及其对应的实际水平，如表 10.19 所示。

表 10.19　亚麻施肥试验因子及其水平表

因子	水平						
	−1.414 2	−1	−0.707 1	0	0.707 1	1	1.414 2
N	1	1.879	—	4	—	6.121	7
P	0	0.586	—	2	—	3.414	4
K	0	—	0.75	1.5	2.25	—	3

亚麻施肥试验的三因子 D 最优混合设计方案 R311A 及其试验数据，如表 10.20 所示。其中 n、p 和 k 为氮肥、磷肥和钾肥的编码值，N、P 和 K 为氮肥、磷肥和钾肥的实际值，$Y1$，$Y2$ 和 $Y3$ 为亚麻产量(kg/区)的三次重复。

表 10.20　亚麻施肥试验 D 最优混合设计 R311A 试验方案及数据

No.	*n*	*p*	*k*	*N*	*P*	*K*	Y1	Y2	Y3
1	0	0	1.414 2	4	2	3	31.04	31.1	31.2
2	0	0	−1.414 2	4	2	0	29.15	28.72	26.31
3	−1	−1	0.707 1	1.879	0.586	2.25	24.18	23.35	22.01
4	1	−1	0.707 1	6.121	0.586	2.25	23.89	24.43	25.13
5	−1	1	0.707 1	1.879	3.414	2.25	25.07	23.11	24.75
6	1	1	0.707 1	6.121	3.414	2.25	25.32	27.18	26.67
7	1.414 2	0	−0.707 1	7	2	0.75	30.5	31.51	30.51
8	−1.414 2	0	−0.707 1	1	2	0.75	29.1	28.21	26.69

续表 10.20

No.	*n*	*p*	*k*	*N*	*P*	*K*	Y1	Y2	Y3
9	0	1.414 2	−0.707 1	4	4	0.75	29.17	27.32	29.67
10	0	−1.414 2	−0.707 1	4	0	0.75	26.41	25	26.77
11	0	0	0	4	2	1.5	34.0	32.21	33.81

10.4.3 D最优回归设计的统计分析

例 10.4 的小麦施肥试验，其试验结果数据如表 10.17 所示，*Y*1 和 *Y*2 为两次重复的小麦产量(*Y*,kg/区)。

使用 R 语言进行响应面回归分析的程序如下：

```
#RA10.4
library(rsm)
n=c(-1,1,-1,1,-0.092,1,0.067,-1,1,-1,1,-0.092,1,0.067)
p=c(-1,-1,1,1,0.092,-0.067,-1,-1,-1,1,1,0.092,-0.067,-1)
N=c(0,12.4,0,12.4,5.63,12.4,6.62,0,12.4,0,12.4,5.63,12.4,6.62)
P=c(0,0,11.6,11.6,6.33,5.41,0,0,0,11.6,11.6,6.33,5.41,0)
Y=c(90.3,58.3,86.1,272.2,325,288.9,187.5,83.3,138.9,100,252.8,322.2,294.4,261.1)
wheat=data.frame(n, p, N, P, Y)

SO.dopt=rsm(Y ~ SO(n, p), data=wheat)
summary(SO.dopt)
SO.doptX=rsm(Y ~ SO(N, P), data=wheat)
summary(SO.doptX)

stationary=canonical.path(SO.doptX, dist=0)
stationary

persp(SO.doptX, N~P, contours=list(z="bottom", col="colors"), theta=55, phi=15)
```

程序简要说明：

n、p 为因子氮肥和磷肥的编码值；N、P 为因子氮肥和磷肥的实际值；Y 为试验指标小麦产量；wheat 为小麦施肥试验的数据框，rsm( )为响应面回归函数，其回归模型有纯一次项回归模型 FO、纯二次项回归模型 PQ、纯两因子交互项回归模型 TWI 以及含一次、二次和两因子交互项的回归模型 SO；canonical.path( )函数计算过驻点的岭脊线的值，dist=0 时为驻点处的值；persp( )为透视图函数，用于绘制响应面图，其中参数 contours 指定同时绘制等高线图，theta 指定左右旋转的角度，phi 指定前后倾斜的角度。

程序主要运行结果：

```
              Estimate Std. Error t value   Pr(>|t|)
(Intercept)    341.519   19.153   17.8309   1.002e-07 ***
n               49.594   10.693    4.6381   0.0016703 **
p               38.256   10.693    3.5777   0.0072119 **
n:p             38.949   11.176    3.4852   0.0082564 **
```

```
n^2           -108.642   21.109   -5.1468   0.0008778 ***
p^2            -93.962   21.109   -4.4513   0.0021355 **
---
Signif.codes:  0 '***' 0.001 '**' 0.01 '*' 0.05 '.' 0.1 ' ' 1

Multiple R-squared:  0.9392,Adjusted R-squared:  0.9012
F-statistic: 24.71 on 5 and 8 DF,  p-value: 0.0001144
```

以因子的编码值为自变量进行响应面回归分析：二次回归模型显著性检验，$df_1=5$，$df_2=8$，$F=24.71$，$P=1.144e-4$，回归关系达极显著，各项回归系数均达到极显著，决定系数 $R^2=0.939$，说明该回归模型能描述大部分试验数据的数量关系。可得各因子为编码值的二次多项式回归方程：

$$\hat{y}=341.519+49.549n+38.256p+38.949np-108.642n^2-93.926p^2$$

以因子的实际值为自变量进行的响应面回归分析，得到如下主要结果：

```
             Estimate Std. Error t value  Pr(>|t|)
(Intercept)  90.00844 22.22938   4.0491  0.0036889 **
N            36.76286  7.57915   4.8505  0.0012710 **
P            32.28564  7.35125   4.3919  0.0023118 **
N:P           1.08301  0.31080   3.4846  0.0082633 **
N^2          -2.82618  0.54920  -5.1460  0.0008786 ***
P^2          -2.79349  0.62747  -4.4520  0.0021337 **
---
Signif.codes:  0 '***' 0.001 '**' 0.01 '*' 0.05 '.' 0.1 ' ' 1

Multiple R-squared:  0.9392,Adjusted R-squared:  0.9012
F-statistic: 24.71 on 5 and 8 DF,  p-value: 0.0001145

Stationary point of response surface:
       N        P
7.904806 7.311045

Eigenanalysis:
eigen() decomposition
$ values
[1] -2.268082 -3.351584

  dist     N     P |  yhat
1    0 7.905 7.311 | 353.331
```

可得各因子为实际值的二次多项式回归方程：

$$\hat{y}=90.008\,4+36.762\,9N+32.285\,6P+1.083\,0NP-2.826\,2N^2-2.793\,5P^2$$

驻点性质分析：二次回归方程在驻点处二次型矩阵的两个特征值－2.268 1，－3.351 6，均为负值，说明驻点为极大值点。从小麦施肥试验的二次响应曲面图（图 10.6）所示，可知在试验范围内，小麦产量存在最佳产量，即氮肥 $N=7.904\,8$kg/区、磷肥 $P=7.311$kg/区时，小麦存在最佳产量 $Y=353.331$kg/区。此最佳产量需要试验验证。

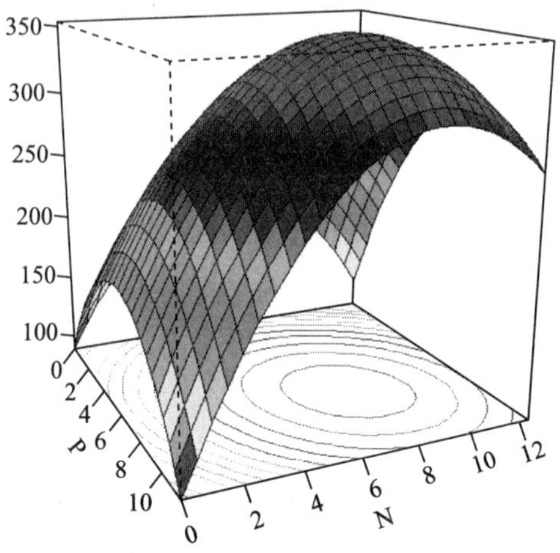

图 10.6　小麦施肥试验响应面图

同理，对于例 10.5 的亚麻施肥试验，其试验数据如表 10.20 所示，可以使用 R 语言进行响应面回归分析，其分析程序如下：

```
#RA10.5
library(rsm)
n=c(0,0,-1,1,-1,1,1.4142,-1.4142,0,0,0,0,0,-1,1,-1,1, 1.4142,
    -1.4142,0,0,0,0,0,-1,1,-1,1,1.4142,-1.4142,0,0,0)
p=c(0,0,-1,-1,1,1,0,0,1.4142,-1.4142,0,0,0,-1,-1,1,1,0,0,
   1.4142,-1.4142,0,0,0,-1,-1,1,1,0,0,1.4142,-1.4142,0)
k=c(1.4142,-1.4142,0.7071,0.7071,0.7071,0.7071,-0.7071,-0.7071,-0.7071,-0.7071,0,
   1.4142,-1.4142,0.7071,0.7071,0.7071,0.7071,-0.7071,-0.7071,-0.7071,-0.7071,0,
   1.4142,-1.4142,0.7071,0.7071,0.7071,0.7071,-0.7071,-0.7071,-0.7071,-0.7071,0)
N=c(4,4,1.879,6.121,1.879,6.121,7,1,4,4,4,4,4,1.879,6.121, 1.879,
   6.121,7,1,4,4,4,4,4,1.879,6.121,1.879,6.121,7,1,4,4,4)
P=c(2,2,0.586,0.586,3.414,3.414,2,2,4,0,2,2,2,0.586,0.586,3.414,
   3.414,2,2,4,0,2,2,2,0.586,0.586,3.414,3.414,2,2,4,0,2)
K=c(3,0,2.25,2.25,2.25,2.25,0.75,0.75,0.75,0.75,1.5,3,0,2.25,2.25,2.25, 2.25,
   0.75,0.75,0.75,0.75,1.5,3,0,2.25,2.25,2.25,2.25,0.75,0.75,0.75,0.75,1.5)
Y=c(31.04,29.15,24.18,23.89,25.07,25.32,30.5,29.1,29.17,26.41, 34.0,
   31.1,28.72,23.35,24.43,23.11,27.18,31.51,28.21,27.32,25, 32.21,31.2,
   26.31,22.01,25.13,24.75,26.67,30.51,26.69,29.67,26.77,33.81)
flax=data.frame(n, p, k, N, P, K,Y)

SO.dopt=rsm(Y ~ SO(n, p, k), data=flax)
summary(SO.dopt)
SO.doptX=rsm(Y ~ SO(N, P, K), data=flax)
summary(SO.doptX)

stationary=canonical.path(SO.doptX, dist=0)
stationary
```

```
persp(SO.doptX, N~P, contours=list(z="bottom", col="colors"), theta=55, phi=15)
persp(SO.doptX, N~K, contours=list(z="bottom", col="colors"), theta=55, phi=15)
persp(SO.doptX, P~K, contours=list(z="bottom", col="colors"), theta=55, phi=15)
```

程序简要说明：

n,p,k 为因子氮肥，磷肥和钾肥的编码值；N,P,K 为因子氮肥，磷肥和钾肥的实际值；Y 试验指标亚麻产量；flax 为亚麻施肥试验的数据框；rsm( )为响应面回归函数，其回归模型有纯一次项回归模型 FO、纯二次项回归模型 PQ、纯两因子交互项回归模型 TWI 以及含一次、二次和两因子交互项的回归模型 SO；canonical. path( )函数计算过驻点的岭脊线的值，dist=0 时为驻点处的值；persp( )为透视图函数，用于绘制响应面图，其中参数 contours 指定同时绘制等高线图，theta 指定左右旋转的角度，phi 指定前后倾斜的角度。

程序主要运行结果：

```
             Estimate Std. Error t value  Pr(>|t|)
(Intercept)  33.34008  1.25045   26.6624  <2.2e-16 ***
n             0.92497  0.44210    2.0922  0.0476538 *
p             0.84981  0.44210    1.9222  0.0670529 .
k            -0.80872  0.44211   -1.8292  0.0803583 .
n:p           0.19417  0.62523    0.3106  0.7589366
n:k          -0.11191  0.62524   -0.1790  0.8595099
p:k          -0.12820  0.62524   -0.2050  0.8393479
n^2          -2.44443  0.61539   -3.9722  0.0006028 ***
p^2          -3.45945  0.61539   -5.6216  1.012e-05 ***
k^2          -1.87673  0.76576   -2.4508  0.0222758 *
---
Signif. codes:  0 '***' 0.001 '**' 0.01 '*' 0.05 '.' 0.1 ' ' 1
Multiple R-squared:  0.6691, Adjusted R-squared:  0.5396
F-statistic: 5.168 on 9 and 23 DF,  p value: 0.0006941
```

以因子的编码值为自变量进行的响应面回归分析：二次回归模型显著性检验，$df_1=9$，$df_2=23$，$F=5.168$，$P=0.000\,694$，回归关系达极显著，部分一次项和二次项回归系数达到显著；决定系数 $R^2=0.669$ 不甚理想，说明该回归模型能描述大部分试验数据的数量关系，对试验指标随自变量的变化趋势仍具有一定的参考意义。可得各因子为编码值的二次多项式回归方程：

$$\hat{y}=33.340\,1+0.925\,0n+0.849\,8p-0.808\,7k+0.194\,2np-0.111\,9nk$$
$$-0.128\,2pk-2.444\,4n^2-3.459\,5p^2-1.876\,7k^2$$

以因子的实际值为自变量进行的响应面回归分析，得到如下主要结果：

```
              Estimate Std. Error t value  Pr(>|t|)
(Intercept)  12.139398  4.149375   2.9256  0.0076050 **
N             4.726438  1.260571   3.7494  0.0010459 **
P             7.388568  1.643366   4.4960  0.0001635 ***
K             4.609597  2.505475   1.8398  0.0787389 .
```

```
N:P            0.064742  0.208531   0.3105   0.7590022
N:K           -0.049696  0.277978  -0.1788   0.8596794
P:K           -0.085405  0.416967  -0.2048   0.8395117
N^2           -0.543165  0.136805  -3.9704   0.0006055 ***
P^2           -1.729620  0.307811  -5.6191   1.018e-05 ***
K^2           -1.667700  0.680853  -2.4494   0.0223436 *
---
Signif. codes:  0 '***' 0.001 '**' 0.01 '*' 0.05 '.' 0.1 ' ' 1

Multiple R-squared:  0.6689,Adjusted R-squared:  0.5394
F-statistic: 5.164 on 9 and 23 DF,  p-value: 0.000698

Stationary point of response surface:
       N        P        K
4.423562 2.187572 1.260100

Eigenanalysis:
eigen() decomposition
$values
[1] -0.5416808 -1.6471416 -1.7516625

  dist     N     P    K |  yhat
1    0 4.424 2.188 1.26 | 33.579
```

可得各因子为实际值的二次多项式回归方程：

$$\hat{y}=12.1394+4.7264N+7.3886P+4.6096K+0.0647NP-0.0497NK$$
$$-0.0854PK-0.5432N^2-1.7296P^2-1.6677K^2$$

驻点性质分析：二次回归方程在驻点处二次型矩阵的三个特征值－0.542，－1.647，－1.752 均为负值。从亚麻施肥试验的二次响应曲面图 10.7 可知，在试验范围内，亚麻产量存在极大值，即氮肥 N=4.42kg/区，磷肥 P=2.19 kg/区，钾肥 K=1.26 kg/区时，亚麻有最佳产量 Y=33.58kg/区。此最佳产量需要试验验证。

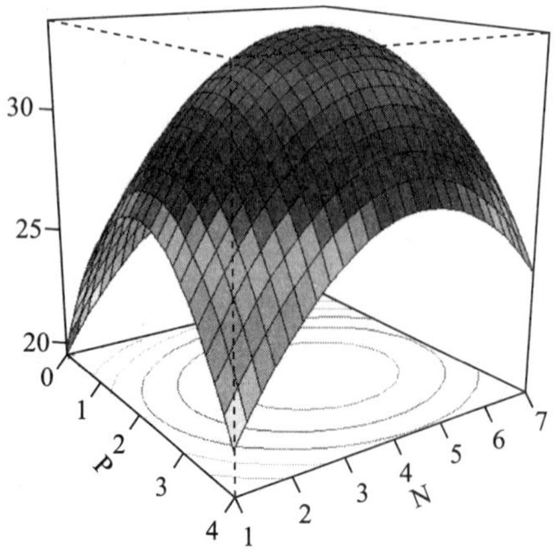

a.自变量为N和P

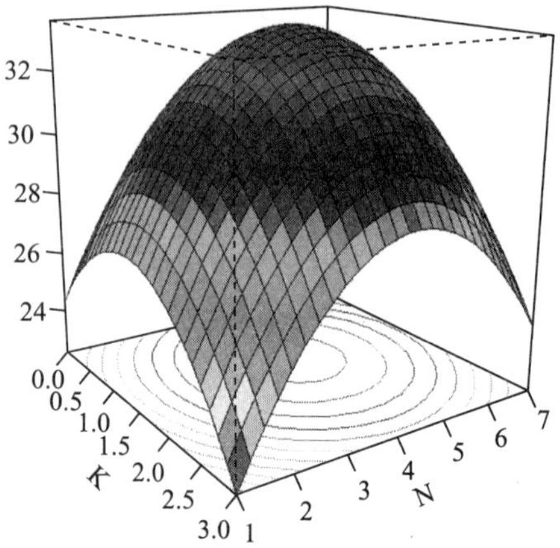

b.自变量为N和K

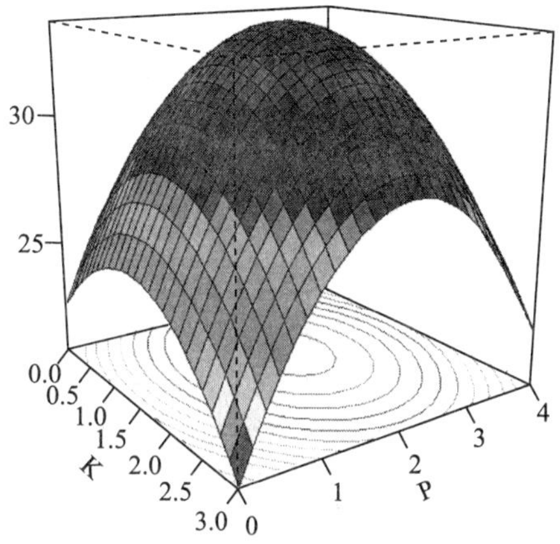

c.自变量为P和K

图 10.7　亚麻施肥试验的响应面

10.5　三类回归设计的比较

比较常用的回归设计有三大类：Box-Behnken 设计、中心组合设计和 D 最优回归设计。

其中，中心组合设计有 3 种比较常用的方法：回归正交设计、正交旋转设计和通用旋转设计。回归正交设计只满足正交性一种优良性，但它的中心点重复数 n_0 可以自由调整，由于试验条件限制，试验次数不允许太多时，可以采用中心点重复比较少的回归正交设计。除此之外，正交旋转设计和通用旋转设计能同时满足两种优良性，这两种方法中，正交性没有通用性实用，而且在其他试验点相同的情况下，通用旋转设计中心点试验重复数更少，所以试验中心组合设计优先推荐通用旋转设计。

以通用旋转设计作为中心组合设计的代表，列表比较三大类回归设计试验方法（表 10.21），其中形如 $b+c=n$ 的表达式中，b 表示基本试验点次数，c 表示中心点试验次数，n 表示总的试验次数，D 最优回归设计表示总试验次数或其大致范围。

表 10.21　三类回归设计方法的比较

回归设计类型	水平数	2 因子	3 因子	4 因子	5 因子	6 因子	7 因子
Box-Behnken 设计	3		12＋4＝16	24＋5＝29	40＋5＝45	48＋6＝54	56＋6＝62
通用旋转设计	5	8＋5＝13	14＋6＝20	24＋7＝31	42＋10＝52	76＋15＝91	142＋21＝163
通用旋转设计（1/2 实施）	5				26＋6＝32	44＋9＝53	78＋14＝92
D 最优回归设计	约 5	6～8	10～15	15～16	21	28	

从三类回归设计的比较中看出，Box-Behnken 设计的每因子都是 3 水平，而通用旋转设计和 D 最优回归设计都是 5 水平或接近 5 水平，因子水平数多时，试验点在因子空间的代表性会更好一些。Box-Behnken 设计适用于 3～7 因子的回归设计，通用旋转设计适用于 2～10 因子的回归设计，D 最优回归设计适用于 2～6 因子的回归设计。

试验因子数相同时，通用旋转设计总试验次数最多，D 最优回归设计总试验次数最少。如果限于试验条件，比如试验周期长或试验成本高等限制，那么可以采用试验次数少的 D 最优回归设计；但是 D 最优回归设计试验次数太少，接近要估计的回归参数个数，即接近或达到饱和设计时，饱和设计无法进行模型和各回归系数的显著性检验，接近饱和设计虽然能勉强进行显著性检验，但影响其结论的可靠性。所以如果试验条件允许，可以给 D 最优回归设计安排重复，或者采用试验次数比较多的通用旋转设计。

初级阶段的试验可以采用水平数比较少的 Box-Behnken 设计或 D 最优回归设计。进一步确定最优工艺范围后，再采用高级阶段的试验，如通用旋转设计或带重复的 D 最优回归设计。

通用旋转设计随着因子数的增加，总试验次数增加很快，当因子数大于 5 时，可以考虑采取通用旋转设计的 1/2 实施，或者 1/4 实施，以减少试验次数。

第 11 章 均匀设计

在试验设计中，如果影响试验指标的定量因子比较多，而且因子的水平数均不超过 5 时，可以考虑采用回归设计。如果因子的水平数大于 5，就不再适合采用回归设计，而均匀设计可以完全胜任这样的试验设计任务。

均匀设计（UD，Uniform Design）是在实际问题的推动下，由我国数学家方开泰教授和王元院士于 1980 年基于数论创建的一种崭新的试验设计理论与方法，它揭示了均匀设计与古典因子设计、近代最优设计和组合设计之间深刻而内在的联系，证明了均匀设计相比传统试验设计具有更好的稳健性，与西方同时期出现的“拉丁超立方体抽样”方法在本质上是一致的。

均匀设计的基本思想是使试验点在因子空间中具有比较好的均匀分散性，该方法的优点是当研究的因子和水平数量比较多时，能从尽可能少的试验次数中揭示出试验因子对试验指标影响的大小和规律。均匀设计特别适用于因子数目多、取值范围大、水平设置多（一般多于 5）的场合。几十年来，均匀设计已经在农业、生物、材料、化工、航天、医药等领域取得了丰硕的成果。

均匀设计最大的优点是可以节省大量的试验工作。假设在一项试验中有 p 个因子，每个因子均有 q 个水平，若采用全面的析因设计，则至少需要安排 q^p 次试验，若采用正交设计，则至少需要安排 q^2 次试验。例如，对 3 因子、8 水平的试验设计进行全面的析因试验至少需要 $8^3=512$ 次试验，采用正交设计至少需要 $8^2=64$ 次试验，而使用均匀设计只需要 8 次试验即可。因此，对于多因子、多水平的试验，或试验成本高昂、需要少做试验的情况，均匀设计是十分有效的试验设计方法。

均匀设计的试验因子一般需要连续的定量变量，若有个别的定性分类变量，则可以采用虚拟哑变量法实施。

11.1 均匀性度量

均匀设计使其试验点在因子空间中具有比较好的均匀分散性，简称均匀性，通常采用偏差来度量均匀设计试验点的均匀性，最早采用的偏差为星偏差（D，Discrepancy），定义均匀分布与经验分布函数之差的 L_p 范数。

但是在均匀设计中,星偏差有以下不可忽略的缺点:①星偏差值与原点有关,没有旋转不变性;②星偏差忽略了低维投影空间的均匀性,有时会给出不合理的结果;③星偏差衡量均匀性时不够灵敏,有时均匀性明显不同的设计方案会有相同的星偏差值。

为了改进星偏差的诸多缺点,需要重新定义偏差,例如,修正的星偏差(MD,Modified Discrepancy)、中心化偏差(CD,Centered Discrepancy)、可卷偏差(WD,Wrap Discrepancy)和 Lee 偏差(LD,Lee Discrepancy),它们都是均匀性的度量,但是每一种偏差都不是十分完美,都有其各自的长处和缺点。

理论上,用中心化偏差(CD)和可卷偏差(WD)来构造均匀设计比较合适,具有更好的均匀性,而中心化偏差(CD)比可卷偏差(WD)和 Lee 偏差(LD)更加敏感,对于均匀性的判断更加有效。在实际应用中,建议采用中心化偏差(CD)来度量均匀设计。

11.2 均匀设计表

人们在实际应用中,按照一定的偏差度量方法,提出了许多行之有效的构造均匀设计的方法,如将获得的均匀设计制成"均匀设计表",并使用均匀设计表来安排试验。

20 世纪 80 年代前后编制的均匀设计表是基于星偏差(D)编制,均匀性有所欠缺,而且有些均匀设计表的最后一行都是最高水平相遇在一起,而这个试验点在因子空间中是一个靠近边界的顶点。特别是在某些理化试验中,所有因子的最高水平相遇,可能会导致剧烈反应,甚至会爆炸。

方开泰等学者在 2000 年前后,在基于中心化偏差(CD)和可卷偏差(WD)度量下,重新编制了最新的均匀设计表,它们的均匀性更好,这些新均匀设计表大约有 2 500 张。

本教材后面附录 8 的均匀设计表摘录了部分基于中心化偏差(CD)的常用均匀设计表。

均匀设计表分为两类:一类为 $U_n(q^p)$,另一类为 $U_n(n^p)$。其中,U 代表均匀设计表,下标 n 代表均匀设计表的行数或试验次数,底数 q 或 n 代表水平数,指数 p 代表均匀设计表的列数,即可安排的因子数。

$U_n(q^p)$ 型均匀设计表的试验次数大于因子水平数,且为因子水平数的整数倍,从任一列来看,每一水平都重复出现 n/q 次,从整体的 n 次试验来看,并没有重复试验点。所以当因子可以设置的水平较少,而又需要安排较多的试验次数时,可以考虑这种类型的均匀设计。

$U_n(n^p)$ 型均匀设计表的试验次数等于因子水平数,所以当因子可以设置的水平较多,需要安排较多的试验次数时,可以考虑这种类型的均匀设计。

使用均匀设计表时,按照相应的因子数 p、水平数 q 和试验次数 n 选定均匀设计表之后,加上相应均匀设计表 $U_n(q^p)$ 的第一列即可,具体见附表 8。

例如,均匀设计表 $U_{12}(6^4)$ 和 $U_{12}(12^4)$ 的试验方案如表 11.1 和表 11.2 所示。通常均匀设计表的第一列都按顺序排列,安排试验时所有的试验应该随机安排。

表 11.1　均匀设计表 $U_{12}(6^4)$

1	2	3	4
1	5	3	5
1	2	6	4
2	6	4	2
2	1	1	3
3	4	5	6
3	4	2	1
4	3	5	1
4	3	2	6
5	1	4	5
5	6	1	4
6	2	3	2
6	5	6	3

表 11.2　均匀设计表 $U_{12}(12^4)$

1	2	3	4
1	10	4	7
2	5	11	3
3	1	7	9
4	6	1	5
5	11	10	11
6	9	8	1
7	4	5	12
8	2	3	2
9	7	12	8
10	12	6	4
11	8	2	10
12	3	9	6

11.3　均匀设计的实现

所有因子可以根据具体的试验条件确定各自的水平。一般有两种情形:第一种情形是各因子的水平数均相同,可以采用等水平的均匀设计;另一种情形是各因子的水平数不尽相同,即混合水平,要采用混合水平的均匀设计。在实际应用中,为了简化试验,应该尽可能设置为等水平的均匀设计。

均匀设计中需要注意,若试验方案的试验次数比较少,则容易接近饱和设计,以致误差项自由度过小,此时可适当设置重复。若试验次数比较多,则误差项自由度较大,可以少设置或者不设置重复,建议试验次数取因子数的 3～5 倍。

11.3.1　等水平的均匀设计

【例 11.1】　在某生化产物的合成工艺中,为了提高生化产物的转化率(y),选择原料配比(x_1)、反应温度(x_2)、反应时间(x_3)以及加碱量(x_4)4 个试验因子进行试验,每一个因子均选取 12 个水平,其具体取值如表 11.3 所示(方开泰等,2011)。

表 11.3　生化试验因子及其水平表

因子	单位	水平											
		1	2	3	4	5	6	7	8	9	10	11	12
x_1	mol/ mol	1.0	1.4	1.8	2.2	2.6	3.0	3.4	3.8	4.2	4.6	5.0	5.4
x_2	℃	5	10	15	20	25	30	35	40	45	50	55	60
x_3	h	1.0	1.5	2.0	2.5	3.0	3.5	4.0	4.5	5.0	5.5	6.0	6.5
x_4	ml	15	20	25	30	35	40	45	50	55	60	65	70

本试验若采用全面试验，则需要安排 $12^4=20\ 736$ 次试验，几乎是不可能完成的任务，若采用均匀设计表 $U_{12}(12^4)$ 来安排试验，则仅需要 12 次试验即可，能极大地缩减工作量，可见均匀设计的优势。常用以下三种方法实现 $U_{12}(12^4)$ 均匀设计。

1. 使用 R 语言实现

若未安装 UniDOE 包，则需要先安装 Rtools 软件和 UniDOE 包，新版 R 软件已经不再提供对 UniDOE 包的支持，需要从旧版的原始文档进行安装。如果没有安装 Rtools 软件，请参考第二章的 Rtools 安装相关内容。反之，应执行下面安装 UniDOE 包的步骤：

```
pkg="https://cran.r-project.org/src/contrib/Archive/UniDOE/UniDOE_1.0.2.tar.gz"
install.packages(pkg, repos=NULL, type="source")
```

若 UniDOE 包的原始文档 UniDOE_1.0.2.tar.gz 已经下载到本机，则可以运行下面语句从本机安装：

```
pkg=choose.files()
install.packages(pkg , repos=NULL)
```

UniDOE 包安装成功后，即可用下面的 R 语言程序进行均匀设计：

```
#RD11.1
library(UniDOE)
n=12
q=12
p=4
method="CD2"
ud=GenUD(n,p, q, crit=method, maxiter=100)
ud$final_design
```

程序简要说明：

UniDOE 为混料设计的 R 扩展包，n 为试验次数，必须与水平数 q 相等或是其数倍；p 为因子数；q 为因子的水平数；method 为均匀性偏差的计算方法，常用的偏差有 CD2、WD2、MD2；GenUD( )为均匀设计函数，其中参数 crit 指定均匀性偏差的计算方法，maxiter 指定计算的最大迭代次数；ud$final_design 为输出的设计结果。

程序运行结果如表 11.4 所示：

表 11.4　R 语言设计的均匀设计表

No.	均匀设计表 $U_{12}(12^4)$			
	1	2	3	4
1	8	2	4	11
2	10	4	2	2
3	6	12	3	6
4	2	3	11	7
5	12	9	6	8
6	1	10	5	3

续表 11.4

No.	均匀设计表 $U_{12}(12^4)$			
	1	2	3	4
7	11	5	9	5
8	7	8	12	1
9	9	11	10	10
10	3	6	1	9
11	4	7	8	12
12	5	1	7	4

注：使用 R 语言进行均匀设计时，结果在均匀性偏差最小情况下，其结果具有一定的随机性。

2. 查网络资源实现

2000 年前后，方开泰等在基于中心化偏差(CD)和可卷偏差(WD)度量下，重新编制了大约 2 500 张最新的均匀设计表，其网址为：

http://www.math.hkbu.edu.hk/UniformDesign/

访问这个网址，可以看到如表 11.5 所示的均匀表分类，其中第 1 行"$U_n(n^s)$"可以实现基于中心化偏差(CD)的试验次数等于因子水平数的均匀设计表，第 2 行"$U_n(q^s)$"可以实现基于中心化偏差(CD)的试验次数大于因子水平数的均匀设计表，第 3 行"$U_n(q^s)$"可以实现基于可卷偏差(WD)的试验次数大于因子水平数的均匀设计表。

表 11.5　均匀设计表

No.	UD Tables(均匀设计表)	Discrepancy(偏差)
1	$U_n(n^s)$	Centered L_2(中心化 L_2 偏差)
2	$U_n(q^s)$	Centered L_2, Centered L_2 for large table (大表的中心化 L_2 偏差)
3	$U_n(q^s)$	Wrap around L_2(可卷 L_2 偏差)

本例可以通过点击第 1 行"$U_n(n^s)$"实现等水平的均匀设计表 $U_{12}(12^4)$，然后在 Factors 的表内找到因子数"4"点击，最后在 4 factors 的表内找到"12 runs"点击，即可得到 $U_{12}(12^4)$的均匀设计结果：

11	8	2	10
9	7	12	8
8	2	3	2
10	12	6	4
1	10	4	7
2	5	11	3
4	6	1	5
7	4	5	12
6	9	8	1
3	1	7	9
5	11	10	11
12	3	9	6

3. 查均匀设计表实现

本例采用均匀设计表$U_{12}(12^4)$进行试验，查附录8找到均匀设计表$U_{12}(12^p)$，将该表的第1列和$p=4$的3列合并在一起，即构成均匀设计表$U_{12}(12^4)$，如表11.6的左侧部分所示，其试验方案已经随机化。将其1～4列分别安排$x_1\sim x_4$四个因子，其相应的实际水平值如表11.6的中间部分所示。然后按照12个水平组合随机安排12次试验，最后将生化产物转化率(y)列于表11.6的最后1列。

需要注意的是，因子的编码水平和实际水平应该按照相同的顺序排列，为了方便解释问题，建议所有因子都按照水平值从小到大的升序排列。

表11.6 生化试验均匀设计试验方案及试验数据

No.	均匀设计表$U_{12}(12^4)$				因子的实际水平				转化率
	1	2	3	4	x_1	x_2	x_3	x_4	y
1	11	8	2	10	5.0	40	1.5	60	0.309 7
2	9	7	12	8	4.2	35	6.5	50	0.520 7
3	8	2	3	2	3.8	10	2.0	20	0.217 9
4	10	12	6	4	4.6	60	3.5	30	0.415 4
5	1	10	4	7	1.0	50	2.5	45	0.364 8
6	2	5	11	3	1.4	25	6.0	25	0.361 3
7	4	6	1	5	2.2	30	1.0	35	0.209 2
8	7	4	5	12	3.4	20	3.0	70	0.295 9
9	6	9	8	1	3.0	45	4.5	15	0.393 1
10	3	1	7	9	1.8	5	4.0	55	0.244 8
11	5	11	10	11	2.6	55	5.5	65	0.609 6
12	12	3	9	6	5.4	15	5.0	40	0.387 3

11.3.2 混合水平的均匀设计

均匀设计不仅能用于等水平的试验，而且可以用于混合水平的试验。混合水平的试验设计步骤与等水平的情况非常类似，只是在选择均匀设计表的时候需要选择混合水平均匀设计表。

目前，依据本教材推荐的中心化偏差(CD)编制的新均匀设计表中，还没有混合水平均匀设计表，在其他的一些试验设计教材中，有采用星偏差(D)编制的均匀设计表，若其中有合适的混合水平均匀设计表，可以直接使用。事实上，很难直接找到合适的混合水平均匀设计表，但可以通过对等水平的均匀设计表进行改造得到，常用的改造方法是拟水平法。可以采用拟水平法改造均匀设计表的前提是因子的高水平数和低水平数之间存在整数倍关系(更便于改造)，否则还得通过增加或减少若干水平凑成倍数关系。

【例11.2】 某个3因子的试验，有两个因子为12水平，一个因子为6水平，试验需要混合水平均匀设计表$U_{12}(12^2\times 6)$，则可以从等水平均匀设计表$U_{12}(12^3)$改造而来。假如从表$U_{12}(12^3)$中选择第3列，将其从12水平转变为6水平即可，具体改造方法如下：

(1,2)→1,(3,4)→2,(5,6)→3,(7,8)→4,(9,10)→5,(11,12)→6

改造前后的均匀设计如表 11.7 所示。

表 11.7　混合水平均匀设计试验方案的生成表

No.	均匀设计表 $U_{12}(12^3)$			均匀设计表 $U_{12}(12^2\times 6)$		
	1	2	3	1	2	3
1	1	6	4	1	6	2
2	2	10	8	2	10	4
3	3	2	11	3	2	6
4	4	8	1	4	8	1
5	5	4	7	5	4	4
6	6	12	10	6	12	5
7	7	3	2	7	3	1
8	8	9	6	8	9	3
9	9	7	12	9	7	6
10	10	1	5	10	1	3
11	11	11	3	11	11	2
12	12	5	9	12	5	5

需要注意的是,无论从均匀设计表 $U_{12}(12^3)$ 中选择哪一列改造成 6 水平列,得到的混合水平均匀设计表 $U_{12}(12^2\times 6)$ 的均匀性都不尽相同。如何计算均匀性偏差值是一件困难的事情,通常任选一列改造即可。

理论上,经过以上改造得到的混合水平均匀设计表,仅是近似均匀设计表,应该谨慎使用。实际应用中,为了简化试验,更推荐使用等水平的均匀设计。

11.4　均匀设计的统计分析

均匀设计的试验数据通常采用二次多项式回归模型进行分析,含有 p 个因子的二次回归方程为:

$$\hat{y} = b_0 + \sum_{i=1}^{p} b_i x_i + \sum_{i\leqslant j} b_{ij} x_i x_j + \sum_{i=1}^{p} b_{ii} x_i^2$$

式中,b_0, b_i, b_{ii}, b_{ij} 为回归系数的估计值,其待估计的回归参数(含常数项)的个数则为 $(p+2)(p+1)/2$ 个。一般情况下,总试验次数通常取因子数 p 的 3～5 倍,如表 11.8 所示。

表 11.8　均匀设计的试验次数及待估计的参数个数

因子数 p	2	3	4	5	6	7	8	9
试验次数 n	6～10	9～15	12～20	15～25	18～30	21～35	24～40	27～45
待估参数	6	10	15	21	28	36	45	55

如果均匀设计的试验次数明显多于待估计的回归参数的个数,可以直接使用R语言的响应面回归函数rsm( )进行回归分析,具体可以参考回归设计的相关章节。

如果均匀设计的试验次数少于待估计的回归参数的个数,就属于超饱和设计,无法直接使用R语言的函数rsm( )进行回归分析。但是,根据多项式回归分析原理,通常不会所有的回归系数都显著,所以可以使用逐步回归、向前回归和向后回归等筛选自变量的方法进行回归分析。在R语言中,可以使用lm( )函数实现筛选变量的回归分析,但是二次多项式回归模型的二次项和交互项需要自己定义。

例11.1的生化试验只有12次试验,试验数据如表11.6所示,其二次回归模型待估计的参数却有(4+2)(4+1)/2=15个,需要使用R语言进行筛选自变量的多项式回归分析,其分析程序如下:

```
#RA11.1
x1=c(5, 4.2, 3.8, 4.6, 1, 1.4, 2.2, 3.4, 3, 1.8, 2.6, 5.4)
x2=c(40, 35, 10, 60, 50, 25, 30, 20, 45, 5, 55, 15)
x3=c(1.5, 6.5, 2, 3.5, 2.5, 6, 1, 3, 4.5, 4, 5.5, 5)
x4=c(60, 50, 20, 30, 45, 25, 35, 70, 15, 55, 65, 40)
x1x2=x1*x2    #将x1*x2定义为新变量x1x2,以下类同
x1x3=x1*x3
x1x4=x1*x4
x2x3=x2*x3
x2x4=x2*x4
x3x4=x3*x4
x1x1=x1*x1
x2x2=x2*x2
x3x3=x3*x3
x4x4=x4*x4
x=cbind(x1, x2, x3, x4, x1x2,x1x3,x1x4,x2x3,x2x4,x3x4,x1x1,x2x2,x3x3,x4x4)
y=c(0.3097, 0.5207, 0.2179, 0.4154, 0.3648, 0.3613,
0.2092, 0.2959, 0.3931, 0.2448, 0.6096, 0.3873)
ud=data.frame(x, y)

library(leaps)
maxvar=8
#regsubsets函数的参数:自变量x必须为矩阵类型
rs=regsubsets(x=x, y=y, nbest=1, nvmax=maxvar, really.big=TRUE)
summary(rs)
plot(rs, scale="r2")
plot(rs, scale="adjr2")
coef(rs,1:maxvar)

mf=y ~ x1x2+x1x3+x2x3+x2x4
LM=lm(mf, data=ud)
summary(LM)
```

程序简要说明：

x1～x4 为四个因子的均匀设计值，x 为所有因子的设计矩阵，y 为生化物转化率，ud 为整个均匀设计试验的数据框。leaps 为筛选回归子集的扩展包，maxvar 定义回归模型中保留自变量的最多项数，最多不超过试验次数 n－4，regsubsets( )函数为筛选自变量子集函数，其参数 x 为自变量矩阵，y 为试验指标，nbest 为每一种自变量个数只保留最优模型的个数，really.big 定义要对所有自变量都进行筛选，当试验次数低于待估项数＋4 时必须加上此参数。plot( )函数可以画自变量筛选的 R^2 和矫正的 R^2 图，coef( )函数输出回归模型的回归系数。mf 为定义上一步已经筛选完毕的回归模型，lm( )函数进行回归分析。

程序主要运行结果(图 11.1 和图 11.2)：

```
[[4]]
  (Intercept)          x1x2          x1x3          x2x3          x2x4
1.656845e-01 -3.289876e-04  5.593979e-03  8.227903e-04  4.384709e-05

Coefficients:
                Estimate   Std.  Error  t value  Pr(>|t|)
(Intercept)    1.657e-01  8.965e-03   18.481  3.37e-07 ***
x1x2          -3.290e-04  6.881e-05   -4.781  0.002009 **
x1x3           5.594e-03  6.210e-04    9.008  4.24e-05 ***
x2x3           8.228e-04  6.527e-05   12.606  4.57e-06 ***
x2x4           4.385e-05  5.822e-06    7.531  0.000134 ***

Signif.codes:  0 '***' 0.001 '**' 0.01 '*' 0.05 '.' 0.1 ' ' 1

Residual standard error: 0.01356 on 7 degrees of freedom
Multiple R-squared:  0.9917,Adjusted R-squared:  0.987
F-statistic: 210.2 on 4 and 7 DF,  p-value: 2.288e-07
```

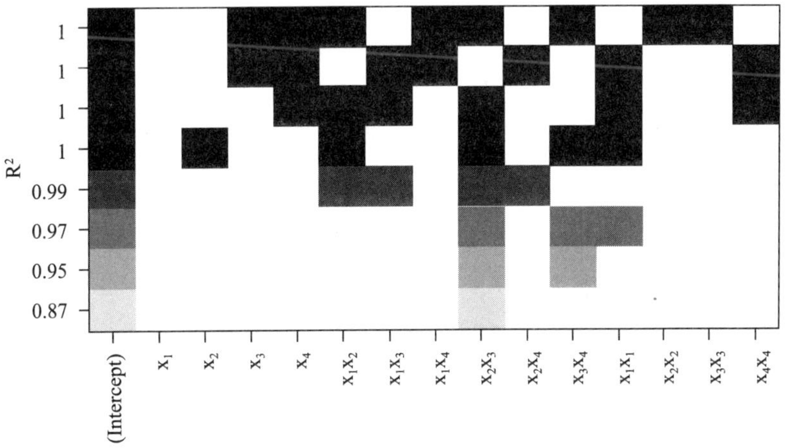

图 11.1　自变量筛选的 R^2

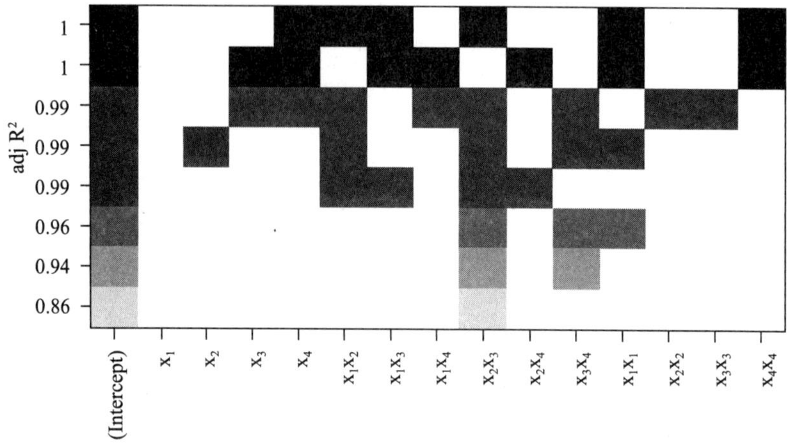

图 11.2 自变量筛选的 adj R^2

从图 11.1 可以看到，在 $R^2=0.99$ 时，回归关系显著的项为 x_1x_2，x_1x_3，x_2x_3 和 x_2x_4；从图 11.2 可以看到，在 adj $R^2=0.99$ 时，回归关系显著的项同样为 x_1x_2，x_1x_3，x_2x_3 和 x_2x_4，所以，最终选择包含这 4 项的二次回归模型。

二次回归模型显著性检验，$df1=4$，$df2=7$，$F=210.2$，$P=2.288\text{e-}7$，回归关系达极显著，$R^2=0.992$，adj $R^2=0.987$，说明该回归模型能比较好地拟合试验数据，可得二次多项式回归方程：

$$\hat{y}=0.1657-0.000329x_1x_2+0.005594x_1x_3+0.0008228x_2x_3+0.00004385x_2x_4$$

为了寻找最佳工艺条件，需要对回归方程在工艺范围内求极大值，这里使用 R 语言的扩展包 Rdonlp2 中的非线性规划函数 donlp2( )求解最佳工艺条件，需要提前安装 Rtools 软件和 Rdonlp2 扩展包，如果没有安装 Rtools 软件，请参考第 2 章的 Rtools 安装相关内容。新版 R 软件已经不再支持 Rdonlp2 扩展包，需要从旧版的原始文档进行安装，具体步骤如下：

```
pkg="http://download.r-forge.r-project.org/src/contrib/Rdonlp2_3042.11.tar.gz"
install.packages(pkg, repos=NULL, type="source")
```

或者运行下面语句进行安装：

```
install.packages("Rdonlp2", repos="http://R-Forge.R-project.org")
```

如果 Rdonlp2 扩展包的原始文档 Rdonlp2_3042.11.tar.gz 已经下载到本机，也可以运行下面语句从本机安装：

```
pkg=choose.files()
install.packages(pkg, repos=NULL)
```

#Rdonlp2 扩展包安装成功后，即可对二次回归模型进行优化，程序如下：

```
#RA11.2
library(Rdonlp2)
#提示：函数的内容需要放在函数 c()内
fn=function(x){c(
    0.1657-0.000329*x[1]*x[2]+0.005594*x[1]*x[3]+0.0008228*x[2]*x[3]
```

```
    +0.00004385 * x[2] * x[4]
    )}
par=c(3, 30, 3, 30)
par.lower=c(1, 5, 1, 15)
par.upper=c(5.4, 60, 6.5, 70)
ret=donlp2(par, fn, par.lower=par.lower, par.upper=par.upper,
control=donlp2Control(fnscale=-1))
solve=rbind(cbind(ret $ par), ret $ fx)
solve
```

程序简要说明：

fn 定义目标函数，即均匀设计得到的回归模型，par 定义 4 个因子迭代运算的初始值，可在合理范围内任意取值，par.lower 定义 4 个因子取值的下限，par.upper 定义 4 个因子取值的上限，donlp2( )为带约束的非线性规划函数，默认求解目标函数的最小值，而本例求解目标函数的最大值，需要添加参数 control=donlp2Control(fnscale=-1)，solve 存储均匀设计优化结果 ret $ par 和目标函数优化结果 ret $ fx。

运行程序得优化结果：

```
          [,1]
[1,]  5.4000000
[2,] 60.0000000
[3,]  6.5000000
[4,] 70.0000000
[5,]  0.7605154
```

可以得到，当 $x_1=5.4$，$x_2=60.0$，$x_3=6.5$，$x_4=70.0$ 时，转化率存在最优工艺条件，即转化率 $y=0.761$。此最优工艺条件并没有出现在 12 次试验当中，且均显著高于 12 次试验中的转化率值。

应该在该最优工艺条件处追加几次验证试验，如果验证试验得到的转化率和预测值比较接近，说明回归模型拟合的比较理想。如果验证试验得到的转化率和预测值相距甚远，说明回归模型不太合适，可能因子的选取或因子的取值范围设置不合理，需要进一步改进。

即使回归模型拟合很好，考虑到本例的最优工艺条件 $x_1=5.4$，$x_2=60.0$，$x_3=6.5$，$x_4=70.0$ 在边界上，也可以适当扩大工艺范围再次安排均匀设计试验，或许能得到更优的工艺条件。

第 12 章　混料设计

在工农业生产及科学研究中，常常会遇到一些物料的比例问题，将几种不同的物料通过混合或化合的工艺，形成一定功能的产品。例如，动物饲料可能含有玉米粉、麦麸、鱼骨粉和豆粕等；复合肥则包含氮肥、磷肥和钾肥等；中药通常由多味药材配伍而成。人类吃的食物也主要是由淀粉、蛋白质和脂肪等营养物质合理搭配而成，甚至我们使用的不锈钢餐具也是由铁、铬、镍等元素组成。

这些由多种物料按照一定比例组成或合成的稳定产品称为混料，混料的主要性能仅与各种物料的相对含量有关，相对含量可以用质量比例、体积比例等来表示。如何确定各种物料成分在混料中的合适比例，使混料的性能达到最优，这是试验设计和科研生产中经常遇到的一类重要问题。

12.1　混料设计概述

12.1.1　混料设计的概念

欲使混料的性能达到最优，需要对各种混料成分的比例进行试验来确定，对这样的混料试验进行的设计称为混料设计（MD, Mixture Design）或称为配方设计（PD, Prescription Design）。混料设计中，混料成分也称为混料变量或混料因子。

混料设计的目的就是合理选择少量的试验点，通过不同配比的试验得到试验指标与不同混料成分之间数量关系的回归方程，进而探讨各混料成分与试验指标的内在规律，从而得到最优的混料配比。

混料设计在 1958 年由 Scheffe 首先提出，并进行了一些混料设计方法和回归模型的研究，至今已过去半个多世纪，已经在工农业生产和科学研究中如食品、饲料、医药、化工、冶金和材料等领域广泛使用。

在混料设计试验中，混料成分也被称作因子，各种混料成分的百分比不能完全自由变动，它们受到一个共同的基础约束，即所有混料成分的比例之和为 1，这也是混料设计的基本限制条件。

设在一个混料试验中有 p 个混料成分，用 $x_1, x_2, x_3, \cdots, x_p$ 表示，则试验中每一混料成分的取值满足如下条件：

$$\begin{cases} x_1 + x_2 + \cdots + x_p = 1 \\ 0 \leqslant x_i \leqslant 1, \quad i = 1,2,\cdots,p \end{cases} \text{或} \begin{cases} \sum_{i=1}^{p} x_i = 1 \\ 0 \leqslant x_i \leqslant 1, \quad i = 1,2,\cdots,p \end{cases}$$

因为混料设计基本限制条件的存在，所以在全部 p 个混料成分中，只有 $p-1$ 个成分是可以独立在一定范围内变化的，而当 $p-1$ 个混料成分的值确定之后，那么剩余的第 p 个混料成分的取值即可随之确定。

混料设计中，混料成分至少得有三种，即 $p \geqslant 3$。只有三种及以上混料成分的混料设计中，才会有两个及以上独立随机变化的混料成分。

若某个物料成分的比例固定不变，则不应作为混料成分，可以将剩余的混料成分看作一个整体进行混料设计。如某种糕点的甜度设定之后，糖的添加比例即可确定，不再作为混料成分，此时只需将其他的混料成分，如面粉、鸡蛋、食用油和奶油等进行混料设计即可。

在混料设计中，一些微量添加的物料也不宜作为混料成分，因为这些物料量的变化几乎不会影响其他混料成分的变化。如在 100 千克某种饲料的配制中，某些维生素和微量元素的添加通常以克或毫克计，它们添加量的变化几乎不会影响其他十几乃至几十千克混料成分的变化，不宜作为混料成分。

12.1.2　混料设计的回归模型

假设在 p 个混料成分的混料设计试验中，混料成分为 $x_1, x_2, x_3, \cdots, x_p$，响应变量为 y，其试验数据多采用回归分析，其回归模型可以表示为：

$$y = f(x_1, x_2, \cdots, x_p) + \varepsilon$$

其中 f 为回归函数，ε 为随机误差，且 $\varepsilon \sim N(0, \sigma^2)$。当回归模型中的未知参数通过试验观察值得到其估计值后，即可得到回归方程：

$$\hat{y} = f(x_1, x_2, \cdots, x_p)$$

由于回归函数 f 的形式往往很难甚至不能明确描述，在实际使用过程中，通常采用一个 d 次多项式来进行刻画，记为 $M(p,d)$。由于混料设计基本限制条件的存在，其回归多项式方程也不同于一般的回归多项式方程，通常会缺少常数项、二次项、三次项或某些交互项等。混料设计的回归模型通常采用 Scheffe 正则多项式回归模型，其常用形式为：

1. 一次正则回归模型 $M(p,1)$

$$\hat{y} = \sum_{i=1}^{p} b_i x_i \text{ 或 } \hat{y} = b_1 x_1 + b_2 x_2 + \cdots + b_p x_p$$

2. 二次正则回归模型 $M(p,2)$

$$\hat{y} = \sum_{i=1}^{p} b_i x_i + \sum_{1 \leqslant i < j}^{p} b_{ij} x_i x_j$$

3. 三次正则回归模型 $M(p,3)$

$$\hat{y} = \sum_{i=1}^{p} b_i x_i + \sum_{1 \leqslant i < j}^{p} b_{ij} x_i x_j + \sum_{1 \leqslant i < j}^{p} d_{ij} x_i x_j (x_i - x_j) + \sum_{1 \leqslant i < j < k}^{p} b_{ijk} x_i x_j x_k$$

4. 三次特殊正则回归模型(不完全型)$M(p,3)$

$$\hat{y}=\sum_{i=1}^{p}b_i x_i+\sum_{1\leqslant i<j}^{p}b_{ij}x_i x_j+\sum_{1\leqslant i<j<k}^{p}b_{ijk}x_i x_j x_k$$

显然,混料设计 $M(p,d)$ 的 Scheffe 正则多项式回归方程中待估的回归系数的个数比一般的 p 元 d 次多项式回归方程要少一些。需要注意的是,多项式回归方程中的交互项不能简单解释为交互作用,因为它们中通常还包含其他项的作用。在实际使用中,一次正则回归模型不含交互项,使用的比较少。

得到响应变量和混料成分的回归方程以后,将其进一步优化,即可得到各种混料成分在一定比例下响应变量的最优值。

12.2 单形混料设计

12.2.1 单形的概念

单形(Simplex)是代数拓扑中的基本概念,指顶点数与坐标空间维数相等的凸图形,满足如下约束条件:

$$\begin{cases} x_1+x_2+\cdots+x_p=1 \\ 0\leqslant x_i\leqslant 1, \quad i=1,2,\cdots,p \end{cases}$$

在 p 维空间所形成的图形称为单形。如 $p=3$ 时,单形为二维空间的正三角形;$p=4$ 时,单形为三维空间的正四面体;当 $p\geqslant 5$ 时,单形为高维空间的正多面体,已经很难在三维空间进行刻画。$p=3$ 和 $p=4$ 时的单形,如图 12.1 所示。

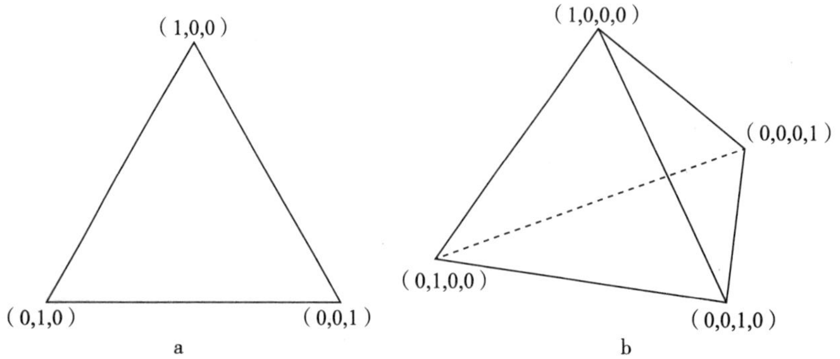

图 12.1 $p=3$ 的单形(a)和 $p=4$ 的单形(b)

在 p 维单形上定义坐标,假设单形的高为 1,其 p 个顶点记为:

$X_1=(1,0,0,\cdots,0)$, $X_2=(0,1,0,\cdots,0)$, $X_3=(0,0,1,\cdots,0)$, $\cdots$, $X_p=(0,0,\cdots,0,1)$

记单形上任意一点 Q 的坐标为$(x_1,x_2,x_3,\cdots,x_p)$,那么 x_1 为 Q 点到由 $X_2,X_3,\cdots,X_p$ 所构成的子单形的距离,x_2 为 Q 点到由 $X_1,X_3,\cdots,X_p$ 所构成的子单形的距离,$\cdots$,x_p 为 Q 点到由 $X_1,X_2,\cdots,X_{p-1}$ 所构成的子单形的距离。单形上任意一点 Q 的 p 个坐标之和满足如下关系式:

$$x_1+x_2+\cdots+x_p=1$$

如在 $p=3$ 时，单形是平面的一个正三角形，如图 12.2 所示。记其三个顶点分别为 X_1、X_2、X_3，它们的坐标分别是(1,0,0)，(0,1,0)，(0,0,1)。又设 Q 是该单形上的任意一点，其坐标为(x_1，x_2，x_3)，则点 Q 到边 X_2X_3(即子单形)的距离为 x_1，到边 X_1X_3 的距离为 x_2，到边 X_1X_2 的距离为 x_3，此时三个坐标之和为 1，即有关系式：

$$x_1+x_2+x_3=1$$

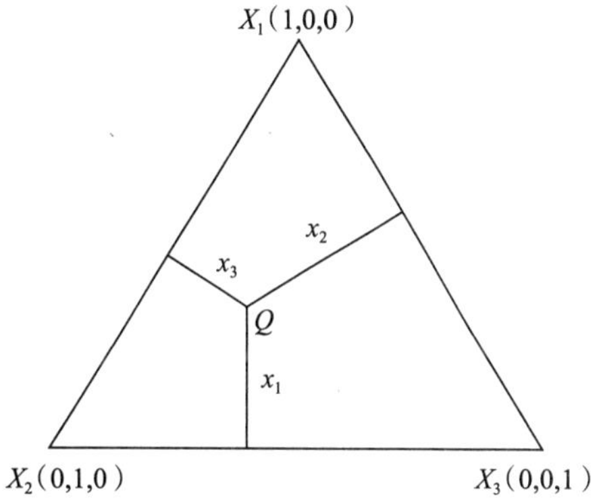

图 12.2　$p=3$ 的单形上的坐标系

在混料设计中，由于存在混料成分之和为 1 的基本约束条件，各种混料成分的比例不能自由变化，因为一种混料成分比例的增加(或减少)必然导致其他混料成分比例的相应减少(或增加)，所以混料设计的试验不宜采用正交设计、回归设计、均匀设计等常规方法进行设计。

但是由于混料设计的基本约束条件和单形上的各坐标值之和具有相同的数学表达形式，因此可以借用单形的概念来进行混料设计。单形的顶点表示单一混料成分的混料，棱上的点表示两种混料成分的混料，面上的点表示三种混料成分的混料，而单形内部的点表示含有所有混料成分的混料。

12.2.2　单形格子设计

单形格子设计(SLD，Simplex Lattice Design)是由 Scheffe 在 1958 年首先提出的混料设计方法，它奠定了混料设计的基础方法，许多其他的混料设计方法是由单形格子设计派生出来的。

p 维 d 阶单形格子设计的混料设计 $M(p,d)$，它将单形的边划分成 d 等份，在等分点做其他边的平行线，形成许多网格，因此得名单形格子设计。单形格子设计的试验点为这些网格的交点，这样的试验点共有 C_{p+d-1}^{d} 个，正好与所采用的 d 阶完全多项式回归模型中待估计的参数个数相等，故单形格子设计是饱和设计，是在“试验次数最少”意义下的最优设计。当混料设计饱和时，可以适当设置一些试验点的重复。

例如，$p=3$ 的一阶 $M(3,1)$、二阶 $M(3,2)$ 和三阶 $M(3,3)$ 单形格子设计的试验点分布图，如图 12.3 所示。

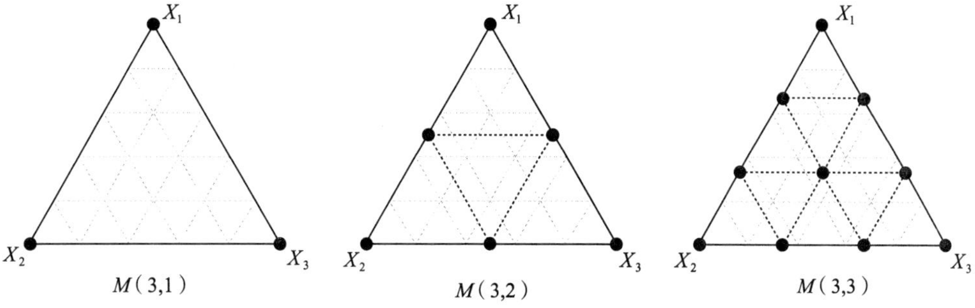

图 12.3　$p=3$ 的单形格子设计分布图

在实际应用中，一阶单形格子设计的试验点都在顶点上，几乎没有实用价值，常用的是二阶、三阶或四阶的单形格子设计，$M(3,2)$和$M(3,3)$单形格子设计的试验方案如表12.1和表12.2所示。常见的单形格子的混料设计$M(p,d)$试验点数如表12.3所示。

表12.1 单形格子设计$M(3,2)$的试验方案

No.	x_1	x_2	x_3
1	1	0	0
2	0	1	0
3	0	0	1
4	1/2	1/2	0
5	1/2	0	1/2
6	0	1/2	1/2

表12.2 单形格子设计$M(3,3)$的试验方案

No.	x_1	x_2	x_3
1	1	0	0
2	0	1	0
3	0	0	1
4	1/3	2/3	0
5	2/3	1/3	0
6	1/3	0	2/3
7	2/3	0	1/3
8	0	1/3	2/3
9	0	2/3	1/3
10	1/3	1/3	1/3

表12.3 单形格子设计$M(p,d)$的试验点数

$p \setminus d$	2	3	4
3	6	10	15
4	10	20	35
5	15	35	70
6	21	56	126
7	28	84	210
8	36	120	330
9	45	165	495
10	55	220	715

12.2.2.1 单形格子设计的实现

【例12.1】 某饮品公司开发一种复合果汁饮料，由苹果汁(x_1)、梨汁(x_2)和葡萄汁(x_3)组成，试验指标为口感(y)，由专业人员对口感进行评分。试通过单形格子设计$M(3,2)$确定3种混料成分的最佳比例，欲在单一成分的试验点上安排2次重复，在两种成分的试验点安排3

次重复。

使用 R 语言实现单形格子设计：

```
#RD12.1
library(mixexp)
p=3
d=2
sld=SLD(fac=p, lev=d)
sld
```

程序简要说明：

mixexp 为混料设计的 R 扩展包；p 为混料成分数；d 为回归模型的阶数；SLD( )为单形格子设计函数，其第一个参数 fac 为混料成分数，第二个参数 lev 为混料设计回归模型的阶数，小于等于 5 阶；sld 输出设计结果。

运行程序得到单形格子设计 $M(3,2)$没有重复的试验点，如表 12.4 所示。

表 12.4　单形格子设计 $M(3,2)$的试验方案

No.	x_1	x_2	x_3
1	1.0	0.0	0.0
2	0.5	0.5	0.0
3	0.0	1.0	0.0
4	0.5	0.0	0.5
5	0.0	0.5	0.5
6	0.0	0.0	1.0

表 12.4 的试验设计方案总共有 6 个试验点，试验点数过少，可以考虑在单一成分的试验点上安排两次重复，在两种成分的试验点安排 3 次重复，可以采用下面的 R 语言程序：

```
sld=rbind(sld, sld, sld[c(2,4,5),])
sld
```

运行程序得到最终的混料设计方案，如表 12.5 中间三列所示。

表 12.5　单形格子设计 $M(3,2)$的复合果汁配制试验方案及结果

No.	x_1	x_2	x_3	y
1	1.0	0.0	0.0	11.0
2	0.5	0.5	0.0	15.0
3	0.0	1.0	0.0	8.8
4	0.5	0.0	0.5	17.7
5	0.0	0.5	0.5	10.0
6	0.0	0.0	1.0	16.8
7	1.0	0.0	0.0	12.4
8	0.5	0.5	0.0	14.8
9	0.0	1.0	0.0	10.0

续表 12.5

No.	x_1	x_2	x_3	y
10	0.5	0.0	0.5	16.4
11	0.0	0.5	0.5	9.7
12	0.0	0.0	1.0	16.0
13	0.5	0.5	0.0	16.1
14	0.5	0.0	0.5	16.6
15	0.0	0.5	0.5	11.8

12.2.2.2 单形格子设计的统计分析

单形格子混料设计通常使用 Scheffe 回归模型进行统计分析，回归参数的计算采用最小二乘法。由于单形格子设计是饱和设计，没有误差项，因此不能直接进行回归分析。可以用两种方法解决这个问题：一是采用逐步回归分析，剔除不显著的回归项，使其自动归入误差项，从而使误差项不再为 0；二是在某些试验点上适当设置重复，便会产生真正的误差项。通过上述两种方法得到误差项，即可以进行混料设计的回归分析。

例 12.1 的复合果汁饮料试验采用的是设置重复的方法，试验打分结果如表 12.5 的最后一列所示。使用 R 语言进行二次 Scheffe 回归模型分析如下：

```
#RA12.1.1
library(mixexp)
y=c(11.0,15.0,8.8,17.7,10.0,16.8,12.4,14.8,10.0,16.4,9.7,16.0,16.1,16.6,11.8)
sld$y=y
mixvars=c("x1","x2","x3")
response=c("y")
MM=MixModel(sld, response, mixvars, model=2)
summary(MM)
```

程序简要说明：

y 为混料设计的试验指标；sld $ y 将变量 y 并入试验设计数据 sld，mixvars 定义混料变量；response 定义试验指标；MixModel( )函数为混料的回归分析函数，其参数 model 为回归模型的形式，其取值含义如下：

1 为只有一次项；

2 为一次项和二次交叉项；

3 为一次项和二次交叉项，三次交叉项和特殊三次交叉项；

4 为一次项和二次交叉项，三次交叉项；

5 和 6 均为为带工艺变量的混料设计。

summary(MM)函数输出回归分析的结果。运行程序得到如下结果：

```
Coefficients:
        Estimate Std. Error t value Pr(>|t|)
x1       11.7000  0.6037   19.381  1.20e-08 ***
x2        9.4000  0.6037    5.571  8.15e-08 ***
```

```
x3      16.4000  0.6037   27.166  6.01e-10 ***
x1:x2   19.0000  2.6082    7.285  4.64e-05 ***
x1:x3   11.4000  2.6082    4.371  0.00180  **
x2:x3   -9.6000  2.6082   -3.681  0.00507  **
---
Signif.codes:
0 '***' 0.001 '**' 0.01 '*' 0.05 '.' 0.1 ' ' 1

Residual standard error: 0.8537 on 9 degrees of freedom
Multiple R-squared:  0.9977,Adjusted R-squared:  0.9962
F-statistic: 658.1 on 6 and 9 DF,  p-value: 2.271e-11
```

回归分析结果表明，$F=658.1$，$df_1=6$，$df_2=9$，$P=2.271e\text{-}11$，回归模型具有极显著统计意义；决定系数 $R^2=0.998$，说明回归模型拟合度很高；回归方程的各一次项和交叉项均具有显著的统计意义，可以得到如下回归方程：

$$\hat{y}=11.7x_1+9.4x_2+16.4x_3+19.0x_1x_2+11.4x_1x_3-9.6x_2x_3$$

对于仅有三种混料成分回归模型，可以绘制等高线图，程序如下：

```
ModelPlot(model=MM, dimensions=list(x1="x1", x2="x2", x3="x3"),
          constraints=FALSE, contour=TRUE,
          cuts=5, fill=TRUE, color.palette=cm.colors,
          axislabs=c("x1", "x2", "x3"),
          cornerlabs=c("X1", "X2", "X3") )
```

程序简要说明：

ModelPlot( )函数绘制混料设计回归模型的等高线图，其中参数 model 指定混料回归分析的模型，dimensions 定义三种混料成分；Constraints 指定约束，contour 定义是否绘制等高线图；Cuts 指定等高线图切片数，fill 指定是否填充，color. palette 指定调色板；axislabs 指定坐标轴标签；cornerlabs 指定顶角标签。

运行程序输出结果如图 12.4 所示：

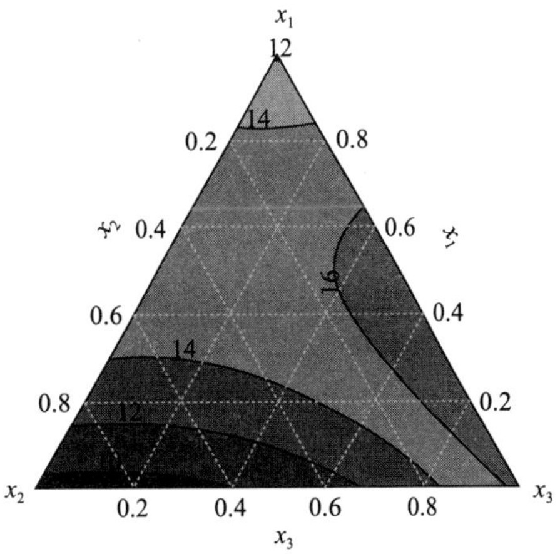

图 12.4　复合果汁饮料试验的等高线

对上述回归方程进行非线性规划求极值，需要提前安装 R 软件的 Rdonlp2 扩展包，否则需要先安装 Rtools 软件和 Rdonlp2 扩展包。如果没有安装 Rtools 软件，请参考第二章的 Rtools 安装相关内容。新版 R 软件已经不再支持 Rdonlp2 扩展包，需要从旧版的原始文档进行安装，具体步骤如下：

```
pkg="http://download.r-forge.r-project.org/src/contrib/Rdonlp2_3042.11.tar.gz"
install.packages(pkg, repos=NULL, type="source")
```

或者运行下面语句进行安装：

```
install.packages("Rdonlp2", repos="http://R-Forge.R-project.org")
```

如果 Rdonlp2 扩展包的原始文档 Rdonlp2_3042.11.tar.gz 已经下载到本机，也可以运行下面语句从本机安装：

```
pkg=choose.files()
install.packages(pkg , repos=NULL)
```

Rdonlp2 扩展包安装成功后，即可对混料设计模型进行优化，程序如下：

```
#RA12.1.2
library(Rdonlp2)
#提示:目标函数需要放在函数 c( )内
fn=function(x){c(
    11.7*x[1]+9.4*x[2]+16.4*x[3]+19*x[1]*x[2]+11.4*x[1]*x[3]-9.6*x[2]*x[3]
    )}
par=c(0.5, 0.5, 0.5)
par.lower=c(0, 0, 0)
par.upper=c(1, 1, 1)
A=rbind(c(1, 1, 1))
lin.lower=1
lin.upper=1
ret=donlp2(par, fn, par.lower=par.lower, par.upper=par.upper, A=A,
           lin.lower=lin.lower, lin.upper=lin.upper,
           control=donlp2Control(fnscale=-1))
solve=rbind(cbind(ret$par), ret$fx)
solve
```

程序简要说明：

fn 定义目标函数，即混料设计得到的回归模型；par 定义混料成分迭代运算的初始值，可在合理范围内任意取值；par.lower 定义混料成分取值的下限；par.upper 定义混料成分取值的上限；A 定义线性约束的系数矩阵；lin.lower 定义线性约束的下限；lin.upper 定义线性约束的上限；donlp2( )为带约束的非线性规划函数，默认求解目标函数的最小值，而本例求解目标函数的最大值，所以需要添加参数 control=donlp2Control(fnscale=-1)；solve 存储混料成分优化结果 ret$par 和目标函数优化结果 ret$fx。

运行程序得优化结果：

```
            [,1]
[1,]   0.2938596
[2,]   0.0000000
[3,]   0.7061404
[4,]  17.3844298
```

从优化结果可以得到，当混料成分中苹果汁 $x_1=0.294$，梨汁 $x_2=0$，葡萄汁 $x_3=0.706$ 时，复合果汁的口感 y 达到最佳值，即 $y=17.384$。此最佳工艺条件没有出现在试验中，需要安排试验验证。

如果混料成分中不允许缺少某种成分，比如梨汁不能为 0，那么可以考虑后面章节介绍的完全混料设计。

12.2.3　单形重心设计

对于单形格子混料设计 $M(p,d)$，当 $d>2$ 时，会出现某些混料设计试验点的非零坐标并不相等的情况，从而形成非对称性。这使某些观测值对回归方程的影响较大，而另一些观测值对回归方程的影响比较小，进而影响回归方程中系数的估计值。为了克服这一缺点，Scheffe 在 1963 年提出了一种只考虑有相等非零坐标的混料设计方法，即单形重心设计（SCD，Simplex Centroid Design）。

混料设计 $M(p,d)$ 的单形重心设计的试验点由 p 维单形上所有子单形的重心构成，其子单形包括 1 维单形、2 维单形、……、$p-1$ 维单形以及 p 维单形。与单形格子设计不同，单形重心设计的试验点设置与阶数 d 无关，通常记为 $M(p, p)$，共有 2^p-1 个试验点，其试验点组成如下：

1. 以(1, 0, 0, 0, … , 0)为代表的 1 维单形的重心，有 C_p^1 个试验点。

2. 以(1/2, 1/2, 0, 0, … , 0)为代表的 2 维单形的重心，有 C_p^2 个试验点。

3. 以(1/3, 1/3, 1/3, 0, … , 0)为代表的 3 维单形的重心，有 C_p^3 个试验点。

……

p. 以$(1/p, 1/p, 1/p, 1/p, \cdots, 1/p)$为代表的 p 维单形的重心，有C_p^p个试验点。

$M(p, p)$单形重心设计试验点的总数为：$C_p^1+C_p^2+C_p^3+\cdots+C_p^p=2^p-1$，其回归模型为 p 次饱和正则多项式模型，具体如下：

$$\hat{y}=\sum_{i=1}^{p}b_ix_i+\sum_{1\leqslant i<j}^{p}b_{ij}x_ix_j+\sum_{1\leqslant i<j<k}^{p}b_{ijk}x_ix_jx_k+\cdots+b_{12\cdots p}x_1x_2\cdots x_p$$

在实际使用时，常用回归模型的 2,3,4 次等低次项建立回归方程，更高次项则较少使用。当 $p=3,4$ 时容易形成饱和设计，可以适当增加一些试验点或整个试验进行重复，以得到足够的误差项。

常见的单形重心设计的混料设计 $M(p, p)$的试验点数，如表 12.6 所示。

表 12.6　单形重心设计 $M(p, p)$的试验点数

混料因子数	3	4	5	6	7	8	9	10
试验点数	7	15	31	63	127	255	511	1 023

例如，3 种混料因子的单形重心设计 $M(3, 3)$，共有 $2^3-1=7$ 个试验点，其试验点如表 12.7 所示，程序输出的试验点分布如图 12.5 所示。

表 12.7　单形重心设计 $M(3,3)$的试验方案

No.	x_1	x_2	x_3	试验点性质
1	1	0	0	1 维单形重心
2	0	1	0	1 维单形重心
3	0	0	1	1 维单形重心
4	1/2	1/2	0	2 维单形重心

续表 12.7

No.	x_1	x_2	x_3	试验点性质
5	1/2	0	1/2	2 维单形重心
6	0	1/2	1/2	2 维单形重心
7	1/3	1/3	1/3	3 维单形重心

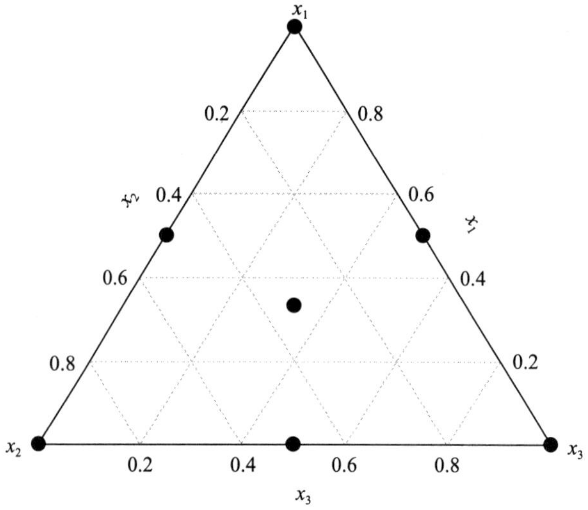

图 12.5 单形重心设计 $M(3,3)$的分布

12.2.3.1 单形重心设计的实现

【例 12.2】 某种饮料存在饮后余味(y),可以通过添加增甜剂的方法进行改善,现有 4 种增甜剂(x_1,x_2, x_3, x_4),拟将它们配合使用以降低饮后余味,请通过单形重心设计确定 4 种增甜剂的使用比例,使饮料的口感更佳。

使用 R 语言实现单形重心设计:

```
#RD12.2
library(mixexp)
p=4
scd=SCD(fac=p)
scd
```

程序简要说明:

mixexp 为混料设计的 R 扩展包,p 为混料成分数,SCD( )为单形重心设计函数,其参数 fac 为混料成分数,scd 输出设计结果。

程序运行得到的混料设计方案如表 12.8 所示:

表 12.8 单形重心设计 $M(4,4)$的试验方案及结果

No.	x_1	x_2	x_3	x_4	y
1	1.000	0.000	0.000	0.000	19
2	0.000	1.000	0.000	0.000	8

续表 12.8

No.	x_1	x_2	x_3	x_4	y
3	0.000	0.000	1.000	0.000	15
4	0.000	0.000	0.000	1.000	10
5	0.500	0.500	0.000	0.000	13
6	0.500	0.000	0.500	0.000	16
7	0.500	0.000	0.000	0.500	12
8	0.000	0.500	0.500	0.000	11
9	0.000	0.500	0.000	0.500	5
10	0.000	0.000	0.500	0.500	10
11	0.333	0.333	0.333	0.000	14
12	0.333	0.333	0.000	0.333	10
13	0.333	0.000	0.333	0.333	14
14	0.000	0.333	0.333	0.333	8
15	0.250	0.250	0.250	0.250	12

12.2.3.2　单形重心设计的统计分析

对例 12.2 用增甜剂改善饮料余味的单形重心设计采用上述 15 个试验点的设计方案，试验结果整理后如表 12.8 最后一列所示。如果选用特殊的三次回归模型，那么就需要估计多达 14 个参数，为饱和模型，所以本例考虑采用二次回归模型，仅需估计 10 个回归参数，可以接受。

使用 R 语言进行 Scheffe 二次回归模型分析如下：

```
#RA12.2
library(mixexp)
y=c(19,8,15,10,13,16,12,11,5,10,14,10,14,8,12)
scd$y=y
mixvars=c("x1","x2","x3","x4")
response=c("y")
MM=MixModel(scd, response, mixvars, model=2)
summary(MM)
```

程序简要说明：

y 为混料设计的试验指标，sld$y 将变量 y 并入试验设计数据 sld；mixvars 定义混料变量；response 定义试验指标；MixModel( )函数为混料的回归分析函数，其参数 model 为回归模型的形式，其取值含义如下：

1 为只有一次项；

2 为一次项和二次交叉项；

3 为一次项和二次交叉项，三次交叉项和特殊三次交叉项；

4 为一次项和二次交叉项，三次交叉项；

5 和 6 均为为带工艺变量的混料设计。

summary(MM)函数输出回归分析的结果。运行程序得到如下结果：

```
Coefficients:
        Estimate Std. Error t value Pr(>|t|)
x1      18.73007  0.87720   21.352  4.18e-06 ***
x2       7.87919  0.87720    8.982  0.000285 ***
x3      14.78270  0.87720   16.852  1.35e-05 ***
x4       9.79147  0.87720   11.162  0.000101 ***
x1:x2    0.36158  3.77981    0.096  0.927505
x1:x3    0.09843  3.77981    0.026  0.980233
x1:x4   -6.05947  3.77981   -1.603  0.169813
x2:x3   -0.58578  3.77981   -0.155  0.882901
x2:x4  -14.74368  3.77981   -3.901  0.011402 *
x3:x4   -7.00684  3.77981   -1.854  0.122954
Signif.codes:  0 '***' 0.001 '**' 0.01 '*' 0.05 '.' 0.1 ' ' 1
Residual standard error: 0.8874 on 5 degrees of freedom
Multiple R-squared:  0.9983,Adjusted R-squared:  0.9948
F-statistic: 287.1 on 10 and 5 DF,  p-value: 2.941e-06
```

二次回归模型检验：$F=287.1$，$df_1=10$，$df_2=5$，$P=2.941\text{e}-06$，说明回归关系极显著，但部分交互项在0.05水平下不显著。可以使用lm( )函数对二次回归模型中的不显著项进行筛选，即逐一删除模型中的最不显著的回归项。

```
mf=y ~ -1+x1+x2+x3+x4+x2:x4
LM=lm(mf, data=scd)
summary(LM)
```

程序简要说明：

mf定义混料回归模型，式中－1表示去掉常数项，lm( )为线性回归模型函数，data指定分析数据。

程序运行结果：

```
Coefficients:
        Estimate Std. Error t value Pr(>|t|)
x1       18.3699  0.6744    27.241  1.03e-10 ***
x2        7.9920  0.7509    10.643  8.95e-07 ***
x3       14.2319  0.6744    21.105  1.27e-09 ***
x4        8.6127  0.7509    11.469  4.46e-07 ***
x2:x4   -14.0717  3.9013    -3.607  0.00479 **
Signif.codes:  0 '***' 0.001 '**' 0.01 '*' 0.05 '.' 0.1 ' ' 1
Residual standard error: 0.9211 on 10 degrees of freedom
Multiple R-squared:  0.9963,Adjusted R-squared:  0.9944
F-statistic:  532 on 5 and 10 DF,  p-value: 8.607e-12
```

二次回归模型检验：$F=532$，$df_1=5$，$df_2=10$，$P=8.607\text{e}-12$，说明回归关系极显著，所

有回归项在 0.05 水平下均达极显著，$R^2=0.996$，Adjusted $R^2=0.994$，模型拟合良好，可得二次回归方程为：

$$\hat{y}=18.370x_1+7.992x_2+14.232x_3+8.613x_4-14.072x_2x_4$$

对上述回归方程进行非线性规划求极值，需要用到 R 软件的 Rdonlp2 扩展包。如果未安装 Rdonlp2 扩展包，则可以参考单形格子设计的统计分析部分的 Rdonlp2 扩展包安装过程。安装成功后，即可对混料设计模型进行优化，R 语言程序如下：

```
#RA12.2.2
library(Rdonlp2)
#提示：目标函数需要放在函数 c( )内
fn=function(x){c(
    18.3699 * x[1]+7.9920 * x[2]+14.2319 * x[3]+8.6127 * x[4]-14.0717 * x[2] * x[4]
    )}
par=c(0.5, 0.5, 0.5, 0.5)
par.lower=c(0, 0, 0, 0)
par.upper=c(1, 1, 1, 1)
A=rbind(c(1, 1, 1, 1))
lin.lower=1
lin.upper=1

ret=donlp2(par, fn, par.lower=par.lower, par.upper=par.upper,
A=A, lin.lower=lin.lower, lin.upper=lin.upper)
solve=rbind(cbind(ret $ par), ret $ fx)
solve
```

程序简要说明：

fn 定义目标函数，即混料设计得到的回归模型；par 定义混料成分迭代运算的初始值，可在合理范围内任意取值；par. lower 定义混料成分取值的下限；par. upper 定义混料成分取值的上限；A 定义线性约束的系数矩阵；lin. lower 定义线性约束的下限；lin. upper 定义线性约束的上限；donlp2( )为带约束的非线性规划函数，默认求解目标函数的最小值；solve 存储混料成分优化结果 ret $ par 和目标函数优化结果 ret $ fx。

运行程序得优化结果：

```
          [,1]
[1,] 0.0000000
[2,] 0.5220549
[3,] 0.0000000
[4,] 0.4779451
[5,] 4.7775803
```

从优化结果可以得到，当混料成分中增甜剂 $x_1=0$，$x_2=0.522$，$x_3=0$，$x_4=0.478$ 时，这种饮品的饮后余味 y 达到最小值，即 $y=4.778$。此处的最佳工艺条件没有出现在试验中，需要安排试验验证。

12.2.4 单形轴点设计

标准的单形格子设计和单形重心设计实际上都是边界设计，即大部分的试验点都位于单形的顶点、边和面等边界上，而边界上的试验点都是不完全混料设计，总是缺少一种或几种混料成分。

例如，单形格子设计 $M(3,2)$ 共有 6 个试验点，都在边界上；$M(3,3)$ 共有 10 个试验点，9 个点在边界上；$M(4,2)$ 共有 10 个试验点，都在边界上；$M(4,3)$ 共有 20 个试验点，16 个点在边界上。单形重心设计 $M(3,3)$ 共有 7 个试验点，6 个点在边界上；$M(4,4)$ 共有 15 个试验点，14 个点在边界上。

为了克服较多边界试验点的混料设计的缺点，Cornell 在 1975 年提出了单形轴点设计(SAD，Simplex Axial Design)，也称带轴点的单形混料设计。该设计方法在原来的单形格子设计或单形重心设计的基础上，增加一些因子轴上的试验点，称为轴点。轴点在单形的顶点到中心点的连线上，通常取其连线的中点，可以得到轴点在因子轴上的坐标值为 $(p+1)/2p$，其余 $p-1$ 个坐标值为 $1/2p$。如果原来的单形混料设计不包含中心点，那么需要增加中心点。

单形格子设计中加上轴点，称为单形轴点格子设计，或带轴点的单形格子设计；单形重心设计中加上轴点，称为单形轴点重心设计，或带轴点的单形重心设计。

例如，单形格子设计 $M(3,2)$ 共有 6 个试验点，加上 3 个轴点和 1 个中心点，形成单形轴点格子设计 $M(3,2)$，共 10 个试验点。程序输出的试验点分布如图 12.6 所示。

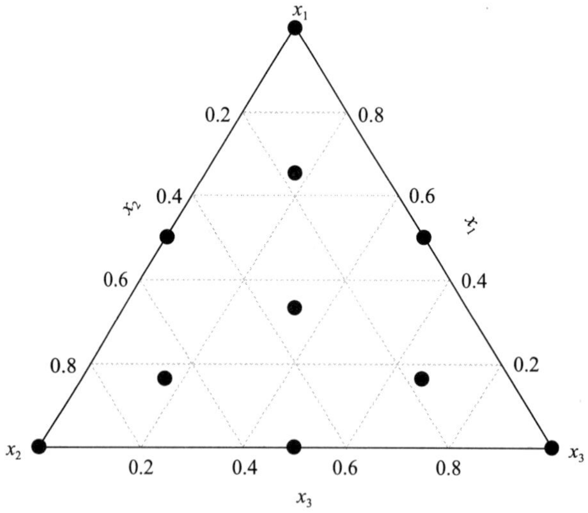

图 12.6 单形轴点格子设计 $M(3,2)$ 的试验点分布

单形轴点设计通过 R 语言实现比较方便，以下仅以 R 语言进行设计示例，其分析过程同上，不再赘述。

12.2.4.1 单形轴点格子设计的实现

例 12.1 的复合果汁饮料试验，如果采用单形轴点格子设计 $M(3,2)$，那么需要在单形格子设计的基础上添加 1 个中心点和 3 个轴点。

如果未安装 qualityTools 包，那么需要先安装 Rtools 软件和 qualityTools 包，新版 R 软件已经不再提供对 qualityTools 包的支持，需要从旧版的原始文档进行安装。如果没有安装 Rtools 软件，那么请参考第二章的 Rtools 安装相关内容。反之，请按照先后顺序执行安装关联扩展包 truncnorm，Rsolnp，qualityTools 的步骤：

```
pkg="https://cran.r-project.org/src/contrib/Archive/truncnorm/truncnorm_1.0-7.tar.gz"
install.packages(pkg, repos=NULL, type="source")
pkg="https://cran.r-project.org/src/contrib/Archive/Rsolnp/Rsolnp_1.15.tar.gz"
install.packages(pkg, repos=NULL, type="source")
pkg="https://cran.r-project.org/src/contrib/Archive/qualityTools/qualityTools_1.55.tar.gz"
install.packages(pkg, repos=NULL, type="source")
```

如果这几个包的原始文档已经下载到本机，可以运行下面语句按顺序从本机安装：

```
pkg=choose.files()
install.packages(pkg , repos=NULL)
```

qualityTools 包安装后，使用 R 语言进行单形轴点格子设计如下：

```
#RD12.1.1
library(qualityTools)
p=3
d=2
asld=mixDesign(p=p, n=d, axial=TRUE)
asld@design
```

程序简要说明：

qualityTools 为品质管理的 R 扩展包；p 为混料成分数；d 为回归模型的阶数；mixDesign( ) 为混料设计函数，默认进行单形格子设计，其参数 p 为混料成分数，参数 n 为回归模型的阶数，参数 axial 为轴点控制参数，其值为 TRUE 时为带轴点的设计；asld 为输出的设计结果。

程序运行得到的混料设计方案如表 12.9 所示，自动生成的混料成分 A,B,C 可根据需要修改。

表 12.9　单形轴点格子设计 $M(3,2)$的试验方案

No.	A	B	C
1	0.667	0.167	0.167
2	0.000	0.000	1.000
3	0.167	0.667	0.167
4	0.000	0.500	0.500
5	0.500	0.000	0.500
6	0.500	0.500	0.000
7	0.333	0.333	0.333
8	1.000	0.000	0.000
9	0.167	0.167	0.667
10	0.000	1.000	0.000

12.2.4.2 单形轴点重心设计的实现

例 12.2 用增甜剂改善饮料余味的试验，如果采用单形轴点重心设计 $M(4,4)$，需要在单形重心设计的基础上添加 4 个轴点。

如果未安装 qualityTools 包，请参考上一节中相关扩展包的安装过程。

qualityTools 包安装后，使用 R 语言进行单形轴点重心设计如下：

```
#RD12.1.2
library(qualityTools)
p=4
ascd=mixDesign(p=p, type='centroid', axial=TRUE)
ascd@design
```

程序简要说明：

qualityTools 为品质管理的 R 扩展包；p 为混料成分数；mixDesign（ ）为混料设计函数，其参数 p 为混料成分数，参数 type 为单形设计的类型，type=' centroid '指定单形重心设计，参数 axial 为轴点控制参数，其值为 TRUE 时为带轴点的设计；ascd@design 输出设计结果。

程序运行得到的混料设计方案如表 12.10 所示，自动生成的混料成分名 A,B,C,D 可根据需要修改。

表 12.10 单形轴点重心设计 $M(4,4)$ 的试验方案

No.	A	B	C	D
1	0.125	0.625	0.125	0.125
2	0.000	1.000	0.000	0.000
3	0.000	0.500	0.000	0.500
4	0.500	0.500	0.000	0.000
5	0.000	0.000	0.500	0.500
6	0.125	0.125	0.625	0.125
7	0.500	0.000	0.500	0.000
8	0.000	0.000	0.000	1.000
9	0.000	0.500	0.500	0.000
10	1.000	0.000	0.000	0.000
11	0.000	0.333	0.333	0.333
12	0.500	0.000	0.000	0.500
13	0.333	0.333	0.000	0.333
14	0.333	0.333	0.333	0.000
15	0.000	0.000	1.000	0.000
16	0.250	0.250	0.250	0.250
17	0.625	0.125	0.125	0.125
18	0.333	0.000	0.333	0.333
19	0.125	0.125	0.125	0.625

单形轴点格子设计和单形轴点重心设计的统计分析过程和前述单形混料设计相同，不再赘述。

12.3　完全混料设计

12.3.1　完全混料设计的概念

无论是单形格子设计、单形重心设计，还是单形轴点设计，实际上都是边界设计。这样有很大一部分的试验点都位于单形的顶点、边和面等边界上，而边界上的试验点总是缺少一种或几种混料成分，都是不完全的混料设计，而在某些混料设计中根本不允许缺少混料成分，如一些生物化学反应的试验中，缺少了某些混料成分，试验可能根本无法进行。

为了克服较多边界点的混料设计问题，需采用试验方案中含有所有混料成分的完全混料设计(CMD，Complete Mixture Design)，即所有混料成分含量都大于 0 的混料设计。完全混料设计可通过多种方法实现，如采用去掉边界点的高阶单形格子设计，或采用均匀混料设计(具体在稍后有专门的章节讲述)。本节主要讲述采用去掉边界点的高阶单形格子设计进行完全混料设计的方法。

一般的单形格子设计常采用四阶以下的设计方案，边界点比较多，如 $M(3,2)$ 的混料设计共有 6 个试验点，全部都在边界上；$M(3,3)$ 的混料设计共有 10 个试验点，有 9 个点在边界上；$M(3,4)$ 的混料设计共有 15 个试验点，有 12 个点在边界上；$M(3,5)$ 的混料设计共有 21 个试验点，有 15 个点在边界上。可以看到，单形格子设计随着阶数的增加，边界上的试验点占比逐渐降低，单形内部的试验点占比逐渐增加。只要单形格子的设计阶数足够高，就可以在单形内部得到数量足够多的试验点，去掉边界上的试验点后，即可得到完全混料设计。

例如，三种混料成分 $p=3$，阶数 $d=7$ 时，共有 36 个试验点，其中有 15 个完全混料试验点，程序输出的试验点的分布如图 12.7 所示。

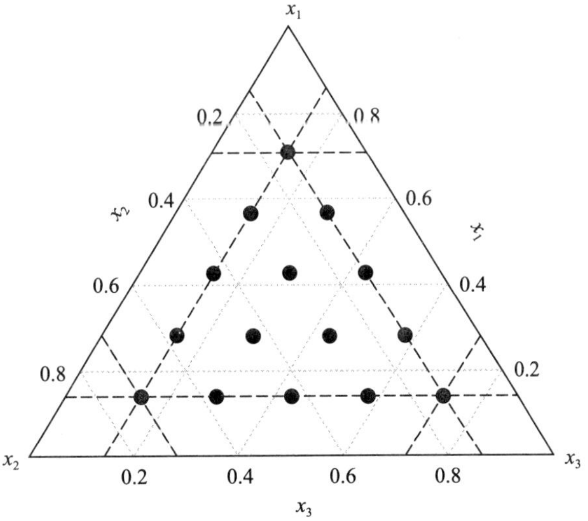

图 12.7　完全混料设计($p=3$)的试验点分布

经计算和整理，因子数 p 为 3～8、阶数 d 为 6～10 的完全混料设计试验点的数量如表 12.11 所示。

表 12.11 完全混料设计试验点数

$p \backslash d$	6	7	8	9	10
3	10	15	21	28	36
4	10	20	35	56	84
5	5	15	35	70	126
6	1	6	21	56	126
7	0	1	7	28	84
8	0	0	1	8	36

12.3.2 完全混料设计的实现

如例 12.1 的复合果汁饮料试验中，必须添加 3 种果汁，就可以采用完全混料设计。选择混料成分 $p=3$，阶数 $d=7$ 时的完全混料设计方案，共有 15 个试验点。

如果未安装 qualityTools 包，请参考前面单形轴点设计中相关扩展包的安装过程。使用 R 语言实现 $p=3$，$d=7$ 的完全混料设计：

```
#RD12.1.3
library(qualityTools)
p=3
d=7
sld=mixDesign(p=p, n=d , center=FALSE)
cmd=subset(sld@design, A>0 & B>0 & C>0)
#重新编辑行号
row.names(cmd)=c(1:nrow(cmd))
cmd

library(mixexp)
DesignPoints(cmd[1:3])
```

程序简要说明：

qualityTools 为品质管理的 R 扩展包；p 为混料成分数；d 为回归模型的阶数；mixDesign ( ) 为混料设计函数，默认进行单形格子设计，其参数 p 为混料因子数，参数 n 为回归模型的阶数，尽可能取高阶（本例为 7），参数 center 为是否包含中心点，单形格子设计的结果存于 sld@design；subset ( )函数进行数据的筛选，参数 1 为高阶单形格子设计数据框 sld@design，参数 A>0 & B>0 & C>0 为筛选条件，即混料成分均大于 0；函数 row. names(cmd)为对设计结果数据 cmd 的行名重新按照行序号命名；mixexp 为混料设计试验扩展包；DesignPoints( )画混料设计的试验点图，一次能画 3 种混料成分的试验点图。

程序运行得到的混料设计方案，将混料成分名 A,B,C 修改为 x_1,x_2,x_3，如表 12.12 所示，其试验点在因子空间的分布如图 12.7 所示。

表 12.12　完全混料设计 $p=3$ 的试验方案

No.	x_1	x_2	x_3
1	0.143	0.286	0.571
2	0.429	0.143	0.429
3	0.286	0.429	0.286
4	0.571	0.286	0.143
5	0.143	0.714	0.143
6	0.143	0.143	0.714
7	0.429	0.286	0.286
8	0.143	0.571	0.286
9	0.286	0.286	0.429
10	0.286	0.571	0.143
11	0.286	0.143	0.571
12	0.714	0.143	0.143
13	0.429	0.429	0.143
14	0.143	0.429	0.429
15	0.571	0.143	0.286

完全混料设计的统计分析过程和前述单形混料设计相同，不再赘述。

12.4　有约束的混料设计

在实际混料设计试验中，技术或性能等原因常会约束混料成分的比例，即除了满足混料设计问题的基本约束条件之外，还存在其他约束条件。

例如，某果汁饮料配制过程中，葡萄浓缩汁的比例不低于 10%，苹果浓缩汁的比例不低于葡萄的，白砂糖不超过 5%，其余为水。

将这种混料成分存在各种其他约束条件的混料设计称为有约束的混料设计（CMD，Constrained Mixture Design）。有约束的混料设计分为仅受下界约束的混料设计和其他约束的混料设计两大类，下面分别介绍这两类有约束的混料设计方法。

12.4.1　仅受下界约束的混料设计

12.4.1.1　仅受下界约束的混料设计的概念

仅受下界约束的混料设计是指混料成分除基本约束外，还有一种或多种混料成分存在下界约束的混料设计。

仅受下界约束的混料设计，其因子空间位于无约束时标准单形内部，且仍是与原标准单形相似的一个小单形。

定义 p 种混料成分的仅受下界约束的混料设计有如下形式：

$$\begin{cases} x_1 + x_2 + \cdots + x_p = 1 \\ 0 \leqslant a_i \leqslant x_i \leqslant 1 \\ 0 < a_1 + a_2 + \cdots + a_p < 1 \end{cases}, a_i \text{为常数}; i=1, 2, \cdots, p$$

需要注意的是,所有下界之和必须小于 1,否则无解。如有三种混料成分,要求每种混料成分都不低于 0.4 时,则无解。

例如,当 $p=3$ 时,仅受下界约束的混料设计有如下形式

$$\begin{cases} x_1 + x_2 + x_3 = 1 \\ 0 \leqslant a_i \leqslant x_i \leqslant 1 \\ 0 < a_1 + a_2 + a_3 < 1 \end{cases}, a_i \text{为常数}; i=1, 2, 3$$

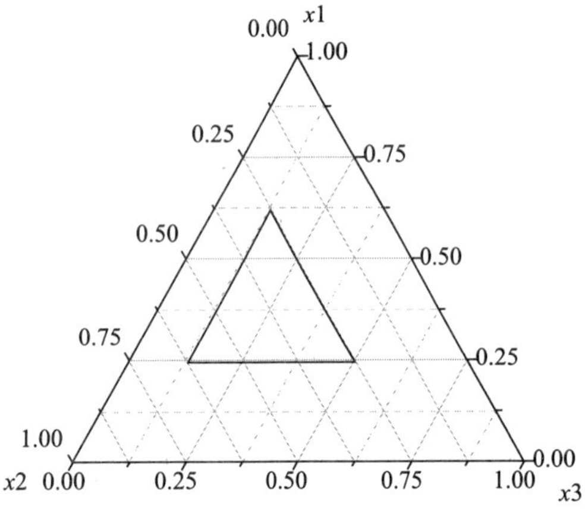

图 12.8 仅受下界约束的混料设计的因子空间

其因子空间必然在没有约束时的混料设计的单形内部,且仍是与原单形相似的小单形。图 12.8 所示即 $a_1=0.25$, $a_2=0.25$, $a_3=0.125$ 时的混料设计的因子空间。

因为仅受下界约束的混料设计的因子空间仍然为单形,可以借鉴无约束的混料设计,所以大单形坐标系下的仅受下界约束的混料设计问题就变成在小单形坐标系下无约束的混料设计问题。仅受下界约束的混料设计问题可以分为两步解决。

第一步,参照本章前面所述的方法,如单形格子设计、单形重心设计、单形轴点设计或完全混料设计等,在小单形上建立无约束的混料设计,混料成分记为 z_i。

第二步,按照下界约束的条件进行变换即可得实际混料设计,混料成分记为 x_i。其变换方法为:

$$x_i = a_i + (1 - \sum_{i=1}^{p} a_i) z_i, \ i=1,2,\cdots, p$$

式中,x_i为仅受下界约束的混料设计值,z_i为无约束的混料设计值。

【例 12.3】 某公司开发罐装营养粥,初步确定 3 种主料的配比下限,糯米(x_1)含量不低于 25%,红豆(x_2)含量不低于 15%,花生(x_3)含量不低于 10%,欲通过混料设计试验确定最佳营养配方。

本试验为仅受下界约束的混料设计,其下界分别为 $a_1=0.25$, $a_2=0.15$, $a_3=0.1$,下界之和为 $a_1+a_2+a_3=0.5<1$,满足混料设计的基本要求,可以进行仅受下界约束的混料设计。本例拟采用单形重心设计法进行混料设计。

先进行 3 种混料成分无约束的单形重心设计 $M(3,3)$,具体如表 12.13 的第 2,3,4 列所示。

接下来,需要将无约束的单形重心设计,按照下界约束的条件进行变换,变换方法为:

$$x_i = a_i + (1 - 0.5) z_i, \ i=1,2,3$$

即可得到仅受下界约束的单形重心设计表 $M(3,3)$,如表 12.13 最后 3 列所示。

表 12.13　仅受下界约束的单形重心设计的试验方案

	无约束的混料设计			仅受下界约束的混料设计		
No.	z_1	z_2	z_3	x_1	x_2	x_3
1	1.0	0.0	0.0	0.75	0.15	0.1
2	0.0	1.0	0.0	0.25	0.65	0.1
3	0.0	0.0	1.0	0.25	0.15	0.6
4	0.5	0.5	0.0	0.5	0.4	0.1
5	0.5	0.0	0.5	0.5	0.15	0.35
6	0.0	0.5	0.5	0.25	0.4	0.35
7	0.333	0.333	0.333	0.417	0.317	0.267

12.4.1.2　仅受下界约束的混料设计的实现

①例 12.3 仅受下界约束的三因子混料试验采用单形重心法实现其混料设计，如果未安装 qualityTools 包，请参考前面单形轴点设计中相关扩展包的安装过程。R 语言程序如下：

```
#RD12.3.1
library(qualityTools)
p=3
low=c(0.25, 0.15, 0.10)
mixd=mixDesign(p=p, type='centroid', lower=low)
mixd@design

library(mixexp)
DesignPoints(mixd@design)
```

程序简要说明：

qualityTools 为品质管理的 R 扩展包；p 为混料成分数；变量 low 定义 3 种混料成分的下界；mixDesign( )为混料设计函数，其参数 p 为混料因子数(本例为 3)，参数 type 为单形设计的类型，type='centroid'指定单形重心设计，mixd 为输出的混料设计方案；mixexp 为混料设计试验扩展包；DesignPoints( ) 画混料设计的试验点图，一次能画 3 种混料成分的试验点图。

程序运行得到的混料设计方案，将混料成分名 A,B,C 修改为 x_1,x_2,x_3，如表 12.14 所示。

表 12.14　仅受下界约束的单形重心设计 $M(3,3)$ 的试验方案

No.	x_1	x_2	x_3
1	0.583	0.233	0.183
2	0.250	0.150	0.600
3	0.250	0.650	0.100
4	0.750	0.150	0.100
5	0.500	0.150	0.350
6	0.333	0.233	0.433
7	0.417	0.317	0.267

程序输出的试验点在因子空间的分布如图 12.9 所示。

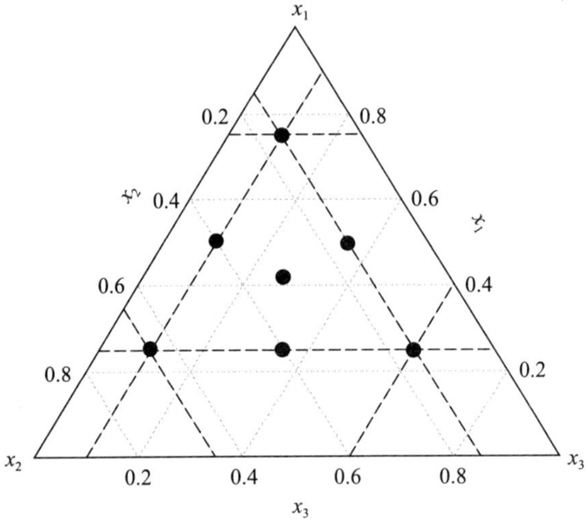

图 12.9　单形重心法设计的混料试验点分布

②例 12.3 仅受下界约束的三因子混料试验采用单形轴点重心法实现其混料设计，R 语言程序如下：

```
#RD12.3.2
library(qualityTools)
p=3
low=c(0.25, 0.15, 0.10)
mix=mixDesign(p=p, type='centroid', lower=low, axial=TRUE)
mix@design

library(mixexp)
DesignPoints(mix@design)
```

程序说明参见上例，程序运行得到的混料设计方案，将混料成分名 A，B，C 修改为 x_1，x_2，x_3，如表 12.15 所示。

表 12.15　仅受下界约束的单形轴点重心设计 $M(3,3)$ 的试验方案

No.	x_1	x_2	x_3
1	0.250	0.650	0.100
2	0.250	0.400	0.350
3	0.750	0.150	0.100
4	0.250	0.150	0.600
5	0.500	0.150	0.350
6	0.417	0.317	0.267
7	0.333	0.233	0.433
8	0.583	0.233	0.183
9	0.500	0.400	0.100
10	0.333	0.483	0.183

程序输出的试验点在因子空间的分布如图 12.10 所示。

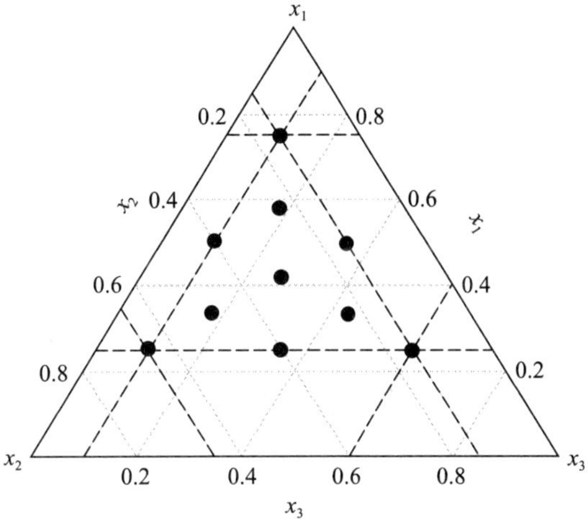

图 12.10　单形轴点重心法设计的混料试验点分布

从图 12.10 和图 12.9 相互比较可以看出，增加了 3 个轴点之后的混料设计方案，其试验点在因子空间分布更多、更均匀，对于改善回归模型的拟合精度以及增加回归模型的误差项自由度非常有利。推荐采用单形轴点重心法实现仅受下界约束的混料设计。

12.4.2　其他约束的混料设计

其他约束的混料设计是指混料成分除基本约束外，还存在下界约束之外的其他约束的混料设计，也可以同时包含下界约束和其他约束。

其他约束的混料设计的因子空间位于无约束时的标准单形内部，通常情况下不再是一个单形，而是一个不规则的多面体（或多边形）。

当 3 种混料成分同时存在上下界约束 $0.5 \leqslant x_1 \leqslant 0.7$，$0.2 \leqslant x_2 \leqslant 0.35$，$0.05 \leqslant x_3 \leqslant 0.15$ 时，其因子空间为程序输出如图 12.11 所示的试验点围起来的区域，显然不再是单形。

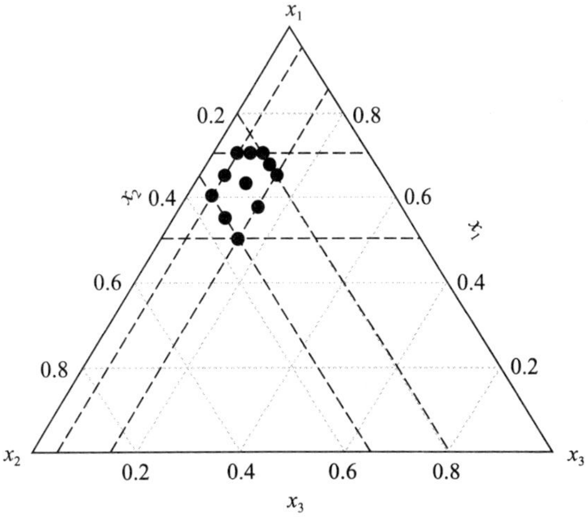

图 12.11　受上下界约束的因子空间

其他约束的混料设计试验点的选取通常采用极端顶点法进行设计，极端顶点(Extreme Vertexes)是因子空间不规则多面体的各个顶点，除此之外，通常还需补充一些由极端顶点构成的边、面、体的重心作为试验点。

其他约束的混料设计中，受上下界约束的混料设计和成分间约束的混料设计比较常见，下面主要讲述这两种混料设计方法。

12.4.2.1 受上下界约束的混料设计

受上下界约束的混料设计是指同时受到上界和下界约束的混料设计，也可以只受上界约束，或者有的混料成分仅受上界约束而有的混料成分仅受下界约束。其因子空间位于无约束时标准单形内部，但它不再是单形，通常是一个不规则的凸多面体(或凸多边形)，其试验点通常采用极端顶点法进行设计。

定义 p 种混料成分的受上下界约束的混料设计有如下形式：

$$\begin{cases} x_1 + x_2 + \cdots + x_p = 1 \\ 0 \leqslant a_i \leqslant x_i \leqslant b_i \leqslant 1 \\ 0 < a_1 + a_2 + \cdots + a_p < 1 \\ b_1 + b_2 + \cdots + b_p > 1 \end{cases}，a_i，b_i 为常数；i=1，2，\cdots，p$$

例如，当 $p=3$ 时，受上下界约束的混料设计有如下形式：

$$\begin{cases} x_1 + x_2 + x_3 = 1 \\ 0 \leqslant a_i \leqslant x_i \leqslant b_i \leqslant 1 \\ 0 < a_1 + a_2 + a_3 < 1 \\ b_1 + b_2 + b_3 > 1 \end{cases}，a_i，b_i 为常数；i=1，2，3$$

【例 12.4】 某食品公司烘烤蛋糕试验，蛋糕有 3 种主要原料。其中，面粉(x_1)的含量为 $0.50 \leqslant x_1 \leqslant 0.70$，鸡蛋($x_2$)的含量为 $0.20 \leqslant x_2 \leqslant 0.35$，油脂($x_3$)的含量为 $0.05 \leqslant x_3 \leqslant 0.15$，试确定蛋糕主要原料的最佳配方。

本例为受上下界约束的混料设计，其 R 语言程序如下：

```
#RD12.4
library(mixexp)
p=3
uc=c(0.7, 0.35, 0.15)
lc=c(0.5, 0.2, 0.05)
des=Xvert(nfac=p, uc=uc, lc=lc, ndm=1, plot=F)
DesignPoints(des[c(1:3)])
des
```

程序简要说明：

p 为混料成分数；uc 定义混料成分取值的上界；lc 定义混料成分取值的下界；des 为输出设计结果；Xvert( )函数实现受约束的混料设计，nfac 定义混料成分的数量，ndm 定义重心点的级别，默认 ndm=0 时包含顶点和重心，ndm=1 时包含顶点、重心和边的重心，ndm=2 时包含顶点、重心、边的重心和面的重心，plot=F 设定为不画图，因此处画的图易引起歧义；DesignPoints( )函数画混料设计的试验点图，一次能画 3 种混料成分的试验点图。

程序运行得到的混料设计方案如表 12.16 所示，试验点在因子空间的分布如图 12.11

所示。

表 12.16　受上下界约束的混料设计试验方案

No.	x_1	x_2	x_3
1	0.700	0.200	0.100
2	0.500	0.350	0.150
3	0.700	0.250	0.050
4	0.600	0.350	0.050
5	0.650	0.200	0.150
6	0.700	0.225	0.075
7	0.675	0.200	0.125
8	0.550	0.350	0.100
9	0.650	0.300	0.050
10	0.575	0.275	0.150
11	0.630	0.270	0.100

12.4.2.2　受成分间约束的混料设计

受成分间约束的混料设计是指混料成分间互相约束的混料设计，通常可以采用线性表达式来描述。如混料成分 x_1 的含量不低于 x_2，可以表示为 $0 \leqslant x_1 - x_2$；又如 0.6 倍的 x_2 和 x_3 之和不大于 0.9，可以表示为 $0.6x_1 + x_2 \leqslant 0.9$。

受成分间约束的混料设计还可以同时存在混料成分的上界和下界约束，其试验点通常采用极端顶点法进行设计。

【例 12.5】　某公司配制一种除菌剂，主要使用 3 种原料：x_1，x_2，x_3。其中成分 x_1 的含量为 $0.1 \leqslant x_1 \leqslant 0.5$，成分 x_2 的含量为 $0.1 \leqslant x_2 \leqslant 0.7$，成分 x_3 的含量为 $x_3 \leqslant 0.8$，且混料成分间有两个约束：$0.9 \leqslant 0.85x_1 + 0.9x_2 + x_3 \leqslant 0.95$ 和 $0.4 \leqslant 0.7x_1 + x_3$。试确定这种除菌剂三种原料的最佳配方。

本例为受成分间约束的混料设计，其 R 语言程序如下：

```
#RD12.5
library(mixexp)
p=3
uc=c(0.5, 0.7, 0.8)
lc=c(0.1, 0.1, 0)
ub=c(0.95, 1)  #定义两个线性约束的上界
lb=c(0.9, 0.4) #定义两个线性约束的下界
#定义两个线性约束
#0.9 ≤ 0.85x1+0.9x2+x3 ≤ 0.95 和 0.4 ≤ 0.7x1+x3 ≤ 1
coef=matrix(c(0.85, 0.9, 1, 0.7, 0, 1), ncol=3, byrow=TRUE)
des=Xvert(nfac=p, uc=uc, lc=lc, nlc=2, ub=ub, lb=lb, coef, ndm=1, plot=F)
DesignPoints(des[c(1:3)])
des
```

程序简要说明：

p 为混料成分数；uc 定义混料成分取值的上界；lc 定义混料成分取值的下界；ub 定义线性约束的上界；lb 定义线性约束的下界；coef 定义线性约束的因子系数；des 为输出设计结果；Xvert( )函数实现受约束的混料设计，nfac 定义混料成分的数量，nlc 定义线性约束的数量，ndm 定义重心点的级别，默认 ndm=0 时包含顶点和重心，ndm=1 时包含顶点、重心和边的重心，ndm=2 时包含顶点、重心、边的重心和面的重心，plot=F 设定为不画图，因此处画的图易引起歧义；DesignPoints( )函数画混料设计的试验点图，一次能画 3 种混料成分的试验点图。

程序运行得到的混料设计方案如表 12.17 所示。

表 12.17　受成分间约束的混料设计试验方案

No.	x_1	x_2	x_3
1	0.500	0.100	0.400
2	0.267	0.100	0.633
3	0.100	0.350	0.550
4	0.500	0.250	0.250
5	0.100	0.570	0.330
6	0.333	0.500	0.167
7	0.100	0.460	0.440
8	0.500	0.175	0.325
9	0.383	0.100	0.517
10	0.183	0.225	0.592
11	0.417	0.375	0.208
12	0.217	0.535	0.248
13	0.300	0.312	0.388

程序输出的试验点在因子空间的分布如图 12.12 所示。

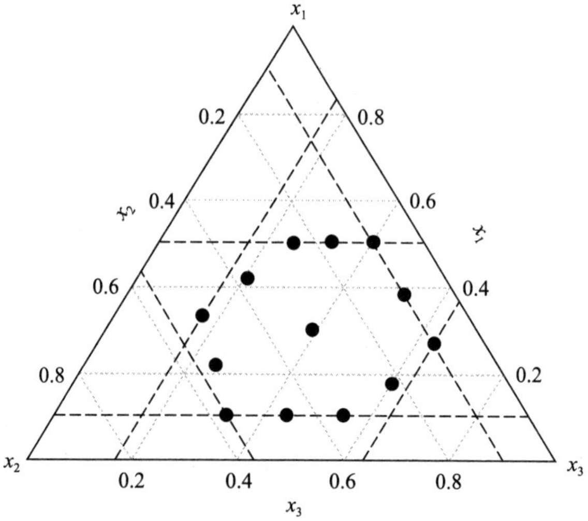

图 12.12　受成分间约束的混料设计试验点分布

有约束的混料设计的统计分析过程和前述单形混料设计相同，不再赘述。

12.5　几种混料设计的讨论

本章介绍了几种混料设计的试验设计方法，这些混料设计方法也在实际应用中不断地发展和完善，这里初步探讨一下各种混料设计方法的利弊，以及如何选择合适的混料设计方法。下面主要从无约束的混料设计和有约束的混料设计分开讨论。

无约束的混料设计即一般的混料设计，除了基本的约束之外，没有其他约束条件的限制。常见的有单形格子设计、单形重心设计、单形轴点格子设计、单形轴点重心设计和完全混料设计。如果混料设计的试验点可以在边界或顶点上，即允许部分混料成分的含量为 0，就可以考虑基于单形的设计，其中单形重心设计的试验点数量和空间分布均好于单形格子设计，而带轴点的混料设计又在因子空间内部增加了部分试验点，所以如果条件允许，应该优先考虑单形轴点重心设计。如果混料设计中不能缺少一种或几种混料成分，或者为了提高试验精度可以多安排一些试验点，就可以选择所有试验点都在因子空间内部的完全混料设计，它的试验点可以多至几十个甚至上百个。此外，后面章节讲述的均匀混料设计的试验点均分布在因子空间内部，试验点的数量可多可少，也是可以考虑的混料设计方法。

有约束的混料设计应该视约束情况而定，如果是仅受下界约束的混料设计，它的因子空间依然是一个单形，可以完全参照上述无约束的混料设计进行适当转换得到。对于其他约束的混料设计，其因子空间是不规则的多面体，本章基本上是采用极端顶点法，导致较多的试验点分布在因子空间的顶点和边界上，且试验点数量比较少，但是模块化程序操作起来比较简单，适合一般设计人员使用。对于仅受上下界约束的混料设计，还可以考虑采用后面章节讲述的均匀混料设计法来实现，优点是试验点均在因子空间内部，且试验点的数量可多可少，缺点是操作难度较大，需要额外的大量计算，适合具有较高数学能力的设计人员使用。

第 13 章 均匀混料设计

13.1 均匀混料设计概述

常见的混料设计方法中，比如单形格子设计、单形重心设计、单形轴点设计等设计方法中通常包含很多边界点，这样的试验相当于缺少几种混料成分，不是真正的完全混料试验，特别是在一些生物化学试验中，如果缺少某些混料成分，化学反应可能不会进行，或者生成其他产物。

选取高阶单形格子设计内部试验点的完全混料设计，并不能保证设计点在因子空间的均匀性。我国数学家王元和方开泰(1990)从试验点的均匀性考虑，提出了均匀混料设计(UMD，Uniform Mixture Design)，其思路为将混料设计的所有试验点均匀地分布在因子空间内，而不会在边界上存在试验点，因而可以避免一般混料设计的缺点。

13.2 均匀混料设计的构造

在均匀混料设计中，设有 p 种混料成分，它们的因子空间构成一个单形，n 个试验点均匀的分布在单形内部，要保证试验点的均匀性，可以通过以下步骤得到：

①根据给定的 p 种混料成分和 n 个试验点，欲生成均匀混料设计表 $UM_n(n^p)$，需要通过均匀设计表 $U_n(n^{p-1})$ 进行几步变换得到，均匀设计表 $U_n(n^{p-1})$ 记为 U 表，其中的 k 行 j 列元素记为 u_{kj}。

②构造 C 表。计算 C 表元素：

$$c_{kj}=\frac{2u_{kj}-1}{2n},\quad j=1,2,\cdots,p-1;\ k=1,2,\cdots,n$$

③构造 G 表。计算 G 表元素：

$$g_{kj}=c_{kj}^{\frac{1}{p-j}},\quad j=1,2,\cdots,p-1;\ k=1,2,\cdots,n$$

④ 构造 X 表。计算 X 表第一列元素：

$$x_{k1} = 1 - g_{k1}\ ,\ k=1,\ 2,\cdots,\ n$$

计算 X 表第 2 列到第 $p-1$ 列元素：

$$x_{kj} = g_{k1}g_{k2}\cdots g_{k(j-1)}(1-g_{kj})\ ,\ j=2,\ 3,\cdots,\ p-1;\ k=1,\ 2,\cdots,\ n$$

计算 X 表第 p 列元素：

$$x_{kp} = g_{k1}g_{k2}\cdots g_{k(p-1)}\ ,\ k=1,\ 2,\cdots,\ n$$

最后得到的 X 表即为均匀混料设计表 $UM_n(n^p)$。

尤其是，当混料成分 $p=3$ 时，上述变换可以从 C 表直接变换为 X 表：

$$\begin{cases} x_{k1} = 1 - \sqrt{c_{k1}} \\ x_{k2} = \sqrt{c_{k1}} \cdot (1 - c_{k2}) \\ x_{k3} = \sqrt{c_{k1}} \cdot c_{k2} \end{cases},\ k=1,\ 2,\cdots,\ n$$

当混料成分 $p=4$ 时，上述变换可以从 C 表直接变换为 X 表：

$$\begin{cases} x_{k1} = 1 - \sqrt[3]{c_{k1}} \\ x_{k2} = \sqrt[3]{c_{k1}} \cdot (1 - \sqrt{c_{k2}}) \\ x_{k3} = \sqrt[3]{c_{k1}}\sqrt{c_{k2}} \cdot (1 - c_{k3}) \\ x_{k4} = \sqrt[3]{c_{k1}}\sqrt{c_{k2}} \cdot c_{k3} \end{cases},\ k=1,\ 2,\cdots,\ n$$

13.3　均匀混料设计的实现

【例 13.1】　在某一生化产品合成试验中，选择主要的 3 种混料成分 x_1，x_2，x_3 作为试验因子，生化产品的收率(y)为试验指标。根据试验条件的要求，欲采用 $UM_{12}(12^3)$ 均匀混料设计进行试验，寻求 3 种混料成分的最优配比(方开泰等，2011)。

均匀混料设计 $UM_{12}(12^3)$需要通过均匀设计 $U_{12}(12^2)$转化得到，根据前述 3 种混料成分的变换方法，使用 Excel 表格可以非常方便地实施变换，变换过程如表 13.1 所示。

表 13.1　均匀混料设计表 $UM_{12}(12^3)$的变换过程

$U_{12}(12^2)$		C 表		X 表			
u_1	u_2	c_1	c_2	x_1	x_2	x_3	y
1	6	0.041 7	0.458 3	0.795 9	0.110 6	0.093 6	0.159 1
2	10	0.125 0	0.791 7	0.646 4	0.073 7	0.279 9	0.403 7
3	2	0.208 3	0.125 0	0.543 6	0.399 4	0.057 1	0.627 0
4	8	0.291 7	0.625 0	0.459 9	0.202 5	0.337 5	0.594 2
5	4	0.375 0	0.291 7	0.387 6	0.433 8	0.178 6	0.612 0
6	12	0.458 3	0.958 3	0.323 0	0.028 2	0.648 8	0.555 5
7	1	0.541 7	0.041 7	0.264 0	0.705 3	0.030 7	0.293 1
8	9	0.625 0	0.708 3	0.209 4	0.230 6	0.560 0	0.497 3
9	5	0.708 3	0.375 0	0.158 4	0.526 0	0.315 6	0.366 0
10	11	0.791 7	0.875 0	0.110 2	0.111 2	0.778 5	0.337 1

续表 13.1

$U_{12}(12^2)$		C 表		X 表			
u_1	u_2	c_1	c_2	x_1	x_2	x_3	y
11	3	0.875 0	0.208 3	0.064 6	0.740 5	0.194 9	0.049 0
12	7	0.958 3	0.541 7	0.021 1	0.448 7	0.530 3	0.112 8

以表 13.1 的数据 c_1 和 c_2 两列为例作图(图 13.1),经过变换之后,得到均匀混料设计 $UM_{12}(12^3)$,具体如表 13.1 的 x_1,x_2,x_3 3 列,其试验点在因子空间的分布如图 13.2 所示。从图中可以看出,均匀设计的试验点的均匀分布特点较完好地传递到了均匀混料设计的因子空间中,而且没有一个试验点在边界上。所以均匀混料设计比较好地规避了单形格子设计、单形重心设计、单形轴点设计和 D 最优混料设计等设计方案的缺点,具有较高的实用价值。

随机安排 12 个试验点,得到试验指标收率(y)的实测值,具体如表 13.1 最后 1 列所示。

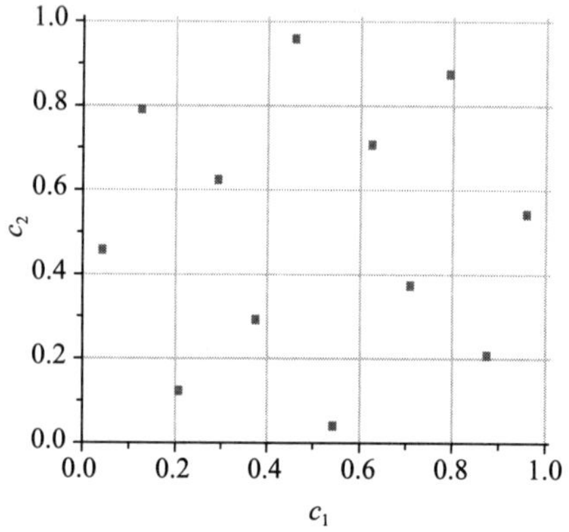

图 13.1　均匀设计的试验点分布

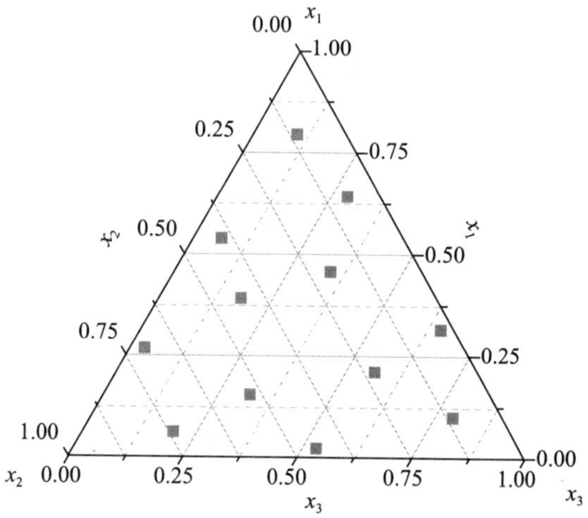

图 13.2　均匀混料设计的试验点分布

13.4　均匀混料设计的统计分析

均匀混料设计的数据分析和混料设计一样,需要通过筛选自变量的方法建立回归模型,进行回归分析。常用的筛选自变量的方法有逐步回归、向前回归和向后回归等。还可以使用 R 语言中的 lm( )函数对二次回归模型中的不显著项进行筛选,即逐一删除模型中的最不显著的回归项。

例 13.1 生化产品合成试验采用二次正则多项式回归模型,其 R 语言程序如下:

```
#RA13.1.1
library(mixexp)
x1=c(0.7959, 0.6464, 0.5436, 0.4599, 0.3876, 0.323, 0.264, 0.2094, 0.1584,
     0.1102, 0.0646, 0.0211)
x2=c(0.1106, 0.0737, 0.3994, 0.2025, 0.4338, 0.0282, 0.7053, 0.2306, 0.526,
```

```
        0.1112, 0.7405, 0.4487)
x3=c(0.0936, 0.2799, 0.0571, 0.3375, 0.1786, 0.6488, 0.0307, 0.56, 0.3156,
        0.7785, 0.1949, 0.5303)
y=c(0.1591, 0.4037, 0.627, 0.5942, 0.612, 0.5555, 0.2931, 0.4973, 0.366,
      0.3371, 0.049, 0.1128)
umd=data.frame(x1, x2, x3, y)

mixvars=c("x1","x2","x3")
response=c("y")
UMD=MixModel(umd, response, mixvars, model=2)
summary(UMD)

ModelPlot(model=UMD, dimensions=list(x1="x1",x2="x2",x3="x3"),
          contour=TRUE, cuts=5, fill=TRUE,
          axislabs=c("x1", "x2", "x3"),
          cornerlabs=c("X1", "X2", "X3") )
```

程序简要说明：

mixexp 为混料设计扩展包，需要提前安装；x1，x2，x3 为均匀混料设计方案的 3 种成分；y 为生化产品的收率；umd 试验数据的数据框；mixvars 定义混料变量；response 定义试验指标；MixModel( )函数为混料的回归分析函数，其参数 model=2 为含有一次项和二次交叉项的混料回归模型；summary( )函数输出回归分析的结果；ModelPlot( )函数绘制混料回归模型的等高线图，只限于 3 种混料成分，其参数 model 为混料回归模型，dimensions 定义三维坐标轴；contour 定义是否画等高线，cuts 定义等高线的数量，fill 定义是否填充颜色；axislabs 定义坐标轴标签；cornerlabs 定义顶角坐标标签。

运行程序得到如下结果：

```
Coefficients:
        Estimate Std. Error t value Pr(>|t|)
x1     -0.48147    0.08254  -5.833  0.001118 **
x2     -0.51605    0.09204  -5.607  0.001372 **
x3      0.06399    0.08793   0.728  0.494186
x1:x2   4.26387    0.32615  13.073  1.24e-05 ***
x1:x3   2.87118    0.34312   8.368  0.000158 ***
x2:x3   1.13889    0.31487   3.617  0.011137 *

Signif.codes:  0 '***' 0.001 '**' 0.01 '*' 0.05 '.' 0.1 ' ' 1

Residual standard error: 0.04083 on 6 degrees of freedom
Multiple R-squared:  0.9955,Adjusted R-squared:  0.991
F-statistic: 220.3 on 6 and 6 DF,  p-value: 9.163e-07
```

混料回归模型检验，$df_1=6$，$df_2=6$，$F=220.3$，$P=9.163\mathrm{e}-7$，说明回归关系极显著，大多数的回归项在 0.05 水平下显著，个别不显著的回归项几乎不会对整体回归模型产生影响，R-squared=0.996，Adjusted R-squared=0.991，模型拟合良好，可得二次回归方程：

$$\hat{y}=-0.481\ 5x_1-0.516\ 1x_2+0.064x_3+4.263\ 9x_1x_2+$$

$$2.871\ 2x_1x_3 + 1.138\ 9x_2x_3$$

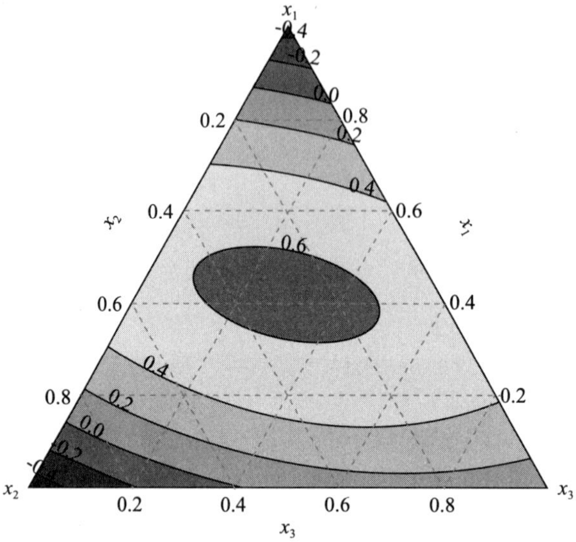

图 13.3　生化产品试验混料回归模型的等高线图

从图 13.3 的等高线图可以看出，在工艺条件内部存在最佳工艺。对上述回归方程进行非线性规划求其最优值，需要用到 R 软件的 Rdonlp2 扩展包。若未安装 Rdonlp2 扩展包，则可以参考单形格子设计的统计分析部分的 Rdonlp2 扩展包安装过程。安装成功后，即可对均匀混料设计模型进行优化，R 语言程序如下：

```
#RA13.1.2
library(Rdonlp2)
#提示：目标函数需要放在函数 c( )内
fn=function(x){c(
    -0.4815*x[1]-0.5161*x[2]+0.0640*x[3]
    +4.2639*x[1]*x[2]+2.8712*x[1]*x[3]+1.1389*x[2]*x[3]
    )}
par=c(0.5, 0.5, 0.5)
par.lower=c(0, 0, 0)
par.upper=c(1, 1, 1)
A=rbind(c(1, 1, 1))
lin.lower=1
lin.upper=1

ret=donlp2(par, fn, par.lower=par.lower, par.upper=par.upper, A=A,
  lin.lower=lin.lower, lin.upper=lin.upper, control=donlp2Control(fnscale=-1))
solve=rbind(cbind(ret$par), ret$fx)
solve
```

程序简要说明：

fn 定义目标函数，即混料设计得到的回归模型；par 定义混料成分迭代运算的初始值，可在合理范围内的任意取值；par.lower 定义混料成分取值的下限；par.upper 定义混料成分取值的上限；A 定义线性约束的系数矩阵；lin.lower 定义线性约束的下限；lin.upper 定义线性约束的上限；donlp2( )为带约束的非线性规划函数，默认求解目标函数的最小值，而本例求解目标函数的最大值，需要添加参数 control＝donlp2Control(fnscale＝－1)；solve 存储混料成分优化结果 ret$par 和目标函数优化结果 ret$fx。

运行程序得优化结果：

```
          [,1]
[1,] 0.4179057
[2,] 0.2918888
[3,] 0.2902055
[4,] 0.6315153
```

从优化结果可以得到，当混料成分 $x_1=0.418$，$x_2=0.292$，$x_3=0.290$ 时，生化产品的收率 y 达到最大值，即 $y=0.632$。此最佳工艺条件没有出现在试验中，需要安排试验验证。

13.5　有约束的均匀混料设计

在现实的均匀混料设计试验中，技术或性能等往往会约束混料成分的比例，即除了满足混料设计问题的基本约束条件之外，还存在某些其他约束条件。

例如，在面包生产过程中，面粉和水的比例比较大，一般面粉的比例不低于 0.5，水的比例不低于 0.2，而白糖和食用油的比例会比较小，一般均不超过 0.1。

对这种混料成分存在各种约束条件的均匀混料设计，称为有约束的均匀混料设计。其中，仅受下界约束的均匀混料设计和受上下界约束的均匀混料设计实施比较方便，下面分别介绍这两种设计方法。

13.5.1　仅受下界约束的均匀混料设计

均匀混料设计仅受下界约束是指混料成分除基本约束外，至少有一个混料成分存在约束，且约束仅是下界约束。

仅受下界约束的均匀混料设计，其因子空间位于无约束时标准单形内部，且仍为与原单形相似的一个小单形。

定义 p 种混料成分的仅受下界约束的均匀混料设计有如下形式：

$$\begin{cases} x_1+x_2+\cdots+x_p=1 \\ 0\leqslant a_i\leqslant x_i\leqslant 1 \\ 0<a_1+a_2+\cdots+a_p<1 \end{cases},\quad i=1,2,\cdots,p;\ a_i\text{为常数}$$

例如，当 $p=3$ 时，仅受下界约束的均匀混料设计有如下形式：

$$\begin{cases} x_1+x_2+x_3=1 \\ 0\leqslant a_i\leqslant x_i\leqslant 1 \\ 0<a_1+a_2+a_3<1 \end{cases},\quad i=1,2,3;\ a_i\text{为常数}$$

其因子空间必然在没有约束时的均匀混料设计的单形内部，且仍为与原单形相似的小单形，如图 13.4 所示，下界 $a_1=0.25$，$a_2=0.25$，$a_3=0.125$ 时的均匀混料设计的因子空间。

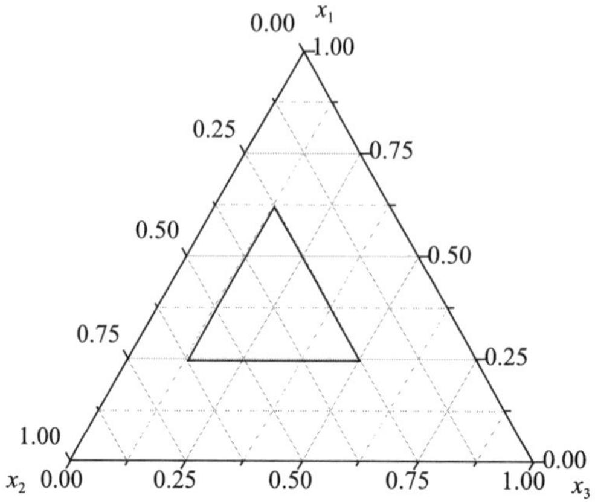

图 13.4　仅受下界约束的均匀混料设计的因子空间

由于仅受下界约束的均匀混料设计的因子空间依然为单形，因此仍然可以借鉴无约束的均匀混料设计，即大单形坐标系下的仅受下界约束的均匀混料设计问题就变成小单形坐标系下无约束的均匀混料设计问题。仅受下界约束的均匀混料设计问题可以分为两步解决。

第一步，参照本章前面所述的方法，在小单形上建立无约束的均匀混料设计，混料成分记为 z_i。

第二步，按照下界约束的条件进行变换即可实际混料设计，混料成分记为 x_i。其变换方法为：

$$x_i = a_i + (1 - \sum_{i=1}^{p} a_i) z_i \text{ , } i = 1, 2, \cdots, p$$

式中，x_i为仅受下界约束的均匀混料设计值，z_i为无约束的均匀混料设计值。

【例 13.2】 某公司开发早餐饮品花生糯米豆浆，3 种主料的配比会影响饮品的口感。由营养搭配和预试验初步确定 3 种成分的含量：花生(x_1)含量不低于 15%，糯米(x_2)含量不低于 20%，大豆(x_3)含量不低于 35%，欲通过均匀混料设计确定最佳口感的配方。

本试验为仅受下界约束的均匀混料设计，其下界分别为 $a_1=0.15$，$a_2=0.20$，$a_3=0.35$，下界之和为 $a_1+a_2+a_3=0.70<1$，满足均匀混料设计的基本要求，计划安排 15 次试验进行仅受下界约束的均匀混料设计 $UM_{15}(15^3)$。

先进行 3 种混料成分的一般均匀混料设计，通过均匀设计 $U_{15}(15^2)$ 变换得到 C 表，进而计算得到无约束的均匀混料设计 $UM_{15}(15^3)$。具体变换过程如表 13.2 所示。

表 13.2　仅受下界约束的均匀混料设计 $UM_{15}(15^3)$ 的变换过程表

$U_{15}(15^2)$		C 表		无约束的 $UM_{15}(15^3)$			仅受下界约束的 $UM_{15}(15^3)$		
u_1	u_2	c_1	c_2	z_1	z_2	z_3	x_1	x_2	x_3
1	7	0.033	0.433	0.817	0.103	0.079	0.395	0.231	0.374
2	13	0.100	0.833	0.684	0.053	0.264	0.355	0.216	0.429
3	2	0.167	0.100	0.592	0.367	0.041	0.328	0.310	0.362
4	10	0.233	0.633	0.517	0.177	0.306	0.305	0.253	0.442

续表 13.2

$U_{15}(15^2)$		C 表		无约束的 $UM_{15}(15^3)$			仅受下界约束的 $UM_{15}(15^3)$		
u_1	u_2	c_1	c_2	z_1	z_2	z_3	x_1	x_2	x_3
5	4	0.300	0.233	0.452	0.420	0.128	0.286	0.326	0.388
6	15	0.367	0.967	0.394	0.020	0.585	0.268	0.206	0.526
7	8	0.433	0.500	0.342	0.329	0.329	0.253	0.299	0.449
8	5	0.500	0.300	0.293	0.495	0.212	0.238	0.348	0.414
9	12	0.567	0.767	0.247	0.176	0.577	0.224	0.253	0.523
10	1	0.633	0.033	0.204	0.769	0.027	0.211	0.431	0.358
11	11	0.700	0.700	0.163	0.251	0.586	0.199	0.275	0.526
12	6	0.767	0.367	0.124	0.555	0.321	0.187	0.366	0.446
13	14	0.833	0.900	0.087	0.091	0.822	0.176	0.227	0.596
14	3	0.900	0.167	0.051	0.791	0.158	0.165	0.437	0.397
15	9	0.967	0.567	0.017	0.426	0.557	0.155	0.328	0.517

接下来，需要将无约束的均匀混料设计按照下界约束的条件进行变换，变换方法为：

$$x_i = a_i = (1-0.7)z_i\ ,\ i=1,\ 2,\ 3$$

即可得到仅受下界约束的均匀混料设计表 $UM_{15}(15^3)$，如表 13.2 最后 3 列所示。其试验数据的分析参照无约束的均匀混料设计的统计分析方法，此处不再赘述。

13.5.2　受上下界约束的均匀混料设计

受上下界约束的均匀混料设计是指同时受到上界和下界约束的混料设计，其因子空间位于无约束时标准单形内部，但它不再是单形，通常是一个不规则的多面体(或多边形)。

定义 p 种混料成分的受上下界约束的均匀混料设计有如下形式：

$$\begin{cases} x_1+x_2+\cdots+x_p=1 \\ 0\leqslant a_i\leqslant x_i\leqslant b_i\leqslant 1 \\ 0<a_1+a_2+\cdots+a_p<1 \\ b_1+b_2+\cdots+b_p>1 \end{cases},\ i=1,2,\cdots,p;\ a_i,b_i\text{为常数}$$

例如，当 $p=3$ 时，受上下界约束的均匀混料设计有如下形式：

$$\begin{cases} x_1+x_2+x_3=1 \\ 0\leqslant a_i\leqslant x_i\leqslant b_i\leqslant 1 \\ 0<a_1+a_2+a_3<1 \\ b_1+b_2+b_3>1 \end{cases},\quad i=1,2,3;\ a_i,b_i\text{为常数}$$

【例 13.3】 优化灯盏花素骨架缓释片中填充剂乳糖 Lactose、阻滞剂羟丙基甲基纤维素 HPMC 及阻滞剂卡波姆 Carbopol-71G 的处方配比优化试验。在预试确定的处方中，3 种混料成分的大致范围，乳糖 Lactose：0.65～0.80，羟丙基甲基纤维素 HPMC：0.08～0.20，卡波姆 Carbopol-71G：0.05～0.15。试验采用均匀混料设计(刘清飞等，2006)。

本试验的因子空间在没有约束时的混料设计的单形内部形状为一个不规则的凸多边形，如图 13.5 所示的左下角的不规则五边形。所以受上下界约束的均匀混料设计的试验点不方便直接实施,但是可以先在比此因子空间略大一些、相对比较容易实施的因子空间内进行均匀混料设计。因为具有同样的均匀性,所以筛选出满足上下界约束条件的因子空间的试验点也存在同样的均匀性,即受上下界约束的均匀混料设计。

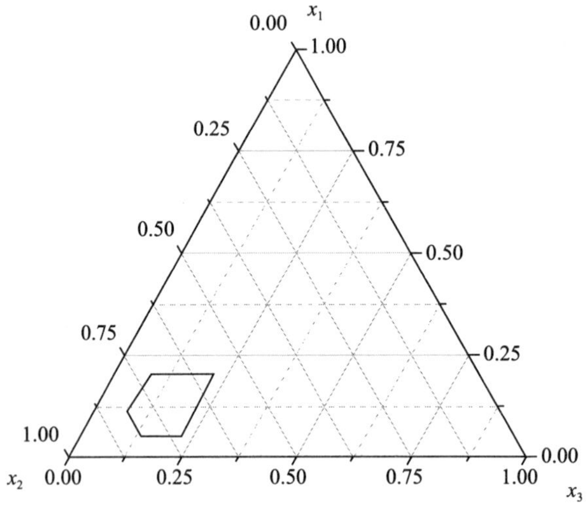

图 13.5　受上下界约束的均匀混料设计的因子空间

为了尽量少扩展均匀混料设计的不规则因子空间,才能使落在不规则因子空间内的试验点数尽量最多,首先对混料设计的各个成分的取值范围从小到大排序,优先安排取值范围小的混料成分。本例卡波姆 Carbopol-71G 的取值范围:0.15－0.05＝0.1 最小,设为 x_1;乳糖 Lactose 的取值范围:0.80－0.65＝0.15 最大,设为 x_3;羟丙基甲基纤维素 HPMC 的取值范围:0.20－0.08＝0.12,设为 x_2。

由前述均匀混料设计的构造方法可知,当混料成分 $p=3$ 时,从 C 表到 X 表的变换如下所示:

$$\begin{cases} x_{k1} = 1 - \sqrt{c_{k1}} \\ x_{k2} = \sqrt{c_{k1}} \cdot (1 - c_{k2}) \\ x_{k3} = \sqrt{c_{k1}} \cdot c_{k2} \end{cases}, \ k=1,\ 2,\cdots,\ n$$

满足约束条件时,可得:

$$\begin{cases} 0.05 \leqslant 1 - \sqrt{c_{k1}} \leqslant 0.15 \\ 0.08 \leqslant \sqrt{c_{k1}} \cdot (1 - c_{k2}) \leqslant 0.2 \\ 0.65 \leqslant \sqrt{c_{k1}} \cdot c_{k2} \leqslant 0.8 \end{cases}, \ k=1,\ 2,\cdots,\ n$$

整理可得:

$$\begin{cases} 0.7225 \leqslant c_{k1} \leqslant 0.9025 \\ 1 - 0.2/\sqrt{c_{k1}} \leqslant c_{k2} \leqslant 1 - 0.08/\sqrt{c_{k1}} \\ 0.65/\sqrt{c_{k1}} \leqslant c_{k2} \leqslant 0.8/\sqrt{c_{k1}} \end{cases}, \ k=1,\ 2,\cdots,\ n$$

满足上述方程组所围成的因子空间如图 13.6 中区域 D 所示,为不规则多边形,不方便直接进行均匀混料设计。但区域 D 位于矩形区域 R 中,若能在矩形 R 之中给出一个均匀混料设计，其中落在区域 D 中的试验点可以视为在区域 D 上的一个均匀混料设计。

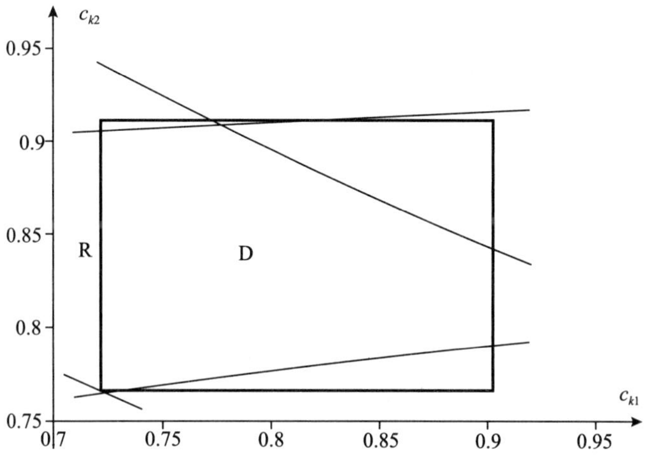

图 13.6　受上下界约束的因子空间示意图

欲在矩形区域 R 上进行一个均匀混料设计，需要先求得矩形区域 R 的取值范围，由前述方程组可得矩形区域 R 的横坐标 c_{k1} 的取值范围为[0.722 5，0.902 5]，其纵坐标 c_{k2} 的上下界取值范围需要解相应方程组求得，c_{k2} 的下界值需要解下面方程组得到：

$$\begin{cases} c_{k2} = 1 - \dfrac{0.2}{\sqrt{c_{k1}}} \\ c_{k2} = \dfrac{0.65}{\sqrt{c_{k1}}} \end{cases}$$

如果未安装 rootSolve 包，就需要先安装 Rtools 软件和 rootSolve 包，新版 R 软件已经不再提供对 rootSolve 包的支持，需要从旧版的原始文档进行安装。如果没有安装 Rtools 软件，请参考第 2 章的 Rtools 安装相关内容。反之，请执行下面安装 rootSolve 包的步骤：

```
pkg="https://cran.r-project.org/src/contrib/Archive/rootSolve/rootSolve_1.8.2.1.tar.gz"
install.packages(pkg, repos=NULL, type="source")
```

如果 rootSolve 包的原始文档 rootSolve_1.8.2.1.tar.gz 已经下载到本机，可以运行下面语句从本机安装：

```
pkg=choose.files()
install.packages(pkg , repos=NULL)
```

#安装 rootSolve 包后，通过以下 R 语言程序解方程组：

```
#RD13.3.1
library(rootSolve)
#构建模型
model=function(ck){c(
  F1=1-0.20/sqrt(ck[1])-ck[2],
  F2=0.65/sqrt(ck[1])-ck[2]
  )}
```

```
# 求解
start=c(0.5, 0.5)
ss=multiroot(model, start=start)
ss $ root
```

程序简要说明：

rootSolve 为非线性方程组求解包；model 以函数形式定义非线性方程组模型，方程需要化为一侧等于 0 的形式；ck 定义未知参数向量 ck[1]和 ck[2]，F1、F2 定义两个非线性方程；start 定义参数 ck 的初始值，给出大概估计值即可；multiroot( )函数求解未知参数的值；ss $ root 输出所求参数的值。

程序运行结果：$c_{k2}=0.722\,5$、$c_{k2}=0.764\,7$，可得 c_{k2}的下界值为 0.764 7。

c_{k2}的上界值需要解下面方程组得到：

$$\begin{cases} c_{k2} = 1 - \dfrac{0.08}{\sqrt{c_{k1}}} \\ c_{k2} = \dfrac{0.8}{\sqrt{c_{k1}}} \end{cases}$$

通过以下 R 语言程序解方程组：

```
# RD13.3.2
library(rootSolve)
# 构建模型
model=function(ck){c(
  F1=1-0.08/sqrt(ck[1])-ck[2],
  F2=0.80/sqrt(ck[1])-ck[2]
  )}
# 求解
start=c(0.5, 0.5)
ss=multiroot(model, start=start)
ss $ root
```

程序简要说明：

rootSolve 为非线性方程组求解包；model 以函数形式定义非线性方程组模型，方程需要化为一侧等于 0 的形式，ck 定义未知参数向量 ck[1]和 ck[2]，F1、F2 定义两个非线性方程；start 定义参数 ck 的初始值，给出大概估计值即可；multiroot( )函数求解未知参数的值；ss $ root 输出所求参数的值。

程序运行结果：$c_{k1}=0.774\,4$、$c_{k2}=0.909\,1$，可得 c_{k2}的上界值为 0.909 1。

于是，可以在矩形 R 之上进行均匀混料设计，其方法为在均匀混料设计转换过程中的 C 表编码再增加一步下面的转换：

$$\begin{cases} c_{k1}^{*} = c_{k1}^{L} + (c_{k1}^{U} - c_{k1}^{L})c_{k1} \\ c_{k2}^{*} = c_{k2}^{L} + (c_{k2}^{U} - c_{k2}^{L})c_{k2} \end{cases}$$

式中，c_{k1}^{L} 和 c_{k1}^{U} 为矩形区域 R 横坐标的取值范围的下界和上界，c_{k2}^{L} 和 c_{k2}^{U} 为矩形区域 R 纵坐标的取值范围的下界和上界。对于本例则有：

$$\begin{cases} c_{k1}^{*} = 0.7225 + (0.9025 - 0.7225)c_{k1} \\ c_{k2}^{*} = 0.7647 + (0.9091 - 0.7647)c_{k2} \end{cases}$$

均匀混料设计区域 D 的面积小于矩形区域 R，所以在矩形区域 R 上进行设计时应该适当多设置一些试验点，本例选取试验点数量为 18 个，需要通过均匀设计 $U_{18}(18^2)$的 U 表(此处可以参考等水平的均匀设计方法)进行变换得到 C 表，进一步变换得到 C^* 表，进而得到区域 R 上的均匀混料设计 $UM_{18}(18^3)$，最后经筛选得到满足上下界约束的均匀混料设计。具体变换过程如表 13.3 所示。

表 13.3　受上下界约束的均匀混料设计的变换过程表

$U_{18}(18^2)$		C 表		C^* 表		$UM_{18}(18^3)$			选择
u_1	u_2	c_1	c_2	c_1^*	c_2^*	x_1	x_2	x_3	
1	11	0.028	0.583	0.728	0.849	0.147	0.129	0.724	*
2	4	0.083	0.194	0.738	0.793	0.141	0.178	0.681	*
3	17	0.139	0.917	0.748	0.897	0.135	0.089	0.776	*
4	7	0.194	0.361	0.758	0.817	0.130	0.159	0.711	*
5	14	0.250	0.750	0.768	0.873	0.124	0.111	0.765	*
6	2	0.306	0.083	0.778	0.777	0.118	0.197	0.685	*
7	9	0.361	0.472	0.788	0.833	0.113	0.148	0.739	*
8	15	0.417	0.806	0.798	0.881	0.107	0.106	0.787	*
9	6	0.472	0.306	0.808	0.809	0.101	0.172	0.727	*
10	12	0.528	0.639	0.818	0.857	0.096	0.129	0.775	*
11	1	0.583	0.028	0.828	0.769	0.090	0.210	0.699	
12	18	0.639	0.972	0.838	0.905	0.085	0.087	0.828	
13	10	0.694	0.528	0.848	0.841	0.079	0.146	0.774	*
14	5	0.750	0.250	0.858	0.801	0.074	0.184	0.742	*
15	13	0.806	0.694	0.868	0.865	0.069	0.126	0.806	
16	3	0.861	0.139	0.878	0.785	0.063	0.202	0.735	
17	16	0.917	0.861	0.888	0.889	0.058	0.105	0.838	
18	8	0.972	0.417	0.898	0.825	0.053	0.166	0.781	*

从表 13.3 中可以看到，满足上下界约束条件：x_1[0.05，0.15]，x_2[0.08，0.20]，x_3[0.65，0.80]的试验点有 13 个，如表 13.3 最后一列标“*”所示，占比约 13/18=72.2%，说明区域 D 的面积约占区域 R 的 72.2%。将标“*”的试验点整理出来即最终受上下界约束的均匀混料设计 $UM_{13}(13^3)$，如表 13.4 所示。

表 13.4　受上下界约束的均匀混料设计表 $UM_{13}(13^3)$

No.	x_1	x_2	x_3
1	0.147	0.129	0.724
2	0.141	0.178	0.681
3	0.135	0.089	0.776
4	0.130	0.159	0.711

续表 13.4

No.	x_1	x_2	x_3
5	0.124	0.111	0.765
6	0.118	0.197	0.685
7	0.113	0.148	0.739
8	0.107	0.106	0.787
9	0.101	0.172	0.727
10	0.096	0.129	0.775
11	0.079	0.146	0.774
12	0.074	0.184	0.742
13	0.053	0.166	0.781

通过受上下界约束的均匀混料设计的试验设计过程可知，其试验点数并不能事前确定，且与不规则区域 D 在矩形区域 R 的占比有关，可以在矩形区域 R 上进行均匀混料设计时应该选择比较多的试验点数，如果最终得到在区域 D 上的试验点数过少，可以根据其试验点数的占比进行估算，增加在区域 R 的试验点数重新进行均匀混料设计。

当混料成分 p 大于 3 时，可以参照类似的方法实现受上下界约束的均匀混料设计，其试验数据的分析参照无约束的均匀混料设计的统计分析方法，此处不再赘述。

附表

附表1 标准拉丁方

3阶标准拉丁方

A	B	C
B	C	A
C	A	B

4阶标准拉丁方

A	B	C	D
B	A	D	C
C	D	B	A
D	C	A	B

A	B	C	D
B	C	D	A
C	D	A	B
D	A	B	C

A	B	C	D
B	D	A	C
C	A	D	B
D	C	B	A

A	B	C	D
B	A	D	C
C	D	A	B
D	C	B	A

5阶标准拉丁方

A	B	C	D	E
B	A	E	C	D
C	D	A	E	B
D	E	B	A	C
E	C	D	B	A

A	B	C	D	E
B	A	D	E	C
C	E	B	A	D
D	C	E	B	A
E	D	A	C	B

A	B	C	D	E
B	A	E	C	D
C	E	D	A	B
D	C	B	E	A
E	D	A	B	C

A	B	C	D	E
B	A	D	E	C
C	D	E	A	B
D	E	B	C	A
E	C	A	B	D

6阶标准拉丁方

A	B	C	D	E	F
B	F	D	C	A	E
C	D	E	F	B	A
D	A	F	E	C	B
E	C	A	B	F	D
F	E	B	A	D	C

7阶标准拉丁方

A	B	C	D	E	F	G
B	C	D	E	F	G	A
C	D	E	F	G	A	B
D	E	F	G	A	B	C
E	F	G	A	B	C	D
F	G	A	B	C	D	E
G	A	B	C	D	E	F

8阶标准拉丁方

A	B	C	D	E	F	G	H
B	C	D	E	F	G	H	A
C	D	E	F	G	H	A	B
D	E	F	G	H	A	B	C
E	F	G	H	A	B	C	D
F	G	H	A	B	C	D	E
G	H	A	B	C	D	E	F
H	A	B	C	D	E	F	G

9阶标准拉丁方

A	B	C	D	E	F	G	H	I
B	C	D	E	F	G	H	I	A
C	D	E	F	G	H	I	A	B
D	E	F	G	H	I	A	B	C
E	F	G	H	I	A	B	C	D
F	G	H	I	A	B	C	D	E
G	H	I	A	B	C	D	E	F
H	I	A	B	C	D	E	F	G
I	A	B	C	D	E	F	G	H

10阶标准拉丁方

A	B	C	D	E	F	G	H	I	J
B	C	D	E	F	G	H	I	J	A
C	D	E	F	G	H	I	J	A	B
D	E	F	G	H	I	J	A	B	C
E	F	G	H	I	J	A	B	C	D
F	G	H	I	J	A	B	C	D	E
G	H	I	J	A	B	C	D	E	F
H	I	J	A	B	C	D	E	F	G
I	J	A	B	C	D	E	F	G	H
J	A	B	C	D	E	F	G	H	I

12阶标准拉丁方

A	B	C	D	E	F	G	H	I	J	K	L
B	C	D	E	F	G	H	I	J	K	L	A
C	D	E	F	G	H	I	J	K	L	A	B
D	E	F	G	H	I	J	K	L	A	B	C
E	F	G	H	I	J	K	L	A	B	C	D
F	G	H	I	J	K	L	A	B	C	D	E
G	H	I	J	K	L	A	B	C	D	E	F
H	I	J	K	L	A	B	C	D	E	F	G
I	J	K	L	A	B	C	D	E	F	G	H
J	K	L	A	B	C	D	E	F	G	H	I
K	L	A	B	C	D	E	F	G	H	I	J
L	A	B	C	D	E	F	G	H	I	J	K

附表 2　正交拉丁方组

3 阶正交拉丁方组

A	*B*	*C*		*A*	*B*	*C*
B	*C*	*A*		*C*	*A*	*B*
C	*A*	*B*		*B*	*C*	*A*

4 阶正交拉丁方组

A	*B*	*C*	*D*		*A*	*B*	*C*	*D*		*A*	*B*	*C*	*D*
B	*A*	*D*	*C*		*C*	*D*	*A*	*B*		*D*	*C*	*B*	*A*
C	*D*	*A*	*B*		*D*	*C*	*B*	*A*		*B*	*A*	*D*	*C*
D	*C*	*B*	*A*		*B*	*A*	*D*	*C*		*C*	*D*	*A*	*B*

5 阶正交拉丁方组

A	*B*	*C*	*D*	*E*		*A*	*B*	*C*	*D*	*E*		*A*	*B*	*C*	*D*	*E*		*A*	*B*	*C*	*D*	*E*
B	*C*	*D*	*E*	*A*		*C*	*D*	*E*	*A*	*B*		*D*	*E*	*A*	*B*	*C*		*E*	*A*	*B*	*C*	*D*
C	*D*	*E*	*A*	*B*		*E*	*A*	*B*	*C*	*D*		*B*	*C*	*D*	*E*	*A*		*D*	*E*	*A*	*B*	*C*
D	*E*	*A*	*B*	*C*		*B*	*C*	*D*	*E*	*A*		*E*	*A*	*B*	*C*	*D*		*C*	*D*	*E*	*A*	*B*
E	*A*	*B*	*C*	*D*		*D*	*E*	*A*	*B*	*C*		*C*	*D*	*E*	*A*	*B*		*B*	*C*	*D*	*E*	*A*

7 阶正交拉丁方组

A	*B*	*C*	*D*	*E*	*F*	*G*		*A*	*B*	*C*	*D*	*E*	*F*	*G*		*A*	*B*	*C*	*D*	*E*	*F*	*G*
B	*C*	*D*	*E*	*F*	*G*	*A*		*C*	*D*	*E*	*F*	*G*	*A*	*B*		*D*	*E*	*F*	*G*	*A*	*B*	*C*
C	*D*	*E*	*F*	*G*	*A*	*B*		*E*	*F*	*G*	*A*	*F*	*C*	*D*		*G*	*A*	*B*	*C*	*D*	*E*	*F*
D	*E*	*F*	*G*	*A*	*B*	*C*		*G*	*A*	*B*	*C*	*D*	*E*	*F*		*C*	*D*	*E*	*F*	*G*	*A*	*B*
E	*F*	*G*	*A*	*B*	*C*	*D*		*B*	*C*	*D*	*E*	*B*	*G*	*A*		*F*	*G*	*A*	*B*	*C*	*D*	*E*
F	*G*	*A*	*B*	*C*	*D*	*E*		*D*	*E*	*F*	*G*	*A*	*B*	*C*		*B*	*C*	*D*	*E*	*F*	*G*	*A*
G	*A*	*B*	*C*	*D*	*E*	*F*		*F*	*G*	*A*	*B*	*C*	*D*	*E*		*E*	*F*	*G*	*A*	*B*	*C*	*D*

A	*B*	*C*	*D*	*E*	*F*	*G*		*A*	*B*	*C*	*D*	*E*	*F*	*G*		*A*	*B*	*C*	*D*	*E*	*F*	*G*
E	*F*	*G*	*A*	*B*	*C*	*D*		*F*	*G*	*A*	*B*	*C*	*D*	*E*		*G*	*A*	*B*	*C*	*D*	*E*	*F*
B	*C*	*D*	*E*	*F*	*G*	*A*		*D*	*E*	*F*	*G*	*A*	*B*	*C*		*F*	*G*	*A*	*B*	*C*	*D*	*E*
F	*G*	*A*	*B*	*C*	*D*	*E*		*B*	*C*	*D*	*E*	*F*	*G*	*A*		*E*	*F*	*G*	*A*	*B*	*C*	*D*
C	*D*	*E*	*F*	*G*	*A*	*B*		*G*	*A*	*B*	*C*	*D*	*E*	*F*		*D*	*E*	*F*	*G*	*A*	*B*	*C*
G	*A*	*B*	*C*	*D*	*E*	*F*		*E*	*F*	*G*	*A*	*B*	*C*	*D*		*C*	*D*	*E*	*F*	*G*	*A*	*B*
D	*E*	*F*	*G*	*A*	*B*	*C*		*C*	*D*	*E*	*F*	*G*	*A*	*B*		*B*	*C*	*D*	*E*	*F*	*G*	*A*

8阶正交拉丁方组

A	*B*	*C*	*D*	*E*	*F*	*G*	*H*
B	*A*	*D*	*C*	*F*	*E*	*H*	*G*
C	*D*	*A*	*B*	*G*	*H*	*E*	*F*
D	*C*	*B*	*A*	*H*	*G*	*F*	*E*
E	*F*	*G*	*H*	*A*	*B*	*C*	*D*
F	*E*	*H*	*G*	*B*	*A*	*D*	*C*
G	*H*	*E*	*F*	*C*	*D*	*A*	*B*
H	*G*	*F*	*E*	*D*	*C*	*B*	*A*

A	*B*	*C*	*D*	*E*	*F*	*G*	*H*
E	*F*	*G*	*H*	*A*	*B*	*C*	*D*
B	*A*	*D*	*C*	*F*	*E*	*H*	*G*
F	*E*	*H*	*G*	*B*	*A*	*D*	*C*
G	*H*	*E*	*F*	*C*	*D*	*A*	*B*
C	*D*	*A*	*B*	*G*	*H*	*E*	*F*
H	*G*	*F*	*E*	*D*	*C*	*B*	*A*
D	*C*	*B*	*A*	*H*	*G*	*F*	*E*

A	*B*	*C*	*D*	*E*	*F*	*G*	*H*
G	*H*	*E*	*F*	*C*	*D*	*A*	*B*
E	*F*	*G*	*H*	*A*	*B*	*C*	*D*
C	*D*	*A*	*B*	*G*	*H*	*E*	*F*
H	*G*	*F*	*E*	*D*	*C*	*B*	*A*
B	*A*	*D*	*C*	*F*	*E*	*H*	*G*
D	*C*	*B*	*A*	*H*	*G*	*F*	*E*
F	*E*	*H*	*G*	*B*	*A*	*D*	*C*

A	*B*	*C*	*D*	*E*	*F*	*G*	*H*
H	*G*	*F*	*E*	*D*	*C*	*B*	*A*
G	*H*	*E*	*F*	*C*	*D*	*A*	*B*
B	*A*	*D*	*C*	*F*	*E*	*H*	*G*
D	*C*	*B*	*A*	*H*	*G*	*F*	*E*
E	*F*	*G*	*H*	*A*	*B*	*C*	*D*
F	*E*	*H*	*G*	*B*	*A*	*D*	*C*
C	*D*	*A*	*B*	*G*	*H*	*E*	*F*

A	*B*	*C*	*D*	*E*	*F*	*G*	*H*
D	*C*	*B*	*A*	*H*	*G*	*F*	*E*
H	*G*	*F*	*E*	*D*	*C*	*B*	*A*
E	*F*	*G*	*H*	*A*	*B*	*C*	*D*
F	*E*	*H*	*G*	*B*	*A*	*D*	*C*
G	*H*	*E*	*F*	*C*	*D*	*A*	*B*
C	*D*	*A*	*B*	*G*	*H*	*E*	*F*
B	*A*	*D*	*C*	*F*	*E*	*H*	*G*

A	*B*	*C*	*D*	*E*	*F*	*G*	*H*
F	*E*	*H*	*G*	*B*	*A*	*D*	*C*
D	*C*	*B*	*A*	*H*	*G*	*F*	*E*
G	*H*	*E*	*F*	*C*	*D*	*A*	*B*
C	*D*	*A*	*B*	*G*	*H*	*E*	*F*
H	*G*	*F*	*E*	*D*	*C*	*B*	*A*
B	*A*	*D*	*C*	*F*	*E*	*H*	*G*
E	*F*	*G*	*H*	*A*	*B*	*C*	*D*

A	*B*	*C*	*D*	*E*	*F*	*G*	*H*
C	*D*	*A*	*B*	*G*	*H*	*E*	*F*
F	*E*	*H*	*G*	*B*	*A*	*D*	*C*
H	*G*	*F*	*C*	*D*	*C*	*B*	*A*
B	*A*	*D*	*E*	*F*	*E*	*H*	*G*
D	*C*	*B*	*A*	*H*	*G*	*F*	*E*
E	*F*	*G*	*H*	*A*	*B*	*C*	*D*
G	*H*	*E*	*F*	*C*	*D*	*A*	*B*

9 阶正交拉丁方组

A	B	C	D	E	F	G	H	I		A	B	C	D	E	F	G	H	I
B	C	A	E	F	D	H	I	G		G	H	I	A	B	C	D	E	F
C	A	B	F	D	E	I	G	H		D	E	F	G	H	I	A	B	C
D	E	F	G	H	I	A	B	C		B	C	A	E	F	D	H	I	G
E	F	D	H	I	G	B	C	A		H	I	G	B	C	A	E	F	D
F	D	E	I	G	H	C	A	B		E	F	D	H	I	G	B	C	A
G	H	I	A	B	C	D	E	F		C	A	B	F	D	E	I	G	H
H	I	G	B	C	A	E	F	D		I	G	H	C	A	B	F	D	E
I	G	H	C	A	B	F	D	E		F	D	E	I	G	H	C	A	B

A	B	C	D	E	F	G	H	I		A	B	C	D	E	F	G	H	I
I	G	H	C	A	B	F	D	E		H	I	G	B	C	A	E	F	D
E	F	D	H	I	G	B	C	A		F	D	E	I	G	H	C	A	B
F	D	E	I	G	H	C	A	B		I	G	H	C	A	B	F	D	E
B	C	A	E	F	D	H	I	G		D	E	F	G	H	I	A	B	C
G	H	I	A	B	C	D	E	F		B	C	A	E	F	D	H	I	G
H	I	G	B	C	A	E	F	D		E	F	D	H	I	G	B	C	A
D	E	F	G	H	I	A	B	C		C	A	B	F	D	E	I	G	H
C	A	B	F	D	E	I	G	H		G	H	I	A	B	C	D	E	F

A	B	C	D	E	F	G	H	I		A	B	C	D	E	F	G	H	I
C	A	B	F	D	E	I	G	H		D	E	F	G	H	I	A	B	C
B	C	A	E	F	D	H	I	G		G	H	I	A	B	C	D	E	F
G	H	I	A	B	C	D	E	F		C	A	B	F	D	E	I	G	H
I	G	H	C	A	B	F	D	E		F	D	E	I	G	H	C	A	B
H	I	G	B	C	A	E	F	D		I	G	H	C	A	B	F	D	E
D	E	F	G	H	I	A	B	C		B	C	A	E	F	D	H	I	G
F	D	E	I	G	H	C	A	B		E	F	D	H	I	G	B	C	A
E	F	D	H	I	G	B	C	A		H	I	G	B	C	A	E	F	D

A	B	C	D	E	F	G	H	I		A	B	C	D	E	F	G	H	I
E	F	D	H	I	G	B	C	A		F	D	E	I	G	H	C	A	B
I	G	H	C	A	B	F	D	E		H	I	G	B	C	A	E	F	D
H	I	G	B	C	A	E	F	D		E	F	D	H	I	G	B	C	A
C	A	B	F	D	E	I	G	H		G	H	I	A	B	C	D	E	F
D	E	F	G	H	I	A	B	C		C	A	B	F	D	E	I	G	H
F	D	E	I	G	H	C	A	B		I	G	H	C	A	B	F	D	E
G	H	I	A	B	C	D	E	F		B	C	A	E	F	D	H	I	G
B	C	A	E	F	D	H	I	G		D	E	F	G	H	I	A	B	C

10 阶正交拉丁方组

A	B	C	D	E	F	G	H	I	J
B	C	A	G	H	I	J	D	E	F
C	A	B	F	G	H	I	J	D	E
D	H	I	A	B	E	C	F	J	G
E	I	J	H	A	B	F	C	G	D
F	J	D	E	I	A	B	G	C	H
G	D	E	I	F	J	A	B	H	C
H	E	F	C	J	G	D	A	B	I
I	F	G	J	C	D	H	E	A	B
J	G	H	B	D	C	E	I	F	A

A	B	C	D	E	F	G	H	I	J
C	A	B	I	J	D	E	F	G	H
B	C	A	E	F	G	H	I	J	D
H	D	J	G	I	A	F	C	B	E
I	E	D	F	H	J	A	G	C	B
J	F	E	B	G	I	D	A	H	C
D	G	F	C	B	H	J	E	A	I
E	H	G	J	C	B	I	D	F	A
F	I	H	A	D	C	B	J	E	G
G	J	I	H	A	E	C	B	D	F

12 阶正交拉丁方组

A	B	C	D	E	F	G	H	I	J	K	L
B	C	D	E	F	A	H	I	J	K	L	G
C	D	E	F	A	B	I	J	K	L	G	H
D	E	F	A	B	C	J	K	L	G	H	I
E	F	A	B	C	D	K	L	G	H	I	J
F	A	B	C	D	E	L	G	H	I	J	K
G	H	I	J	K	L	A	B	C	D	E	F
H	I	J	K	L	G	B	C	D	E	F	A
I	J	K	L	G	H	C	D	E	F	A	B
J	K	L	G	H	I	D	E	F	A	B	C
K	L	G	H	I	J	E	F	A	B	C	D
L	G	H	I	J	K	F	A	B	C	D	E

A	B	C	D	E	F	G	H	I	J	K	L
C	D	E	F	A	B	I	J	K	L	G	H
B	C	D	E	F	A	H	I	J	K	L	G
K	L	G	H	I	J	E	F	A	B	C	D
J	K	L	G	H	I	D	E	F	A	B	C
L	G	H	I	J	K	F	A	B	C	D	E
D	E	F	A	B	C	J	K	L	G	H	I
F	A	B	C	D	E	L	G	H	I	J	K
E	F	A	B	C	D	K	L	G	H	I	J
H	I	J	K	L	G	B	C	D	E	F	A
G	H	I	J	K	L	A	B	C	D	E	F
I	J	K	L	G	H	C	D	E	F	A	B

A	B	C	D	E	F	G	H	I	J	K	L
K	L	G	H	I	J	E	F	A	B	C	D
E	F	A	B	C	D	K	L	G	H	I	J
I	J	K	L	G	H	C	D	E	F	A	B
C	D	E	F	A	B	I	J	K	L	G	H
G	H	I	J	K	L	A	B	C	D	E	F
J	K	L	G	H	I	D	E	F	A	B	C
B	C	D	E	F	A	H	I	J	K	L	G
H	I	J	K	L	G	B	C	D	E	F	A
F	A	B	C	D	E	L	G	H	I	J	K
L	G	H	I	J	K	F	A	B	C	D	E
D	E	F	A	B	C	J	K	L	G	H	I

A	B	C	D	E	F	G	H	I	J	K	L
F	A	B	C	D	E	L	G	H	I	J	K
J	K	L	G	H	I	D	E	F	A	B	C
C	D	E	F	A	B	I	J	K	L	G	H
K	L	G	H	I	J	E	F	A	B	C	D
H	I	J	K	L	G	B	C	D	E	F	A
I	J	K	L	G	H	C	D	E	F	A	B
E	F	A	B	C	D	K	L	G	H	I	J
L	G	H	I	J	K	F	A	B	C	D	E
B	C	D	E	F	A	H	I	J	K	L	G
D	E	F	A	B	C	J	K	L	G	H	I
G	H	I	J	K	L	A	B	C	D	E	F

A	B	C	D	E	F	G	H	I	J	K	L
G	H	I	J	K	L	A	B	C	D	E	F
F	A	B	C	D	E	L	G	H	I	J	K

H	I	J	K	L	G	B	C	D	E	F	A
L	G	H	I	J	K	F	A	B	C	D	E
E	F	A	B	C	D	K	L	G	H	I	J
C	D	E	F	A	B	I	J	K	L	G	H
I	J	K	L	G	H	C	D	E	F	A	B
K	L	G	H	I	J	E	F	A	B	C	D
D	E	F	A	B	C	J	K	L	G	H	I
B	C	D	E	F	A	H	I	J	K	L	G
J	K	L	G	H	I	D	E	F	A	B	C

附表3　平衡不完全区组设计表

说明：t 为试验中的处理数；k 为区组容量，即不完全区组中的试验单元数；b 为试验中的不完全区组数；r 为每个处理的重复数；λ 为任意一对处理在同一区组中相遇的次数；(1)(2)(3)等带括号的编号为不完全区组编号；1、2、3 等编号为处理编号。

1. $t=3$，$k=2$，$b=3$，$r=2$，$\lambda=1$

(1) 1 2　(2) 1 3　(3) 2 3

2. $t=4$，$k=2$，$b=6$，$r=3$，$\lambda=1$

(1) 1 2　(2) 3 4　(3) 1 3　(4) 2 4　(5) 1 4　(6) 2 3

3. $t=4$，$k=3$，$b=4$，$r=3$，$\lambda=2$

(1) 1 2 3　(2) 1 2 4　(3) 1 3 4　(4) 2 3 4

4. $t=5$，$k=2$，$b=10$，$r=4$，$\lambda=1$

(1) 1 2　(2) 2 5　(3) 3 4　(4) 4 1　(5) 5 3

(6) 1 3　(7) 2 4　(8) 3 2　(9) 4 5　(10) 5 1

5. $t=5$，$k=3$，$b=10$，$r=6$，$\lambda=3$

(1) 1 2 3　(2) 1 2 4　(3) 1 2 5　(4) 1 3 4　(5) 1 3 5

(6) 1 4 5　(7) 2 3 4　(8) 2 3 5　(9) 2 4 5　(10) 3 4 5

6. $t=5$，$k=4$，$b=5$，$r=4$，$\lambda=3$

(1) 1 2 3 4　(2) 1 2 3 5　(3) 1 2 4 5　(4) 1 3 4 5　(5) 2 3 4 5

7. $t=6$，$k=2$，$b=15$，$r=5$，$\lambda=1$

(1) 1 2　(2) 3 4　(3) 5 6　(4) 1 3　(5) 2 5

(6) 4 6　(7) 1 4　(8) 2 6　(9) 3 5　(10) 1 5

(11) 2 4　(12) 3 6　(13) 1 6　(14) 2 3　(15) 4 5

8. $t=6$，$k=3$，$b=10$，$r=5$，$\lambda=2$

(1) 1 2 5　(2) 1 2 6　(3) 1 3 4　(4) 1 3 6　(5) 1 4 5

(6) 2 3 4　(7) 2 3 5　(8) 2 4 6　(9) 3 5 6　(10) 4 5 6

9. $t=6$，$k=3$，$b=20$，$r=10$，$\lambda=4$

(1) 1 2 3　(2) 4 5 6　(3) 1 2 4　(4) 3 5 6　(5) 1 2 5

(6) 3 4 6　(7) 1 2 6　(8) 3 4 5　(9) 1 3 4　(10) 2 5 6

(11) 1 3 5　(12) 2 4 6　(13) 1 3 6　(14) 2 4 5　(15) 1 4 5

(16) 2 3 6　(17) 1 4 6　(18) 2 3 5　(19) 1 5 6　(20) 2 3 4

10. $t=6$，$k=4$，$b=15$，$r=10$，$\lambda=6$

(1) 1 2 3 4　(2) 1 4 5 6　(3) 2 3 5 6　(4) 1 2 3 5　(5) 1 2 4 6

(6) 3 4 5 6　(7) 1 2 3 6　(8) 1 3 4 5　(9) 2 3 4 5　(10) 1 2 4 5

(11) 1 3 5 6　(12) 2 3 4 6　(13) 1 2 5 6　(14) 1 3 4 6　(15) 2 4 5 6

11. $t=6$, $k=5$, $b=6$, $r=5$, $\lambda=4$

(1) 1 2 3 4 5 (2) 1 2 3 4 6 (3) 1 2 3 5 6 (4) 1 2 4 5 6
(5) 1 3 4 5 6 (6) 2 3 4 5 6

12. $t=7$, $k=2$, $b=21$, $r=6$, $\lambda=1$

(1) 1 2 (2) 1 3 (3) 1 4 (4) 1 5 (5) 1 6 (6) 1 7
(7) 2 3 (8) 2 4 (9) 2 5 (10) 2 6 (11) 2 7 (12) 3 4
(13) 3 5 (14) 3 6 (15) 3 7 (16) 4 5 (17) 4 6 (18) 4 7
(19) 5 6 (20) 5 7 (21) 6 7

13. $t=7$, $k=3$, $b=7$, $r=3$, $\lambda=1$

(1) 1 2 4 (2) 2 3 5 (3) 3 4 6 (4) 4 5 7 (5) 1 5 6 (6) 2 6 7
(7) 1 3 7

14. $t=7$, $k=3$, $b=21$, $r=9$, $\lambda=3$

(1) 1 2 3 (2) 1 4 7 (3) 2 5 7 (4) 1 2 5 (5) 1 6 7 (6) 3 4 5
(7) 1 2 7 (8) 2 3 4 (9) 3 4 7 (10) 1 3 5 (11) 2 3 6 (12) 3 5 7
(13) 1 3 6 (14) 2 4 6 (15) 3 6 7 (16) 1 4 5 (17) 2 4 7 (18) 4 5 6
(19) 1 4 6 (20) 2 5 6 (21) 5 6 7

15. $t=7$, $k=4$, $b=7$, $r=4$, $\lambda=2$

(1) 1 2 3 6 (2) 2 3 4 7 (3) 1 3 4 5 (4) 2 4 5 6 (5) 3 5 6 7
(6) 1 4 6 7 (7) 1 2 5 7

16. $t=7$, $k=5$, $b=21$, $r=15$, $\lambda=10$

(1) 1 2 3 4 5 (2) 1 2 3 4 6 (3) 1 2 3 4 7 (4) 1 2 3 5 6
(5) 1 2 3 5 7 (6) 1 2 3 6 7 (7) 1 2 4 5 6 (8) 1 2 4 5 7
(9) 1 2 4 6 7 (10) 1 2 5 6 7 (11) 1 3 4 5 6 (12) 1 3 4 5 7
(13) 1 3 4 6 7 (14) 1 3 5 6 7 (15) 1 4 5 6 7 (16) 2 3 4 5 6
(17) 2 3 4 5 7 (18) 2 3 4 6 7 (19) 2 3 5 6 7 (20) 2 4 5 6 7
(21) 3 4 5 6 7

17. $t=7$, $k=6$, $b=7$, $r=6$, $\lambda=5$

(1) 1 2 3 4 5 6 (2) 1 2 3 4 5 7 (3) 1 2 3 4 6 7 (4) 1 2 3 5 6 7
(5) 1 2 4 5 6 7 (6) 1 3 4 5 6 7 (7) 2 3 4 5 6 7

18. $t=8$, $k=2$, $b=28$, $r=7$, $\lambda=1$

(1) 1 2 (2) 1 3 (3) 1 4 (4) 1 5 (5) 1 6 (6) 1 7
(7) 1 8 (8) 2 3 (9) 2 4 (10) 2 5 (11) 2 6 (12) 2 7
(13) 2 8 (14) 3 4 (15) 3 5 (16) 3 6 (17) 3 7 (18) 3 8
(19) 4 5 (20) 4 6 (21) 4 7 (15) 4 8 (16) 5 6 (17) 5 7
(18) 5 8 (19) 6 7 (20) 6 8 (21) 7 8

19. $t=8$, $k=4$, $b=14$, $r=7$, $\lambda=3$

(1) 1 2 3 4 (2) 5 6 7 8 (3) 1 2 7 8 (4) 3 4 5 6 (5) 1 3 6 8
(6) 2 4 5 7 (7) 1 4 6 7 (8) 2 3 5 8 (9) 1 2 5 6 (10) 3 4 7 8
(11) 1 3 5 7 (12) 2 4 6 8 (13) 1 4 5 8 (14) 2 3 6 7

20. $t=8$，$k=7$，$b=8$，$r=7$，$\lambda=6$

(1) 1 2 3 4 5 6 7　(2) 1 2 3 4 5 6 8　(3) 1 2 3 4 5 7 8

(4) 1 2 3 4 6 7 8　(5) 1 2 3 5 6 7 8　(6) 1 2 4 5 6 7 8

(7) 1 3 4 5 6 7 8　(8) 2 3 4 5 6 7 8

21. $t=9$，$k=2$，$b=36$，$r=8$，$\lambda=1$

(1) 1 2　(2) 1 3　(3) 1 4　(4) 1 5　(5) 1 6　(6) 1 7

(7) 1 8　(8) 1 9　(9) 2 3　(10) 2 4　(11) 2 5　(12) 2 6

(13) 2 7　(14) 2 8　(15) 2 9　(16) 3 4　(17) 3 5　(18) 3 6

(19) 3 7　(20) 3 8　(21) 3 9　(22) 4 5　(23) 4 6　(24) 4 7

(25) 4 8　(26) 4 9　(27) 5 6　(28) 5 7　(29) 5 8　(30) 5 9

(31) 6 7　(32) 6 8　(33) 6 9　(34) 7 8　(35) 7 9　(36) 8 9

22. $t=9$，$k=3$，$b=12$，$r=4$，$\lambda=1$

(1) 1 2 3　(2) 4 5 6　(3) 7 8 9　(4) 1 4 7　(5) 2 5 8　(6) 3 6 9

(7) 1 5 9　(8) 2 6 7　(9) 3 4 8　(10) 1 6 8　(11) 2 4 9　(12) 3 5 7

23. $t=9$，$k=4$，$b=18$，$r=8$，$\lambda=3$

(1) 14 6 7　(2) 2 6 8 9　(3) 1 3 8 9　(4) 1 2 3 4　(5) 1 5 7 8

(6) 4 5 6 9　(7) 2 3 6 7　(8) 2 4 5 8　(9) 3 5 7 9　(10) 1 2 5 7

(11) 2 3 5 6　(12) 3 4 7 9　(13) 1 2 4 9　(14) 1 5 6 9　(15) 1 3 6 8

(16) 4 6 7 8　(17) 3 4 5 8　(18) 2 7 8 9

24. $t=9$，$k=5$，$b=18$，$r=10$，$\lambda=5$

(1) 1 2 3 7 8　(2) 1 2 4 6 8　(3) 2 3 5 8 9　(4) 2 3 4 6 9

(5) 1 3 4 5 7　(6) 2 4 5 6 7　(7) 1 3 6 7 9　(8) 1 4 6 8 9

(9) 5 6 7 8 9　(10) 1 2 3 5 9　(11) 1 2 5 6 8　(12) 1 3 4 5 6

(13) 2 3 4 7 8　(14) 2 4 5 7 9　(15) 3 5 6 7 8　(16) 1 4 7 8 9

(17) 3 4 6 8 9　(18) 1 2 6 7 9

25. $t=9$，$k=6$，$b=12$，$r=8$，$\lambda=5$

(1) 1 2 4 5 7 8　(2) 2 3 5 6 8 9　(3) 1 3 4 6 7 9　(4) 1 2 5 6 7 9

(5) 1 3 4 5 8 9　(6) 2 3 4 6 7 8　(7) 1 3 5 6 7 8　(8) 1 2 4 6 8 9

(9) 2 3 4 5 7 9　(10) 4 5 6 7 8 9(11) 1 2 3 4 5 6　(12) 1 2 3 7 8 9

26. $t=9$，$k=8$，$b=9$，$r=8$，$\lambda=7$

(1) 1 2 3 4 5 6 7 8　(2) 1 2 3 4 5 6 7 9　(3) 1 2 3 4 5 6 8 9

(4) 1 2 3 4 5 7 8 9　(5) 1 2 3 4 6 7 8 9　(6) 1 2 3 5 6 7 8 9

(7) 1 2 4 5 6 7 8 9　(8) 1 3 4 5 6 7 8 9　(9) 2 3 4 5 6 7 8 9

27. $t=10$，$k=2$，$b=45$，$r=9$，$\lambda=1$

(1) 1 2　(2) 1 3　(3) 1 4　(4) 1 5　(5) 1 6　(6) 1 7

(7) 1 8　(8) 1 9　(9) 1 10　(10) 2 3　(11) 2 4　(12) 2 5

(13) 2 6　(14) 2 7　(15) 2 8　(16) 2 9　(17) 2 10　(18) 3 4

(19) 3 5　(20) 3 6　(21) 3 7　(22) 3 8　(23) 3 9　(24) 3 10

(25) 4 5　(26) 4 6　(27) 4 7　(28) 4 8　(29) 4 9　(30) 4 10

(31) 5 6　(32) 5 7　(33) 5 8　(34) 5 9　(35) 5 10　(36) 6 7
(37) 6 8　(38) 6 9　(39) 6 10　(40) 7 8　(41) 7 9　(42) 7 10
(43) 8 9　(44) 8 10　(45) 9 10

28. $t=10, k=3, b=30, r=9, \lambda=2$

(1) 1 2 3　(2) 2 5 8　(3) 3 4 7　(4) 1 4 6　(5) 5 7 8
(6) 4 6 9　(7) 1 7 9　(8) 2 8 10　(9) 3 9 10　(10) 5 6 10
(11) 1 2 4　(12) 2 3 6　(13) 3 4 8　(14) 4 5 9　(15) 1 5 7
(16) 6 8 9　(17) 3 7 10　(18) 1 8 10　(19) 2 5 9　(20) 6 7 10
(21) 1 3 5　(22) 2 6 7　(23) 3 8 9　(24) 2 4 10　(25) 3 5 6
(26) 1 6 8　(27) 2 7 9　(28) 4 7 8　(29) 1 9 10　(30) 4 5 10

29. $t=10, k=4, b=15, r=6, \lambda=2$

(1) 1 2 3 4　(2) 1 2 5 6　(3) 1 3 7 8　(4) 1 4 9 10　(5) 1 5 7 9
(6) 1 6 8 10　(7) 2 3 6 9　(8) 3 6 7 10　(9) 2 5 8 10　(10) 2 7 8 9
(11) 3 5 9 10　(12) 3 6 7 10　(13) 3 4 5 8　(14) 4 5 6 7　(15) 4 6 8 9

30. $t=10, k=5, b=18, r=9, \lambda=4$

(1) 1 2 3 4 5　(2) 1 2 3 6 7　(3) 1 2 4 6 9　(4) 1 2 5 7 8
(5) 1 3 6 8 9　(6) 1 3 7 8 10　(7) 1 4 5 6 10　(8) 1 4 8 9 10
(9) 1 5 7 9 10　(10) 2 3 4 8 10　(11) 2 3 5 9 10　(12) 2 4 7 8 9
(13) 2 5 6 8 10　(14) 2 6 7 9 10　(15) 3 4 6 7 10　(16) 3 4 5 7 9
(17) 3 5 6 8 9　(18) 4 5 6 7 8

31. $t=10, k=6, b=15, r=9, \lambda=5$

(1) 1 2 4 5 8 9　(2) 5 6 7 8 9 10　(3) 2 4 5 6 7 10　(4) 1 2 4 6 7 8
(5) 3 4 7 8 9 10　(6) 2 3 4 6 8 10　(7) 1 2 6 7 9 10　(8) 1 3 5 6 8 9
(9) 1 2 3 8 9 10　(10) 2 3 4 5 7 9　(11) 1 4 5 7 8 10　(12) 1 2 3 5 7 10
(13) 2 3 5 6 7 8　(14) 1 3 4 5 6 10　(15) 1 3 4 6 7 9

32. $t=10, k=9, b=10, r=9, \lambda=8$

(1) 1 2 3 4 5 6 7 8 9　(2) 1 2 3 4 5 6 7 8 10　(3) 1 2 3 4 5 6 7 9 10
(4) 1 2 3 4 5 6 8 9 10　(5) 1 2 3 4 5 7 8 9 10　(6) 1 2 3 4 6 7 8 9 10
(7) 1 2 3 5 6 7 8 9 10　(8) 1 2 4 5 6 7 8 9 10　(9) 1 3 4 5 6 7 8 9 10
(10) 2 3 4 5 6 7 8 9 10

33. $t=11, k=3, b=55, r=15, \lambda=3$

(1) 1 2 4　(2) 1 5 7　(3) 2 3 7　(4) 2 8 9　(5) 3 6 7
(6) 4 7 9　(7) 6 7 9　(8) 1 2 6　(9) 1 5 11　(10) 2 3 10
(11) 2 8 11　(12) 3 6 8　(13) 4 8 10　(14) 6 7 11　(15) 1 2 9
(16) 1 6 10　(17) 2 4 9　(18) 2 10 11　(19) 3 7 9　(20) 4 10 11
(21) 6 9 10　(22) 1 3 8　(23) 1 7 8　(24) 2 4 10　(25) 3 4 6
(26) 3 9 10　(27) 5 6 8　(28) 6 9 11　(29) 1 3 9　(30) 1 7 10
(31) 2 5 6　(32) 3 4 8　(33) 4 5 7　(34) 5 6 10　(35) 7 8 10
(36) 1 3 11　(37) 1 6 11　(38) 2 5 7　(39) 3 4 11　(40) 4 5 9

(41) 5 8 9　(42) 7 10 11　(43) 1 4 5　(44) 1 9 10　(45) 2 6 8
(46) 3 5 10　(47) 4 6 11　(48) 5 8 10　(49) 8 9 11　(50) 1 4 6
(51) 2 3 5　(52) 2 7 11　(53) 3 5 11　(54) 4 7 8　(55) 5 9 11

34. $t=11$, $k=4$, $b=55$, $r=20$, $\lambda=6$

(1) 1 2 4 5　(2) 1 3 4 11　(3) 1 5 6 10　(4) 2 3 5 11
(5) 2 4 8 9　(6) 3 4 7 8　(7) 4 5 7 8　(8) 5 6 9 10
(9) 1 2 4 10　(10) 1 3 6 8　(11) 1 5 7 10　(12) 2 3 6 7
(13) 2 4 8 10　(14) 3 4 8 10　(15) 4 5 8 9　(16) 5 7 8 10
(17) 1 2 5 6　(18) 1 3 7 8　(19) 1 5 7 11　(20) 2 3 7 9
(21) 2 5 7 11　(22) 3 4 10 11　(23) 4 5 9 11　(24) 6 8 9 10
(25) 1 2 6 8　(26) 1 3 7 9　(27) 1 7 8 11　(28) 2 3 9 10
(29) 2 6 7 11　(30) 3 5 6 8　(31) 4 6 7 9　(32) 6 7 10 11
(33) 1 2 8 9　(34) 1 3 9 11　(35) 1 7 9 10　(36) 2 3 10 11
(37) 2 6 8 11　(38) 3 5 8 10　(39) 4 6 9 11　(40) 6 8 9 11
(41) 1 2 9 10　(42) 1 4 5 11　(43) 1 8 9 11　(44) 2 4 5 7
(45) 2 8 10 11　(46) 3 5 9 10　(47) 4 6 10 11　(48) 7 8 10 11
(49) 1 3 4 6　(50) 1 4 6 10　(51) 2 3 5 6　(52) 2 4 7 9
(53) 3 4 6 7　(54) 3 5 9 11　(55) 5 6 8 9

35. $t=11$, $k=5$, $b=11$, $r=5$, $\lambda=2$

(1) 1 2 3 5 8　(2) 2 3 4 6 9　(3) 4 5 6 8 11　(4) 1 2 4 7 11
(5) 2 5 9 10 11　(6) 1 5 6 7 9　(7) 1 3 6 10 11　(8) 2 6 7 8 10
(9) 3 7 8 9 11　(10) 1 4 8 9 10　(11) 3 4 5 7 10

36. $t=11$, $k=6$, $b=11$, $r=6$, $\lambda=3$

(1) 1 2 3 7 9 10　(2) 2 3 4 8 10 11　(3) 3 4 5 6 1 11 1
(4) 4 5 6 10 1 2　(5) 5 6 7 11 2 3　(6) 6 7 8 1 3 4
(7) 7 8 9 2 4 5　(8) 8 9 10 3 5 6　(9) 9 10 11 4 6 7
(10) 10 11 1 5 7 8　(11) 11 1 2 6 8 9

37. $t=12$, $k=3$, $b=44$, $r=11$, $\lambda=2$

(1) 1 2 4　(2) 1 7 9　(3) 2 8 9　(4) 3 9 10　(5) 4 11 12
(6) 6 10 12　(7) 1 2 6　(8) 1 8 12　(9) 2 8 10　(10) 3 9 11
(11) 5 6 8　(12) 7 8 10　(13) 1 3 6　(14) 1 9 10　(15) 2 9 12
(16) 3 10 12　(17) 5 6 10　(18) 7 11 12　(19) 1 3 11　(20) 2 3 5
(21) 2 10 11　(22) 4 5 7　(23) 5 7 10　(24) 8 9 11　(25) 1 4 10
(26) 2 3 7　(27) 3 4 6　(28) 4 5 9　(29) 5 9 12　(30) 1 5 11
(31) 2 4 7　(32) 3 4 8　(33) 4 6 9　(34) 6 7 9　(35) 1 5 12
(36) 2 5 11　(37) 3 5 8　(38) 4 8 12　(39) 6 7 11　(40) 1 7 8
(41) 2 6 12　(42) 3 7 12　(43) 4 10 11　(44) 6 8 11

38. $t=12$, $k=4$, $b=33$, $r=11$, $\lambda=3$

(1) 1 2 4 6　(2) 1 2 4 9　(3) 1 2 6 12　(4) 1 3 5 11

(5) 1 7 8 12　(6) 1 4 5 7　(7) 1 5 11 12　(8) 1 6 9 10
(9) 1 7 8 10　(10) 2 7 10 11　(11) 2 3 5 10　(12) 2 3 7 12
(13) 2 4 10 11　(14) 2 5 6 8　(15) 3 6 7 9　(16) 2 8 9 12
(17) 3 4 6 8　(18) 3 4 6 11　(19) 3 4 8 12　(20) 5 6 8 10
(21) 4 5 7 9　(22) 4 5 9 12　(23) 4 7 8 10　(24) 4 10 11 12
(25) 1 3 9 10　(26) 5 8 9 11　(27) 6 7 9 11　(28) 6 7 11 12
(29) 1 3 8 11　(30) 2 3 5 7　(31) 2 8 9 11　(32) 3 9 10 12
(33) 5 6 10 12

39. $t=12$, $k=6$, $b=22$, $r=11$, $\lambda=5$

(1) 1 2 3 5 8 12　(2) 1 2 6 8 9 11　(3) 1 4 8 9 10 12
(4) 2 3 6 8 10 11　(5) 2 4 7 8 10 12　(6) 4 5 6 8 11 12
(7) 1 2 3 7 9 10　(8) 1 3 4 5 9 11　(9) 1 5 6 7 9 12
(10) 2 3 5 6 7 11　(11) 3 4 5 7 10 12　(12) 4 6 7 9 10 11
(13) 1 2 4 5 6 10　(14) 1 3 4 6 7 8　(15) 1 5 7 8 10 11
(16) 2 4 5 7 8 9　(17) 3 5 6 8 9 10　(18) 1 2 4 7 11 12
(19) 1 3 6 10 11 12　(20) 2 3 4 6 9 12　(21) 2 5 9 10 11 12
(22) 3 7 8 9 11 12

40. $t=13$, $k=3$, $b=26$, $r=6$, $\lambda=1$

(1) 1 2 11　(2) 2 5 6　(3) 4 7 8　(4) 8 11 12
(5) 1 3 9　(6) 2 7 9　(7) 4 9 11　(8) 9 12 13
(9) 1 4 5　(10) 2 8 13　(11) 5 7 13　(12) 1 6 8
(13) 3 4 13　(14) 5 8 9　(15) 1 7 12　(16) 3 5 11
(17) 5 10 12　(18) 1 10 13　(19) 3 6 7　(20) 6 9 10
(21) 2 3 12　(22) 3 8 10　(23) 6 11 13　(24) 2 4 10
(25) 4 6 12　(26) 7 10 11

41. $t=13$, $k=4$, $b=13$, $r=4$, $\lambda=1$

(1) 1 2 4 10　(2) 2 8 12 13　(3) 6 10 11 13　(4) 1 3 9 13
(5) 3 4 6 12　(6) 1 5 6 8　(7) 3 7 8 10　(8) 1 7 11 12
(9) 4 5 7 13　(10) 2 3 5 11　(11) 4 8 9 11　(12) 2 6 7 9
(13) 5 9 10 12

42. $t=13$, $k=5$, $b=39$, $r=15$, $\lambda=5$

(1) 1 2 3 5 8　(2) 1 3 6 7 11　(3) 1 4 10 11 12　(4) 2 3 4 6 9
(5) 2 3 7 10 11　(6) 3 4 5 7 10　(7) 3 8 9 10 12　(8) 4 9 10 11 13
(9) 1 2 3 5 9　(10) 1 3 6 12 13　(11) 1 5 8 10 13　(12) 2 3 4 6 10
(13) 2 5 11 12 13　(14) 3 4 5 7 11　(15) 3 9 10 11 12　(16) 5 6 7 9 12
(17) 1 2 4 7 13　(18) 1 3 7 12 13　(19) 1 5 10 11 12　(20) 2 3 7 10 12
(21) 2 6 11 12 13　(22) 3 4 8 11 13　(23) 4 5 6 8 11　(24) 5 6 7 9 13
(25) 1 2 4 8 13　(26) 1 4 5 9 12　(27) 1 6 7 8 10　(28) 2 4 7 8 12
(29) 2 7 8 9 11　(30) 3 5 8 9 13　(31) 4 5 6 8 12　(32) 6 7 8 10 13

(33) 1 2 6 9 11 (34) 1 4 6 9 10 (35) 1 7 8 9 11 (36) 2 5 6 10 13
(37) 2 8 9 10 12 (38) 3 6 8 11 12 (39) 4 7 9 12 13

43. $t=13$, $k=6$, $b=26$, $r=12$, $\lambda=5$

(1) 1 2 3 4 8 12 (2) 1 2 6 10 12 13 (3) 1 4 5 9 11 12
(4) 2 3 4 5 9 13 (5) 2 4 5 7 10 11 (6) 3 5 6 7 8 12
(7) 4 6 7 9 12 13 (8) 1 2 3 7 11 13 (9) 1 3 4 5 6 10
(10) 1 5 7 8 9 10 (11) 2 3 5 8 9 13 (12) 2 5 6 10 12 13
(13) 3 5 6 8 11 12 (14) 4 8 10 11 12 13 (15) 1 2 4 7 8 12
(16) 1 3 4 6 9 10 (17) 1 5 7 8 10 13 (18) 2 3 7 9 10 12
(19) 2 6 8 9 10 11 (20) 3 7 9 10 11 12 (21) 1 2 6 8 9 11
(22) 1 3 6 7 11 13 (23) 1 5 9 11 12 13 (24) 2 4 5 6 7 11
(25) 3 4 8 10 11 12 (26) 4 6 7 8 9 13

44. $t=14$, $k=7$, $b=26$, $r=13$, $\lambda=6$

(1) 1 2 3 5 6 11 12 (2) 1 2 4 6 8 9 14 (3) 1 3 4 5 7 8 13
(4) 1 3 5 6 11 12 14 (5) 1 6 7 9 11 13 14 (6) 2 3 5 7 9 10 14
(7) 2 4 5 10 11 13 14 (8) 3 4 6 8 10 11 14 (9) 5 6 8 9 10 12 13
(10) 1 2 4 5 6 8 9 (11) 1 2 7 8 10 11 12 (12) 1 3 4 9 10 12 13
(13) 1 3 5 7 8 13 14 (14) 2 3 4 6 7 12 13 (15) 2 3 8 9 11 12 13
(16) 2 4 6 7 12 13 14 (17) 4 5 7 8 9 11 12 (18) 5 6 8 10 12 13 14
(19) 1 2 4 5 10 11 13 (20) 1 2 7 8 10 12 14 (21) 1 3 4 9 10 12 14
(22) 1 6 7 9 10 11 13 (23) 2 3 5 6 7 9 10 (24) 2 3 8 9 11 13 14
(25) 3 4 6 7 8 10 11 (26) 4 5 7 9 11 12 14

45. $t=15$, $k=3$, $b=35$, $r=7$, $\lambda=1$

(1) 1 2 3 (2) 2 4 6 (3) 3 5 6 (4) 4 10 14 (5) 6 9 15
(6) 1 4 5 (7) 2 5 7 (8) 3 8 11 (9) 4 11 15 (10) 6 10 12
(11) 1 6 7 (12) 2 8 10 (13) 3 9 10 (14) 5 8 13 (15) 7 11 13
(16) 1 8 9 (17) 2 9 11 (18) 3 12 15 (19) 5 9 12 (20) 7 8 15
(21) 1 10 11 (22) 2 12 14 (23) 3 13 14 (24) 5 10 15 (25) 7 9 14
(26) 1 12 13 (27) 2 13 15 (28) 4 8 12 (29) 5 11 14 (30) 7 10 13
(31) 1 14 15 (32) 3 4 7 (33) 4 9 13 (34) 6 8 14 (35) 7 11 12

46. $t=15$, $k=6$, $b=35$, $r=14$, $\lambda=5$

(1) 1 2 3 6 11 15 (2) 1 2 5 7 10 15 (3) 1 3 7 11 12 14
(4) 1 5 6 11 12 14 (5) 2 3 5 9 13 14 (6) 2 6 7 9 13 14
(7) 3 4 6 9 10 12 (8) 4 5 7 8 9 11 (9) 5 8 10 13 14 15
(10) 1 2 4 8 9 11 (11) 1 3 4 5 13 15 (12) 1 4 6 7 9 15
(13) 1 9 10 11 13 15 (14) 2 3 5 9 10 12 (15) 2 6 7 10 11 13
(16) 3 4 6 10 11 13 (17) 4 5 7 10 11 13 (18) 6 8 9 11 14 15
(19) 1 2 4 8 10 14 (20) 1 3 7 8 10 14 (21) 1 5 6 8 12 13
(22) 2 3 4 7 12 15 (23) 2 4 5 6 14 15 (24) 2 10 11 12 14 15

(25) 3 5 6 7 8 15　(26) 4 5 7 11 12 14　(27) 7 8 9 10 12 15
(28) 1 2 4 8 12 13　(29) 1 3 7 9 13 14　(30) 1 5 6 9 10 12
(31) 2 3 5 8 9 11　(32) 2 6 7 8 12 13　(33) 3 4 6 8 10 14
(34) 3 8 11 12 13 15　(35) 4 9 12 13 14 15

47. $t=15$, $k=7$, $b=15$, $r=7$, $\lambda=3$

(1) 1 2 3 4 5 6 7　(2) 1 4 5 8 9 12 13　(3) 1 6 7 10 11 12 13
(4) 2 5 7 8 10 13 15　(5) 3 4 7 9 10 13 14　(6) 1 2 3 8 9 10 11
(7) 1 4 5 10 11 14 15　(8) 2 4 6 8 10 12 14　(9) 2 5 7 9 11 12 14
(10) 3 5 6 8 11 13 14　(11) 1 2 3 12 13 14 15　(12) 1 6 7 8 9 14 15
(13) 2 4 6 9 11 13 15　(14) 3 4 7 8 11 12 15　(15) 3 5 6 9 10 12 15

48. $t=15$, $k=8$, $b=15$, $r=8$, $\lambda=4$

(1) 1 2 3 4 8 11 12 14　(2) 2 3 4 5 9 12 13 15
(3) 3 4 5 6 10 13 14 1　(4) 4 5 6 7 11 14 15 2
(5) 5 6 7 8 12 15 1 3　(6) 6 7 8 9 13 1 2 4
(7) 7 8 9 10 14 2 3 5　(8) 8 9 10 11 15 3 4 6
(9) 9 10 11 12 1 4 5 7　(10) 10 11 12 13 2 5 6 8
(11) 11 12 13 14 3 6 7 9　(12) 12 13 14 15 4 7 8 10
(13) 13 14 15 1 5 8 9 11　(14) 14 15 1 2 6 9 10 12
(15) 15 1 2 3 7 10 11 13

49. $t=16$, $k=4$, $b=20$, $r=5$, $\lambda=1$

(1) 1 2 3 4　(2) 1 5 9 13　(3) 1 6 11 16　(4) 3 6 7 8
(5) 2 6 10 14　(6) 2 5 12 15　(7) 9 10 11 12　(8) 3 7 11 15
(9) 3 8 9 14　(10) 13 14 15 16　(11) 4 8 12 16　(12) 4 7 10 13
(13) 1 7 12 14　(14) 1 8 10 15　(15) 2 8 11 13　(16) 2 7 9 16
(17) 3 5 10 16　(18) 3 6 12 13　(19) 4 6 9 15　(20) 4 5 11 14

50. $t=16$, $k=5$, $b=48$, $r=15$, $\lambda=4$

(1) 1 4 9 11 16　(2) 1 6 8 10 16　(3) 1 2 9 10 13
(4) 2 3 8 10 14　(5) 2 4 7 14 15　(6) 2 4 5 14 16
(7) 1 5 6 7 10　(8) 2 5 12 13 14　(9) 2 4 6 8 9
(10) 1 2 6 11 14　(11) 3 6 9 10 11　(12) 4 9 10 12 14
(13) 2 5 7 9 11　(14) 3 7 11 12 14　(15) 4 6 11 12 15
(16) 1 3 4 10 15　(17) 1 5 10 11 12　(18) 8 9 11 14 15
(19) 1 4 8 13 14　(20) 3 6 7 8 15　(21) 1 3 5 9 14
(22) 7 9 10 15 16　(23) 1 2 5 8 15　(24) 5 6 10 14 15
(25) 3 4 6 14 16　(26) 4 5 9 13 15　(27) 5 6 9 12 16
(28) 6 7 9 13 14　(29) 3 8 9 13 16　(30) 2 3 9 12 15
(31) 3 5 11 15 16　(32) 3 5 7 10 13　(33) 4 7 8 10 11
(34) 3 4 5 8 12　(35) 1 2 3 7 16　(36) 2 3 4 11 13
(37) 8 10 12 13 15　(38) 5 7 8 14 16　(39) 1 7 11 13 15

(40) 2 8 11 12 16　(41) 1 3 6 12 13　(42)10 11 13 14 16
(43) 2 6 7 10 12　(44)1 12 14 15 16　(45) 2 6 13 15 16
(46) 4 7 12 13 16　(47) 5 6 8 11 13　(48) 1 7 8 9 12

51. $t=16$，$k=6$，$b=16$，$r=6$，$\lambda=2$

(1) 1 2 3 8 12 16　(2) 1 5 9 14 15 16　(3) 2 3 4 5 9 13
(4) 2 6 10 13 15 16　(5) 2 6 9 11 12 14　(6) 3 7 9 10 12 15
(7) 4 8 9 10 11 16　(8) 1 2 4 7 11 15　(9) 1 5 10 11 12 13
(10) 2 5 7 8 10 14　(11) 3 5 6 8 11 15　(12) 4 5 6 7 12 16
(13) 3 7 11 13 14 16　(14) 4 8 12 13 14 15　(15) 1 3 4 6 1014
(16) 1 6 7 8 9 13

52. $t=16$，$k=6$，$b=24$，$r=9$，$\lambda=3$

(1) 1 2 5 6 11 12　(2) 1 3 5 7 11 12　(3) 1 4 5 8 10 11
(4) 1 2 7 8 13 14　(5) 1 3 6 8 11 15　(6) 1 4 6 7 13 16
(7) 1 2 9 10 15 16　(8) 1 3 9 11 14 16　(9) 1 4 9 12 14 15
(10) 3 4 5 6 15 16　(11) 2 4 5 7 14 16　(12) 2 3 5 8 14 15
(13) 3 4 7 8 9 10　(14) 2 4 6 8 9 11　(15) 2 3 6 7 9 12
(16) 3 4 11 12 13 14　(17) 2 4 10 12 13 15　(18) 2 3 10 11 13 16
(19) 5 6 9 10 13 14　(20) 5 7 9 11 13 15　(21) 5 8 9 12 13 16
(22) 7 8 11 12 15 16　(23) 6 8 10 12 14 16　(24) 6 7 10 11 14 15

53. $t=16$，$k=8$，$b=30$，$r=15$，$\lambda=7$

(1) 1 6 7 8 9 14 15 16　(2) 2 3 6 7 10 11 14 15
(3) 1 3 5 7 9 11 13 15　(4) 3 5 6 8 11 13 14 16
(5) 1 3 4 6 9 11 12 14　(6) 2 3 4 5 6 7 8 9
(7) 1 2 3 6 7 12 13 16　(8) 2 3 4 5 10 11 12 13
(9) 1 2 3 8 9 10 11 16　(10) 2 4 6 8 10 12 14 16
(11) 1 2 5 6 9 10 13 14　(12) 2 5 7 8 10 13 15 16
(13) 1 2 3 4 5 14 15 16　(14) 4 5 8 9 10 11 14
(15) 1 4 5 8 9 12 13 16　(16) 4 5 6 7 12 13 14 15
(17) 1 2 4 7 9 10 12 15　(18) 3 4 7 8 11 12 15 16
(19)1 10 11 12 13 14 15 16　(20) 6 7 8 9 10 11 12 13
(21) 1 4 5 6 7 10 11 16　(22) 2 3 8 9 12 13 14 15
(23) 1 3 5 6 8 10 12 15　(24) 2 5 6 9 11 12 15 16
(25) 1 2 4 6 8 11 13 15　(26) 2 4 7 8 11 13 14 16
(27) 1 2 5 7 8 11 12 14　(28) 3 5 7 9 10 12 14 16
(29) 1 3 4 7 8 10 13 14　(30) 3 4 6 9 10 13 15 16

54. $t=16$，$k=10$，$b=16$，$r=10$，$\lambda=6$

(1)1 4 5 6 8 9 10 11 12 13　(2) 2 7 10 9 12 13 6 3 16 5
(3) 3 13 11 12 14 15 4 5 6 16　(4) 4 8 9 7 11 12 5 14 2 3
(5) 5 6 3 11 7 10 1 15 9 14　(6) 6 3 7 15 13 11 8 2 10 4

(7) 7 1 4 3 9 8 13 16 5 15　(8) 8 10 12 13 15 16 7 9 14 11

(9) 9 5 8 10 16 14 2 4 15 6　(10) 10 2 16 1 5 4 15 12 11 7

(11) 11 9 15 16 2 3 12 6 1 8　(12) 12 15 2 8 6 5 14 7 13 1

(13) 13 11 14 5 1 2 16 8 3 10　(14) 14 16 1 2 4 6 11 13 7 9

(15) 15 12 13 14 3 1 9 10 4 2　(16) 16 14 6 4 10 7 3 1 8 12

55. $t=21$, $k=5$, $b=21$, $r=5$, $\lambda=1$

(1) 1 2 5 15 17　(2) 2 3 6 16 18　(3) 3 4 7 17 19

(4) 4 5 8 18 20　(5) 5 6 9 19 21　(6) 6 7 10 20 1

(7) 7 8 11 21 2　(8) 8 9 12 1 3　(9) 9 10 13 2 4

(10) 10 11 14 3 5　(11) 11 12 15 4 6　(12) 12 13 16 5 7

(13) 13 14 17 6 8　(14) 14 15 18 7 9　(15) 15 16 19 8 10

(16) 16 17 20 9 11　(17) 17 18 21 10 12　(18) 18 19 1 11 13

(19) 19 20 2 12 14　(20) 20 21 3 13 15　(21) 21 1 4 14 16

56. $t=21$, $k=7$, $b=30$, $r=10$, $\lambda=3$

(1)1 2 3 4 5 6 7　(2) 1 2 4 8 9 11 21

(3) 1 2 11 13 15 17 18　(4) 1 3 7 8 10 14 20

(5) 1 3 11 14 15 19 21　(6) 1 4 9 10 16 18 19

(7) 1 5 6 8 12 13 18　(8) 1 5 13 14 15 16 20

(9) 1 6 9 12 17 19 20　(10) 1 7 10 12 16 17 21

(11) 2 3 5 9 10 12 15　(12) 2 3 12 14 16 18 19

(13) 2 4 8 12 15 16 20　(14) 2 5 10 11 17 19 20

(15) 2 6 7 9 13 14 19　(16) 2 6 8 14 16 17 21

(17) 2 7 10 13 18 20 21　(18) 3 4 6 10 11 13 16

(19) 3 4 8 13 17 19 20　(20) 3 5 9 13 16 17 21

(21) 3 6 11 12 18 20 21　(22) 3 7 8 9 15 17 18

(23) 4 5 7 11 12 14 17　(24) 4 5 9 14 18 20 21

(25) 4 6 10 14 15 17 18　(26) 4 7 12 13 15 19 21

(27) 5 6 8 10 15 19 21　(28) 5 7 8 11 16 18 19

(29) 6 7 9 11 15 16 20　(30) 8 9 10 11 12 13 14

57. $t=25$, $k=5$, $b=30$, $r=6$, $\lambda=1$

(1) 1 2 3 4 5　(2) 6 7 8 9 10　(3) 11 12 13 14 15

(4) 16 17 18 19 20　(5) 21 22 23 24 25　(6) 1 6 11 16 21

(7) 2 7 12 17 22　(8) 3 9 14 19 24　(9) 4 9 14 19 24

(10) 5 10 15 20 25　(11) 1 7 13 20 24　(12) 2 8 14 16 25

(13) 4 10 11 18 22　(14) 3 9 15 17 21　(15) 5 6 1219 23

(16) 1 8 15 19 22　(17) 2 9 11 20 23　(18) 3 10 12 16 24

(19) 4 6 1317 25　(20) 5 7 14 18 21　(21) 1 9 12 18 25

(22) 2 10 13 19 21　(23) 3 6 14 20 22　(24) 4 7 15 16 23

(25) 5 8 11 17 24　(26) 1 10 14 17 23　(27) 2 6 15 18 24

(28) 3 7 11 19 25　(29) 4 8 12 20 21　(30) 5 9 13 16 22

58. $t=25$，$k=9$，$b=25$，$r=9$，$\lambda=3$

(1)1 2 3 4 5 6 7 8 9　(2) 2 4 9 10 24 17 15 22 12

(3) 3 24 8 23 18 21 13 4 10　(4) 4 22 25 3 20 12 11 3 19

(5) 5 15 17 18 8 11 2 13 20　(6) 6 8 12 13 1 14 24 25 15

(7) 7 16 5 22 3 10 25 15 13　(8) 8 10 11 16 6 22 23 1 17

(9) 9 13 20 5 12 23 1 21 22　(10) 10 19 14 12 16 2 8 5 21

(11) 11 18 19 24 10 1 5 9 25　(12) 12 6 10 25 7 18 20 2 23

(13) 13 11 4 9 23 25 14 16 2　(14) 14 3 7 17 11 5 12 23 24

(15) 15 20 21 1 14 7 10 11 4　(16) 16 17 18 7 13 19 4 12 1

(17) 17 14 13 20 19 3 9 10 6　(18) 18 9 22 14 25 8 21 17 7

(19) 19 7 23 15 9 20 16 24 8　(20) 20 5 16 6 4 24 22 14 13

(21) 21 12 6 11 15 9 3 18 16　(22) 22 21 24 19 2 13 6 7 11

(23) 23 1 2 3 22 15 18 19 14　(24) 24 25 1 2 21 16 17 20 3

(25) 25 23 15 21 17 4 19 6 5

附表 4　平方格子设计表

说明：t 为试验中的处理数；k 为区组容量，即不完全区组中的试验单元数；b 为试验中的不完全区组数；r 为每个处理的重复数；(1)(2)(3)等带括号的编号为不完全区组编号；1、2、3等编号为处理编号。

附表 4.1　3×3 平衡平方格子设计（$t=9$，$k=3$，$b=12$，$r=4$）

区组	重复 1		
(1)	1	2	3
(2)	4	5	6
(3)	7	8	9

区组	重复 2		
(4)	1	4	7
(5)	2	5	8
(6)	3	6	9

区组	重复 3		
(7)	1	5	9
(8)	2	6	7
(9)	3	4	8

区组	重复 4		
(10)	1	6	8
(11)	2	4	9
(12)	3	5	7

附表 4.2　4×4 平衡平方格子设计（$t=16$，$k=4$，$b=20$，$r=5$）

区组	重复 1			
(1)	1	2	3	4
(2)	5	6	7	8
(3)	9	10	11	12
(4)	13	14	15	16

区组	重复 2			
(5)	1	5	9	13
(6)	2	6	10	14
(7)	3	7	11	15
(8)	4	8	12	16

区组	重复 3			
(9)	1	6	11	16
(10)	5	2	15	12
(11)	9	14	3	8
(12)	13	10	7	4

区组	重复 4			
(13)	1	14	7	12
(14)	13	2	11	8
(15)	5	10	3	16
(13)	9	6	15	4

区组	重复 5			
(17)	1	10	15	8
(18)	9	2	7	16
(19)	13	6	3	12
(20)	5	14	11	4

附表 4.3　5×5 平衡平方格子设计（$t=25$，$k=5$，$b=30$，$r=6$）

区组	重复 1				
(1)	1	2	3	4	5
(2)	6	7	8	9	10
(3)	11	12	12	14	15
(4)	16	17	18	19	20
(5)	21	22	23	24	25

区组	重复 2				
(6)	1	6	11	16	21
(7)	2	7	12	17	22
(8)	3	8	13	18	23
(9)	4	9	14	19	24
(10)	5	10	15	20	25

区组	重复 3				
(11)	1	7	13	19	25
(12)	21	2	8	14	20
(13)	16	22	3	9	15
(14)	11	17	23	4	10
(15)	6	12	18	24	5

区组	重复 4				
(16)	1	12	23	9	20
(17)	16	2	13	24	10
(18)	6	17	3	14	25
(19)	21	7	18	4	15
(20)	11	22	8	19	5

区组	重复 5				
(21)	1	17	8	24	15
(22)	11	2	18	9	25
(23)	21	12	3	19	10
(24)	6	22	13	4	20
(25)	16	7	23	14	5

区组	重复 6				
(26)	1	22	18	14	10
(27)	6	2	23	19	15
(28)	11	7	3	24	20
(29)	16	12	8	4	25
(30)	21	17	13	9	5

附表 4.4　6×6 三重平方格子设计($t=36$, $k=6$, $b=18$, $r=3$)

区组	重复 1					
(1)	1	2	3	4	5	6
(2)	7	8	9	10	11	12
(3)	13	14	15	16	17	18
(4)	19	20	21	22	23	24
(5)	25	26	27	28	29	30
(6)	31	32	33	34	35	36

区组	重复 2					
(7)	1	7	13	19	25	31
(8)	2	8	14	20	26	32
(9)	3	9	15	21	27	33
(10)	4	10	16	22	28	34
(11)	5	11	17	23	29	35
(12)	6	12	18	24	30	36

区组	重复 3					
(13)	1	8	15	22	29	36
(14)	31	2	9	16	23	30
(15)	25	32	3	10	17	24
(16)	19	26	33	4	11	18
(17)	13	20	27	34	5	12
(18)	7	14	21	28	35	6

附表 4.5　7×7 平衡平方格子设计($t=49$, $k=7$, $b=56$, $r=8$)

区组	重复 1						
(1)	1	2	3	4	5	6	7
(2)	8	9	10	11	12	13	14
(3)	15	16	17	18	19	20	21
(4)	22	23	24	25	26	27	28
(5)	29	30	31	32	33	34	35
(6)	36	37	38	39	40	41	42
(7)	43	44	45	46	47	48	49

区组	重复 2						
(8)	1	8	15	22	29	36	43
(9)	2	9	16	23	30	37	44
(10)	3	10	17	24	31	38	45
(11)	4	11	18	25	32	39	46
(12)	5	12	19	26	33	40	47
(13)	6	13	20	27	34	41	48
(14)	7	14	21	28	35	42	49

区组	重复 3						
(15)	1	9	17	25	33	41	49
(16)	43	2	10	18	26	34	42
(17)	36	44	3	11	19	27	35
(18)	29	37	45	4	12	20	28
(19)	20	30	38	46	5	13	21
(20)	15	23	31	39	47	6	14
(21)	8	16	24	32	40	48	7

区组	重复 4						
(22)	1	37	24	11	47	34	21
(23)	15	2	38	25	12	48	35
(24)	29	16	3	39	26	13	49
(25)	43	30	17	4	40	27	14
(26)	8	44	31	18	5	41	28
(27)	22	9	45	32	19	6	42
(28)	36	23	10	46	33	20	7

区组	重复 5						
(29)	1	30	10	39	19	48	28
(30)	22	2	31	11	40	20	49
(31)	43	23	3	32	12	41	21
(32)	15	44	24	4	33	13	42
(33)	36	16	45	25	5	34	14
(34)	8	37	17	46	26	6	35
(35)	29	9	38	18	47	27	7

区组	重复 6						
(36)	1	23	45	18	40	13	35
(37)	29	2	24	46	19	41	14
(38)	8	30	3	25	47	20	42
(39)	36	9	31	4	26	48	21
(40)	15	37	10	32	5	27	49
(41)	43	16	38	11	33	6	28
(42)	22	44	17	39	12	34	7

区组	重复 7						
(43)	1	16	31	46	12	27	42
(44)	36	2	17	32	47	13	28
(45)	22	37	3	18	33	48	14
(46)	8	23	38	4	19	34	49
(47)	43	9	24	39	5	20	35
(48)	29	44	10	25	40	6	21
(49)	15	30	45	11	26	41	7

区组	重复 8						
(50)	1	44	38	32	26	20	14
(51)	8	2	45	39	33	27	21
(52)	15	9	3	46	40	43	28
(53)	22	16	10	4	47	41	35
(54)	29	23	17	11	5	48	42
(55)	36	30	24	18	12	6	49
(56)	43	37	31	25	19	13	7

附表 4.6　8×8 平衡平方格子设计（$t=64$，$k=8$，$b=72$，$r=9$）

区组	重复 1							
(1)	1	2	3	4	5	6	7	8
(2)	9	10	11	12	13	14	15	16
(3)	17	18	19	20	21	22	23	24
(4)	25	26	27	28	29	30	31	32
(5)	33	34	35	36	37	38	39	40
(6)	41	42	43	44	45	46	47	48
(7)	49	50	51	52	53	54	55	56
(8)	57	58	59	60	61	62	63	64

区组	重复 2							
(9)	1	9	17	25	33	41	49	57
(10)	2	10	18	26	34	42	50	58
(11)	3	11	19	27	35	43	51	59
(12)	4	12	20	28	36	44	52	60
(13)	5	13	21	29	37	45	53	61
(14)	6	14	22	30	38	46	54	62
(15)	7	15	23	31	39	47	55	63
(16)	8	16	24	32	40	48	56	64

区组	重复 3							
(17)	1	10	19	28	37	46	55	64
(18)	9	2	51	44	61	30	23	40
(19)	17	50	3	36	29	62	15	48
(20)	25	42	35	4	21	14	63	56
(21)	33	58	27	20	5	54	47	16
(22)	41	26	59	12	53	6	39	24
(23)	49	18	11	60	45	38	7	32
(24)	57	34	43	52	13	22	31	8

区组	重复 4							
(25)	1	18	27	44	13	62	39	56
(26)	17	2	35	60	53	46	31	16
(27)	25	34	3	12	45	54	23	64
(28)	41	58	11	4	29	22	55	40
(29)	9	50	43	28	5	38	63	24
(30)	57	42	51	20	37	6	15	32
(31)	33	26	19	52	61	14	7	48
(32)	49	10	59	36	21	30	47	8

区组	重复 5							
(33)	1	26	43	60	21	54	15	40
(34)	25	2	11	52	37	62	47	24
(35)	41	10	3	20	61	38	31	56
(36)	57	50	19	4	45	30	39	16
(37)	17	34	59	44	5	14	55	32
(38)	49	58	35	28	13	6	23	38
(39)	9	42	27	36	53	22	7	64
(40)	33	18	51	12	29	46	63	8

区组	重复 6							
(41)	1	34	11	20	53	30	63	48
(42)	33	2	59	28	45	22	15	56
(43)	9	58	3	52	21	46	39	32
(44)	17	26	51	4	13	38	47	64
(45)	49	42	19	12	5	62	31	40
(46)	25	18	43	36	61	6	55	16
(47)	57	10	35	44	29	54	7	24
(48)	41	50	27	60	37	14	23	8

区组	重复 7							
(49)	1	42	59	52	29	38	23	16
(50)	41	2	19	36	13	54	63	32
(51)	57	18	3	28	53	14	47	40
(52)	49	34	27	4	61	46	15	24
(53)	25	10	51	60	5	22	39	48
(54)	33	50	11	44	21	6	31	64
(55)	17	58	43	12	37	30	7	56
(56)	9	26	35	20	45	62	55	8

区组	重复 8							
(57)	1	50	35	12	16	22	47	32
(58)	49	2	43	20	29	14	39	64
(59)	33	42	3	60	13	30	55	24
(60)	9	18	59	4	37	54	31	48
(61)	57	26	11	36	5	46	23	56
(62)	17	10	27	52	45	6	63	40
(63)	41	34	51	28	21	62	7	16
(64)	25	58	19	44	53	38	15	8

区组	重复 9							
(65)	1	58	51	36	45	14	31	24
(66)	57	2	27	12	21	38	55	48
(67)	49	26	3	44	37	22	63	16
(68)	33	10	43	4	53	62	23	32
(69)	41	18	35	52	5	30	15	64
(70)	9	34	19	60	29	6	47	56
(71)	25	50	59	20	13	46	7	40
(72)	17	42	11	28	61	54	39	8

附表 4.7　9×9 平衡平方格子设计($t=81$，$k=9$，$b=90$，$r=10$)

区组	重复 1								
(1)	1	2	3	4	5	6	7	8	9
(2)	10	11	12	13	14	15	16	17	18
(3)	19	20	21	22	23	24	25	26	27
(4)	28	29	30	31	32	33	34	35	36
(5)	37	38	39	40	41	42	43	44	45
(6)	46	47	48	49	50	51	52	53	54
(7)	55	56	57	58	59	60	61	62	63
(8)	64	65	66	67	68	69	70	71	72
(9)	73	74	75	76	77	78	79	80	81

区组	重复 2								
(10)	1	10	19	28	37	46	55	64	73
(11)	2	11	20	29	38	47	56	65	74
(12)	3	12	21	30	39	48	57	66	75
(13)	4	13	22	31	40	49	58	67	76
(14)	5	14	23	32	41	50	59	68	77
(15)	6	15	24	33	42	51	60	69	78
(16)	7	16	25	34	43	52	61	70	79
(17)	8	17	26	35	44	53	62	71	80
(18)	9	18	27	36	45	54	63	72	81

区组	重复 3								
(19)	1	20	12	58	77	69	34	53	45
(20)	10	2	21	67	59	78	43	35	54
(21)	19	11	3	76	68	60	52	44	36
(22)	28	47	39	4	23	15	61	80	72
(23)	37	29	48	13	5	24	70	62	81
(24)	46	38	30	22	14	6	79	71	63
(25)	55	74	66	31	50	42	7	26	18
(26)	64	56	75	40	32	51	16	8	27
(27)	73	65	57	49	41	33	25	17	9

区组	重复 4								
(28)	1	11	21	31	41	51	61	71	81
(29)	19	2	12	49	32	42	79	62	72
(30)	10	20	3	40	50	33	70	80	63
(31)	55	65	75	4	14	24	34	44	54
(32)	73	56	66	22	5	15	52	35	45
(33)	64	74	57	13	23	6	43	53	36
(34)	28	38	48	58	68	78	7	17	27
(35)	46	29	39	76	59	69	25	8	18
(36)	37	47	30	67	77	60	16	26	9

区组	重复 5								
(37)	1	29	57	22	50	78	16	44	72
(38)	55	2	30	76	23	51	70	17	45
(39)	28	56	3	49	77	24	43	71	18
(40)	10	38	66	4	32	60	25	53	81
(41)	64	11	39	58	5	33	79	26	54

续附表 4.7

区组				重复 5				
(42)	37	65	12	31	59	6	52	80	27
(43)	19	47	75	13	41	69	7	35	63
(44)	73	20	48	67	14	42	61	8	36
(45)	46	74	21	40	68	15	34	62	9

区组					重复 6				
(46)	1	56	30	13	68	42	25	80	54
(47)	28	2	57	40	14	69	52	26	81
(48)	55	29	3	67	41	15	79	53	27
(49)	19	74	48	4	59	33	16	71	45
(50)	46	20	75	31	5	60	43	17	72
(51)	73	47	21	58	32	6	70	44	18
(52)	10	65	39	22	77	51	7	62	36
(53)	37	11	66	49	23	78	34	8	63
(54)	64	38	12	76	50	24	61	35	9

区组					重复 7				
(55)	1	47	66	76	14	33	43	62	27
(56)	64	2	48	31	77	15	25	44	63
(57)	46	65	3	13	32	78	61	26	45
(58)	37	56	21	4	50	69	79	17	36
(59)	19	38	57	67	5	51	34	80	18
(60)	55	20	39	49	68	6	16	35	81
(61)	73	11	30	40	59	24	7	53	72
(62)	28	74	12	22	41	60	70	8	54
(63)	10	29	75	58	23	42	52	71	9
(64)	1	74	39	67	32	24	52	17	63
(65)	37	2	75	22	68	33	61	53	18
(66)	73	38	3	31	23	69	16	62	54
(67)	46	11	57	4	77	42	70	35	27
(68)	55	47	12	40	5	78	25	71	36
(69)	10	56	48	76	41	6	34	26	72
(70)	64	29	21	49	14	60	7	80	45
(71)	19	65	30	58	50	15	43	8	81
(72)	28	20	66	13	59	51	79	44	9

区组	重复 9								
(73)	1	65	48	40	23	60	79	35	18
(74)	46	2	66	58	41	24	16	80	36
(75)	64	47	3	22	59	42	34	17	81
(76)	73	29	12	4	68	51	43	26	63
(77)	10	74	30	49	5	69	61	44	27
(78)	28	11	75	67	50	6	25	62	45
(79)	37	20	57	76	32	15	7	71	54
(80)	55	38	21	13	77	33	52	8	72
(81)	19	56	39	31	14	78	70	53	9

区组	重复 10								
(82)	1	38	75	49	59	15	70	26	36
(83)	73	2	39	13	50	60	34	71	27
(84)	37	74	3	58	14	51	25	35	72
(85)	64	20	30	4	41	78	52	62	18
(86)	28	65	21	76	5	42	16	53	63
(87)	19	29	66	40	77	6	61	17	54
(88)	46	56	12	67	23	33	7	44	81
(89)	10	47	57	31	68	24	79	8	45
(90)	55	11	48	22	32	69	43	80	9

附表 4.8　10×10 三重平方格子设计($t=100$，$k=10$，$b=30$，$r=3$)

区组	重复 1									
(1)	1	2	3	4	5	6	7	8	9	10
(2)	11	12	13	14	15	16	17	18	19	20
(3)	21	22	23	24	25	26	27	28	29	30
(4)	31	32	33	34	35	36	37	38	39	40
(5)	41	42	43	44	45	46	47	48	49	50
(6)	51	52	53	54	55	56	57	58	59	60
(7)	61	62	63	64	65	66	67	68	69	70
(8)	71	72	73	74	75	76	77	78	79	80
(9)	81	82	83	84	85	86	87	88	89	90
(10)	91	92	93	94	95	96	97	98	99	100

区组	重复 2									
(11)	1	11	21	31	41	51	61	71	81	91
(12)	2	12	22	32	42	52	62	72	82	92
(13)	3	13	23	33	43	53	63	73	83	93
(14)	4	14	24	34	44	54	64	74	84	94
(15)	5	15	25	35	45	55	65	76	85	95

续附表 4.8

区组	重复 2									
(16)	6	16	26	36	46	56	66	76	86	96
(17)	7	17	27	37	47	57	57	77	87	97
(18)	8	18	28	38	48	58	68	78	88	98
(19)	9	19	29	39	49	59	69	79	89	99
(20)	10	20	30	40	50	60	70	80	90	100

区组	重复 3									
(21)	1	12	23	34	45	56	67	78	89	100
(22)	91	2	13	24	35	46	57	68	79	90
(23)	81	92	3	14	25	36	47	58	69	80
(24)	71	82	93	4	15	26	37	48	59	70
(25)	61	72	83	94	5	16	27	38	49	60
(26)	51	62	73	84	95	6	17	28	39	50
(27)	41	52	63	74	85	96	7	18	29	40
(28)	31	42	53	64	75	86	97	8	19	30
(29)	21	32	43	54	65	76	87	98	9	20
(30)	11	22	33	44	55	66	77	88	99	10

附表 4.9　12×12 四重平方格子设计(t=144，k=12，b=48，r=4)

区组	重复 1											
(1)	1	2	3	4	5	6	7	8	9	10	11	12
(2)	13	14	15	16	17	18	19	20	21	22	23	24
(3)	25	26	27	28	29	30	31	32	33	34	35	36
(4)	37	38	39	40	41	42	43	44	45	46	47	48
(5)	49	50	51	52	53	54	55	56	57	58	59	60
(6)	61	62	63	64	65	66	67	68	69	70	71	72
(7)	73	74	75	76	77	78	79	80	81	82	83	84
(8)	85	86	87	88	89	90	91	92	93	94	95	96
(9)	97	98	99	100	101	102	103	104	105	106	107	108
(10)	109	110	111	112	113	114	115	116	117	118	119	120
(11)	121	122	123	124	125	126	127	128	129	130	131	132
(12)	133	134	135	136	137	138	139	140	141	142	143	144

区组	重复 2											
(13)	1	13	25	37	49	61	73	85	97	109	121	133
(14)	2	14	26	38	50	62	74	86	98	110	122	134
(15)	3	15	27	39	51	63	75	87	99	111	123	135

续附表 4.9

区组						重复 2						
(16)	4	16	28	40	52	64	76	88	100	112	124	136
(17)	5	17	29	41	53	65	77	89	101	113	125	137
(18)	6	18	30	42	54	66	78	90	102	114	126	138
(19)	7	19	31	43	55	67	79	91	103	115	127	139
(20)	8	20	32	44	56	68	80	92	104	116	128	140
(21)	9	21	33	45	57	69	81	93	105	117	129	141
(22)	10	22	34	46	58	70	82	94	106	118	130	142
(23)	11	23	35	47	59	71	83	95	107	119	131	143
(24)	12	24	36	48	60	72	84	96	108	120	132	144

区组						重复 3						
(25)	1	14	27	40	57	70	83	96	101	114	127	140
(26)	2	13	28	39	58	69	84	95	102	113	128	139
(27)	3	16	25	38	59	72	81	94	103	116	125	138
(28)	4	15	26	37	60	71	82	93	104	115	126	137
(29)	5	18	31	44	49	62	75	88	105	118	131	144
(30)	6	17	32	43	50	61	76	87	106	117	132	143
(31)	7	20	29	42	51	64	73	86	107	120	129	142
(32)	8	19	30	41	52	63	74	85	108	119	130	141
(33)	9	22	35	48	53	66	79	92	97	110	123	136
(34)	10	21	36	47	54	65	80	91	98	109	124	135
(35)	11	24	33	46	55	68	77	90	99	112	121	134
(36)	12	23	34	45	56	67	78	89	100	111	122	133

区组						重复 4						
(37)	1	24	30	43	53	64	82	95	105	116	122	135
(38)	2	23	29	44	54	63	81	96	106	115	121	136
(39)	3	22	32	41	55	62	84	93	107	114	124	133
(40)	4	21	31	42	56	61	83	94	108	113	123	134
(41)	5	16	34	47	57	68	74	87	97	120	126	139
(42)	6	15	33	48	58	67	73	88	98	119	125	140
(43)	7	14	36	45	59	66	76	85	99	118	128	137
(44)	8	13	35	46	60	65	75	86	100	117	127	138
(45)	9	20	26	39	49	72	78	91	101	112	130	143
(46)	10	19	25	40	50	71	77	92	102	111	129	144
(47)	11	18	28	37	51	70	80	89	103	110	132	141
(48)	12	17	27	38	52	69	79	90	104	109	131	142

附表 5　矩形格子设计表

说明：t 为试验中的处理数；k 为区组容量，即不完全区组中的试验单元数；b 为试验中的不完全区组数；r 为每个处理的重复数；1、2、3 等编号为处理编号。

附表 5.1　3×4 矩形格子设计（$t=12$，$k=3$，$b=12$，$r=3$）

区组	重复 X		
X1	1	2	3
X2	4	5	6
X3	7	8	9
X4	10	11	12

区组	重复 Y		
Y1	1	8	11
Y2	2	5	12
Y3	3	6	9
Y4	4	7	10

区组	重复 Z		
Z1	1	5	7
Z2	2	9	10
Z3	3	4	11
Z4	6	8	12

附表 5.2　4×5 矩形格子设计（$t=20$，$k=4$，$b=15$，$r=3$）

区组	重复 X			
X1	1	2	3	4
X2	5	6	7	8
X3	9	10	11	12
X4	13	14	15	16
X5	17	18	19	20

区组	重复 Y			
Y1	1	10	14	18
Y2	2	6	15	19
Y3	3	7	11	20
Y4	4	8	12	16
Y5	5	9	13	17

区组	重复 Z			
Z1	1	5	12	19
Z2	2	9	16	20
Z3	3	6	10	13
Z4	4	7	14	17
Z5	8	11	15	18

附表 5.3　5×6 矩形格子设计（$t=30$，$k=5$，$b=18$，$r=3$）

区组	重复 X				
X1	1	2	3	4	5
X2	6	7	8	9	10
X3	11	12	13	14	15
X4	16	17	18	19	20
X5	21	22	23	24	25
X6	26	27	28	29	30

区组	重复 Y				
Y1	1	12	17	22	27
Y2	2	7	18	23	28
Y3	3	8	13	24	29
Y4	4	9	14	19	30
Y5	5	10	15	20	24
Y6	6	11	16	21	26

区组	重复 Z				
Z1	1	8	20	21	30
Z2	2	9	15	22	26
Z3	3	10	11	17	28
Z4	4	6	12	18	22
Z5	5	14	16	23	29
Z6	7	13	19	25	27

附表 5.4　6×7 矩形格子设计（$t=42$，$k=6$，$b=21$，$r=3$）

区组	重复 X					
X1	1	2	3	4	5	6
X2	7	8	9	10	11	12
X3	13	14	15	16	17	18
X4	19	20	21	22	23	24
X5	25	26	27	28	29	30
X6	31	32	33	34	35	36
X7	37	38	39	40	41	42

区组	重复 Y					
Y1	1	14	20	26	32	38
Y2	2	8	21	27	33	39
Y3	3	9	15	28	34	40
Y4	4	10	16	22	35	41
Y5	5	11	17	23	29	42
Y6	6	12	18	24	30	36
Y7	7	13	19	25	31	37

区组	重复 Z					
Z1	1	7	18	23	34	39
Z2	2	13	24	29	35	40
Z3	3	8	14	19	30	41
Z4	4	9	20	25	36	42
Z5	5	10	15	21	26	31
Z6	6	11	16	27	32	37
Z7	12	17	22	28	33	38

附表 5.5　7×8 矩形格子设计($t=56$，$k=7$，$b=24$，$r=3$)

区组	重复 X						
X1	1	2	3	4	5	6	7
X2	8	9	10	11	12	13	14
X3	15	16	17	18	19	20	21
X4	22	23	24	25	26	27	28
X5	29	30	31	32	33	34	35
X6	36	37	38	39	40	41	42
X7	43	44	45	46	47	48	49
X8	50	51	52	53	54	55	56

区组	重复 Y						
Y1	1	16	23	30	37	44	51
Y2	2	9	24	31	38	45	52
Y3	3	10	17	32	39	46	53
Y4	4	11	18	25	40	47	54
Y5	5	12	19	26	33	48	55
Y6	6	13	20	27	34	41	56
Y7	7	14	21	28	35	42	49
Y8	8	15	22	29	36	43	50

区组	重复 Z						
Z1	1	10	27	35	36	47	55
Z2	2	11	19	29	42	44	56
Z3	3	12	20	28	37	45	50
Z4	4	13	21	22	30	46	52
Z5	5	14	15	23	31	39	54
Z6	6	8	16	24	32	40	48
Z7	7	18	26	34	38	43	53
Z8	9	17	25	33	41	49	51

附表 5.6　8×9 矩形格子设计($t=72$，$k=8$，$b=27$，$r=3$)

区组	重复 X							
X1	1	2	3	4	5	6	7	8
X2	9	10	11	12	13	14	15	16
X3	17	18	19	20	21	22	23	24
X4	25	26	27	28	29	30	31	32
X5	33	34	35	36	37	38	39	40
X6	41	42	43	44	45	46	47	48
X7	49	50	51	52	53	54	55	56
X8	57	58	59	60	61	62	63	64
X9	65	66	67	68	69	70	71	72

区组	重复 Y							
Y1	1	18	26	34	42	50	58	66
Y2	2	10	27	35	43	51	59	67
Y3	3	11	19	36	44	52	60	68
Y4	4	12	20	28	45	53	61	69
Y5	5	13	21	29	37	54	62	17
Y6	6	14	22	30	38	46	63	71
Y7	7	15	23	31	39	47	55	72
Y8	8	16	24	32	40	48	56	64
Y9	9	17	25	33	41	49	57	65

区组	重复 Z							
Z1	1	9	24	31	38	53	60	67
Z2	2	17	32	39	46	54	61	68
Z3	3	10	18	25	40	47	62	69
Z4	4	11	26	33	48	55	63	70
Z5	5	12	19	27	34	41	56	71
Z6	6	13	20	35	42	49	64	72
Z7	7	14	21	28	36	43	50	57
Z8	8	15	22	29	44	51	58	65
Z9	16	23	30	37	45	52	59	66

附表 5.7　9×10 矩形格子设计($t=90$，$k=9$，$b=30$，$r=3$)

区组	重复 X								
X1	1	2	3	4	5	6	7	8	9
X2	10	11	12	13	14	15	16	17	18
X3	19	20	21	22	23	24	25	26	27
X4	28	29	30	31	32	33	34	35	36
X5	37	38	39	40	41	42	43	44	45
X6	46	47	48	49	50	51	52	53	54
X7	55	56	57	58	59	60	61	62	63
X8	64	65	66	67	68	69	70	71	72
X9	73	74	75	76	77	78	79	80	81
X10	82	83	84	85	86	87	88	89	90

区组	重复 Y								
Y1	1	20	29	38	47	56	65	74	83
Y2	2	11	30	39	48	57	66	75	84
Y3	3	12	21	40	49	58	67	76	85

续附表 5.7

区组	重复 Y							
Y4	4	13	22	31	50	59	68	77	86
Y5	5	14	23	32	41	60	69	78	87
Y6	6	15	24	33	42	51	70	79	88
Y7	7	16	25	34	43	52	61	80	89
Y8	8	17	26	35	34	53	62	71	90
Y9	9	18	27	36	45	54	63	72	81
Y10	10	19	28	37	46	55	64	73	82

区组	重复 Z								
Z1	1	12	33	43	53	63	68	73	87
Z2	2	13	23	44	54	55	65	79	89
Z3	3	14	24	34	46	56	72	75	90
Z4	4	15	25	35	45	57	67	74	82
Z5	5	16	26	36	37	47	66	77	85
Z6	6	17	27	28	38	48	58	78	86
Z7	7	18	19	29	39	49	59	69	88
Z8	8	10	20	30	40	50	60	70	80
Z9	9	22	32	42	52	62	64	76	84
Z10	11	21	31	41	51	61	71	81	83

附表 5.8　10×11 矩形格子设计($t=110$，$k=10$，$b=33$，$r=3$)

区组	重复 X									
X1	1	2	3	4	5	6	7	8	9	10
X2	11	12	13	14	15	16	17	18	19	20
X3	21	22	23	24	25	26	27	28	29	30
X4	31	32	33	34	35	36	37	38	39	40
X5	41	42	43	44	45	46	47	48	49	50
X6	51	52	53	54	55	56	57	58	59	60
X7	61	62	63	64	65	66	67	68	69	70
X8	71	72	73	74	75	76	77	78	79	80
X9	81	82	83	84	85	86	87	88	89	90
X10	91	92	93	94	95	96	97	98	99	100
X11	101	102	103	104	105	106	107	108	109	110
Y1	1	22	32	42	52	62	72	82	92	102
Y2	2	12	33	43	53	63	73	83	93	103
Y3	3	13	23	44	54	64	74	84	94	104
Y4	4	14	24	34	55	65	75	85	95	105

续附表 5.8

区组	重复 X									
Y5	5	15	25	35	45	66	76	86	96	106
Y6	6	16	26	36	46	56	77	87	97	107
Y7	7	17	27	37	47	57	67	88	98	108
Y8	8	18	28	38	48	58	68	78	99	109
Y9	9	19	29	39	49	59	69	79	89	110
Y10	10	20	30	40	50	60	70	80	90	100
Y11	11	21	31	41	51	61	71	81	91	101

区组	重复 Z									
Z1	1	15	26	48	59	67	73	90	95	101
Z2	2	17	29	38	60	62	76	81	97	104
Z3	3	19	24	32	50	57	51	77	93	106
Z4	4	20	27	35	44	52	71	83	99	110
Z5	5	14	21	39	42	54	63	87	100	109
Z6	6	12	30	37	45	51	68	72	84	105
Z7	7	25	31	43	55	70	78	89	94	107
Z8	8	11	22	34	6	53	64	79	86	98
Z9	9	16	28	40	47	65	74	82	91	103
Z10	10	13	36	41	58	69	75	88	96	102
Z11	18	23	33	49	56	66	80	85	92	108

附表 5.9　11×12 矩形格子设计(t=132，k=11，b=36，r=3)

区组	重复 X										
X1	1	2	3	4	5	6	7	8	9	10	11
X2	12	13	14	15	16	17	18	19	20	21	22
X3	23	24	25	26	27	28	29	30	31	32	33
X4	34	35	36	37	38	39	40	41	42	43	44
X5	45	46	47	48	49	50	51	52	53	54	55
X6	56	57	58	59	60	61	62	63	64	65	66
X7	67	68	69	70	71	72	73	74	75	76	77
X8	78	79	80	81	82	83	84	85	86	87	88
X9	89	90	91	92	93	94	95	96	97	98	99
X10	100	101	102	103	104	105	106	107	108	109	110
X11	111	112	113	114	115	116	117	118	119	120	121
X12	122	123	124	125	126	127	128	129	130	131	132

续附表 5.9

区组					重复 Y						
Y1	24	35	46	57	68	79	90	101	112	123	24
Y2	13	36	47	58	69	80	91	102	113	124	13
Y3	14	25	48	59	70	81	92	103	114	125	14
Y4	15	26	37	60	71	82	93	104	115	126	15
Y5	16	27	38	49	72	83	94	105	116	127	16
Y6	17	28	39	50	61	84	95	106	117	128	17
Y7	18	29	40	51	62	73	96	107	118	129	18
Y8	19	30	41	52	63	74	85	108	119	130	19
Y9	20	31	42	53	64	75	86	97	120	131	20
Y10	21	32	43	54	65	76	87	98	109	132	21
Y11	22	33	44	55	66	77	88	99	110	121	22
Y12	23	34	45	56	67	78	89	100	111	122	23

区组					重复 Z						
Z1	1	21	28	40	64	74	81	89	102	121	127
Z2	2	12	25	39	51	66	68	83	93	119	132
Z3	3	15	44	45	63	76	84	96	105	112	131
Z4	4	22	29	43	53	59	79	94	18	111	124
Z5	5	14	30	36	55	56	75	98	101	117	126
Z6	6	20	24	38	52	60	67	80	92	109	118
Z7	7	23	41	47	65	72	86	95	110	115	125
Z8	8	13	33	42	49	62	70	82	90	106	122
Z9	9	16	32	34	50	58	73	88	104	114	123
Z10	10	17	26	35	48	77	78	91	107	120	130
Z11	11	18	27	54	57	71	85	97	100	113	128
Z12	19	31	37	46	61	69	87	99	103	116	129

附表 6　正交表

正交表 $L_n(q^p)$说明：n 为正交表的试验方案数；q 为列的水平数；p 为正交表的列数。

1. 等水平正交表

附表 6.1　正交表 $L_4(2^3)$

No.	1	2	3
1	1	1	1
2	1	2	2
3	2	1	2
4	2	2	1
列分组	1	2	

注：任意两列间的交互作用出现在其余一列。

附表 6.2　正交表 $L_8(2^7)$

No.	1	2	3	4	5	6	7
1	1	1	1	1	1	1	1
2	1	1	1	2	2	2	2
3	1	2	2	1	1	2	2
4	1	2	2	2	2	1	1
5	2	1	2	1	2	1	2
6	2	1	2	2	1	2	1
7	2	2	1	1	2	2	1
8	2	2	1	2	1	1	2
列分组	1	2		3			

附表 6.2a　正交表 $L_8(2^7)$二列间的交互作用表

1	2	3	4	5	6	7
(1)	3	2	5	4	7	6
	(2)	1	6	7	4	5
		(3)	7	6	5	4
			(4)	1	2	3
				(5)	3	2
					(6)	1
						(7)

附表 6.2b 正交表 $L_8(2^7)$的表头设计

因子数	1	2	3	4	5	6	7
3	A	B	$A\times B$	C	$A\times C$	$B\times C$	
4	A	B	$A\times B$	C	$A\times C$	$B\times C$	D
5	A	B	$A\times B$	C	$A\times C$	D	E

附表 6.3 正交表 $L_{12}(2^{11})$

No.	1	2	3	4	5	6	7	8	9	10	11
1	1	1	1	1	1	1	1	1	1	1	1
2	1	1	1	1	1	2	2	2	2	2	2
3	1	1	2	2	2	1	1	1	2	2	2
4	1	2	1	2	2	1	2	2	1	1	2
5	1	2	2	1	2	2	1	2	1	2	1
6	1	2	2	2	1	2	2	1	2	1	1
7	2	1	2	2	1	1	2	2	1	2	1
8	2	1	2	1	2	2	2	1	1	1	2
9	2	1	1	2	2	2	1	2	2	1	1
10	2	2	2	1	1	1	1	2	2	1	2
11	2	2	1	2	1	2	1	1	1	2	2
12	2	2	1	1	2	1	2	1	2	2	1

附表 6.4 正交表 $L_{16}(2^{15})$

No.	1	2	3	4	5	6	7	8	9	10	11	12	13	14	15
1	1	1	1	1	1	1	1	1	1	1	1	1	1	1	1
2	1	1	1	1	1	1	1	2	2	2	2	2	2	2	2
3	1	1	1	2	2	2	2	1	1	1	1	2	2	2	2
4	1	1	1	2	2	2	2	2	2	2	2	1	1	1	1
5	1	2	2	1	1	2	2	1	1	2	2	1	1	2	2
6	1	2	2	1	1	2	2	2	2	1	1	2	2	1	1
7	1	2	2	2	2	1	1	1	1	2	2	2	2	1	1
8	1	2	2	2	2	1	1	2	2	1	1	1	1	2	2
9	2	1	2	1	2	1	2	1	2	1	2	1	2	1	2
10	2	1	2	1	2	1	2	2	1	2	1	2	1	2	1
11	2	1	2	2	1	2	1	1	2	1	2	2	1	2	1
12	2	1	2	2	1	2	1	2	1	2	1	1	2	1	2
13	2	2	1	1	2	2	1	1	2	2	1	1	2	2	1
14	2	2	1	1	2	2	1	2	1	1	2	2	1	1	2
15	2	2	1	2	1	1	2	1	2	2	1	2	1	1	2
16	2	2	1	2	1	1	2	2	1	1	2	1	2	2	1
列分组	1	2		3				4							

附表 6.4a 正交表 $L_{16}(2^{15})$ 的二列间的交互作用表

1	2	3	4	5	6	7	8	9	10	11	12	13	14	15
(1)	3	2	5	4	7	6	9	8	11	10	13	12	15	14
	(2)	1	6	7	4	5	10	11	8	9	14	15	12	13
		(3)	7	6	5	4	11	10	9	8	15	14	13	12
			(4)	1	2	3	12	13	14	15	8	9	10	11
				(5)	3	2	13	12	15	14	9	8	11	10
					(6)	1	14	15	12	13	10	11	8	9
						(7)	15	14	13	12	11	10	9	8
							(8)	1	2	3	4	5	6	7
								(9)	3	2	5	4	7	6
									(10)	1	6	7	4	5
										(11)	7	6	5	4
											(12)	1	2	3
												(13)	3	2
													(14)	1

附表 6.4b 正交表 $L_{16}(2^{15})$ 的表头设计

No.	1	2	3	4	5	6	7	8	9	10	11	12	13	14	15
4	A	B	$A\times B$	C	$A\times C$	$B\times C$		D	$A\times D$	$B\times D$		$C\times D$			
5	A	B	$A\times B$	C	$A\times C$	$B\times C$	$D\times E$	D	$A\times D$	$B\times D$	$C\times E$	$C\times D$	$B\times E$	$A\times E$	E
6	A	B	$A\times B$	C	$A\times C$	$B\times C$	F	D	$A\times D$	$B\times D$	$C\times E$	$C\times D$	$B\times E$	$A\times E$	E
7	A	B	$A\times B$	C	$A\times C$	$B\times C$	F	D	$A\times D$	$B\times D$	G	$C\times D$	$B\times E$	$A\times E$	E
8	A	B	$A\times B$	C	$A\times C$	$B\times C$	F	D	$A\times D$	$B\times D$	G	$C\times D$	H	$A\times E$	E
9	A	B	$A\times B$	C	$A\times C$	$B\times C$	F	D	$A\times D$	$B\times D$	G	$C\times D$	H	I	E

附表 6.5 正交表 $L_{20}(2^{19})$

No.	1	2	3	4	5	6	7	8	9	10	11	12	13	14	15	16	17	18	19
1	1	1	1	1	1	1	1	1	1	1	1	1	1	1	1	1	1	1	1
2	2	2	1	1	2	2	2	2	1	2	1	2	1	1	1	1	2	2	1
3	2	1	1	2	2	2	2	1	2	1	2	1	1	1	1	2	2	1	2
4	1	1	2	2	2	2	1	2	1	2	1	1	1	1	2	2	1	2	2
5	1	2	2	2	2	1	2	1	2	1	1	1	1	2	2	1	2	2	1
6	2	2	2	2	1	2	1	2	1	1	1	1	2	2	1	2	2	1	1
7	2	2	2	1	2	1	2	1	1	1	1	2	2	1	2	2	1	1	2
8	2	2	1	2	1	2	1	1	1	1	2	2	1	2	2	1	1	2	2
9	2	1	2	1	2	1	1	1	1	2	2	1	2	2	1	1	2	2	2
10	1	2	1	2	1	1	1	1	2	2	1	2	2	1	1	2	2	2	2
11	2	1	2	1	1	1	1	2	2	1	2	2	1	1	2	2	2	2	1
12	1	2	1	1	1	1	2	2	1	2	2	1	1	2	2	2	2	1	2
13	2	1	1	1	1	2	2	1	2	2	1	1	1	2	2	2	1	2	1

续附表 6.5

No.	1	2	3	4	5	6	7	8	9	10	11	12	13	14	15	16	17	18	19
14	1	1	1	1	2	2	1	2	2	1	1	2	2	2	2	1	2	1	2
15	1	1	1	2	2	1	2	2	1	1	2	2	2	2	1	2	1	2	1
16	1	1	2	2	1	2	2	1	1	2	2	2	2	1	2	1	2	1	
17	1	2	2	1	2	2	1	1	2	2	2	2	1	2	1	2	1	1	1
18	2	2	1	2	2	1	1	2	2	2	2	1	2	1	2	1	1	1	1
19	2	1	2	2	1	1	2	2	2	2	1	2	1	2	1	1	1	1	2
20	1	2	2	1	1	2	2	2	2	1	2	1	2	1	1	1	1	2	2

附表 6.6　正交表 $L_{32}(2^{31})$

No.	1	2	3	4	5	6	7	8	9	10	11	12	13	14	15	16	17	18	19	20	21	22	23	24	25	26	27	28	29	30	31
1	1	1	1	1	1	1	1	1	1	1	1	1	1	1	1	1	1	1	1	1	1	1	1	1	1	1	1	1	1	1	1
2	1	1	1	1	1	1	1	1	1	1	1	1	1	1	1	2	2	2	2	2	2	2	2	2	2	2	2	2	2	2	2
3	1	1	1	1	1	1	1	2	2	2	2	2	2	2	2	1	1	1	1	1	1	1	1	2	2	2	2	2	2	2	2
4	1	1	1	1	1	1	1	2	2	2	2	2	2	2	2	2	2	2	2	2	2	2	2	1	1	1	1	1	1	1	1
5	1	1	1	2	2	2	2	1	1	1	1	2	2	2	2	1	1	1	1	2	2	2	2	1	1	1	1	2	2	2	2
6	1	1	1	2	2	2	2	1	1	1	1	2	2	2	2	2	2	2	2	1	1	1	1	2	2	2	2	1	1	1	1
7	1	1	1	2	2	2	2	2	2	2	2	1	1	1	1	1	1	1	1	2	2	2	2	1	1	1	1	2	2	2	1
8	1	1	1	2	2	2	2	2	2	2	2	1	1	1	1	2	2	2	2	1	1	1	1	2	2	2	2	1	1	1	2
9	1	2	2	1	1	2	2	1	1	2	2	1	1	2	2	1	1	2	2	1	1	2	2	1	1	2	2	1	1	2	2
10	1	2	2	1	1	2	2	1	1	2	2	1	1	2	2	2	2	1	1	2	2	1	1	2	2	1	1	2	2	1	1
11	1	2	2	1	1	2	2	2	2	1	1	2	2	1	1	1	1	2	2	1	1	2	2	2	2	1	1	2	2	1	1
12	1	2	2	1	1	2	2	2	2	1	1	2	2	1	1	2	2	1	1	2	2	1	1	1	1	2	2	1	1	2	2
13	1	2	2	2	2	1	1	1	1	2	2	2	2	1	1	1	1	2	2	2	2	1	1	1	1	2	2	2	2	1	1
14	1	2	2	2	2	1	1	1	1	2	2	2	2	1	1	2	2	1	1	1	1	2	2	2	2	1	1	1	1	2	2
15	1	2	2	2	2	1	1	2	2	1	1	1	1	2	2	1	1	2	2	2	2	1	1	2	2	1	1	1	1	2	2
16	1	2	2	2	2	1	1	2	2	1	1	1	1	2	2	2	2	1	1	1	1	2	2	1	1	2	2	2	2	1	1
17	2	1	2	1	2	1	2	1	2	1	2	1	2	1	2	1	2	1	2	1	2	1	2	1	2	1	2	1	2	1	2
18	2	1	2	1	2	1	2	1	2	1	2	1	2	1	2	2	1	2	1	2	1	2	1	2	1	2	1	2	1	2	1
19	2	1	2	1	2	1	2	2	1	2	1	2	1	2	1	1	2	1	2	1	2	1	2	2	1	2	1	2	1	2	1
20	2	1	2	1	2	1	2	2	1	2	1	2	1	2	1	2	1	2	1	2	1	2	1	1	2	1	2	1	2	1	2
21	2	1	2	2	1	2	1	1	2	1	2	2	1	2	1	1	2	1	2	2	1	2	1	1	2	1	2	2	1	2	1
22	2	1	2	2	1	2	1	1	2	1	2	2	1	2	1	2	1	2	1	1	2	1	2	2	1	2	1	1	2	1	2
23	2	1	2	2	1	2	1	2	1	2	1	1	2	1	2	1	2	1	2	2	1	2	1	2	1	2	1	1	2	1	2
24	2	1	2	2	1	2	1	2	1	2	1	1	2	1	2	2	1	2	1	1	2	1	2	1	2	1	2	2	1	2	1
25	2	2	1	1	2	2	1	1	2	2	1	1	2	2	1	1	2	2	1	1	2	2	1	1	2	2	1	1	2	2	1
26	2	2	1	1	2	2	1	1	2	2	1	1	2	2	1	2	1	1	2	2	1	1	2	2	1	1	2	2	1	1	2
27	2	2	1	1	2	2	1	2	1	1	2	2	1	1	2	1	2	2	1	1	2	2	1	1	1	1	2	2	1	1	2
28	2	2	1	1	2	2	1	2	1	1	2	2	1	1	2	2	1	1	2	2	1	1	2	2	2	2	1	1	2	2	1
29	2	2	1	2	1	1	2	1	2	2	1	2	1	1	2	1	2	2	1	2	1	1	2	1	2	2	1	2	1	1	2

续附表 6.6

No.	1	2	3	4	5	6	7	8	9	10	11	12	13	14	15	16	17	18	19	20	21	22	23	24	25	26	27	28	29	30	31
30	2	2	1	2	1	1	2	1	2	2	1	2	1	1	2	2	1	1	2	1	2	2	1	2	1	1	2	1	2	2	1
31	2	2	1	2	1	1	2	2	1	1	2	1	2	2	1	1	2	2	1	2	1	1	2	2	1	1	2	1	2	2	1
32	2	2	1	2	1	1	2	2	1	1	2	1	2	2	1	2	1	1	2	1	2	2	1	1	2	2	1	2	1	1	2
分组	1	2		3				4								5															

附表 6.6a　正交表 $L_{32}(2^{31})$的两列间交互作用列表

1	2	3	4	5	6	7	8	9	10	11	12	13	14	15	16	17	18	19	20	21	22	23	24	25	26	27	28	29	30	31
(1)	3	2	5	4	7	6	9	8	11	10	13	12	15	14	17	16	19	18	21	20	23	22	25	24	27	26	29	28	31	30
	(2)	1	6	7	4	5	10	11	8	9	14	15	12	13	18	19	16	17	22	23	20	21	26	27	24	25	30	31	28	29
		(3)	7	6	5	4	11	10	9	8	15	14	13	12	19	18	17	16	23	22	21	20	27	26	25	24	31	30	29	28
			(4)	1	2	3	12	13	14	15	8	9	19	11	20	21	22	23	16	17	18	19	28	29	30	31	24	25	26	27
				(5)	3	2	13	12	15	14	9	8	11	10	21	20	23	22	17	16	19	18	29	28	31	30	25	24	27	26
					(6)	1	14	15	12	13	10	11	8	9	22	23	20	21	18	19	16	17	30	31	28	29	26	27	24	25
						(7)	15	14	13	12	11	10	9	8	23	22	21	20	19	18	17	16	31	30	29	28	27	26	25	24
							(8)	1	2	3	4	5	6	7	24	25	26	27	28	29	30	31	16	17	18	19	20	21	22	23
								(9)	3	2	5	4	7	6	25	24	27	26	29	28	31	30	17	16	19	18	21	20	23	22
									(10)	1	6	7	4	5	26	27	24	25	30	31	28	29	18	19	16	17	22	23	20	21
										(11)	7	6	5	4	27	26	25	24	31	30	29	28	19	18	17	16	23	22	21	20
											(12)	1	2	3	28	29	30	31	24	25	26	27	20	21	22	23	16	17	18	19
												(13)	3	2	29	28	31	30	25	24	27	26	21	20	23	22	17	16	19	18
													(14)	1	30	31	28	29	26	27	24	25	22	23	20	21	18	19	16	17
														(15)	31	30	29	28	27	26	25	24	23	22	21	20	19	18	17	16
															(16)	1	2	3	4	5	6	7	8	9	10	11	12	13	14	15
																(17)	3	2	5	4	7	6	9	8	11	10	13	12	15	14
																	(18)	1	6	7	4	5	10	11	8	9	14	15	12	13
																		(19)	7	6	5	4	11	10	9	8	15	14	13	12
																			(20)	1	2	3	12	13	14	15	8	9	10	11
																				(21)	3	2	13	12	15	14	9	8	11	10
																					(22)	1	14	15	12	13	10	11	8	9
																						(23)	15	14	13	12	11	10	9	8
																							(24)	1	2	3	4	5	6	7
																								(25)	3	2	5	4	7	6
																									(26)	1	6	7	4	5
																										(27)	7	6	5	4
																											(28)	1	2	3
																												(29)	3	2
																													(30)	1

附表 6.7　正交表 $L_9(3^4)$

No.	1	2	3	4
1	1	1	1	1
2	1	2	2	2
3	1	3	3	3
4	2	1	2	3
5	2	2	3	1
6	2	3	1	2
7	3	1	3	2
8	3	2	1	3
9	3	3	2	1
列分组	1		2	

注:任意列的交互作用出现在其余两列。

附表 6.8　正交表 $L_{18}(3^7)$

No.	1	2	3	4	5	6	7
1	1	1	1	1	1	1	1
2	1	2	2	2	2	2	2
3	1	3	3	3	3	3	3
4	2	1	1	2	2	3	3
6	2	3	3	1	1	2	2
7	3	1	2	1	3	2	3
8	3	2	3	2	1	3	1
9	3	3	1	3	2	1	2
10	1	1	3	3	2	2	1
11	1	2	1	1	3	3	2
12	1	3	2	2	1	1	3
5	2	2	2	3	3	1	1
13	2	1	2	3	1	3	2
14	2	2	3	1	2	1	3
15	2	3	1	2	3	2	1
16	3	1	3	2	3	1	2
17	3	2	1	3	1	2	3
18	3	3	2	1	2	3	1

附表 6.9　正交表 $L_{27}(3^{13})$

No.	1	2	3	4	5	6	7	8	9	10	11	12	13
1	1	1	1	1	1	1	1	1	1	1	1	1	1
2	1	1	1	1	2	2	2	2	2	2	2	2	2
3	1	1	1	1	3	3	3	3	3	3	3	3	3
4	1	2	2	2	1	1	1	2	2	2	3	3	3
5	1	2	2	2	2	2	2	3	3	3	1	1	1

续附表 6.9

No.	1	2	3	4	5	6	7	8	9	10	11	12	13
6	1	2	2	2	3	3	3	1	1	1	2	2	2
7	1	3	3	3	1	1	1	3	3	3	2	2	2
8	1	3	3	3	2	2	2	1	1	1	3	3	3
9	1	3	3	3	3	3	3	2	2	2	1	1	1
10	2	1	1	3	1	2	3	1	2	3	1	2	3
11	2	1	2	3	2	3	1	2	3	1	2	3	1
12	2	1	3	3	3	1	2	3	1	2	3	1	2
13	2	2	1	1	1	2	3	2	3	1	3	1	2
14	2	2	2	1	2	3	1	3	1	2	1	2	3
15	2	2	3	1	3	1	2	1	2	3	2	3	1
16	2	3	1	2	1	2	3	3	1	2	2	3	1
17	2	3	2	2	2	3	1	1	2	3	3	1	2
18	2	3	3	2	3	1	2	2	3	1	1	2	3
19	3	1	3	2	1	3	2	1	3	2	1	3	2
20	3	1	3	2	2	1	3	2	1	3	2	1	3
21	3	1	3	2	3	2	1	3	2	1	3	2	1
22	3	2	1	3	1	3	2	2	1	3	3	2	1
23	3	2	1	3	2	1	3	3	2	1	1	3	2
24	3	2	1	3	3	2	1	1	3	2	2	1	3
25	3	3	2	1	1	3	2	3	2	1	2	1	3
26	3	3	2	1	2	1	3	1	3	2	3	2	1
27	3	3	2	1	3	2	1	2	1	3	1	3	2
列分组	1	2			3								

附表 6.9a 正交表 $L_{27}(3^{13})$ 的两列间交互作用列表

1	2	3	4	5	6	7	8	9	10	11	12	13
(1)	3,4	2,4	2,3	6,7	5,7	5,6	9,10	8,10	8,9	12,13	11,13	11,12
	(2)	1,4	1,3	8,11	9,12	10,13	5,11	6,12	7,13	5,8	6,9	7,10
		(3)	1,2	9,13	10,11	8,12	7,12	5,13	6,11	6. 10	7,8	5,9
			(4)	10,12	8,13	9,11	6,13	7,11	5,12	7,9	5,10	6,8
				(5)	1,7	1,6	2,11	3,13	4,12	2,8	4,10	3,9
					(6)	1,5	4,13	2,12	3,11	3,10	2,9	4,8
						(7)	3,12	4,11	2,13	4,9	3,8	2,10
							(8)	1,10	1,9	2,5	3,7	4,6
								(9)	1,8	4,7	2,6	3,5
									(10)	3,6	4,5	2,7
										(11)	1,13	1,12
											(12)	1,11

附表 6.9b　正交表 $L_{27}(3^{13})$ 的表头设计

因子数	1	2	3	4	5	6	7	8	9	10	11	12	13
3	A	B	$A\times B_1$	$A\times B_2$	C	$A\times C_1$	$A\times C_2$	$B\times C_1$			$B\times C_2$		
4	A	B	$A\times B_1$	$A\times B_2$	C	$A\times C_1$ $B\times D_1$	$A\times C_2$	$B\times C_1$ $A\times D_1$	D	$A\times D_2$	$B\times C_2$	$B\times D_2$	

附表 6.10　正交表 $L_{36}(3^{13})$

No.	1	2	3	4	5	6	7	8	9	10	11	12	13
1	1	1	1	1	1	1	1	1	1	1	1	1	1
2	1	2	2	2	2	2	2	2	2	2	2	2	2
3	1	3	3	3	3	3	3	3	3	3	3	3	3
4	1	1	1	1	1	2	2	2	2	3	3	3	3
5	1	2	2	2	2	3	3	3	3	1	1	1	1
6	1	3	3	3	3	1	1	1	1	2	2	2	2
7	1	1	1	2	3	1	2	3	3	1	2	2	3
8	1	2	2	3	1	2	3	1	1	2	3	3	1
9	1	3	3	1	2	3	1	2	2	3	1	1	2
10	1	1	1	3	2	1	3	2	3	2	1	3	2
11	1	2	2	1	3	2	1	3	1	3	2	1	3
12	1	3	3	2	1	3	2	1	2	1	3	2	1
13	2	1	2	3	1	3	2	1	3	3	2	1	2
14	2	2	3	1	2	1	3	2	1	1	3	2	3
15	2	3	1	2	3	2	1	3	2	2	1	3	1
16	2	1	2	3	2	1	1	3	2	3	3	2	1
17	2	2	3	1	3	2	2	1	3	1	1	3	2
18	2	3	1	2	1	3	3	2	1	2	2	1	3
19	2	1	2	1	3	3	3	1	2	2	1	2	3
20	2	2	3	2	1	1	1	2	3	3	2	3	1
21	2	3	1	3	2	2	2	3	1	1	3	1	2
22	2	1	2	2	3	3	1	2	1	1	3	3	2
23	2	2	3	3	1	1	2	3	2	2	1	1	3
24	2	3	1	1	2	2	3	1	3	3	2	2	1
25	3	1	3	2	1	2	3	3	1	3	1	2	2
26	3	2	1	3	2	3	1	1	2	1	2	3	3
27	3	3	2	1	3	1	2	2	3	2	3	1	1
28	3	1	3	2	2	2	1	1	3	2	3	1	3
29	3	2	1	3	3	3	2	2	1	3	1	2	1
30	3	3	2	1	1	1	3	3	2	1	2	3	2
31	3	1	3	3	3	2	3	2	2	1	2	1	1

续附表 6.10

No.	1	2	3	4	5	6	7	8	9	10	11	12	13
32	3	2	1	1	1	3	1	3	3	2	3	2	2
33	3	3	2	2	2	1	2	1	1	3	1	3	3
34	3	1	3	1	2	3	2	3	1	2	2	3	1
35	3	2	1	2	3	1	3	1	2	3	3	1	2
36	3	3	2	3	1	2	1	2	3	1	1	2	3

附表 6.11　正交表 $L_{16}(4^5)$

No.	1	2	3	4	5
1	1	1	1	1	1
2	1	2	2	2	2
3	1	3	3	3	3
4	1	4	4	4	4
5	2	1	2	3	4
6	2	2	1	4	3
7	2	3	4	1	2
8	2	4	3	2	1
9	3	1	3	4	2
10	3	2	4	3	1
11	3	3	1	2	4
12	3	4	2	1	3
13	4	1	4	2	3
14	4	2	3	1	4
15	4	3	2	4	1
16	4	4	1	3	2
列分组	1	2			

注:任意两列的交互作用出现在其余三列。

附表 6.12　正交表 $L_{32}(4^9)$

No.	1	2	3	4	5	6	7	8	9
1	1	1	1	1	1	1	1	1	1
2	1	2	2	2	2	2	2	2	2
3	1	3	3	3	3	3	3	3	3
4	1	4	4	4	4	4	4	4	4
5	2	1	1	2	2	3	3	4	4
6	2	2	2	1	1	4	4	3	3
7	2	3	3	4	4	1	1	2	2
8	2	4	4	3	3	2	2	1	1
9	3	1	2	3	4	1	2	3	4
10	3	2	1	4	3	2	1	4	3

续附表 6.12

No.	1	2	3	4	5	6	7	8	9
11	3	3	4	1	2	3	4	1	2
12	3	4	3	2	1	4	3	2	1
13	4	1	2	4	3	3	4	2	1
14	4	2	1	3	4	4	3	1	2
15	4	3	4	2	1	1	2	4	3
16	4	4	3	1	2	2	1	3	4
17	1	1	4	1	4	2	3	2	3
18	1	2	3	2	3	1	4	1	4
19	1	3	2	3	2	4	1	4	1
20	1	4	1	4	1	3	2	3	2
21	2	1	4	2	3	4	1	3	2
22	2	2	3	1	4	3	2	4	1
23	2	3	2	4	1	2	3	1	4
24	2	4	1	3	2	1	4	2	3
25	3	1	3	3	1	2	4	4	2
26	3	2	4	4	2	1	3	3	1
27	3	3	1	1	3	4	2	2	4
28	3	4	2	2	4	3	1	1	3
29	4	1	3	4	2	4	2	1	3
30	4	2	4	3	1	3	1	2	4
31	4	3	1	2	4	2	4	3	1
32	4	4	2	1	3	1	3	4	2

附表 6.13　正交表 $L_{64}(4^{21})$

No.	1	2	3	4	5	6	7	8	9	10	11	12	13	14	15	16	17	18	19	20	21
1	1	1	1	1	1	1	1	1	1	1	1	1	1	1	1	1	1	1	1	1	1
2	1	1	1	1	1	2	3	4	2	3	4	2	2	2	2	3	3	4	4	2	2
3	1	1	1	1	1	3	4	2	3	4	2	3	3	3	3	4	4	2	2	3	3
4	1	1	1	1	1	4	2	3	4	2	3	4	4	4	4	2	2	3	3	4	4
5	1	2	3	4	2	1	1	1	1	4	3	2	3	2	4	2	3	2	4	3	4
6	1	2	3	4	2	2	3	4	2	2	2	1	4	1	3	4	1	3	1	4	3
7	1	2	3	4	2	3	4	2	3	1	4	4	1	4	2	3	2	1	3	1	2
8	1	2	3	4	2	4	2	3	4	3	1	3	2	3	1	1	4	4	2	2	1
9	1	3	4	2	3	1	1	1	1	2	4	3	4	3	2	3	4	3	2	4	2
10	1	3	4	2	3	2	3	4	2	4	1	4	3	4	1	1	2	2	3	3	1
11	1	3	4	2	3	3	4	2	3	3	3	1	2	1	4	2	1	4	1	2	4
12	1	3	4	2	3	4	2	3	4	1	2	2	1	2	3	4	3	1	4	1	3
13	1	4	2	3	4	1	1	1	1	3	2	4	2	4	3	4	2	4	3	2	3
14	1	4	2	3	4	2	3	4	2	1	3	3	1	3	4	2	4	1	2	1	4

续附表 6.13

No.	1	2	3	4	5	6	7	8	9	10	11	12	13	14	15	16	17	18	19	20	21
15	1	4	2	3	4	3	4	2	3	2	1	2	4	2	1	1	3	3	4	4	1
16	1	4	2	3	4	4	2	3	4	4	4	1	3	1	2	3	1	2	1	3	2
17	2	1	4	3	2	1	4	3	2	1	1	1	3	2	4	3	2	4	2	4	3
18	2	1	4	3	2	2	2	2	1	3	4	2	4	1	3	1	4	1	3	3	4
19	2	1	4	3	2	3	1	4	4	4	2	3	1	4	2	2	3	3	1	2	1
20	2	1	4	3	2	4	3	1	3	2	3	4	2	3	1	4	1	2	4	1	2
21	2	2	2	2	1	1	4	3	2	4	3	2	1	1	1	4	4	3	3	2	2
22	2	2	2	2	1	2	2	2	1	2	2	1	2	2	2	2	2	2	2	1	1
23	2	2	2	2	1	3	1	4	4	1	4	4	3	3	3	1	1	4	4	4	4
24	2	2	2	2	1	4	3	1	3	3	1	3	4	4	4	3	3	1	1	3	3
25	2	3	1	4	4	1	4	3	2	2	4	3	2	4	3	1	3	2	1	1	4
26	2	3	1	4	4	2	2	2	1	4	1	4	1	3	4	3	1	3	4	2	3
27	2	3	1	4	4	3	1	4	4	3	3	1	4	2	1	4	2	1	2	3	2
28	2	3	1	4	4	4	3	1	3	1	2	2	3	1	2	2	4	4	3	4	1
29	2	4	3	1	3	1	4	3	2	3	2	4	4	3	2	2	1	1	4	3	1
30	2	4	3	1	3	2	2	2	1	1	3	3	3	4	1	4	3	4	1	4	2
31	2	4	3	1	3	3	1	4	4	2	1	2	2	1	4	3	4	2	3	1	3
32	2	4	3	1	3	4	3	1	3	4	4	1	1	2	3	1	2	3	2	2	4
33	3	1	2	4	3	1	2	4	3	1	1	1	4	3	2	4	3	2	3	2	4
34	3	1	2	4	3	2	4	1	4	3	4	2	3	4	1	2	1	3	2	1	3
35	3	1	2	4	3	3	3	3	1	4	2	3	2	1	4	1	2	1	4	4	2
36	3	1	2	4	3	4	1	2	2	2	3	4	1	2	3	3	4	4	1	3	1
37	3	2	4	1	4	1	2	4	3	4	3	2	2	4	3	3	1	1	2	4	1
38	3	2	4	1	4	2	4	1	4	2	2	1	1	3	4	1	3	4	3	3	2
39	3	2	4	1	4	3	3	3	1	1	4	4	4	2	1	2	4	2	1	2	3
40	3	2	4	1	4	4	1	2	2	3	1	3	3	1	2	4	2	3	4	1	4
41	3	3	3	3	1	1	2	4	3	2	4	3	1	1	1	2	2	4	4	3	3
42	3	3	3	3	1	2	4	1	4	4	1	4	2	2	2	4	4	1	1	4	4
43	3	3	3	3	1	3	3	3	1	3	3	1	3	3	3	3	3	3	3	1	1
44	3	3	3	3	1	4	1	2	2	1	2	2	4	4	4	1	1	2	2	2	2
45	3	4	1	2	2	1	2	4	3	3	2	4	3	2	4	1	4	3	1	1	2
46	3	4	1	2	2	2	4	1	4	1	3	3	4	1	3	3	2	2	4	2	1
47	3	4	1	2	2	3	3	3	1	2	1	2	1	4	2	4	1	4	2	3	4
48	3	4	1	2	2	4	1	2	2	4	4	1	2	3	1	2	3	1	3	4	3
49	4	1	3	2	4	1	3	2	4	1	1	1	2	4	3	2	4	3	4	3	2
50	4	1	3	2	4	2	1	3	3	3	4	2	1	3	4	4	2	2	1	4	1
51	4	1	3	2	4	3	2	1	2	4	2	3	4	2	1	3	1	4	3	1	4
52	4	1	3	2	4	4	4	4	1	2	3	4	3	1	2	1	3	1	2	2	3
53	4	2	1	3	3	1	3	2	4	4	3	2	4	3	2	1	2	4	1	1	3

续附表 6.13

No.	1	2	3	4	5	6	7	8	9	10	11	12	13	14	15	16	17	18	19	20	21
54	4	2	1	3	3	2	1	3	3	2	2	1	3	4	1	3	4	1	4	2	4
55	4	2	1	3	3	3	2	1	2	1	4	4	2	1	4	4	3	3	2	3	1
56	4	2	1	3	3	4	4	4	1	3	1	3	1	2	3	2	1	2	3	4	2
57	4	3	2	1	2	1	3	2	4	2	4	3	3	2	4	4	1	1	3	2	1
58	4	3	2	1	2	2	1	3	3	4	1	4	4	1	3	2	3	4	2	1	2
59	4	3	2	1	2	3	2	1	2	3	3	1	1	4	2	1	4	2	4	4	3
60	4	3	2	1	2	4	4	4	1	1	2	2	2	3	1	3	2	3	1	3	4
61	4	4	4	4	1	1	3	2	4	3	2	4	1	1	1	3	3	2	2	4	4
62	4	4	4	4	1	2	1	3	3	1	3	3	2	2	2	1	1	3	3	3	3
63	4	4	4	4	1	3	2	1	2	2	1	2	3	3	3	2	2	1	1	2	2
64	4	4	4	4	1	4	4	4	1	4	4	1	4	4	4	4	4	4	4	1	1
列分组	1	2				3															

附表 6.13a　正交表 $L_{64}(4^{21})$ 的表头设计

因子数	1	2	3	4	5	6	7	8	9	10	11	12	13	14	15	16	17	18	19	20	21
3	A	B	AB_1	AB_2	AB_3	C	AC_1	AC_2	AC_3	BC_1	BC_2	BC_3									
4	A	B	AB_1	AB_2	AB_3	C	AC_1	AC_2	AC_3	BC_1	BC_2	BC_3					D				
5	A	B	AB_1	AB_2	AB_3	C	AC_1	AC_2	AC_3	BC_1	BC_2	BC_3			D			E			
6	A	B	AB_1	AB_2	AB_3	C	AC_1	AC_2	AC_3	BC_1	BC_2	BC_3			D			E		F	
7	A	B	AB_1	AB_2	AB_3	C	AC_1	AC_2	AC_3	BC_1	BC_2	BC_3		D		E		F		G	

附表 6.14　正交表 $L_{25}(5^6)$

No.	1	2	3	4	5	6
1	1	1	1	1	1	1
2	1	2	2	2	2	2
3	1	3	3	3	3	3
4	1	4	4	4	4	4
5	1	5	5	5	5	5
6	2	1	2	3	4	5
7	2	2	3	4	5	1
8	2	3	4	5	1	2
9	2	4	5	1	2	3
10	2	5	1	2	3	4
11	3	1	3	5	2	4
12	3	2	4	1	3	5
13	3	3	5	2	4	1
14	3	4	1	3	5	2
15	3	5	2	4	1	3
16	4	1	4	2	5	3
17	4	2	5	3	1	4

续附表 6.14

No.	1	2	3	4	5	6
18	4	3	1	4	2	5
19	4	4	2	5	3	1
20	4	5	3	1	4	2
21	5	1	5	4	3	2
22	5	2	1	5	4	3
23	5	3	2	1	5	4
24	5	4	3	2	1	5
25	5	5	4	3	2	1
列分组	1	2				

注:任意两列的交互作用在其余 11 列。

附表 6.15　正交表 $L_{50}(5^{11})$

No.	1	2	3	4	5	6	7	8	9	10	11
1	1	1	1	1	1	1	1	1	1	1	1
2	1	2	2	2	2	2	2	2	2	2	2
3	1	3	3	3	3	3	3	3	3	3	3
4	1	4	4	4	4	4	4	4	4	4	4
5	1	5	5	5	5	5	5	5	5	5	5
6	2	1	2	3	4	5	1	2	3	4	5
7	2	2	3	4	5	1	2	3	4	5	1
8	2	3	4	5	1	2	3	4	5	1	2
9	2	4	5	1	2	3	4	5	1	2	3
10	2	5	1	2	3	4	5	1	2	3	4
11	3	1	3	5	2	4	4	1	3	5	2
12	3	2	4	1	3	5	5	2	4	1	3
13	3	3	5	2	4	1	1	3	5	2	4
14	3	4	1	3	5	2	2	4	1	3	5
15	3	5	2	4	1	3	3	5	2	4	1
16	4	1	4	2	5	3	5	3	1	4	2
17	4	2	5	3	1	4	1	4	2	5	3
18	4	3	1	4	2	5	2	5	3	1	4
19	4	4	2	5	3	1	3	1	4	2	5
20	4	5	3	1	4	2	4	2	5	3	1
21	5	1	5	4	3	2	4	3	2	1	5
22	5	2	1	5	4	3	5	4	3	2	1
23	5	3	2	1	5	4	1	5	4	3	2
24	5	4	3	2	1	5	2	1	5	4	3
25	5	5	4	3	2	1	3	2	1	5	4
26	1	1	1	4	5	4	3	2	5	2	3
27	1	2	2	5	1	5	4	3	1	3	4

续附表 6.15

No.	1	2	3	4	5	6	7	8	9	10	11
28	1	3	3	1	2	1	5	4	2	4	5
29	1	4	4	2	3	2	1	5	3	5	1
30	1	5	5	3	4	3	2	1	4	1	2
31	2	1	2	1	3	3	2	4	5	5	4
32	2	2	3	2	4	4	3	5	1	1	5
33	2	3	4	3	5	5	4	1	2	2	1
34	2	4	5	4	1	1	5	2	3	3	2
35	2	5	1	5	2	2	1	3	4	4	3
36	3	1	3	3	1	2	5	5	4	2	4
37	3	2	4	4	2	3	1	1	5	3	5
38	3	3	5	5	3	4	2	2	1	4	1
39	3	4	1	1	4	5	3	3	2	5	2
40	3	5	2	2	5	1	4	4	3	1	3
41	4	1	4	5	4	1	2	5	2	3	3
42	4	2	5	1	5	2	3	1	3	4	4
43	4	3	1	2	1	3	4	2	4	5	5
44	4	4	2	3	2	4	5	3	5	1	1
45	4	5	3	4	3	5	1	4	1	2	2
46	5	1	5	2	2	5	3	4	4	3	1
47	5	2	1	3	3	1	4	5	5	4	2
48	5	3	2	4	4	2	5	1	1	5	3
49	5	4	3	5	5	3	1	2	2	1	4
50	5	5	4	1	1	4	2	3	3	2	5

附表 6.16　正交表 $L_{49}(7^8)$

No.	1	2	3	4	5	6	7	8
1	1	1	1	1	1	1	1	1
2	1	2	2	3	4	5	6	7
3	1	3	3	5	7	2	4	6
4	1	4	4	7	3	6	2	5
5	1	5	5	2	6	3	7	4
6	1	6	6	4	2	7	5	3
7	1	7	7	6	5	4	3	2
8	2	1	2	2	2	2	2	2
9	2	2	3	4	5	6	7	1
10	2	3	4	6	1	3	5	7
11	2	4	5	1	4	7	3	6
12	2	5	6	3	7	4	1	5
13	2	6	7	5	3	1	6	4

续附表 6.16

No.	1	2	3	4	5	6	7	8
14	2	7	1	7	6	5	4	3
15	3	1	3	3	3	3	3	3
16	3	2	4	5	6	7	1	2
17	3	3	5	7	2	4	6	1
18	3	4	6	2	5	1	4	7
19	3	5	7	4	1	5	2	6
20	3	6	1	6	4	2	7	5
21	3	7	2	1	7	6	5	4
22	4	1	4	4	4	4	4	4
23	4	2	5	6	7	1	2	3
24	4	3	6	1	3	5	7	2
25	4	4	7	3	6	2	5	1
26	4	5	1	5	2	6	3	7
27	4	6	2	7	5	3	1	6
28	4	7	3	2	1	7	6	5
29	5	1	5	5	5	5	5	5
30	5	2	6	7	1	2	3	4
31	5	3	7	2	4	6	1	3
32	5	4	1	4	7	3	6	2
33	5	5	2	6	3	7	4	1
34	5	6	3	1	6	4	2	7
35	5	7	4	3	2	1	7	6
36	6	1	6	6	6	6	6	6
37	6	2	7	1	2	3	4	5
38	6	3	1	3	5	7	2	4
39	6	4	2	5	1	4	7	3
40	6	5	3	7	4	1	5	2
41	6	6	4	2	7	5	3	1
42	6	7	5	4	3	2	1	7
43	7	1	7	7	7	7	7	7
44	7	2	1	2	3	4	5	6
45	7	3	2	4	6	1	3	5
46	7	4	3	6	2	5	1	4
47	7	5	4	1	5	2	6	3
48	7	6	5	3	1	6	4	2
49	7	7	6	5	4	3	2	1
列分组	1				2			

2. 混合水平正交表

附表 6.17　正交表 $L_8(4\times 2^4)L_{50}(5^{11})$

No.	1	2	3	4	5
1	1	1	1	1	1
2	1	2	2	2	2
3	2	1	1	2	2
4	2	2	2	1	1
5	3	1	2	1	2
6	3	2	1	2	1
7	4	1	2	2	1
8	4	2	1	1	2

附表 6.17a　正交表 $L_8(4\times 2^4)$的表头设计

因子数	1	2	3	4	5
2	A	B	$A\times B_1$	$A\times B_2$	$A\times B_3$
3	A	B	C		
4	A	B	C	D	
5	A	B	C	D	E

附表 6.18　正交表 $L_{12}(3\times 2^4)$

No.	1	2	3	4	5
1	1	1	1	1	1
2	1	1	1	2	2
3	1	2	2	1	2
4	1	2	2	2	1
5	2	1	2	1	1
6	2	1	2	2	2
7	2	2	1	1	1
8	2	2	1	2	2
9	3	1	2	1	2
10	3	1	1	2	1
11	3	2	1	1	2
12	3	2	2	2	1

附表 6.19　正交表 $L_{12}(6\times 2^2)$

No.	1	2	3
1	2	1	1
2	5	1	2
3	5	2	2
4	2	2	1

续附表 6.19

No.	1	2	3
5	4	1	1
6	1	1	2
7	1	2	1
8	4	2	2
9	3	1	2
10	6	1	1
11	6	2	2
12	3	2	1

附表 6.20　正交表 $L_{16}(4\times 2^{12})$

No.	1	2	3	4	5	6	7	8	9	10	11	12	13
1	1	1	1	1	1	1	1	1	1	1	1	1	1
2	1	1	1	1	1	2	2	2	2	2	2	2	2
3	1	2	2	2	2	1	1	1	1	2	2	2	2
4	1	2	2	2	2	2	2	2	2	1	1	1	1
5	2	1	1	2	2	1	1	2	2	1	1	2	2
6	2	1	1	2	2	2	2	1	1	2	2	1	1
7	2	2	2	1	1	1	1	2	2	2	2	1	1
8	2	2	2	1	1	2	2	1	1	1	1	2	2
9	3	1	2	1	2	1	2	1	2	1	2	1	2
10	3	1	2	1	2	2	1	2	1	2	1	2	1
11	3	2	1	2	1	1	2	1	2	2	1	2	1
12	3	2	1	2	1	2	1	2	1	1	2	1	2
13	4	1	2	2	1	1	2	2	1	1	2	2	1
14	4	1	2	2	1	2	1	1	2	2	1	1	2
15	4	2	1	1	2	1	2	2	1	2	1	1	2
16	4	2	1	1	2	2	1	1	2	1	2	2	1

附表 6.20a　正交表 $L_{16}(4\times 2^{12})$的表头设计

No.	1	2	3	4	5	6	7	8	9	10	11	12	13
3	A	B	$A\times B_1$	$A\times B_2$	$A\times B_3$	C	$A\times C_1$	$A\times C_2$	$A\times C_3$	$B\times C$			
4	A	B	$A\times B_1$	$A\times B_2$	$A\times B_3$	C	$A\times C_1$	$A\times C_2$	$A\times C_3$	$B\times C$	D		
5	A	B	$A\times B_1$	$A\times B_2$	$A\times B_3$	C	$A\times C_1$	$A\times C_2$	$A\times C_3$	$B\times C$	D	E	

附表 6.21　正交表 $L_{16}(4\times 2^{12})$

No.	1	2	3	4	5	6	7	8	9	10	11
1	1	1	1	1	1	1	1	1	1	1	1
2	1	2	1	1	1	2	2	2	2	2	2
3	1	3	2	2	2	1	1	1	2	2	2

续附表 6.21

No.	1	2	3	4	5	6	7	8	9	10	11
4	1	4	2	2	2	2	2	2	1	1	1
5	2	1	1	2	2	1	2	2	1	2	2
6	2	2	1	2	2	2	1	1	2	1	1
7	2	3	2	1	1	1	2	2	2	1	1
8	2	4	2	1	1	2	1	1	1	2	2
9	3	1	2	1	2	2	1	2	2	1	2
10	3	2	2	1	2	1	2	1	1	2	1
11	3	3	1	2	1	2	1	2	1	2	1
12	3	4	1	2	1	1	2	1	2	1	2
13	4	1	2	2	1	2	2	1	2	2	1
14	4	2	2	2	1	1	1	2	1	1	2
15	4	3	1	1	2	2	2	1	1	1	2
16	4	4	1	1	2	1	1	2	2	2	1

附表 6.22 正交表 $L_{16}(4^3 \times 2^6)$

No.	1	2	3	4	5	6	7	8	9
1	1	1	1	1	1	1	1	1	1
2	1	2	2	1	1	2	2	2	2
3	1	3	3	2	2	1	1	2	2
4	1	4	4	2	2	2	2	1	1
5	2	1	2	2	2	1	2	1	2
6	2	2	1	2	2	2	1	2	1
7	2	3	4	1	1	1	2	2	1
8	2	4	3	1	1	2	1	1	2
9	3	1	3	1	2	2	2	2	1
10	3	2	4	1	2	1	1	1	2
11	3	3	1	2	1	2	2	1	2
12	3	4	2	2	1	1	1	2	1
13	4	1	4	2	1	2	1	2	2
14	4	2	3	2	1	1	2	1	1
15	4	3	2	1	2	2	1	1	1
16	4	4	1	1	2	1	2	2	2

附表 6.23 正交表 $L_{16}(4^4 \times 2^3)$

No.	1	2	3	4	5	6	7
1	1	1	1	1	1	1	1
2	1	2	2	2	1	2	2
3	1	3	3	3	2	1	2
4	1	4	4	4	2	2	1

续附表 6.23

No.	1	2	3	4	5	6	7
5	2	1	2	3	2	2	1
6	2	2	1	4	2	1	2
7	2	3	4	1	1	2	2
8	2	4	3	2	1	1	1
9	3	1	3	4	1	2	2
10	3	2	4	3	1	1	1
11	3	3	1	2	2	2	1
12	3	4	2	1	2	1	2
13	4	1	4	2	2	1	2
14	4	2	3	1	2	2	1
15	4	3	2	4	1	1	1
16	4	4	1	3	1	2	2

附表 6.24　正交表 $L_{16}(8\times2^8)$

No.	1	2	3	4	5	6	7	8	9
1	1	1	1	1	1	1	1	1	1
2	1	2	2	2	2	2	2	2	2
3	2	1	1	1	1	2	2	2	2
4	2	2	2	2	2	1	1	1	1
5	3	1	1	2	2	1	1	2	2
6	3	2	2	1	1	2	2	1	1
7	4	1	1	2	2	2	2	1	1
8	4	2	2	1	1	1	1	2	2
9	5	1	2	1	2	1	2	1	2
10	5	2	1	2	1	2	1	2	1
11	6	1	2	1	2	2	1	2	1
12	6	2	1	2	1	1	2	1	2
13	7	1	2	2	1	1	2	2	1
14	7	2	1	1	2	2	1	1	2
15	8	1	2	2	1	2	1	1	2
16	8	2	1	1	2	1	2	2	1

附表 6.25　正交表 $L_{18}(2\times3^7)$

No.	1	2	3	4	5	6	7	8
1	1	1	1	1	1	1	1	1
2	1	1	2	2	2	2	2	2
3	1	1	3	3	3	3	3	3
4	1	2	1	1	2	2	3	3
5	1	2	2	2	3	3	1	1

续附表 6.25

No.	1	2	3	4	5	6	7	8
6	1	2	3	3	1	1	2	2
7	1	3	1	2	1	3	2	3
8	1	3	2	3	2	1	3	1
9	1	3	3	1	3	2	1	2
10	2	1	1	3	3	2	2	1
11	2	1	2	1	1	3	3	2
12	2	1	3	2	2	1	1	3
13	2	2	1	2	3	1	3	2
14	2	2	2	3	1	2	1	3
15	2	2	3	1	2	3	2	1
16	2	3	1	3	2	3	1	2
17	2	3	2	1	3	1	2	3
18	2	3	3	2	1	2	3	1

注：可以分析第 1 列和第 2 列的交互作用，但此交互作用不在表内。

附表 6.26　正交表 $L_{18}(6\times3^6)$

No.	1	2	3	4	5	6	7
1	1	1	1	1	1	1	1
2	1	2	2	2	2	2	2
3	1	3	3	3	3	3	3
4	2	1	1	2	2	3	3
5	2	2	2	3	3	1	1
6	2	3	3	1	1	2	2
7	3	1	2	1	3	2	3
8	3	2	3	2	1	3	1
9	3	3	1	3	2	1	2
10	4	1	3	3	2	2	1
11	4	2	1	1	3	3	2
12	4	3	2	2	1	1	3
13	5	1	2	3	1	3	2
14	5	2	3	1	2	1	3
15	5	3	1	2	3	2	1
16	6	1	3	2	3	1	2
17	6	2	1	3	1	2	3
18	6	3	2	1	2	3	1

附表 6.27 正交表 $L_{20}(5\times2^8)$

No.	1	2	3	4	5	6	7	8	9
1	1	1	1	1	1	1	1	1	1
2	1	1	1	1	1	2	2	2	2
3	1	2	2	2	2	1	1	1	1
4	1	2	2	2	2	2	2	2	2
5	2	1	2	1	2	1	1	1	2
6	2	1	2	2	1	1	2	2	1
7	2	2	1	1	2	2	1	2	1
8	2	2	1	2	1	2	2	1	2
9	3	1	1	2	1	1	1	2	2
10	3	1	2	2	2	2	2	1	1
11	3	2	1	1	2	1	2	2	1
12	3	2	2	1	1	2	1	1	2
13	4	1	1	2	2	1	2	1	2
14	4	1	2	1	2	2	1	2	2
15	4	2	1	2	1	2	1	1	1
16	4	2	2	1	1	1	2	2	1
17	5	1	1	1	2	2	2	1	1
18	5	1	2	2	1	2	1	2	1
19	5	2	1	2	2	1	1	2	2
20	5	2	2	1	1	1	2	1	2

附表 6.28 正交表 $L_{24}(3\times4\times2^4)$

No.	1	2	3	4	5	6
1	1	1	1	1	1	1
2	1	2	1	1	2	2
3	1	3	1	2	2	1
4	1	4	1	2	1	2
5	1	1	2	2	2	2
6	1	2	2	2	1	1
7	1	3	2	1	1	2
8	1	4	2	1	2	1
9	2	1	1	1	1	2
10	2	2	1	1	2	1
11	2	3	1	2	2	2
12	2	4	1	2	1	1
13	2	1	2	2	2	1
14	2	2	2	2	1	2

续附表 6.28

No.	1	2	3	4	5	6
15	2	3	2	1	1	1
16	2	4	2	1	2	2
17	3	1	1	1	1	2
18	3	2	1	1	2	1
19	3	3	1	2	2	2
20	3	4	1	2	1	1
21	3	1	2	2	2	1
22	3	2	2	2	1	2
23	3	3	2	1	1	1
24	3	4	2	1	2	2

附表 6.29　正交表 $L_{24}(6\times4\times2^3)$

No.	1	2	3	4	5
1	1	1	1	1	2
2	1	2	1	2	1
3	1	3	2	2	2
4	1	4	2	1	1
5	2	1	2	2	1
6	2	2	2	1	2
7	2	3	1	1	1
8	2	4	1	2	2
9	3	1	1	1	1
10	3	2	1	2	2
11	3	3	2	2	1
12	3	4	2	1	2
13	4	1	2	2	2
14	4	2	2	1	1
15	4	3	1	1	2
16	4	4	1	2	1
17	5	1	1	1	1
18	5	2	1	2	2
19	5	3	2	2	1
20	5	4	2	1	2
21	6	1	2	2	2
22	6	2	2	1	1
23	6	3	1	1	2
24	6	4	1	2	1

附表 6.30　正交表 $L_{32}(2\times4^9)$

No.	1	2	3	4	5	6	7	8	9	10
1	1	1	1	1	1	1	1	1	1	1
2	1	1	2	2	2	2	2	2	2	2
3	1	1	3	3	3	3	3	3	3	3
4	1	1	4	4	4	4	4	4	4	4
5	1	2	1	1	2	2	3	3	4	4
6	1	2	2	2	1	1	4	4	3	3
7	1	2	3	3	4	4	1	1	2	2
8	1	2	4	4	3	3	2	2	1	1
9	1	3	1	2	3	4	1	2	3	4
10	1	3	2	1	4	3	2	1	4	3
11	1	3	3	4	1	2	3	4	1	2
12	1	3	4	3	2	1	4	3	2	1
13	1	4	1	2	4	3	3	4	2	1
14	1	4	2	1	3	4	4	3	1	2
15	1	4	3	4	2	1	1	2	4	3
16	1	4	4	3	1	2	2	1	3	4
17	2	1	1	4	1	4	2	3	2	3
18	2	1	2	3	2	3	1	4	1	4
19	2	1	3	2	3	2	4	1	4	1
20	2	1	4	1	4	1	3	2	3	2
21	2	2	1	4	2	3	4	1	3	2
22	2	2	2	3	1	4	3	2	4	1
23	2	2	3	2	4	1	2	3	1	4
24	2	2	4	1	3	2	1	4	2	3
25	2	3	1	3	3	1	2	4	4	2
26	2	3	2	4	4	2	1	3	3	1
27	2	3	3	1	1	3	4	2	2	4
28	2	3	4	2	2	4	3	1	1	3
29	2	4	1	3	4	2	4	2	1	3
30	2	4	2	4	3	1	3	1	2	4
31	2	4	3	1	2	4	2	4	3	1
32	2	4	4	2	1	3	1	3	4	2

注：可以考察第 1 列和第 2 列的交互作用。

附表 6.31　正交表 $L_{32}(8\times4^8)$

No.	1	2	3	4	5	6	7	8	9
1	1	1	1	1	1	1	1	1	1
2	1	2	2	2	2	2	2	2	2
3	1	3	3	3	3	3	3	3	3

续附表 6.31

No.	1	2	3	4	5	6	7	8	9
4	1	4	4	4	4	4	4	4	4
5	2	1	1	2	2	3	3	4	4
6	2	2	2	1	1	4	4	3	3
7	2	3	3	4	4	1	1	2	2
8	2	4	4	3	3	2	2	1	1
9	3	1	2	3	4	1	2	3	4
10	3	2	1	4	3	2	1	4	3
11	3	3	4	1	2	3	4	1	2
12	3	4	3	2	1	4	3	2	1
13	4	1	2	4	3	3	4	2	1
14	4	2	1	3	4	4	3	1	2
15	4	3	4	2	1	1	2	4	3
16	4	4	3	1	2	2	1	3	4
17	5	1	4	1	4	2	3	2	3
18	5	2	3	2	3	1	4	1	4
19	5	3	2	3	2	4	1	4	1
20	5	4	1	4	1	3	2	3	2
21	6	1	4	2	3	4	1	3	2
22	6	2	3	1	4	3	2	4	1
23	6	3	2	4	1	2	3	1	4
24	6	4	1	3	2	1	4	2	3
25	7	1	3	3	1	2	4	4	2
26	7	2	4	4	2	1	3	3	1
27	7	3	1	1	3	4	2	2	4
28	7	4	2	2	4	3	1	1	3
29	8	1	3	4	2	4	2	1	3
30	8	2	4	3	1	3	1	2	4
31	8	3	1	2	4	2	4	3	1
32	8	4	2	1	3	1	3	4	2

附表 6.32　正交表 $L_{32}(2^4 \times 4^9)$

No.	1	2	3	4	5	6	7	8	9	10	11	12	13
1	1	1	1	1	1	1	1	1	1	1	1	1	1
2	1	1	1	1	1	2	2	2	2	2	2	2	2
3	1	1	1	2	1	3	3	3	3	3	3	3	3
4	1	1	1	2	1	4	4	4	4	4	4	4	4
5	1	1	2	1	2	1	1	2	2	3	3	4	4
6	1	1	2	1	2	2	2	1	1	4	4	3	3
7	1	1	2	2	2	3	3	4	4	1	1	2	2

续附表 6.32

No.	1	2	3	4	5	6	7	8	9	10	11	12	13
8	1	1	2	2	2	4	4	3	3	2	2	1	1
9	1	2	1	1	3	1	2	3	4	1	2	3	4
10	1	2	1	1	3	2	1	4	3	2	1	4	3
11	1	2	1	2	3	3	4	1	2	3	4	1	2
12	1	2	1	2	3	4	3	2	1	4	3	2	1
13	1	2	2	1	4	1	2	4	3	3	4	2	1
14	1	2	2	1	4	2	1	3	4	4	3	1	2
15	1	2	2	2	4	3	4	2	1	1	2	4	3
16	1	2	2	2	4	4	3	1	2	2	1	3	4
17	2	1	1	1	1	1	4	1	4	2	3	2	3
18	2	1	1	1	1	2	3	2	3	1	4	1	4
19	2	1	1	2	1	3	2	3	2	4	1	4	1
20	2	1	1	2	1	4	1	4	1	3	2	3	2
21	2	1	2	1	2	1	4	2	3	4	1	3	2
22	2	1	2	1	2	2	3	1	4	3	2	4	1
23	2	1	2	2	2	3	2	4	1	2	3	1	4
24	2	1	2	2	2	4	1	3	2	1	4	2	3
25	2	2	1	1	3	1	3	3	1	2	4	4	2
26	2	2	1	1	3	2	4	4	2	1	3	3	1
27	2	2	1	2	3	3	1	1	3	4	2	2	4
28	2	2	1	2	3	4	2	2	4	3	1	1	3
29	2	2	2	1	4	1	3	4	2	4	2	1	3
30	2	2	2	1	4	2	4	3	1	3	1	2	4
31	2	2	2	2	4	3	1	2	4	2	4	3	1
32	2	2	2	2	4	4	2	1	3	1	3	4	2

附表 6.33 正交表 $L_{36}(2^3 \times 3^{13})$

No.	1	2	3	4	5	6	7	8	9	10	11	12	13	14	15	16
1	1	1	1	1	1	1	1	1	1	1	1	1	1	1	1	1
2	1	1	1	1	2	2	2	2	2	2	2	2	2	2	2	2
3	1	1	1	1	3	3	3	3	3	3	3	3	3	3	3	3
4	1	2	2	1	1	1	1	1	2	2	2	2	3	3	3	3
5	1	2	2	1	2	2	2	2	3	3	3	3	1	1	1	1
6	1	2	2	1	3	3	3	3	1	1	1	1	2	2	2	2
7	2	1	2	1	1	1	2	3	1	2	3	3	1	2	2	3
8	2	1	2	1	2	2	3	1	2	3	1	1	2	3	3	1
9	2	1	2	1	3	3	1	2	3	1	2	2	3	1	1	2
10	2	2	1	1	1	1	3	2	1	3	2	3	2	1	3	2
11	2	2	1	1	2	2	1	3	2	1	3	1	3	2	1	3

续附表 6.33

No.	1	2	3	4	5	6	7	8	9	10	11	12	13	14	15	16
12	2	2	1	1	3	3	2	1	3	2	1	2	1	3	2	1
13	1	1	1	2	1	2	3	1	3	2	1	3	3	2	1	2
14	1	1	1	2	2	3	1	2	1	3	2	1	1	3	2	3
15	1	1	1	2	3	1	2	3	2	1	3	2	2	1	3	1
16	1	2	2	2	1	2	3	2	1	1	3	2	3	3	2	1
17	1	2	2	2	2	3	1	3	2	2	1	3	1	1	3	2
18	1	2	2	2	3	1	2	1	3	3	2	1	2	2	1	3
19	2	1	2	2	1	2	1	3	3	3	1	2	2	1	2	3
20	2	1	2	2	2	3	2	1	1	1	2	3	3	2	3	1
21	2	1	2	2	3	1	3	2	2	2	3	1	1	3	1	2
22	2	2	1	2	1	2	2	3	3	1	2	1	1	3	3	2
23	2	2	1	2	2	3	3	1	1	2	3	2	2	1	1	3
24	2	2	1	2	3	1	1	2	2	3	1	3	3	2	2	1
25	1	1	1	3	1	3	2	1	2	3	3	1	3	1	2	2
26	1	1	1	3	2	1	3	2	3	1	1	2	1	2	3	3
27	1	1	1	3	3	2	1	3	1	2	2	3	2	3	1	1
28	1	2	2	3	1	3	2	2	2	1	1	3	2	3	1	3
29	1	2	2	3	2	1	3	3	3	2	2	1	3	1	2	1
30	1	2	2	3	3	2	1	1	1	3	3	2	1	2	3	2
31	2	1	2	3	1	3	3	3	2	3	2	2	1	2	1	1
32	2	1	2	3	2	1	1	1	3	1	3	3	2	3	2	2
33	2	1	2	3	3	2	2	2	1	2	1	1	3	1	3	3
34	2	2	1	3	1	3	1	2	3	2	3	1	2	2	3	1
35	2	2	1	3	2	1	2	3	1	3	1	2	3	3	1	2
36	2	2	1	3	3	2	3	1	2	1	2	3	1	1	2	3

注：第 1 列和第 2 列的交互作用在第 3 列，还可以考察第 1、2、3 列分别和第 4 列的交互作用。

附表 7　D 最优回归设计表

(一)设计方案类型

1. 常规 D 最优回归设计方案

   两因子的设计:R207、R208

2. 饱和 D 最优回归设计方案

   两因子的设计:R206

   三因子的设计:R310A

   四因子的设计:R415(近似饱和 D 最优回归设计)

3. D 最优混合设计方案

   三因子的设计:R310B、R311A、R311B、R312

   四因子的设计:R416A、R416B、R416C

   五因子的设计:R521

   六因子的设计:R628A、R628B

4. 近似 D 最优回归设计方案

   三因子的设计:R3411、R3414、R3415

(二)设计方案实例

1. 常规 D 最优回归设计方案

附表 7.1　R207

No.	*x*1	*x*2
1	−1	−1
2	1	−1
3	−1	1
4	1	1
5	−0.092	0.092
6	1	−0.067
7	0.067	−1

附表 7.2　R208

No.	*x*1	*x*2
1	−1	−1
2	1	−1
3	−1	1
4	1	1
5	1	0
6	0.082	1
7	0.082	−1
8	−0.215	0

2. 饱和 D 最优回归设计方案

附表 7.3　R206

No.	*x*1	*x*2
1	−1	−1
2	1	−1
3	−1	1
4	−0.1315	−0.1315

续附表 7.3

No.	x1	x2
5	1	0.3944
6	0.3944	1

附表 7.4　R310A

No.	x1	x2	x3
1	−1	−1	−1
2	1	−1	−1
3	−1	1	−1
4	−1	−1	1
5	−1	0.1925	0.1925
6	0.1925	−1	0.1925
7	0.1925	0.1925	−1
8	−0.2912	1	1
9	1	−0.2912	1
10	1	1	−0.2912

附表 7.5　R415

No.	x1	x2	x3	x4
1	−1	−0.25	−0.25	−0.25
2	−0.25	0.05	1	−1
3	−0.25	−1	0.05	1
4	−0.25	1	−1	0.05
5	1	−0.6	1	1
6	1	1	−0.6	1
7	1	1	1	−0.6
8	−1	0.05	−1	1
9	−1	1	−0.05	−1
10	−1	−1	1	−0.05
11	−1	−1	−1	−1
12	1	1	−1	−1
13	1	−1	1	−1
14	1	−1	−1	1
15	−1	1	1	1

3. D 最优混合设计方案

(1)三因子 D 最优混合设计

附表 7.6　R310B

No.	x1	x2	x3
1	0	0	1.2906
2	0	0	−0.1360

续附表 7.6

No.	x1	x2	x3
3	−1	−1	0.6386
4	1	−1	0.6386
5	−1	1	0.6386
6	1	1	0.6386
7	1.1736	0	−0.9273
8	−1.1736	0	−0.9273
9	0	1.1736	−0.9273
10	0	−1.1736	−0.9273

附表 7.7　R311A

No.	x1	x2	x3
1	0	0	2
2	0	0	−2
3	−1.4142	−1.4142	1
4	1.4142	−1.4142	1
5	−1.4142	1.4142	1
6	1.4142	1.4142	1
7	2	0	−1
8	−2	0	−1
9	0	2	−1
10	0	−2	−1
11	0	0	0

注：附表 7.8 各元素乘以 1.4142 可得附表 7.7。

附表 7.8　R311A

No.	x1	x2	x3
1	0	0	1.4142
2	0	0	−1.4142
3	−1	−1	0.7071
4	1	−1	0.7071
5	−1	1	0.7071
6	1	1	0.7071
7	1.4142	0	−0.7071
8	−1.4142	0	−0.7071
9	0	1.4142	−0.7071
10	0	−1.4142	−0.7071
11	0	0	0

附表 7.9　R311B

No.	x1	x2	x3
1	0	0	2.450
2	0	0	−2.450
3	−0.751	2.106	1
4	2.106	0.751	1
5	0.751	−2.106	1
6	−2.106	−0.751	1
7	0.751	2.106	−1
8	2.106	−0.751	−1
9	−0.751	−2.106	−1
10	−2.106	0.751	−1
11	0	0	0

附表 7.10　R312

No.	x1	x2	x3
1	0.5	0.5	1
2	0.5	0.5	0
3	0.14	0.14	0.75
4	0.86	0.14	0.75
5	0.14	0.86	0.75
6	0.86	0.86	0.75
7	1	0.5	0.25
8	0	0.5	0.25
9	0.5	1	0.25
10	0.5	0	0.25
11	0.5	0.5	0.5
12	0	0	0

(2)四因子 D 最优混合设计

附表 7.11　R416A

No.	x1	x2	x3	x4
1	0	0	0	1.784
2	0	0	0	−1.404
3	−1	−1	−1	0.644
4	1	−1	−1	0.644
5	−1	1	−1	0.644
6	1	1	−1	0.644
7	−1	−1	1	0.644
8	1	−1	1	0.644
9	−1	1	1	0.644
10	1	1	1	0.644
11	1.685	0	0	−0.908
12	−1.685	0	0	−0.908
13	0	1.685	0	−0.908
14	0	−1.685	0	−0.908
15	0	0	1.685	−0.908
16	0	0	−1.685	−0.908

附表 7.12　R416B

No.	x1	x2	x3	x4
1	0	0	0	1.732
2	0	0	0	−0.269
3	−1	−1	−1	0.604
4	1	−1	−1	0.604
5	−1	1	−1	0.604
6	1	1	−1	0.604
7	−1	−1	1	0.604
8	1	−1	1	0.604
9	−1	1	1	0.604
10	1	1	1	0.604
11	1.518	0	0	−1.05
12	−1.518	0	0	−1.05
13	0	1.518	0	−1.05
14	0	−1.518	0	−1.05
15	0	0	1.518	−1.05
16	0	0	−1.518	−1.05

附表 7.13　R416C

No.	x1	x2	x3	x4
1	0	0	0	1.765
2	0	0	0	0
3	−1	−1	−1	0.568
4	1	−1	−1	0.568
5	−1	1	−1	0.568
6	1	1	−1	0.568
7	−1	−1	1	0.568
8	1	−1	1	0.568
9	−1	1	1	0.568
10	1	1	1	0.568
11	1.47	0	0	−1.051
12	−1.47	0	0	−1.051
13	0	1.47	0	−1.051
14	0	−1.47	0	−1.051
15	0	0	1.47	−1.051
16	0	0	−1.47	−1.051

(3)五因子D最优混合设计

附表 7.14　R521

No.	x1	x2	x3	x4	x5
1	−1	−1	−1	−1	−1
2	1	−1	−1	−1	−1
3	−1	1	−1	−1	−1
4	−1	−1	1	−1	−1
5	−1	−1	−1	1	−1
6	−1	−1	−1	−1	1
7	0.5355	0.5355	−1	−1	−1
8	−1	0.5355	0.5355	−1	−1
9	−1	−1	0.5355	0.5355	−1
10	−1	−1	−1	0.5355	0.5355
11	0.5355	−1	−1	−1	0.5355
12	0.5355	−1	0.5355	−1	−1
13	−1	0.5355	−1	0.5355	−1
14	−1	−1	0.5355	−1	0.5355
15	0.5355	−1	−1	0.5355	−1
16	−1	0.5355	−1	−1	0.5355
17	−0.8108	1	1	1	1
18	1	−0.8108	1	1	1
19	1	1	−0.8108	1	1
20	1	1	1	−0.8108	1
21	1	1	1	1	−0.8108

(4)因子D最优混合设计

附表 7.15　R628A

No.	x1	x2	x3	x4	x5	x6
1	0	0	0	0	0	2.3094
2	−1	−1	−1	−1	−1	0.5774
3	1	1	−1	−1	−1	0.5774
4	1	−1	1	−1	−1	0.5774
5	−1	1	1	−1	−1	0.5774
6	1	−1	−1	1	−1	0.5774
7	−1	1	−1	1	−1	0.5774
8	−1	−1	1	1	−1	0.5774
9	1	1	1	1	−1	0.5774
10	1	−1	−1	−1	1	0.5774
11	−1	1	−1	−1	1	0.5774
12	−1	−1	1	−1	1	0.5774
13	1	1	1	−1	1	0.5774
14	−1	−1	−1	1	1	0.5774

续附表 7.15

No.	x1	x2	x3	x4	x5	x6
15	1	1	−1	1	1	0.5774
16	1	−1	1	1	1	0.5774
17	−1	1	1	1	1	0.5774
18	2	0	0	0	0	−1.1547
19	−2	0	0	0	0	−1.1547
20	0	2	0	0	0	−1.1547
21	0	−2	0	0	0	−1.1547
22	0	0	2	0	0	−1.1547
23	0	0	−2	0	0	−1.1547
24	0	0	0	2	0	−1.1547
25	0	0	0	−2	0	−1.1547
26	0	0	0	0	2	−1.1547
27	0	0	0	0	−2	−1.1547
28	0	0	0	0	0	0

附表 7.16　R628B

No.	x1	x2	x3	x4	x5	x6
1	0	0	0	0	0	2.3677
2	−1	−1	−1	−1	−1	0.6096
3	1	1	−1	−1	−1	0.6096
4	1	−1	1	−1	−1	0.6096
5	−1	1	1	−1	−1	0.6096
6	1	−1	−1	1	−1	0.6096
7	−1	1	−1	1	−1	0.6096
8	−1	−1	1	1	−1	0.6096
9	1	1	1	1	1	0.6096
10	1	−1	−1	−1	1	0.6096
11	−1	1	−1	−1	1	0.6096
12	−1	−1	1	−1	1	0.6096
13	1	1	1	−1	1	0.6096
14	−1	−1	−1	1	1	0.6096
15	1	1	−1	1	1	0.6096
16	1	−1	1	1	1	0.6096
17	−1	1	1	1	1	0.6096
18	2.1749	0	0	0	0	−1.031
19	−2.1749	0	0	0	0	−1.031
20	0	2.1749	0	0	0	−1.031
21	0	−2.1749	0	0	0	−1.031
22	0	0	2.1749	0	0	−1.031
23	0	0	−2.1749	0	0	−1.031

续附表 7.16

No.	x1	x2	x3	x4	x5	x6
24	0	0	0	2.1749	0	−1.031
25	0	0	0	−2.1749	0	−1.031
26	0	0	0	0	2.1749	−1.031
27	0	0	0	0	−2.1749	−1.031
28	0	0	0	0	0	−1.811

4. 近似 D 最优回归设计方案(3 因子 4 水平)

附表 7.17　R3411

No.	x1	x2	x3
1	0	0	0
2	0	2	2
3	1	2	2
4	2	0	2
5	2	1	2
6	2	2	2
7	2	3	2
8	2	2	0
9	2	2	1
10	2	2	3
11	3	2	2

附表 7.18　R3414

No.	x1	x2	x3
1	0	0	0
2	0	2	2
3	1	2	2
4	2	0	2
5	2	1	2
6	2	2	2
7	2	3	2
8	2	2	0
9	2	2	1
10	2	2	3
11	3	2	2
12	1	1	2
13	1	2	1
14	2	1	1

No.	x1	x2	x3	*Control*
1	0	0	0	0
2	0	2	2	0
3	1	2	2	0
4	2	0	2	0
5	2	1	2	0
6	2	2	2	0
7	2	3	2	0
8	2	2	0	0
9	2	2	1	0
10	2	2	3	0
11	3	2	2	0
12	1	1	2	0
13	1	2	1	0
14	2	1	1	0
15	0	0	0	1

附表 8　均匀设计表

均匀设计表 $U_n(q^p)$ 说明：n 为均匀设计表的试验方案数；q 为列的水平数；p 为均匀设计表的因子数。

均匀设计表根据水平数 q 和试验方案数 n 的关系分为两类：一类为水平数等于试验方案数的 $U_n(n^p)$ 型均匀设计表，另一类为水平数小于试验方案数的 $U_n(q^p)$ 型均匀设计表。本附录的均匀设计表均来源于方开泰教授的均匀设计网站：http://www.math.hkbu.edu.hk/UniformDesign/

本附录从中摘录了部分常用的基于中心化偏差的均匀设计表供大家使用，主要包含以下内容：

$U_n(n^p)$ 型表：仅列出因子数不超过 7，试验方案数不超过 30 的部分设计方案。

$U_n(q^p)$ 型表：仅列出水平数不超过 6，试验方案数不超过 30 的部分设计方案。

均匀设计表在使用时，按照相应的因子数 p、水平数 q 和试验方案数 n 选定之后，加上相应均匀设计表 $U_n(q^p)$ 的第一列即可。

(一) $U_n(n^p)$ 型均匀设计表

附表 8.1　均匀设计表 $U_5(5^p)$

1	p=2	p=3		p=4		
1	2	2	4	4	4	4
2	5	5	2	1	2	2
3	3	1	1	3	1	5
4	1	4	5	5	3	1
5	4	3	3	2	5	3

附表 8.2　均匀设计表 $U_6(6^p)$

1	p=2	p=3		p=4			p=5			
1	4	2	3	5	2	3	3	1	4	2
2	2	4	6	2	5	5	6	4	3	6
3	6	6	2	1	3	1	1	6	5	4
4	1	1	5	6	4	6	4	5	1	1
5	5	3	1	4	6	2	2	2	2	5
6	3	5	4	3	1	4	5	3	6	3

附表 8.3　均匀设计表 $U_8(8^p)$

1	p=2	p=3		p=4			p=5				p=6					p=7					
1	6	3	4	5	6	2	5	3	4	8	1	4	1	5	5	8	7	6	4	3	4
2	2	7	7	3	1	5	3	8	6	4	7	6	8	4	6	3	5	1	1	6	5

续附表 8.3

1	$p=2$	$p=3$		$p=4$			$p=5$				$p=6$					$p=7$					
3	4	5	1	7	5	8	8	4	7	2	4	2	6	1	2	4	3	8	8	7	3
4	8	1	6	1	7	6	1	2	2	3	6	7	3	7	1	6	2	2	7	2	7
5	1	8	3	8	2	3	7	7	1	6	5	1	5	8	8	2	8	3	6	4	1
6	5	4	8	2	4	1	2	5	8	7	3	8	4	2	7	1	4	7	3	1	6
7	7	2	2	6	8	4	4	6	3	1	8	3	2	3	4	7	1	4	2	5	2
8	3	6	5	4	3	7	6	1	5	5	2	5	7	6	3	5	6	5	5	8	8

附表 8.4 均匀设计表 $U_9(9^p)$

1	$p=2$	$p=3$		$p=4$			$p=5$				$p=6$					$p=7$					
1	4	6	3	3	4	3	3	3	2	5	1	3	5	2	4	5	3	7	8	3	2
2	7	2	8	8	8	7	6	7	9	3	8	6	7	8	3	6	9	3	1	4	5
3	2	9	6	5	1	6	9	4	7	8	3	9	1	6	6	7	1	5	5	8	9
4	9	3	1	1	7	5	2	9	5	7	6	1	9	5	7	1	7	8	4	9	4
5	5	5	5	7	2	1	7	1	4	2	7	7	4	1	9	2	4	1	6	1	7
6	1	7	9	6	6	9	5	6	1	9	5	2	3	7	1	8	6	2	7	7	1
7	8	1	4	4	9	2	1	5	6	1	4	8	8	3	2	9	5	9	3	2	6
8	3	8	2	2	3	8	8	8	3	4	2	5	6	9	8	4	8	6	9	5	8
9	6	4	7	9	5	4	4	2	8	6	9	4	2	4	5	3	2	4	2	6	3

附表 8.5 均匀设计表 $U_{10}(10^p)$

1	$p=2$	$p=3$		$p=4$			$p=5$				$p=6$					$p=7$					
1	3	5	4	4	3	5	1	4	7	6	5	2	2	7	4	8	8	4	9	8	6
2	9	8	8	9	9	3	8	9	4	3	4	9	8	4	9	5	7	9	2	2	3
3	5	2	2	1	6	8	5	2	3	9	9	6	4	3	1	1	1	6	3	7	7
4	7	10	6	7	1	9	6	6	10	1	1	4	5	10	8	6	3	2	6	1	10
5	1	3	10	6	7	1	10	7	6	10	10	7	10	8	6	10	2	8	8	5	2
6	8	7	1	3	10	6	2	8	1	4	7	1	7	1	7	3	10	1	5	6	1
7	4	1	7	10	4	7	9	1	8	5	2	8	1	2	5	4	6	10	7	10	9
8	10	9	3	2	2	2	4	10	9	8	6	10	6	9	3	7	4	3	1	9	4
9	2	6	9	5	8	10	3	3	5	2	3	3	9	5	2	9	9	7	4	4	8
10	6	4	5	8	5	4	7	5	2	7	8	5	3	6	10	2	5	5	10	3	5

附表 8.6 均匀设计表 $U_{12}(12^p)$

1	$p=2$	$p=3$		$p=4$			$p=5$				$p=6$					$p=7$					
1	6	6	4	10	4	7	7	10	6	3	11	9	3	5	7	9	12	8	8	4	8
2	10	10	8	5	11	3	12	4	5	7	7	4	9	12	9	7	6	1	1	7	3
3	2	2	11	1	7	9	3	7	11	11	3	2	6	2	4	5	4	12	10	10	5
4	8	8	1	6	1	5	4	2	2	5	5	10	10	7	1	3	2	3	5	2	9
5	4	4	7	11	10	11	10	12	9	9	1	6	2	9	10	12	7	10	4	8	12

续附表 8.6

1	p=2	p=3		p=4			p=5				p=6					p=7					
6	12	12	10	9	8	1	1	5	8	1	9	11	8	1	11	2	11	6	6	11	1
7	1	3	2	4	5	12	8	6	1	12	10	1	12	8	6	11	8	4	11	1	4
8	9	9	6	2	3	2	9	3	12	4	4	12	4	11	5	1	5	7	12	6	11
9	5	7	12	7	12	8	2	11	4	8	8	5	1	3	2	10	3	5	3	12	7
10	11	1	5	12	6	4	11	8	3	2	2	8	11	4	8	4	9	11	2	3	6
11	3	11	3	8	2	10	6	1	7	10	12	7	7	10	3	6	10	2	9	9	10
12	7	5	9	3	9	6	5	9	10	6	6	3	5	6	12	8	1	9	7	5	2

附表 8.7　均匀设计表 $U_{15}(15^p)$

1	p=2	p=3		p=4			p=5				p=6					p=7					
1	7	5	9	8	6	12	6	12	6	12	8	9	1	7	14	11	4	10	12	12	10
2	13	14	5	2	12	6	10	1	13	8	7	4	13	13	6	2	10	3	7	2	8
3	2	10	12	12	3	2	1	9	11	5	13	8	9	1	2	8	12	12	2	9	2
4	10	3	2	15	9	9	15	6	4	9	4	14	11	9	12	15	1	5	9	7	5
5	4	7	15	4	8	15	12	14	8	2	1	2	6	4	8	5	7	6	3	15	13
6	15	12	7	9	15	4	4	5	9	15	10	13	5	15	4	4	6	15	15	5	6
7	8	2	13	6	1	7	7	3	1	3	14	3	3	11	11	13	15	9	4	4	12
8	5	9	1	13	13	14	13	11	15	13	3	11	14	5	3	6	14	1	11	13	4
9	12	15	10	1	4	10	3	13	3	7	11	5	12	3	15	7	2	13	8	1	14
10	1	6	4	7	10	1	5	7	14	1	15	15	7	6	7	10	11	4	14	10	15
11	11	1	6	14	5	5	11	8	2	14	5	6	2	10	1	1	3	8	5	11	3
12	6	13	14	5	14	11	14	4	10	6	2	7	8	14	13	14	9	14	6	14	7
13	14	8	8	10	2	13	8	15	12	10	12	10	15	12	9	12	8	7	13	3	1
14	3	11	3	3	7	3	2	2	7	11	6	12	4	2	10	9	5	2	1	6	9
15	9	4	11	11	11	8	9	10	5	4	9	1	10	8	5	3	13	11	10	8	11

附表 8.8　均匀设计表 $U_{16}(16^p)$

1	p=2	p=3		p=4			p=5				p=6					p=7					
1	10	12	7	10	4	6	10	13	6	13	1	9	12	6	5	8	10	14	5	14	7
2	3	6	12	4	13	15	5	3	14	8	15	7	3	14	9	12	5	8	11	7	1
3	15	4	4	13	10	10	15	9	10	2	8	16	5	7	11	4	15	10	13	5	11
4	6	14	15	8	7	1	1	6	7	10	6	2	9	12	16	5	3	2	1	9	9
5	8	9	1	6	1	12	8	15	3	5	13	10	8	3	1	14	14	3	9	11	14
6	13	1	10	15	15	4	7	10	16	15	12	12	16	10	14	6	6	16	8	1	13
7	1	16	5	1	11	7	12	2	1	6	3	4	4	2	7	3	8	4	15	15	4
8	12	8	16	16	8	14	2	12	12	3	9	5	14	16	2	11	13	12	2	3	3
9	5	5	8	3	3	3	14	5	8	16	5	13	1	11	3	10	1	11	14	13	15
10	16	11	13	7	16	9	13	16	13	11	16	3	11	5	12	16	2	5	6	4	6
11	4	2	2	11	5	16	6	4	5	1	7	14	13	1	8	1	11	7	4	6	16

续附表 8.8

1	p=2	p=3		p=4			p=5				p=6					p=7					
12	9	15	11	12	12	2	3	8	2	14	2	11	7	15	13	15	12	15	16	8	8
13	11	7	6	2	6	11	11	7	15	4	11	1	6	9	4	7	16	6	7	12	2
14	2	13	3	14	2	8	16	11	4	9	10	8	2	4	15	13	7	9	3	16	12
15	14	3	14	9	14	13	9	1	11	12	14	15	10	13	6	2	4	13	10	10	5
16	7	10	9	5	9	5	4	14	9	7	4	6	15	8	10	9	9	1	12	2	10

附表 8.9　均匀设计表 $U_{18}(18^p)$

1	p=2	p=3		p=4			p=5				p=6					p=7					
1	11	13	8	5	9	7	12	6	6	11	10	7	7	1	5	6	8	13	6	2	13
2	4	3	15	16	16	10	2	14	12	14	11	12	13	15	17	14	18	10	16	11	11
3	17	7	2	13	5	17	9	3	15	5	4	16	3	12	8	9	2	5	1	10	6
4	7	18	11	9	4	1	17	16	4	7	3	4	16	6	11	4	14	16	9	17	7
5	14	11	18	2	14	15	7	9	8	1	17	9	15	11	3	18	10	6	10	6	16
6	2	5	6	18	11	4	14	10	17	17	15	18	9	5	14	11	12	1	13	14	3
7	9	15	3	7	1	13	4	4	3	16	14	5	4	18	9	1	3	11	15	5	8
8	15	9	13	4	17	5	5	18	10	4	1	13	11	8	1	12	5	8	5	18	18
9	6	1	9	11	6	9	18	1	11	9	8	1	1	10	15	13	11	17	4	4	2
10	12	16	16	14	12	12	10	12	1	12	9	17	17	17	6	2	16	3	3	8	15
11	1	10	5	1	7	3	1	7	18	8	5	10	5	3	18	17	6	14	18	9	4
12	18	4	12	10	18	16	15	13	14	2	16	2	12	4	7	8	1	18	11	13	14
13	10	12	1	15	2	6	8	15	7	18	18	14	6	13	12	7	17	7	12	1	5
14	5	6	17	6	10	18	13	5	2	3	6	3	8	14	2	5	9	4	17	16	12
15	13	17	7	12	15	2	6	2	13	13	13	6	18	9	16	16	15	12	2	15	9
16	3	2	4	3	3	11	11	17	16	10	7	15	14	2	10	15	4	2	8	3	10
17	16	14	14	17	8	14	3	11	5	6	2	8	10	16	13	10	13	15	14	7	17
18	8	8	10	8	13	8	16	8	9	15	12	11	2	7	4	3	7	9	7	12	1

附表 8.10　均匀设计表 $U_{20}(20^p)$

1	p=2	p=3		p=4			p=5				p=6					p=7					
1	9	9	15	6	10	16	12	13	5	9	7	8	16	15	5	18	11	8	3	16	10
2	18	17	8	13	16	6	6	10	13	6	16	18	10	5	15	3	5	6	12	8	16
3	2	3	4	18	7	11	15	5	18	16	12	3	1	10	10	15	17	19	8	6	7
4	13	15	19	3	3	5	10	18	11	20	2	12	13	12	20	10	14	13	17	19	18
5	6	7	11	9	19	19	1	7	8	12	18	10	4	16	12	6	3	12	4	10	2
6	16	12	1	15	12	2	19	15	16	2	5	15	8	1	9	13	10	4	18	3	4
7	11	2	17	11	1	15	14	3	2	4	17	5	19	7	2	5	16	1	15	13	12
8	4	20	12	1	13	9	5	14	1	14	10	19	6	19	3	20	6	14	10	1	13
9	20	5	6	19	17	14	8	20	20	11	9	1	14	4	17	12	20	16	1	11	17
10	7	13	14	8	6	1	20	9	6	19	13	14	20	18	18	2	7	15	20	15	5

续附表 8.10

1	$p=2$	$p=3$		$p=4$			$p=5$				$p=6$					$p=7$					
11	14	19	3	14	5	20	4	1	15	8	1	6	5	6	6	16	2	3	7	14	19
12	1	6	20	4	15	12	9	6	10	1	20	17	15	13	7	8	19	5	9	18	3
13	17	10	7	20	9	4	17	19	3	7	4	4	9	20	14	9	1	20	16	5	11
14	10	14	10	12	20	10	2	12	17	18	14	13	3	3	4	1	15	9	5	2	9
15	5	1	9	2	8	18	18	2	12	13	3	20	18	8	11	19	13	17	13	12	1
16	15	18	16	16	2	8	3	17	7	3	19	7	7	9	19	17	18	7	19	9	15
17	8	8	2	5	18	3	13	16	14	15	15	2	12	17	8	4	9	18	6	17	14
18	19	11	18	17	14	17	7	4	4	17	8	16	2	14	16	11	8	2	2	7	6
19	3	16	5	7	4	13	11	8	19	5	11	9	17	2	13	14	4	10	14	20	8
20	12	4	13	10	11	7	16	11	9	10	6	11	11	11	1	7	12	11	11	4	20

附表 8.11　均匀设计表 $U_{24}(24^p)$

1	$p=2$	$p=3$		$p=4$			$p=5$				$p=6$					$p=7$					
1	15	15	13	3	13	14	11	5	13	5	15	9	9	4	11	15	14	9	14	5	1
2	4	6	19	20	18	5	19	17	5	15	13	14	17	24	8	8	20	17	11	20	19
3	22	22	4	11	2	21	6	23	18	11	4	19	5	14	19	18	4	23	19	10	15
4	8	4	8	16	7	9	16	10	20	22	18	6	23	17	20	13	11	3	4	16	23
5	18	19	23	8	23	18	2	12	7	2	7	5	3	9	5	5	2	12	17	19	8
6	11	12	16	24	10	17	23	3	9	18	24	24	15	10	12	24	17	5	10	9	13
7	2	9	2	4	5	2	13	15	24	9	8	12	18	8	24	2	9	19	5	3	11
8	20	24	11	13	16	11	8	20	12	24	19	17	7	19	2	11	23	13	22	6	21
9	13	2	21	17	20	24	20	8	2	8	2	1	12	20	13	20	6	14	7	23	4
10	6	13	5	7	15	6	4	4	23	14	12	20	22	3	3	1	18	4	20	15	5
11	24	17	18	19	4	15	22	18	16	1	17	13	2	1	15	21	21	22	2	13	9
12	9	7	6	14	22	1	5	14	1	21	10	23	10	22	22	9	5	1	12	1	17
13	16	21	15	1	9	23	12	24	8	16	21	2	20	7	9	14	16	20	24	24	14
14	1	1	12	10	11	10	18	1	19	6	1	15	24	12	16	23	8	8	18	18	22
15	19	10	24	22	1	7	1	7	15	19	23	8	4	23	17	6	24	15	8	11	3
16	12	18	1	5	17	20	15	22	3	4	11	4	14	15	1	12	3	6	3	7	6
17	5	16	9	23	24	12	10	16	17	17	3	22	8	6	7	4	15	21	16	8	24
18	23	5	17	9	8	4	24	11	11	10	20	18	13	5	21	22	12	16	21	2	7
19	14	11	10	15	6	19	7	2	4	12	5	10	21	21	6	3	13	10	1	22	16
20	7	23	20	2	21	8	21	21	22	20	14	3	6	11	23	17	22	2	15	21	10
21	17	3	3	21	14	22	9	9	21	3	9	16	1	16	10	16	1	18	9	14	20
22	3	14	22	6	3	13	14	6	6	23	16	21	19	18	14	10	10	24	13	17	2
23	21	20	7	18	12	3	3	19	10	7	6	7	16	2	18	19	19	11	6	4	18
24	10	8	14	12	19	16	17	13	14	13	22	11	11	13	4	7	7	7	23	12	12

附表 8.12　均匀设计表 $U_{25}(25^p)$

1	p=2	p=3		p=4			p=5				p=6					p=7					
1	7	14	16	8	12	6	1	9	16	13	10	4	14	6	16	14	9	25	12	15	17
2	22	6	5	17	21	16	17	19	9	21	21	17	24	17	14	4	3	13	16	4	13
3	14	22	23	21	3	12	9	11	7	3	4	24	4	13	11	17	22	11	4	22	9
4	2	11	12	3	15	22	24	17	20	6	11	7	20	20	3	18	17	4	18	7	23
5	18	18	2	13	7	20	13	5	22	23	20	8	7	9	23	7	18	17	24	18	5
6	11	3	21	23	19	3	5	24	13	9	17	19	11	1	8	22	7	8	10	12	2
7	25	20	10	10	25	13	22	3	4	16	7	21	17	24	17	10	25	21	9	10	15
8	4	9	19	4	5	2	8	13	25	17	16	3	1	15	6	8	2	5	7	19	20
9	16	24	7	19	10	25	12	21	1	12	3	13	21	2	21	24	13	20	22	2	10
10	9	5	14	15	22	8	20	8	12	1	25	14	16	12	1	1	12	16	14	24	25
11	20	16	25	6	2	18	2	16	6	24	9	15	6	19	25	13	10	2	2	3	7
12	6	2	3	25	13	17	16	1	18	10	14	9	10	25	10	21	6	10	23	23	16
13	13	13	8	1	17	10	21	25	17	18	23	25	13	7	20	3	15	24	6	8	3
14	23	25	18	18	9	4	6	6	3	7	6	10	5	5	2	25	19	14	1	13	21
15	1	8	11	7	20	24	14	20	24	8	18	2	22	21	19	2	24	3	21	14	12
16	17	12	22	11	1	9	25	12	14	25	8	23	23	8	5	19	1	22	17	16	6
17	10	21	4	22	24	21	4	2	10	19	1	1	9	11	13	12	16	6	15	25	1
18	21	1	17	14	14	1	18	23	5	4	24	12	3	23	15	16	4	18	5	6	24
19	5	17	15	2	8	15	3	15	21	2	15	20	19	14	24	6	20	9	11	1	18
20	15	10	1	24	6	7	10	18	11	15	2	16	15	22	7	15	21	23	19	20	19
21	8	23	13	12	18	19	19	7	23	14	22	5	18	3	9	9	5	7	20	9	8
22	24	7	24	5	23	5	15	10	2	20	12	18	2	4	18	23	14	1	8	17	14
23	3	15	6	16	4	23	7	22	19	22	19	22	8	18	4	5	8	19	3	21	11
24	19	4	9	20	16	11	11	4	15	5	5	6	12	16	22	20	23	15	13	5	4
25	12	19	20	9	11	14	23	14	8	11	13	11	25	10	12	11	11	12	25	11	22

附表 8.13　均匀设计表 $U_{27}(27^p)$

1	p=2	p=3		p=4			p=5				p=6					p=7					
1	12	17	20	22	13	21	8	17	17	8	7	23	18	16	9	2	19	17	14	24	12
2	23	8	5	6	23	15	16	12	24	24	14	14	7	3	23	24	15	10	10	3	5
3	3	25	13	9	6	2	18	22	3	3	26	10	9	18	12	17	12	23	26	19	20
4	17	4	24	18	19	7	5	5	10	20	9	7	21	24	18	14	3	12	4	16	26
5	8	20	2	13	8	26	27	9	15	13	18	18	24	6	4	9	21	2	21	7	17
6	26	10	16	24	26	18	13	26	25	14	6	4	3	10	6	12	26	27	8	13	10
7	15	14	9	4	4	12	24	20	8	17	20	20	13	27	21	26	2	19	20	12	15
8	5	22	26	15	15	10	11	2	4	10	11	26	16	11	27	15	11	3	17	26	2
9	21	1	11	26	11	4	2	21	19	23	23	2	14	1	15	6	10	20	7	2	23
10	10	12	22	2	21	25	23	4	22	4	1	16	8	13	14	22	24	5	12	21	24
11	19	27	7	19	1	16	20	15	13	27	21	5	25	20	7	4	4	9	23	20	9

续附表 8.13

1	p=2	p=3		p=4			p=5				p=6					p=7					
12	1	7	18	12	25	6	1	11	7	6	13	24	6	23	2	18	25	13	27	8	8
13	25	18	15	10	18	20	17	27	12	11	5	12	26	8	25	21	7	22	2	22	7
14	14	3	3	25	5	24	7	10	27	18	25	22	2	5	19	1	14	4	1	11	19
15	6	24	23	1	12	8	22	7	2	22	2	3	11	21	22	20	18	26	16	5	27
16	22	16	6	17	9	14	10	14	20	1	27	13	19	14	1	10	1	16	13	6	1
17	9	9	27	21	22	1	9	25	5	25	15	27	27	17	16	27	17	14	6	27	14
18	18	21	10	7	3	22	19	1	18	16	16	11	1	25	10	5	27	15	19	15	22
19	4	5	14	8	27	11	21	19	26	7	3	21	20	2	11	13	8	6	25	1	13
20	27	11	1	20	16	27	4	16	1	15	19	6	5	15	26	7	22	7	5	18	4
21	13	26	19	14	2	5	15	8	11	2	10	8	12	4	3	8	5	25	11	25	18
22	7	13	12	27	20	13	26	23	21	21	24	17	22	22	24	23	20	21	22	17	3
23	20	2	21	3	10	19	12	3	16	26	4	15	15	26	5	25	6	8	15	9	21
24	16	23	4	5	17	3	6	24	14	5	12	1	23	12	13	16	23	18	3	4	16
25	2	15	25	16	24	23	25	13	6	9	22	25	10	9	8	3	13	24	18	10	6
26	24	6	8	23	7	9	3	6	23	12	8	19	4	19	17	11	16	11	24	23	25
27	11	19	17	11	14	17	14	18	9	19	17	9	17	7	20	19	9	1	9	14	11

附表 8.14　均匀设计表 $U_{30}(30^p)$

1	p=2	p=3		p=4			p=5				p=6					p=7					
1	12	18	9	11	20	15	14	19	22	16	8	2	17	16	19	29	7	14	19	8	20
2	26	5	27	15	5	27	8	16	11	26	12	21	8	4	7	2	16	10	5	21	22
3	3	24	19	26	12	3	23	26	18	6	21	20	27	20	26	24	30	18	25	19	11
4	21	12	4	4	27	11	21	3	4	19	24	15	5	27	10	8	5	25	10	13	5
5	16	28	13	19	17	19	2	11	26	9	3	29	21	11	17	11	18	3	16	3	8
6	9	7	16	10	1	8	28	8	13	24	15	11	20	24	2	17	25	27	15	25	28
7	29	20	29	27	26	28	11	29	8	13	18	7	2	7	24	14	11	1	27	16	25
8	5	2	6	7	13	24	16	13	6	1	27	24	24	6	14	22	23	22	3	4	17
9	18	15	21	23	9	12	26	23	25	29	4	5	11	21	8	21	9	7	22	26	3
10	23	25	2	17	29	4	18	6	30	14	29	13	13	12	30	5	1	17	13	29	15
11	7	13	23	5	8	21	3	22	2	23	14	26	14	30	12	1	14	21	30	11	13
12	14	10	14	22	21	23	10	1	15	5	22	9	28	10	6	26	20	8	9	12	27
13	27	30	25	1	16	6	30	15	17	12	6	23	6	18	29	13	27	13	1	15	1
14	1	4	11	30	6	16	7	27	29	20	10	16	29	1	20	15	3	28	24	5	21
15	20	21	7	14	23	18	19	17	1	7	28	6	22	29	22	30	13	29	6	20	9
16	10	8	30	20	4	1	4	5	20	28	19	30	12	15	1	7	28	5	20	27	19
17	24	27	17	3	18	29	24	20	9	21	2	12	4	5	15	6	21	15	23	1	29
18	15	16	1	29	24	7	27	9	24	3	1	18	16	25	23	19	2	4	4	10	12
19	4	1	18	8	11	13	5	24	12	2	25	4	15	2	4	27	15	23	28	28	23
20	30	22	22	12	30	22	13	10	7	30	26	28	3	23	18	3	22	26	18	18	4

续附表 8.14

1	$p=2$	$p=3$		$p=4$			$p=5$				$p=6$					$p=7$					
21	11	9	8	25	2	25	20	30	21	10	13	3	25	14	28	12	8	20	2	24	26
22	19	17	26	16	14	10	15	2	23	22	7	25	26	26	5	18	26	9	29	7	6
23	6	29	5	6	22	2	1	18	16	15	20	1	7	19	13	28	24	2	12	23	14
24	25	14	12	18	10	30	29	25	5	17	16	27	18	3	27	25	10	19	14	2	2
25	17	3	24	21	28	14	22	14	28	25	9	17	1	13	3	10	29	24	11	9	24
26	2	19	15	2	3	17	6	7	3	11	30	19	19	17	9	9	6	12	26	22	10
27	28	26	28	24	19	9	12	21	27	4	11	10	9	28	25	23	4	11	17	17	30
28	13	6	3	9	25	26	25	4	10	8	5	8	23	8	11	4	12	6	8	6	18
29	8	23	10	13	7	5	17	28	14	27	23	22	10	9	21	16	19	16	7	30	7
30	22	11	20	28	15	20	9	12	19	18	17	14	30	22	16	20	17	30	21	14	16

（二）$U_n(q^p)$型均匀设计表

附表 8.15　均匀设计表 $U_9(3^p)$

1	$p=2$	$p=3$		$p=4$			$p=5$				$p=6$					$p=7$					
1	3	3	2	3	2	1	2	1	1	1	3	3	1	1	2	2	2	1	3	2	3
1	1	1	1	2	1	3	1	2	2	2	2	1	3	3	2	3	3	3	1	2	2
1	2	2	3	1	3	2	2	3	3	3	1	2	1	2	3	1	1	2	2	3	1
2	3	1	3	2	2	2	3	2	1	3	2	1	2	1	3	3	2	1	2	1	1
2	1	2	2	3	3	3	3	1	3	2	3	2	2	3	1	1	3	2	1	1	3
2	2	3	1	1	1	1	1	2	3	1	1	2	3	1	1	2	1	3	3	1	2
3	3	1	2	1	2	3	2	3	1	2	2	1	1	2	1	3	2	3	2	3	3
3	1	2	1	3	1	2	1	1	2	3	1	3	2	3	2	1	3	2	3	2	1
3	2	3	3	2	3	1	3	3	2	1	3	3	3	2	3	2	1	1	1	3	2

附表 8.16　均匀设计表 $U_{12}(3^p)$

1	$p=2$	$p=3$		$p=4$			$p=5$				$p=6$					$p=7$					
1	3	2	3	1	2	1	2	3	3	2	2	3	1	3	2	3	1	1	2	2	2
1	1	1	2	3	2	1	1	2	2	3	3	2	3	3	2	1	3	2	3	1	2
1	2	3	2	2	1	3	1	3	2	1	1	2	2	1	3	2	3	2	2	3	3
1	2	2	1	3	3	2	3	1	1	2	3	1	2	2	1	2	2	3	1	1	1
2	3	3	1	1	2	3	3	2	1	1	2	3	3	1	3	3	2	3	3	3	1
2	3	1	3	3	3	3	2	3	1	3	2	1	1	3	3	3	2	1	1	1	3
2	1	1	1	2	1	1	2	1	3	3	1	3	3	2	1	1	1	3	3	2	3
2	1	3	3	1	3	2	1	2	3	1	3	2	1	1	1	1	3	1	1	2	1
3	3	3	2	3	1	2	1	1	1	2	3	3	2	2	3	2	1	2	2	1	1
3	1	1	2	2	2	3	2	1	2	1	1	2	2	3	1	3	3	3	2	2	3
3	2	2	1	1	1	2	3	2	3	3	2	1	3	1	2	2	2	1	3	3	2
3	2	2	3	2	3	1	3	3	2	2	1	1	1	2	2	1	1	2	1	3	2

附表 8.17　均匀设计表 $U_{15}(3^p)$

1	$p=2$	$p=3$		$p=4$			$p=5$				$p=6$					$p=7$					
1	1	1	1	3	1	2	2	1	1	3	1	3	1	1	2	2	2	3	1	3	1
1	3	3	3	1	2	3	1	1	3	2	2	3	3	3	1	3	1	3	3	2	3
1	1	1	3	1	1	1	1	3	2	1	3	2	1	3	3	1	1	1	2	3	2
1	3	3	1	2	3	3	3	2	1	1	3	1	2	1	1	2	2	1	3	1	1
1	2	2	2	3	3	1	3	3	3	3	1	1	3	2	3	1	3	2	2	1	3
2	2	3	2	3	1	3	2	2	2	2	1	1	1	3	1	3	2	2	1	3	2
2	2	2	2	1	3	1	3	1	3	1	3	3	3	1	3	2	2	2	2	2	2
2	1	2	3	2	2	2	2	2	2	2	2	2	2	2	2	2	1	1	1	1	3
2	3	2	1	2	2	2	2	2	2	2	2	2	2	2	2	1	3	3	3	2	1
2	2	1	2	2	2	2	1	3	1	3	2	2	2	2	2	3	3	1	1	2	1
3	1	3	3	3	2	1	2	3	3	1	3	1	3	3	2	1	1	2	3	1	2
3	2	1	1	1	1	3	1	1	1	1	1	2	3	1	1	3	3	3	2	1	2
3	1	1	3	3	3	3	3	1	2	3	2	1	1	1	3	2	3	1	3	3	3
3	3	2	2	1	3	2	1	2	3	3	1	3	2	3	3	3	1	2	2	3	1
3	3	3	1	2	1	1	3	3	1	2	3	3	1	2	1	1	2	3	1	2	3

附表 8.18　均匀设计表 $U_{18}(3^p)$

1	$p=2$	$p=3$		$p=4$			$p=5$				$p=6$					$p=7$					
1	3	1	2	3	1	3	1	1	3	2	3	3	2	1	2	1	1	1	2	2	2
1	3	2	3	1	2	2	2	3	1	3	1	2	2	3	1	1	3	3	1	2	3
1	1	2	1	1	1	1	2	1	2	2	2	1	1	3	2	3	2	3	3	1	2
1	2	3	2	2	3	2	3	3	3	1	3	1	3	2	3	2	2	1	3	3	3
1	2	1	1	3	3	1	1	2	1	1	2	3	3	2	1	3	3	2	2	1	1
1	1	3	3	2	2	3	3	2	2	3	1	2	1	1	3	2	1	2	1	3	1
2	3	3	1	2	3	3	1	1	1	3	2	2	3	1	3	3	1	3	2	3	3
2	2	1	2	1	3	2	1	3	2	2	3	1	2	1	1	2	3	3	3	2	1
2	1	2	1	1	2	3	2	3	2	1	2	2	2	2	2	1	2	1	1	1	1
2	3	3	2	2	1	1	2	2	3	3	1	3	3	3	2	2	2	2	2	2	2
2	1	2	3	3	2	1	3	2	3	2	3	3	1	3	3	3	3	1	1	3	2
2	2	1	3	3	1	2	3	1	1	1	1	1	1	2	1	1	1	2	3	1	3
3	1	1	1	2	2	1	1	2	2	1	1	3	2	2	3	2	1	3	1	1	2
3	3	1	3	1	3	1	2	1	3	1	2	1	2	3	3	1	2	3	2	3	1
3	2	2	2	1	1	3	3	1	2	3	1	1	3	1	2	3	1	1	3	2	1
3	2	3	1	3	2	2	2	2	1	2	3	2	3	3	1	3	2	2	1	2	3
3	3	3	3	2	1	2	1	3	3	3	3	2	1	2	2	2	3	1	2	1	3
3	1	2	2	3	3	3	3	3	1	2	2	3	1	1	1	1	3	2	3	3	2

附表 8.19 均匀设计表 $U_{21}(3^p)$

1	p=2	p=3		p=4			p=5				p=6					p=7					
1	3	1	1	2	2	1	3	3	1	1	2	3	3	3	3	3	3	1	2	2	3
1	1	2	1	2	3	2	2	1	1	2	1	2	2	2	3	2	1	1	3	3	2
1	2	3	3	2	1	3	1	1	3	3	1	2	1	3	1	1	3	2	2	2	1
1	3	1	2	1	2	1	1	2	2	1	2	3	1	2	2	1	1	2	1	1	2
1	2	3	2	1	3	2	3	2	3	2	3	3	2	1	1	1	2	3	2	2	3
1	2	2	3	3	2	3	2	3	2	3	3	1	1	2	3	2	2	3	1	3	1
1	1	2	2	3	1	2	2	2	3	1	1	1	3	1	2	3	2	2	3	1	2
2	1	2	3	3	3	3	1	1	2	1	1	3	1	1	3	2	1	3	3	1	1
2	1	3	1	3	3	1	2	3	3	3	3	3	3	2	2	1	3	1	1	3	2
2	3	1	1	1	3	1	3	2	1	3	2	1	1	1	2	3	3	2	3	3	1
2	1	1	3	3	1	2	1	2	1	2	1	2	2	1	1	2	3	3	1	1	3
2	3	3	3	2	1	1	1	3	3	2	3	2	2	3	3	1	2	1	3	1	3
2	2	1	2	1	1	3	2	1	1	1	3	1	3	3	1	3	1	3	2	3	3
2	3	3	1	1	2	3	3	1	2	3	2	2	3	3	2	3	2	1	1	2	1
3	2	1	2	2	3	2	3	1	3	1	2	1	2	1	2	2	1	1	1	2	3
3	2	3	2	3	2	3	2	3	2	1	2	2	1	2	1	3	1	2	2	1	2
3	1	1	3	1	1	2	2	1	2	3	2	1	2	2	1	1	3	3	3	2	2
3	1	2	3	2	1	1	1	3	1	3	1	3	3	2	1	3	2	3	1	2	2
3	3	2	1	3	2	1	3	3	2	2	3	2	3	1	3	2	3	1	2	1	1
3	3	3	2	1	2	2	1	2	3	2	3	3	1	3	2	1	1	2	2	3	1
3	2	2	1	2	3	3	3	2	1	2	1	1	2	3	3	2	2	2	3	3	3

附表 8.20 均匀设计表 $U_{24}(3^p)$

1	p=2	p=3		p=4			p=5				p=6					p=7					
1	2	3	2	3	1	2	2	3	1	1	2	3	1	2	1	1	2	2	3	3	3
1	3	2	3	3	2	3	2	1	3	3	1	2	1	3	2	3	2	3	1	2	3
1	3	2	1	1	2	2	3	2	3	1	3	3	3	2	2	3	3	1	3	1	2
1	1	1	2	2	2	1	1	3	3	2	2	2	3	3	3	2	3	3	2	3	1
1	3	3	3	1	3	3	1	1	2	1	3	1	1	1	3	1	1	1	1	2	1
1	1	1	3	2	1	3	1	2	1	3	3	2	2	3	1	3	1	2	2	3	2
1	2	1	1	3	3	1	3	1	1	2	1	1	3	1	1	2	1	3	3	2	3
1	1	3	1	1	1	1	3	3	2	3	1	3	2	2	3	1	3	2	1	1	2
2	1	2	2	1	3	2	3	1	3	2	2	3	3	1	3	1	2	1	2	1	3
2	2	2	2	2	2	2	1	2	3	3	2	2	2	2	2	3	3	1	1	3	3
2	3	3	3	2	2	2	2	2	2	2	2	2	2	2	2	2	2	2	2	2	2
2	3	1	1	1	1	3	2	2	2	2	1	3	1	1	2	2	2	2	2	2	2
2	2	2	2	3	3	3	3	3	1	3	2	1	1	3	1	2	1	1	3	3	1
2	1	2	2	3	1	1	1	3	2	1	3	3	2	1	1	2	1	2	1	1	3
2	2	3	1	2	2	2	2	1	1	1	1	1	2	3	3	1	3	3	3	2	1

续附表 8.20

1	p=2	p=3		p=4			p=5				p=6					p=7					
2	2	1	3	2	3	1	2	2	2	2	3	1	3	3	2	3	1	3	2	1	1
3	3	3	2	1	1	2	1	1	3	2	2	2	1	1	1	1	1	3	1	3	2
3	2	2	1	1	2	3	3	3	1	2	1	1	1	2	2	3	3	2	1	2	1
3	1	1	2	2	3	3	2	3	3	1	1	3	3	3	1	1	3	1	2	3	2
3	3	3	3	2	1	1	1	3	2	3	2	1	3	2	3	1	2	2	3	1	1
3	1	3	1	3	1	3	2	1	1	3	3	3	1	3	3	3	1	1	3	2	3
3	2	2	3	3	2	1	3	2	3	3	3	1	2	2	1	3	2	3	3	3	2
3	3	1	3	3	3	2	3	1	2	1	3	2	3	1	2	2	2	1	1	1	1
3	1	1	1	1	3	1	1	2	1	1	1	2	2	1	3	2	3	3	2	1	3

附表 8.21　均匀设计表 $U_8(4^p)$

1	p=2	p=3		p=4			p=5				p=6					p=7					
1	2	3	1	2	1	2	4	2	3	1	3	4	2	2	1	3	2	2	2	4	4
1	3	2	3	3	4	3	2	4	2	3	2	1	3	2	4	2	2	2	4	1	1
2	1	4	4	4	2	4	3	1	1	3	4	2	1	4	3	1	4	3	1	1	3
2	4	1	2	1	3	1	1	2	4	4	1	3	4	4	2	4	3	4	2	3	1
3	2	4	2	4	4	2	1	3	1	1	4	3	4	1	3	1	1	4	3	3	3
3	3	1	4	1	1	3	3	4	4	2	1	2	1	1	2	4	1	1	1	2	2
4	4	3	3	3	2	1	2	1	3	2	3	1	3	3	1	3	3	3	4	2	4
4	1	2	1	2	3	4	4	3	2	4	2	4	2	3	4	2	4	1	3	4	2

附表 8.22　均匀设计表 $U_{12}(4^p)$

1	p=2	p=3		p=4			p=5				p=6					p=7					
1	4	3	4	4	2	4	3	3	1	4	2	2	1	1	3	3	1	1	3	1	2
1	2	1	3	1	1	2	2	4	3	1	4	3	2	4	2	2	2	4	4	3	3
1	1	4	1	3	4	1	4	2	4	2	1	3	4	2	2	4	3	2	2	4	4
2	3	2	3	1	4	4	1	3	4	4	3	1	4	3	4	1	1	3	2	4	1
2	1	1	1	2	2	3	2	2	2	3	4	4	3	1	3	4	4	3	4	2	1
2	3	3	2	3	3	2	3	1	1	1	1	1	2	3	1	1	4	1	1	2	3
3	4	2	2	4	1	1	2	2	2	3	3	4	1	2	1	1	2	2	3	1	4
3	2	4	4	2	3	3	4	1	3	4	1	3	1	3	4	2	3	1	4	4	2
3	2	3	3	2	2	2	1	4	1	2	3	2	4	4	1	4	1	4	1	2	3
4	1	4	2	3	1	4	3	4	4	3	2	4	3	4	3	2	3	4	2	1	2
4	3	1	4	4	4	3	1	1	3	2	2	1	3	1	2	3	2	2	1	3	1
4	4	2	1	1	3	1	4	3	2	1	4	2	2	2	4	3	4	3	3	3	4

附表 8.23　均匀设计表 $U_{16}(4^p)$

1	p=2	p=3		p=4			p=5				p=6					p=7					
1	2	4	2	4	1	2	1	4	2	2	2	1	3	1	2	2	4	3	1	2	3
1	1	3	3	1	4	1	2	1	1	4	3	3	4	2	4	1	2	2	3	1	1
1	3	1	1	2	2	3	3	3	3	1	2	4	2	4	3	3	1	3	4	3	2
1	4	2	4	3	3	4	4	2	4	3	3	2	1	3	1	4	3	2	2	4	4
2	1	3	1	4	4	3	4	1	2	1	1	1	4	3	3	4	4	1	3	2	2
2	2	2	2	1	1	4	2	2	3	2	4	3	2	1	1	2	2	4	1	4	2
2	4	1	3	3	2	1	3	4	1	3	4	2	3	4	4	1	1	1	2	3	3
2	3	4	4	2	3	2	1	3	4	4	1	4	1	2	2	3	3	4	4	1	3
3	4	1	4	2	1	1	2	3	2	3	4	4	4	3	2	1	4	4	3	3	4
3	2	4	3	3	4	2	3	1	4	2	1	3	3	4	1	2	3	1	4	4	1
3	1	2	1	4	2	4	1	2	1	1	4	1	1	2	3	4	1	4	2	2	1
3	3	3	2	1	3	3	4	4	3	4	1	2	2	1	4	3	2	1	1	1	4
4	4	1	2	4	3	1	1	1	3	3	3	1	2	4	2	4	2	3	3	4	3
4	2	3	4	2	4	4	4	3	1	2	2	3	1	3	4	3	4	2	1	3	1
4	3	4	1	3	1	3	2	4	4	1	3	4	3	1	3	2	1	2	4	2	4
4	1	2	3	1	2	2	3	2	2	4	2	2	4	2	1	1	3	3	2	1	2

附表 8.24　均匀设计表 $U_{20}(4^p)$

1	p=2	p=3		p=4			p=5				p=6					p=7					
1	2	2	3	2	2	1	2	2	2	1	3	4	3	4	3	4	2	3	3	1	3
1	4	1	3	1	3	3	2	4	3	4	4	2	3	1	3	2	1	4	2	2	4
1	2	2	1	4	3	2	4	3	1	2	2	2	1	3	1	2	2	2	1	3	1
1	3	4	2	3	4	4	3	1	3	3	2	1	4	3	2	1	3	1	4	2	2
1	1	3	4	3	1	3	1	3	4	2	1	3	2	2	4	3	4	3	2	4	2
2	4	2	4	1	1	4	1	4	2	1	2	2	1	1	4	4	3	4	4	2	1
2	4	4	1	1	3	2	3	3	1	4	1	4	3	2	1	1	4	2	1	2	3
2	3	1	2	2	4	1	4	1	3	2	3	1	2	4	4	3	1	1	1	1	2
2	1	4	4	4	2	4	1	1	1	3	4	4	1	3	2	3	1	1	4	4	3
2	2	3	1	4	1	1	4	2	4	4	3	3	4	1	1	1	3	3	3	4	4
3	1	1	1	3	4	2	3	2	1	1	4	2	4	4	2	4	2	4	1	4	3
3	1	2	2	2	3	4	4	4	2	3	1	1	3	1	2	1	1	3	3	3	1
3	2	1	4	2	1	3	1	3	3	4	1	3	1	4	3	4	4	1	2	3	4
3	4	3	3	1	2	1	2	1	4	1	2	4	4	2	4	3	4	2	3	1	1
3	3	4	3	4	4	3	3	4	4	2	4	1	2	2	1	2	2	2	4	1	4
4	2	1	2	4	2	2	3	1	2	4	4	3	3	3	4	2	4	4	4	3	3
4	3	3	4	1	4	3	2	4	1	3	1	2	4	3	3	1	2	4	2	1	2
4	3	3	1	3	2	4	1	2	2	2	2	3	2	4	1	2	3	1	2	4	1
4	1	4	2	2	1	2	4	3	3	1	3	1	1	2	3	3	3	3	1	2	4
4	4	2	3	3	3	1	2	2	4	3	3	4	2	1	2	4	1	2	3	3	2

附表 8.25　均匀设计表 $U_{24}(4^p)$

1	$p=2$	$p=3$		$p=4$			$p=5$				$p=6$					$p=7$					
1	2	1	2	2	4	1	3	4	2	4	3	4	1	3	3	2	4	2	2	3	1
1	3	3	4	3	1	3	3	3	3	1	1	3	2	2	1	4	1	2	4	3	3
1	1	3	1	1	1	2	2	4	4	2	4	2	3	2	4	3	3	4	3	2	2
1	4	4	2	3	2	4	2	1	1	3	3	1	2	4	2	1	3	1	3	1	3
1	2	1	3	4	3	2	4	1	2	2	2	3	4	1	3	3	1	3	1	2	4
1	3	2	4	2	3	4	1	2	3	3	1	2	4	3	2	1	2	3	2	4	2
2	1	2	3	2	2	3	4	2	1	1	2	4	4	3	4	1	4	2	4	2	1
2	1	4	1	3	3	1	3	2	4	2	4	4	2	1	3	2	1	1	1	1	2
2	4	1	1	4	1	2	2	3	1	3	1	2	1	4	3	2	2	4	4	4	4
2	3	2	2	1	2	1	4	1	3	4	2	1	3	1	1	4	2	4	1	3	1
2	2	4	4	1	4	3	1	3	4	4	4	3	3	4	1	4	4	3	3	1	4
2	4	3	3	4	4	4	1	4	2	1	3	1	1	2	4	3	3	1	2	4	4
3	1	2	2	4	1	4	2	2	4	1	1	4	3	4	2	3	1	1	3	4	1
3	4	4	4	3	4	1	4	3	2	3	3	4	4	2	1	3	2	3	4	1	1
3	3	3	2	2	3	2	3	4	1	2	2	1	1	3	1	1	3	2	1	3	4
3	1	1	1	1	3	4	1	1	3	2	4	1	4	4	3	4	4	1	1	2	2
3	2	3	3	1	1	3	4	4	4	3	4	3	1	1	2	1	1	4	2	2	3
3	4	1	4	4	2	1	1	2	2	4	1	2	2	1	4	3	4	4	4	3	3
4	2	2	1	4	3	3	3	1	4	3	1	1	3	2	3	2	2	1	4	2	4
4	1	4	3	2	1	1	2	4	3	4	3	3	3	3	4	4	2	2	2	1	3
4	4	4	2	3	2	2	4	3	3	1	2	4	1	2	2	1	1	3	3	3	2
4	2	3	1	1	4	2	3	2	1	4	3	2	4	1	2	2	4	3	1	4	3
4	3	1	3	2	2	4	2	1	2	1	2	3	2	4	4	2	3	4	2	1	1
4	3	2	4	3	4	3	1	3	1	2	4	2	2	3	1	4	3	2	3	4	2

附表 8.26　均匀设计表 $U_{24}(4^p)$

1	$p=2$	$p=3$		$p=4$			$p=5$				$p=6$					$p=7$					
1	2	4	1	1	4	4	4	5	3	4	5	3	2	5	4	2	3	3	1	2	1
1	4	2	5	4	2	1	1	3	2	2	2	4	5	1	3	3	4	1	4	4	4
2	5	5	4	3	3	3	3	2	5	5	1	1	3	3	1	5	2	3	5	2	5
2	1	1	2	4	5	5	5	2	1	3	3	5	1	4	2	2	1	5	3	5	3
3	3	3	3	1	1	2	2	4	1	5	2	2	1	2	5	1	5	4	4	1	3
3	3	3	3	5	1	4	2	1	4	1	5	1	4	2	3	5	5	2	2	5	2
4	1	5	2	2	5	1	5	3	5	2	4	5	4	3	5	4	1	1	3	1	2
4	5	1	4	3	3	3	3	5	2	1	3	2	5	5	2	4	4	5	1	3	5
5	2	2	1	5	4	2	1	4	4	3	4	3	2	1	1	1	2	2	2	3	4
5	4	4	5	2	2	5	4	1	3	4	1	4	3	4	4	3	3	4	5	4	1

附表 8.27 均匀设计表 $U_{15}(5^p)$

1	p=2	p=3		p=4			p=5				p=6					p=7					
1	1	5	3	3	1	1	2	1	4	3	4	4	4	3	1	4	3	2	5	4	5
1	3	1	1	5	3	5	3	5	3	1	1	2	2	5	3	3	5	3	3	5	1
1	5	3	5	1	5	3	4	3	2	4	2	3	4	2	5	1	2	4	1	3	3
2	4	3	2	4	3	2	3	4	1	5	3	5	1	1	4	4	1	5	2	4	2
2	4	2	4	2	2	4	5	3	5	2	3	1	5	4	4	2	5	2	2	2	4
2	2	4	4	4	4	4	1	2	2	2	5	2	2	2	2	5	2	1	4	1	3
3	2	2	2	1	1	5	1	5	5	4	5	4	3	5	5	2	1	3	5	2	1
3	1	1	5	2	4	2	5	2	4	5	2	1	3	1	1	1	4	5	3	1	5
3	5	5	1	5	5	1	4	1	1	1	1	5	5	3	2	5	4	3	1	5	4
4	2	2	4	4	2	2	2	4	4	1	4	1	1	3	5	5	3	4	3	2	1
4	3	4	2	3	2	4	5	5	2	3	5	3	5	1	3	3	1	1	2	3	5
4	4	4	3	2	4	3	2	1	3	5	2	3	1	4	1	1	4	1	4	4	2
5	5	1	3	1	3	1	1	3	1	3	1	4	3	2	4	2	2	4	4	5	4
5	1	5	5	3	5	5	4	4	3	4	3	2	4	5	2	3	3	2	1	1	2
5	3	3	1	5	1	3	3	2	5	2	4	5	2	4	3	4	5	5	5	3	3

附表 8.28 均匀设计表 $U_{20}(5^p)$

1	p=2	p=3		p=4			p=5				p=6					p=7					
1	1	1	2	1	2	1	5	3	3	5	4	2	1	2	3	5	2	1	2	4	3
1	2	5	3	5	4	5	1	4	5	4	1	3	2	4	1	1	5	3	3	4	1
1	4	4	5	3	1	4	3	1	1	2	2	4	5	1	3	3	4	5	2	2	5
1	5	3	1	2	5	3	4	5	2	1	5	3	3	5	5	2	1	2	4	2	3
2	5	2	3	4	3	2	5	5	4	3	3	5	1	4	4	1	3	2	1	3	4
2	1	1	5	4	2	3	2	3	4	1	5	5	3	2	1	5	3	4	3	1	1
2	3	3	4	3	5	1	1	2	2	3	1	2	4	3	5	3	2	3	5	5	5
2	3	5	1	2	3	4	3	1	4	4	3	1	5	5	2	4	4	5	4	4	3
3	2	2	4	2	1	5	4	2	2	4	4	4	4	4	2	5	5	3	5	2	4
3	4	4	4	1	4	2	2	4	3	2	2	1	1	3	1	4	5	1	1	3	2
3	2	2	2	5	1	1	5	1	5	1	5	1	4	1	4	1	3	1	5	1	2
3	4	4	2	3	4	4	2	5	1	5	2	4	2	2	4	2	1	5	2	5	2
4	3	1	1	5	3	4	3	4	2	4	1	2	3	1	2	1	2	5	4	3	4
4	5	3	2	4	4	3	4	3	5	5	4	2	2	5	3	3	4	2	4	5	1
4	1	5	5	3	2	2	1	3	1	1	4	5	5	3	5	4	1	2	3	1	5
4	3	2	3	1	5	5	2	2	4	3	1	5	4	5	3	5	3	4	1	5	4
5	2	5	3	1	1	3	4	2	3	2	5	4	2	3	2	2	5	4	2	1	3
5	1	1	4	4	2	5	3	5	5	2	3	3	5	2	1	2	4	1	3	4	5
5	5	4	1	2	3	1	1	1	3	5	3	3	1	1	5	4	1	4	5	3	2
5	4	3	5	5	5	2	5	4	1	3	2	1	3	4	4	3	2	3	1	2	1

附表 8.29　均匀设计表 $U_{25}(5^p)$

1	p=2	p=3		p=4			p=5				p=6					p=7					
1	4	2	2	1	1	2	1	3	1	4	5	5	5	3	1	1	3	3	1	4	5
1	2	1	4	5	2	3	4	1	5	2	1	4	1	2	3	3	5	3	4	1	1
1	3	4	1	4	3	5	3	4	3	1	2	2	3	5	2	4	2	1	5	3	2
1	1	3	3	3	5	1	2	2	4	5	4	3	4	1	4	5	4	4	3	5	3
1	5	5	5	2	4	4	5	5	2	3	3	1	2	4	5	3	1	5	2	2	3
2	5	5	2	4	4	3	1	4	4	2	1	5	3	4	4	2	4	1	2	5	2
2	3	3	4	3	1	5	4	3	2	5	5	1	4	5	3	4	2	2	1	1	4
2	2	4	3	1	3	4	2	1	3	3	2	3	5	2	5	5	4	2	4	2	5
2	1	2	5	2	2	1	3	5	5	4	4	4	2	3	2	1	2	4	4	4	1
2	4	1	1	5	5	2	5	2	1	1	3	2	1	1	1	2	4	5	5	3	4
3	3	5	3	5	1	4	2	5	1	2	4	5	1	5	5	3	1	3	5	5	5
3	2	2	4	2	5	5	5	4	5	5	1	1	5	1	2	5	1	3	3	3	1
3	4	3	1	1	4	1	4	2	3	4	2	4	4	4	1	1	5	4	2	2	4
3	5	1	2	4	2	2	3	3	4	3	5	2	2	2	4	4	5	5	1	4	2
3	1	4	5	3	3	3	1	1	2	1	3	3	3	3	3	1	3	1	3	1	3
4	1	4	4	5	3	1	4	5	4	1	3	5	4	2	2	5	1	1	2	4	4
4	4	5	1	4	5	4	3	1	1	5	2	1	1	3	4	3	3	2	1	5	1
4	2	3	2	2	1	3	5	3	3	2	5	4	3	1	5	5	3	4	5	1	2
4	5	2	3	3	4	2	2	4	2	4	1	3	2	5	1	2	2	5	3	1	5
4	3	1	5	1	2	5	1	2	5	3	4	2	5	4	3	2	5	2	5	4	3
5	5	4	2	3	2	4	5	1	4	4	3	4	5	5	4	4	3	5	4	5	4
5	4	3	5	5	4	5	3	2	2	2	2	5	2	1	3	3	5	1	3	3	5
5	3	1	3	2	3	2	4	4	1	3	4	1	3	2	1	1	1	2	4	2	2
5	1	2	1	4	1	1	2	3	5	1	1	2	4	3	5	4	4	3	2	2	1
5	2	5	4	1	5	3	1	5	3	5	5	3	1	4	2	2	2	4	1	3	3

附表 8.30　均匀设计表 $U_{12}(6^p)$

1	p=2	p=3		p=4			p=5				p=6					p=7					
1	1	2	3	5	3	5	3	1	5	3	2	5	4	1	4	2	2	5	4	4	1
1	5	5	4	2	6	4	6	4	2	5	3	2	1	4	2	5	1	2	3	2	5
2	3	4	1	6	4	2	2	3	1	1	4	1	5	3	6	4	5	6	2	6	4
2	6	3	6	1	1	3	4	5	6	4	5	6	3	6	3	1	5	3	5	1	3
3	2	6	2	4	5	6	5	6	3	2	1	4	2	5	6	6	3	4	1	1	2
3	4	1	5	4	2	1	1	2	3	6	6	4	6	2	2	3	3	1	6	5	6
4	4	6	5	3	5	1	6	2	4	1	2	3	5	6	1	3	6	1	2	3	1
4	2	1	2	3	2	6	2	6	4	5	5	3	1	1	5	6	6	4	5	4	5
5	6	4	6	1	4	5	1	4	6	2	1	1	3	2	3	4	1	6	6	3	3
5	3	3	1	6	1	4	4	1	1	4	3	6	6	4	5	1	2	3	1	5	4
6	1	2	4	2	3	2	5	3	5	6	4	5	2	3	1	2	4	5	3	2	6
6	5	5	3	5	6	3	3	5	2	3	6	2	4	5	4	5	4	2	4	6	2

附表 8.31　均匀设计表 $U_{18}(6^p)$

1	p=2	p=3		p=4			p=5				p=6					p=7					
1	4	6	4	4	3	2	1	3	4	1	2	4	5	4	6	5	3	6	3	1	4
1	2	2	2	2	1	4	5	2	2	5	5	2	1	5	4	3	2	4	5	5	1
1	6	3	6	6	5	5	3	6	5	4	3	5	3	1	1	2	6	1	3	4	4
2	3	4	3	1	6	3	4	1	6	3	6	6	4	4	3	1	5	4	2	3	2
2	5	5	1	3	4	1	2	5	1	6	1	3	2	2	5	6	4	3	1	6	3
2	1	1	5	5	2	6	6	4	3	2	3	1	5	6	2	4	4	2	6	2	6
3	1	6	6	2	3	6	6	4	6	6	5	3	6	3	1	6	6	5	6	3	2
3	3	3	2	6	1	2	4	6	2	1	2	6	2	6	3	1	1	2	4	1	3
3	5	2	4	4	5	4	2	2	3	4	4	1	4	1	6	2	2	5	1	5	5
4	4	1	1	5	6	1	5	5	4	3	1	1	3	3	4	5	1	1	5	4	5
4	2	5	3	1	4	5	1	3	5	5	6	4	1	2	2	3	5	6	4	6	6
4	6	4	5	3	2	3	3	1	1	2	4	5	6	5	5	3	3	1	1	2	1
5	3	6	2	6	3	4	6	3	1	4	3	5	1	3	6	4	1	6	2	4	2
5	2	3	4	3	6	6	2	5	6	2	6	3	3	6	5	4	6	3	2	1	5
5	6	2	6	1	2	1	3	1	4	6	2	2	6	1	3	1	3	3	6	6	4
6	4	4	1	2	5	2	1	4	2	3	4	2	2	4	1	6	2	4	3	3	6
6	1	1	3	5	4	3	4	6	3	5	1	4	4	5	2	2	4	5	5	2	3
6	5	5	5	4	1	5	5	2	5	1	5	6	5	2	4	5	5	2	4	5	1

附表 8.32　均匀设计表 $U_{24}(6^p)$

1	p=2	p=3		p=4			p=5				p=6					p=7					
1	3	4	1	1	3	1	1	4	6	5	3	2	3	5	4	2	4	6	1	3	3
1	6	1	4	4	1	6	6	6	1	3	6	3	6	3	3	3	1	1	5	4	4
1	1	3	6	3	4	4	4	3	4	4	4	3	2	4	6	6	6	3	3	5	2
1	4	6	3	6	6	3	3	1	3	1	1	5	4	2	2	5	4	4	4	1	5
2	5	5	5	5	2	5	2	5	5	2	2	6	2	6	3	1	3	5	3	2	4
2	5	2	2	2	2	2	2	2	2	6	2	1	5	1	5	4	5	6	5	5	6
2	2	5	2	5	5	2	5	5	2	5	5	4	5	5	1	4	2	2	6	3	1
2	2	2	5	2	5	5	5	2	5	2	6	4	1	2	4	2	3	2	2	6	5
3	1	4	4	6	3	4	6	1	6	4	5	2	2	1	2	5	5	1	2	2	1
3	4	3	3	3	1	3	4	4	3	3	1	1	3	3	1	3	6	5	6	1	3
3	3	6	6	4	4	1	1	3	1	1	4	5	6	6	5	6	2	4	1	4	6
3	6	1	1	1	6	6	3	6	4	6	3	6	4	3	6	1	1	4	4	6	2
4	1	1	6	1	1	4	1	1	4	3	5	1	4	6	4	1	6	1	4	3	5
4	4	4	3	3	6	1	4	6	6	1	4	6	5	1	3	3	2	6	3	5	1
4	6	3	4	4	3	3	6	3	3	6	1	3	1	5	5	6	4	3	6	6	4
4	3	6	1	6	4	6	3	4	1	4	3	5	1	4	1	4	1	3	1	1	3
5	2	5	5	5	1	1	2	5	2	2	6	2	5	4	6	2	2	3	6	2	6

续附表 8.32

1	$p=2$	$p=3$		$p=4$			$p=5$				$p=6$					$p=7$					
5	2	2	5	5	5	5	5	5	5	6	2	4	2	1	6	4	6	5	2	6	4
5	5	2	2	2	5	2	5	2	2	2	3	3	6	2	1	1	4	2	1	4	2
5	5	5	2	2	2	5	2	2	5	5	6	6	3	5	2	6	3	6	5	2	2
6	6	3	1	1	4	3	3	3	6	3	2	2	4	6	2	5	3	1	4	5	3
6	4	6	4	4	6	4	4	1	1	5	4	1	1	3	3	5	1	5	2	3	5
6	3	4	6	3	3	6	1	6	3	4	5	5	3	2	5	2	5	4	5	4	1
6	1	1	3	6	2	2	6	4	4	1	1	4	6	4	4	3	5	2	3	1	6

附表 8.33　均匀设计表 $U_{30}(6^p)$

1	$p=2$	$p=3$		$p=4$			$p=5$				$p=6$					$p=7$					
1	3	5	6	2	6	1	1	5	3	3	3	6	5	3	6	3	5	4	2	1	2
1	6	1	5	6	3	4	3	6	1	5	1	3	1	3	1	4	2	6	2	4	6
1	2	3	2	4	5	5	6	3	6	5	6	2	3	2	4	5	3	3	5	6	3
1	1	6	1	1	2	6	4	4	5	2	5	3	5	5	3	3	1	1	4	4	3
1	5	2	3	5	1	2	3	1	2	1	4	5	2	6	2	1	6	4	3	3	4
2	4	6	4	4	3	1	4	2	2	4	2	4	6	1	4	2	3	5	6	2	1
2	6	1	1	2	1	4	5	1	3	6	4	1	6	4	5	2	4	1	1	5	5
2	4	4	4	6	6	6	2	2	4	2	5	4	1	4	6	6	2	2	3	1	4
2	1	4	3	1	4	3	2	4	6	6	1	6	3	5	3	6	5	3	6	3	6
2	3	3	6	3	5	3	6	6	4	1	3	1	4	2	1	4	4	6	3	6	1
3	3	5	2	2	3	2	2	4	2	4	4	3	1	1	5	5	1	3	1	3	1
3	5	2	6	5	2	3	5	3	1	2	5	6	3	1	1	4	6	2	6	5	2
3	2	2	4	3	4	5	5	5	5	3	2	2	2	4	4	6	6	5	1	4	3
3	1	6	5	6	5	2	4	5	4	5	2	2	6	6	2	1	3	2	4	1	6
3	5	3	2	4	2	5	1	1	6	3	6	5	4	6	5	2	1	4	5	5	5
3	6	5	1	1	1	1	4	2	5	4	6	4	6	3	2	3	5	5	5	6	6
3	4	5	3	1	6	5	1	2	1	6	6	2	2	5	1	5	6	6	4	1	5
3	2	4	5	5	4	4	1	3	3	1	4	5	4	2	3	2	1	5	2	2	4
3	5	1	2	3	1	6	3	6	6	2	1	4	4	6	6	1	2	2	2	6	2
3	2	2	5	4	5	2	6	5	2	5	1	1	3	3	5	6	4	1	5	2	1
4	1	6	6	4	2	3	1	6	5	4	3	1	1	6	3	4	4	3	1	2	6
4	6	3	4	2	3	4	6	4	4	4	2	5	5	4	1	2	6	2	3	2	3
4	3	3	3	5	3	6	4	4	2	1	5	2	5	1	6	3	2	1	6	3	5
4	4	1	3	3	6	4	3	3	5	6	3	4	2	1	2	5	2	5	4	5	2
4	3	4	1	6	4	1	6	1	1	3	2	6	2	2	5	1	4	6	6	4	4
5	5	1	6	1	4	2	5	6	3	6	4	6	6	5	4	4	1	4	5	1	3
5	6	5	4	6	1	5	5	2	6	1	1	3	5	2	3	6	3	4	3	6	5
5	1	6	2	2	5	6	3	3	3	3	6	5	1	3	4	5	5	1	2	5	4

续附表 8.33

1	p=2	p=3		p=4			p=5				p=6					p=7					
5	4	4	5	5	6	3	2	1	4	5	5	1	4	4	2	3	3	6	1	3	2
5	2	2	1	3	2	1	2	5	1	2	3	3	3	5	6	1	5	3	4	4	1
6	3	5	6	2	6	1	1	5	3	3	3	6	5	3	6	3	5	4	2	1	2
6	6	1	5	6	3	4	3	6	1	5	1	3	1	3	1	4	2	6	2	4	6
6	2	3	2	4	5	5	6	3	6	5	6	2	3	2	4	5	3	3	5	6	3
6	1	6	1	1	2	6	4	4	5	2	5	3	5	5	3	3	1	1	4	4	3
6	5	2	3	5	1	2	3	1	2	1	4	5	2	6	2	1	6	4	3	3	4

参考文献

[1] 明道绪. 生物统计附试验设计[M]. 北京:中国农业出版社,2002.

[2] 韩汉鹏. 试验统计引论[M]. 北京:中国林业出版社,2006.

[3] 凌树洪,李远景. 双向随机区组设计的研究[J]. 数理统计与管理,1989,4:43-55.

[4] 单鉴华,胡秉民. 双因素双向随机区组试验设计与分析[J]. 浙江农业大学学报,1994,20(6):617-620.

[5] 盖钧镒. 试验统计方法[M]. 北京:中国农业出版社,2000.

[6] 刘德金,肖承和. 农业试验设计与分析[M]. 北京:中国农业科学技术出版社,2005.

[7] 戚容怡,秦景明,吴葆荣. 农用正交试验法[M]. 南京:江苏科学技术出版社,1979.

[8] 郑杰. 试验设计与数据分析——基于R语言应用[M]. 广州:华南理工大学出版社,2016.

[9] 方开泰,刘民千,周永道. 试验设计与建模[M]. 北京:高等教育出版社,2011.

[10] 刘清飞,罗国安,王义明. 混料均匀设计法在灯盏花素骨架片处方配比中的应用研究[J]. 中成药,2006,28(5):632-635.

[11] 茆诗松,周纪芗,陈颖. 试验设计[M]. 北京:中国统计出版社,2004.

[12] 杨德. 试验设计与分析[M]. 北京:中国农业出版社,2002.

[13] 单鉴华,胡秉民. 双因素裂区试验主区双向区组的设计与分析[J]. 数理统计与管理,1995,14(6):47-51.

[14] 张效嘉,胡良平. 试验设计类型之可以考察部分交互作用的多因素设计:裂区设计[J]. 四川精神卫生,2017,30(2):105-107.

[15] 丁雪梅,白春燕,张晓君,等. 动物科学和动物医学专业常用的试验设计方法的选择[J]. 黑龙江畜牧兽医,2020,(6):37-44.

[16] 任露泉. 回归设计及其优化[M]. 北京:科学出版社,2009.

[17] 任露泉. 试验设计及其优化[M]. 北京:科学出版社,2009.

[18] Douglas C Montgomery,实验设计与分析[M]. 傅珏生,张健,王振羽等译. 北京:人民邮电出版社,2009.

[19] Jeff C F W, Michael H. 实验设计与分析及参数优化[M]. 张润楚, 郑海涛, 兰燕等译. 北京:中国统计出版社,2003.

[20] 赵选民. 试验设计方法[M]. 北京:科学出版社,2006.

[21] 叶卫平. Origin9.1 科技绘图及数据分析[M]. 北京:机械工业出版社, 2015.

[22] Angela D, Daniel V. Design and Analysis of Experiments[M]. New York:Springer-Verlas, 1999.

[23] 贾俊平. 统计学——基于 R[M]. 北京：中国人民大学出版社，2019.
[24] Miroslav K，William R L. Biostatistics for Animal Science[M]. Cambridge，Massachusetts USA：CABI Publishing，2004.
[25] 洪伟，吴承祯. 试验设计与分析——原理操作案例[M]. 北京：中国林业出版社，2004.
[26] 方开泰，马长兴. 正交与均匀试验设计[M]. 北京：科学出版社，2001.
[27] 苏均和. 试验设计[M]. 上海：立信会计出版社，1995.
[28] 李云雁，胡传荣. 实验设计与数据处理[M]. 北京：化学工业出版社，2017.
[29] 何少华，文竹青，娄涛. 试验设计与数据处理[M]. 长沙：国防科技大学出版社，2002.
[30] 陈魁. 试验设计与分析[M]. 北京：清华大学出版社，1996.
[31] Shein-Chung Chow，Jen-Pei Liu. Design and Analysis of Clinical Trials [M]. Hoboken，New Jersey：John Wiley & Sons，Inc.，Publication，2004.
[32] Shein-Chung Chow，Jen-Pei Liu. 临床试验的设计与分析——概念与方法学 第 2 版[M]. 中国药物学会药物临床评价研究专业委员会译. 北京：北京大学出版社，2010.
[33] 王兴仁，张福锁. 现代肥料试验设计[M]. 北京：中国农业出版社，1996.
[34] 刘文卿. 实验设计[M]. 北京：清华大学出版社，2005.
[35] 刘苑秋，徐雁南. 试验设计与统计分析——R 语言实现[M]. 北京：中国林业出版社，2020.
[36] Kai-Tai Fang，Dennis K J L，Peter W，et al. Uniform Design：Theory and Application [J]. Technometrics，2000，42(3)：237-248.